权威·前沿·原创

皮书系列为
"十二五""十三五""十四五"时期国家重点出版物出版专项规划项目

BLUE BOOK

智库成果出版与传播平台

上海蓝皮书

BLUE BOOK OF SHANGHAI

上海奉贤经济发展分析与研判
(2022~2023)

ECONOMY OF SHANGHAI FENGXIAN: ANALYSIS AND FORECAST (2022-2023)

主　编／张兆安　朱平芳　王东辉
副主编／张　淼　邸俊鹏

社会科学文献出版社
SOCIAL SCIENCES ACADEMIC PRESS (CHINA)

图书在版编目(CIP)数据

上海奉贤经济发展分析与研判.2022~2023 / 张兆安，朱平芳，王东辉主编.--北京：社会科学文献出版社，2022.12
（上海蓝皮书）
ISBN 978-7-5228-1272-4

Ⅰ.①上… Ⅱ.①张…②朱…③王… Ⅲ.①区域经济发展-经济分析-研究报告-奉贤区-2022-2023②区域经济发展-经济预测-研究报告-奉贤区-2022-2023 Ⅳ.①F127.513

中国版本图书馆CIP数据核字(2022)第242099号

上海蓝皮书
上海奉贤经济发展分析与研判（2022~2023）

主　　编 / 张兆安　朱平芳　王东辉
副 主 编 / 张　淼　邸俊鹏

出 版 人 / 王利民
责任编辑 / 李明锋　胡庆英
责任印制 / 王京美

出　　版 / 社会科学文献出版社·群学出版分社（010）59366453
　　　　　 地址：北京市北三环中路甲29号院华龙大厦　邮编：100029
　　　　　 网址：www.ssap.com.cn
发　　行 / 社会科学文献出版社（010）59367028
印　　装 / 三河市东方印刷有限公司

规　　格 / 开本：787mm×1092mm　1/16
　　　　　 印张：21.75　字数：328千字
版　　次 / 2022年12月第1版　2022年12月第1次印刷
书　　号 / ISBN 978-7-5228-1272-4
定　　价 / 158.00元

读者服务电话：4008918866

版权所有 翻印必究

编委会名单

主　　　任	权　衡　王德忠　王　战　李　政　袁　泉
副　主　任	张兆安　朱平芳　徐乃毅　吕　将
编委会成员	（按姓氏笔画排序）
	王　震　王东辉　王秋萍　方　卫　史　明
	朱　烈　朱传锋　刘卫东　汤　民　李　亿
	李永杰　李秋弟　吴红梅　张　英　张　贤
	陈世嘉　卓　雅　周　华　周如意　聂　琦
	高贵峰　陶建兴　曹　栋　鲁　瑛　戴明华
主　　　编	张兆安　朱平芳　王东辉
副　主　编	张　淼　邱俊鹏
撰　稿　人	（按姓氏笔画排序）
	丁波涛　于云云　马艺瑗　王永水　方顺超
	冯树辉　邢子怡　朱平芳　朱嘉梅　乔　娜
	伏开宝　孙　彦　纪园园　杜学峰　李世奇
	吴康军　何雄就　邱俊鹏　沈鹏远　宋敏兰
	张　淼　张美星　张鹏飞　陈继锋　孟　醒
	谢骏鸣　谢婼青　谢越姑　廖　辉
编　辑　人	陈世嘉　侯伟东　答　浩　王　晶

主要编撰者简介

张兆安 男,1959年1月出生,汉族,博士学位,研究员,博士生导师。上海社会科学院原副院长,上海社会科学院区县研究中心主任,上海国际经济交流中心副理事长,《中国宏观经济运行研究》创新团队首席专家。兼任中国民主建国会中央委员会委员、民建中央经济委员会副主任、民建上海市委副主委。曾经长期担任上海市政府发展研究中心咨询部主任,《上海经济年鉴》主编,民建上海市委专职副主委。还是第十届上海市政协委员,第十一、第十二、第十三届全国人大代表,以及上海交通大学、上海市委党校、上海对外经贸大学、华东政法大学、上海海洋大学等高校的兼职教授。长期以来,一直在上海社会科学院、上海市政府发展研究中心以及民建上海市委从事经济理论、决策咨询、新闻出版、参政议政等工作,个人和合作出版著作20部,个人译著1部,发表论文和文章300余篇;自1997年起连续主编过18年的《上海经济年鉴》,并主持了120余项国家及省市级的重大决策咨询课题,荣获了20多项各类奖项。分别在2015年3月5日和2017年3月5日,就上海自贸区建设和崇明世界级生态岛建设两大主题,面对面向习近平总书记提出一些意见建议。

朱平芳 男,1961年9月出生,汉族,博士学位,研究员,博士生导师。上海社会科学院研究生院院长,数量经济研究中心主任,享受国务院政府特殊津贴,"上海市领军人物"。从事计量经济学教学工作,研究方向为计量经济学理论与方法、宏观经济预测分析与政策评价等。目前,研究专长为计量经济学、宏观经济预测分析与政策评价、科技进步评价与分析。在国内外经济学权威学术刊物《经济研究》、《统计研究》和 Journal of Busines & Economic Statistics 等刊物上发表论文 20 多篇。主持多年上海市政府发展研究中心和上海市科学技术委员会软科学项目,对 2007~2016 年上海主要经济指标的预测与分析取得了较好的预测效果。

王东辉 男,1971 年 12 月出生,汉族,工学士,中共上海市奉贤区委党校(区行政学院)副校(院)长,上海市奉贤区思想政治工作研究会副会长。主要从事党校(行政学院)教学、科研及干部教育培训管理工作。2018~2021 年,组织、主持开展各类课题研究 96 项,形成决咨成果 89 篇,获得市区两级领导批示 39 次。

张 淼 女,1976 年 4 月出生,汉族,硕士学位,副教授,会计师,经济师,中共上海市奉贤区委党校副主任。长期从事经济领域的教学和科研工作,主要研究方向为区域经济学、金融学。先后在国家、省级刊物公开发表论文 20 余篇;参编教材、论著 4 部;主持、参与多项省部级、市级科研课题,获不同层次奖励,并形成咨政成果。

邸俊鹏 女,1980 年 8 月出生,汉族,博士学位,上海社会科学院经济研究所、数量经济研究中心副研究员。主要研究方向为计量经济学理论及其在政策评估中的应用。曾主持国家自然科学基金青年项目、上海市哲学社会科学一般项目、上海市科学技术委员会软科学项目等,在权威期刊《统计研究》《数量经济技术经济研究》《教育研究》等刊物上公开发表学术论文 10 余篇。

摘 要

面对复杂严峻的国内外形势和多重超预期因素冲击，奉贤区按照"疫情要防住、经济要稳住、发展要安全"的总要求，立足奉贤实际情况，聚焦新片区、新城市、新产业、新农村的"四新"重点，抓住大生态、大交通、大民生、大数据的"四大"关键，推动"奉贤美、奉贤强"的高质量发展。奉贤区围绕重点产业迎难而上，通过高质量招商引资，推动项目落地，经济运行得到快速恢复，表现出经济发展的良好韧性。本书分别从农业、工业、服务业、固定资产投资、消费品市场、对外经济形势、财政形势、房地产发展形势等角度对奉贤经济进行深入研究，同时还对"东方美谷"产业能级升级、激发"五型经济"活力、融入新片区、城市功能建设促进新城品质全面提升、持续推进乡村振兴、打造一流营商环境、城市数字化转型、打造最具生态竞争力城市以及塑造新江南文化助推奉贤经济高质量发展等特色经济做了详尽的专题分析。全书共有总报告1篇，分析研判8篇，专题研究9篇，分别从不同角度对奉贤区经济运行情况进行了回顾与总结，并提出了相应的分析与研判。

首先，本书对奉贤区2022年前三季度经济运行的总体情况进行解读。虽然上半年经济形势异常严峻，但奉贤经济依然展现出强大韧性，临港新片区、生物医药和新能源产业分别引领重点区域、重点产业，拉动全区经济向好发展，前三季度，奉贤区经济运行呈现"前升后降再企稳回升"的"N"字形走势。结合奉贤区在城市功能建设、统筹新城建设与乡村振兴、城市数字化转型、提升"东方美谷"产业能级、通过塑造江南文化振兴文化创意产业、打造"森林城市"等方面的发展态势，预计2023年奉贤地区生产总值将保持稳中向好增长态势，增速有望恢复至疫情前水平。在紧抓城市数字化转型、"东方美谷"集聚发展、生态环境优化、乡村振兴与新城建设融合发展等机遇的同时，仍需密切关注外部环境的变化以及投资、消费、出口"三驾马车"对经济的拉动作用，持续推进奉贤经济向绿色低碳发展。

其次，本书分别从生产、支出、收入的角度出发，对奉贤区的经济发展情况进行了分析与研判。研究表明：从生产的角度来看，农业产业转型升级驶入快车道，优质农产品品牌逐步打响，工业经济稳中向好，生物医药与新能源汽车产业逆势增长，服务业对经济贡献率持续提升，各项数据逐步恢复。从支出的角度来看，消费品市场稳步恢复，数字化消费成为新趋势，固定资产市属投资增长较快，政府投资项目总投资年中调增，出口表现非常亮眼，跨境电商加速发展。从收入的角度来看，税收收入有所下降，节能环保支出增长显著，房地产建设如火如荼，现房销售增长较快，保障房建设有序推进，人才房供应逐渐丰富。

最后，本书对奉贤区经济发展亮点与特色进行回顾与展望。"东方美谷"产业集聚优势凸显，"东方美谷"品牌知名度进一步扩大，生物医药产业逆势增长劲头足。城市数字化转型加快推进，以数字化手段精准触达"基本民生"，创新发展"品质民生"，着力跨越"数字鸿沟"。"森林城市"生态逐渐优化，绿色生态已成为奉贤强有力的名片，低碳绿色发展提高生态竞争力。新城建设与乡村振兴相互促进，城市功能建设促进奉贤新城生活品质全面提升，奉贤新城建设与乡村振兴互为补充。建议大力开展企业"淘金"工作，激发"五型经济"活力，主动融入新片区，推动区域合作新模式，进一步做大新江南文化品牌，推动文化产业和消费协同增长，落实"十个一切"要求，持续打造一流营商环境。

关键词： 奉贤经济　高质量发展　乡村振兴

目 录

Ⅰ 总报告

B.1 2023年上海奉贤经济形势分析与预测 ………… 朱平芳 邱俊鹏 / 001
    一 2022年奉贤经济发展状况 ……………………………………… / 002
    二 2023年奉贤经济运行展望 ……………………………………… / 008
    三 对策建议 ………………………………………………………… / 016

Ⅱ 分析研判篇

B.2 2022~2023年奉贤农业经济形势分析与研判 ………… 张鹏飞 / 020
B.3 2022~2023年奉贤工业形势分析与研判 …… 王永水 邢子怡 / 032
B.4 2022~2023年奉贤服务业形势分析与研判 ………… 纪园园 / 063
B.5 2022~2023年奉贤固定资产投资形势分析与研判
    …………………………………………………… 何雄就 伏开宝 / 078
B.6 2022~2023年奉贤消费品市场形势分析与研判
    …………………………………………………… 邱俊鹏 宋敏兰 / 102
B.7 2022~2023年奉贤对外经济形势分析与研判 ………… 李世奇 / 123

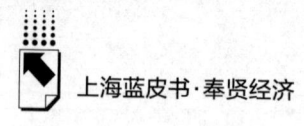

B.8 2022~2023年奉贤财政形势分析与研判 …………… 谢骏鸣 / 142
B.9 2022~2023年奉贤房地产发展形势分析与研判 ……… 谢婼青 / 158

Ⅲ 专题研究篇

B.10 加快提升奉贤"东方美谷"产业能级 ……… 谢越姑 朱嘉梅 / 176
B.11 企业"淘金"激发奉贤"五型经济"活力 … 方顺超 朱嘉梅 / 190
B.12 奉贤主动融入新片区，推动区域合作新模式
　　　　　　　　　　　　　　　　　　　　 马艺瑗 张 淼 / 204
B.13 城市功能建设促进新城品质全面提升 ……… 孟 醒 陈继锋 / 218
B.14 奉贤新城建设助推乡村持续振兴 …………… 冯树辉 吴康军 / 233
B.15 落实"十个一切"要求，奉贤打造一流营商环境路径研究
　　　　　　　　　　　　　　　　　　　　 张美星 沈鹏远 / 248
B.16 奉贤数字化转型的新进展和新蓝图
　　　——基于郊区新城比较的视角 ……… 丁波涛 乔 娜 / 262
B.17 "双碳"背景下持续打造最具生态竞争力城市
　　　　　　　　　　　　　　　　 于云云 张 淼 沈鹏远 / 285
B.18 塑造新江南文化助推奉贤经济高质量发展
　　　　　　　　　　　　　　　　　　　　 廖 辉 杜学峰 / 300

Abstract ……………………………………………………………… / 315
Contents …………………………………………………………… / 318

总报告
General Report

B.1
2023年上海奉贤经济形势分析与预测

朱平芳　邱俊鹏*

摘　要： 2022年以来，面对复杂严峻的国内外形势和多重超预期因素冲击，奉贤区围绕重点产业迎难而上，通过高质量招商引资，推动项目落地，经济运行得到快速恢复，显示出经济发展的良好韧性。农业产业转型升级驶入快车道，优质农产品品牌逐步打响；工业经济稳中向好，生物医药与新能源汽车产业逆势增长；服务业在经济结构中的份额持续提升；消费品市场稳步恢复，跨境电商加速发展，保障房建设有序推进。结合国内外发展形势及奉贤区经济发展的趋势，预计2023年奉贤地区生产总值将呈现稳中向好的增长态势，增速有望恢复至疫情前水平。但在疫情可能出现反复、国内外形势复杂严峻和全球经济增速放缓的背景下，奉贤

---

* 朱平芳，上海社会科学院研究生院院长，数量经济研究中心主任，研究员，博士生导师，主要研究方向为计量经济学理论与方法、宏观经济预测分析与政策评价等；邱俊鹏，经济学博士，上海社会科学院经济研究所、数量经济研究中心副研究员，主要研究方向为计量经济学理论及其在政策评估中的应用。

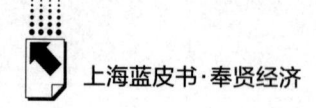

区经济的发展将面临较大的风险挑战。奉贤仍需在做好疫情防控的同时，抢抓城市数字化转型加快推进、"东方美谷"产业集聚、"森林城市"生态优势等新赛道新机遇，主动融入新片区建设，持续优化营商环境，推动奉贤经济向高质量发展。

关键词： 奉贤经济　恢复　高质量发展

一　2022年奉贤经济发展状况

2022年以来，由于全球新冠肺炎疫情的持续、劳动力市场复苏形势恶化、持续的供应链挑战和通胀不断增加的压力，全球经济面临较大压力。国内疫情多地散发，不利影响明显加大，经济发展极不寻常。党的二十大的召开为我国未来经济的走向指明了方向。尽管我国经济运行中存在困难和挑战，但依然充满机遇。2022年前三季度，上海市实现地区生产总值（GDP）30956.7亿元，同比下降1.4%，但降幅比上半年收窄4.3个百分点，经济总量继续在全国城市中保持首位，显示了良好韧性。2022年奉贤区经济运行呈现"前升后降再企稳回升"的"N"字形走势。虽然上半年经济形势异常严峻，但奉贤区经济依然展现出强大韧性，临港新片区、生物医药和新能源产业分别引领重点区域、重点产业，拉动全区经济向好发展。

（一）经济运行快速反弹，经济发展韧性彰显

经济各项指标企稳回升，经济增长核心动力足。2022年上半年，奉贤实现地区生产总值561.7亿元，同比下降10.0%。6月以来，奉贤区各主要经济指标顶住压力企稳回升。奉贤区规模以上工业产值迅速企稳，8月，规模以上工业总产值累计同比增速已由负转正。9月奉贤区单月产值达到269.4亿元，累计增速达到5.7%。从表1中可以看出，尽管2022年1~9月奉贤区投资、消费、财政相关的经济指标同比增长仍为负值，但工业相关指

标已经恢复正增长，进出口相关指标增速较高，经济增长的亮点显现。如战略性新兴产业工业总产值仍保持较高的增速，说明奉贤工业产值增长的核心动力增长强劲。进出口总额增速尤其是进口总额增速较快，说明奉贤区外贸处于景气发展时期，为奉贤区经济的增长起到了稳定作用。从表2中上海市各郊区部分经济指标情况的对比可以看出，2022年上半年疫情对上海各郊区的经济均有较大的影响，各郊区2022年上半年地区生产总值均有不同程度的下降。相比较而言，奉贤区在规模以上工业产值和财政总收入等方面增速下滑相对较低。

表 1　奉贤区近几年主要经济指标对比

社会主要经济指标	2022年1~9月	同比增长（%）	2021年	2020年	2019年
全区工业总产值（亿元）	2243.4	5.7	2899.1	2333.1	2287.8
其中：规模以上工业总产值（亿元）	1850.8	5.7	2362.8	1901.5	1864.5
"东方美谷"规上工业总产值（亿元）	379.3	0.8	490.6	396.6	363.0
战略性新兴产业工业总产值（规模以上）（亿元）	809.1	30.1	818.4	633.6	583.2
固定资产投资总额（亿元）	340.3	-15.5	581.2	527.3	466.4
其中：工业投资（亿元）	75.5	-23.3	136.7	114.0	91.0
房地产投资（亿元）	170.5	-21.7	306.4	300.2	278.7
商品销售额（亿元）	963.7	-11.9	1481.6	1273.9	1327.9
社会消费品零售总额（亿元）	388.1	-8.7	564.3	516.7	531.5
进出口总额（亿元）	831.1（1~8月）	16.7	1122.1	883.2	851.7
其中：出口总额（亿元）	458.0（1~8月）	15.4	629.1	442.3	457.8
进口总额（亿元）	373.1（1~8月）	18.3	493.0	440.9	393.9
财政收入（亿元）	497.4	-13.5	670.8	491.1	484.6
区级地方财政收入（亿元）	173.1	-7.8	220.8	161.6	155.0
财政支出（亿元）	232.6	7.5	332.6	427.1	432.5
城乡居民人均可支配收入（元）	27826（1~6月）	-2.8	54086	49439	47396

资料来源：历年《奉贤区统计年鉴》、奉贤统计月报、《2021年奉贤区国民经济和社会发展统计公报》。

表2 上海市郊区2022年上半年部分经济指标对比

指标	奉贤	闵行	宝山	嘉定	松江	金山	青浦	崇明
地区生产总值（亿元）	561.7	1227.7	754.1	1127.2	733.9	473.6	566.6	171.5
同比增速（%）	-10.0	-9.7	-9.5	-10.3	-13.8	-11.7	-11.9	-10.9
规模以上工业产值（亿元）	1057.1	1436.4	1208.2	2215.5	1954.1	1103.5	716.2	160.5
同比增速（%）	-8.0	-14.5	-5.3	-10.4	-12.8	-2.5	-14.8	-32.6
财政总收入（亿元）	345.0	376.2	192.9	386.9	289.1	254.9	278.7	193.0
同比增速（%）	-20.9	-23.5	-20.9	-19.6	-26.2	-25.2	-30.4	-31.4
社会消费品零售总额（亿元）	252.2	837.4	404.5	697.0	276.1	187.2	234.4	62.7
同比增速（%）	-13.4	-21.8	-2.7	-20.7	-15.7	-14.0	-18.0	-10.5
全社会固定资产投资（亿元）	185.4	205.5	195.0	186.2	188.5	98.7	196.9	77.2
同比增速（%）	-23.7	-37.1	-31.5	-11.4	-30.2	-37.7	-24.4	-32.3

资料来源：奉贤统计月报。

二三产业实现协同增长，产业结构仍以工业为主。2021年奉贤区全年实现地区生产总值1330.1亿元，可比增长9.3%。分产业看，第一产业增加值9.4亿元，可比下降13.4%；第二产业增加值850.3亿元，可比增长11.6%，对地区生产总值增量的贡献率为74.1%；第三产业增加值470.4亿元，可比增长5.8%，对地区生产总值增量的贡献率为26.4%。三次产业结构比重为0.7∶63.9∶35.4，其中第一产业比重比上年下降0.1个百分点，第二产业比重比上年上升0.9个百分点，第三产业比重比上年下降0.8个百分点。

农业产业转型升级驶入快车道，优质农产品品牌逐步打响。2022年1~9月，奉贤区实现农业总产值12.8亿元，同比下降1.6%。同时，奉贤区实现夏粮总产量为83吨，同比下降44.4%。主要统计的农副产品产量中，蔬菜产量较去年同期有较大增幅，家禽和水产品产量也较去年略有增长，生猪出栏和鲜蛋的产量较去年同期有较大降幅。奉贤农业产业转型升级驶入快车道，各类农业经营主体发展迅速，各种优质农产品供应充分。作为2022年中国农民丰收节的上海主会场，奉贤区庄行镇浦秀村举办了糖梨花泽休闲体验活动，得到了广泛关注，"总部村落+自然学堂"的民俗特色吸引了众多游客前来体验。此外，奉贤黄桃和庄行蜜梨在2022年上海地产优质品鉴评优和宣传推荐活动上获得了消费者的青睐，区内合作社、涉农企业名气逐渐提升，奉贤地产优质农产品品牌也逐步打响。

工业经济稳中向好，生物医药与新能源汽车产业逆势增长。2022年1~9月，奉贤区规模以上工业总产值达到1850.8万元，同比增长5.7%；出口交货值达到286.8万元，同比增长18.4%。从规模以上工业企业的效益指标来看，规上企业总数达到1175家，其中有423家亏损，亏损企业占比达到36.0%，较去年有较大增幅。规上企业营业收入达到1693.2亿元，较去年同期增长2.8%。规上企业利润总额达到1093.4亿元，较去年同期降幅较大。2022年上半年，奉贤区统筹疫情防控和经济社会发展，助力企业赶订单、追产能，加快推动项目建设，整体工业经济呈现"稳定恢复、稳中向好"的态势。2022年6月以来，奉贤区工业生产加速重振，其中，生物医药和新能源汽车起到了压舱石的作用。2022年1~9月奉贤区规模以上生物医药产业工业总产值达到212.5亿元，可比增幅达到24.1%，远高于全市同期水平（5.8%）。新能源汽车产业工业总产值达到203.3亿元，同比增幅超8倍，远高于全市同期水平（65.4%）。

服务业在经济结构中的份额持续提升，各项数据逐步恢复。2022年1~6月，奉贤区服务业增加值为209.4亿元，同比下降3.9%，占全区增加值比重的37.3%，比上一年增加了2.1个百分点，表明奉贤区产业结构逐步优化，服务业在经济结构中的份额持续提升。从税收结构来看，服务业税收在三产中的贡献份额处于主导地位，其中，2022年1~9月，实现税收收入457.7亿元，比上一年降低14.9%，占全产业比重的58.8%。从固定资产投资来看，服务业固定资产投资在三产中比重最大，其中2022年1~9月，服务业固定资产投资为244.1亿元，同比降低15.2%，占全产业固定资产投资比重的71.7%。从服务业分行业来看，批发零售业增速放缓，商品销售企稳回升，房地产业逐步回暖，金融业平稳增长，上市挂牌企业增加。

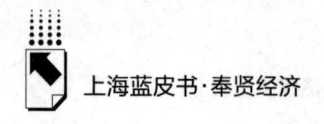

（二）消费品市场逐步恢复，出口表现抢眼

消费品市场稳步恢复，数字化消费成为新趋势。2022年1~9月奉贤区实现商品销售额963.7亿元，同比下降11.9%；2022年1~9月全区累计实现社会消费品零售总额388.1亿元，相较2020年同期的372.0亿元略有提升。2022年奉贤区社会消费品零售总额受疫情影响增速下滑较大，但相比2020年同期仍有小幅提升。为了刺激消费回暖，奉贤区从推动消费城市建设的核心要素出发，推出九大专项行动计划，为提振消费信心、全面打响"南上海消费之城"品牌提供了政策保障。2022年1~9月奉贤区通过公共网络实现的商品零售额（限额以上）达到66.8亿元，同比增长10.0%。通过公共网络实现的商品零售额逆势增长，是当下稳生产促消费的重要抓手。在数字化转型的背景下，将数字化技术与实体商业相融合的新业态，有望成为奉贤区消费品市场复苏增长的新亮点。

固定资产市属投资增长较快，政府投资项目总投资年中调增。2022年1~9月奉贤区固定资产完成投资额达到340.3亿元，同比下降15.5%。其中市属投资额达到20.3亿元，同比增长28.7%。分产业来看，第一产业完成投资额为2697万元，较去年同期下降63.1%；第二产业完成投资额为75.6亿元，同比下降23.3%；第三产业完成投资额为244.1亿元，同比下降15.2%，其中房地产开发投资达到170.5亿元，同比下降21.7%。2022年9月，奉贤区发布了2022年政府投资项目年中调整计划，计划调整后，正式项目由397个调整至474个。正式项目总投资由1172.4亿元调整至1339.6亿元，增加167.2亿元；年度计划投资由253.7亿元调整至271.0亿元，增加17.3亿元，其中区财政资金（含债券）由70.9亿元调整至61.5亿元，减少9.4亿元。

出口表现非常亮眼，跨境电商加速发展。面对严峻复杂的疫情影响，奉贤外贸的表现极具韧性，有力承担起奉贤经济高质量发展的重任，有效"熨平"了各种不利影响导致的巨大波动，为上海稳中经济大盘贡献了积极力量。2022年1~8月，奉贤外贸整体延续了2021年快速增长的态势，外贸进出口总额达到831.1亿元，同比增速为16.7%。在新一轮疫情冲击下，2022年4月奉贤进出口累计同比增速降至13.8%，5月进一步降至9.3%，6月重回两位数，7月增速已经达到17.9%。2022年前七个月，奉贤综保区实现跨境业务单量54.7万单，同比增长65.0%，实现货值1.6亿元，同比增长50.0%，跨境电商业务总量持续攀高。

（三）税收收入有所下降，房地产发展较为稳健

税收收入有所下降，节能环保支出增长显著。2022年1~9月奉贤区实现财政总收入达497.4亿元，同比下降13.5%。其中财政收入为40.9亿元，同比增长8.4%，税收收入为456.5亿元，同比下降15.0%。税收收入中增值税收入下降较大（-29.3%），企业所得税（-1.6%），下降较小，个人所得税已实现正增长（2.5%）。税收收入分产业来看，受疫情影响较大的第二产业（-16.3%）和第三产业（-13.9%）税收收入下降较大，第一产业税收收入实现正增长（13.2%）。第三产业中，金融业税收再创新高，达到18.8亿元，增速达到36.1%。此外各类性质的企业中仅港澳台投资企业的税收实现正增长28.5%。财政支出方面，2022年1~9月奉贤区一般公共预算支出达到232.6亿元，同比增长7.5%，除科学技术、城乡社区事务和住房保障支出外，其他方面的支出均有所增长。节能环保（230.1%）和文化体育与传媒（83.9%）支出增长较快，医疗卫生、资源勘探电力信息等事务的支出也实现较快增长。

房地产建设保持活跃，现房销售增长较快。房地产投资有所下降，2022年1~9月，奉贤区房地产累计完成投资额同比增长9.2%，完成投资额170.5亿元，同比下降21.7%，降幅逐渐缩窄。房地产施工竣工面积有所增长。2022年1~9月，房屋施工面积1330.9万平方米，同比增长6.6%，其中新开工面积185.5万平方米，同比增长63.5%，实现了正增长。房屋竣工面积107.3万平方米，同比增长84.2%，其中住宅70.0万平方米，同比增长235.8%。房地产现房销售增长优于期房。2022年上半年，商品房销售面积108.2万平方米，同比下降17.0%。现房销售面积66.7万平方米，同比

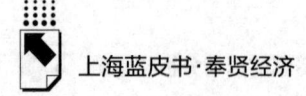

增长18.9%，其中住宅销售63.9万平方米，同比增长36.9%，住宅的现房销售活跃度稍有好转。而期房销售面积41.5万平方米，同比下降44.1%，其中住宅销售37.0万平方米，同比下降47.6%。在销售额方面，现房销售额达到72.0亿元，同比增长56.7%，而期房销售额133.9亿元，同比下降47.1%。

保障房建设有序推进，人才房供应逐渐丰富。2022年，奉贤区继续有序推进保障房建设。2022年1~6月，奉贤区筹措并认定了6个项目，共有6842套保障性租赁住房。人才房建设方面，奉贤区按照"保障性租赁住房和人才安居房源筹措双线并行"的原则，扩大人才安居住房的建设筹措和供应规模。2022年，共计划筹措人才公寓6000套，上半年已筹措6个保障性租赁住房项目均可全部作为人才安居房源，已供应2313套，其中保障性租赁住房项目1个，共计1944套；公租房项目有5个，共计369套。2022年上半年，奉贤区有序开展区级人才公寓的认定。截至6月底，奉贤区共有3个项目完成人才公寓认定的流程，累计可提供人才安居房源1924套。

二 2023年奉贤经济运行展望

（一）重要机遇

1. 城市数字化转型加快推进

经济数字化转型：加快推动数字产业化、产业数字化。2021年全区共有110家企业完成智能工厂市级线上测评；支持中小企业上云上平台，推进企业两化融合，年内新增两化融合贯标企业24家；加强数字化政策宣传对接，组织企业数字化转型政策宣讲3场，参加141人，"企业直通车"累计发布184期，政策发布108条，其中数字化转型政策31条；发展在线新经济，打造数字化转型示范场景和标杆企业，评选出一批在线新经济优质场景、总部、电商融合企业。2021年奉贤区数智新经济产业产值达到272.4亿元，占全区规上产值的11.5%。未来，伴随着"数字江海"建设的逐步落实，将助力奉贤区经济数字化转型成效不断显现，撬动奉贤区数字经济迈向新征程。

生活数字化转型：以数字化手段精准触达"基本民生"，创新发展"品质民生"，着力跨越"数字鸿沟"。医疗服务数字化方面，奉贤区在全市率先实现"医保电子凭证"全覆盖；人才服务数字化方面，依托"互联网+政务"服务模式，推进人才服务流程再造；教育数字化方面，建设2所上海市教育信息化标杆培育校，构建"五慧"智慧校园，注重学生学习过程可记录性和学习状态可视化的研究；居住数空间方面，健全住宅小区维修资金监管体系、数据分析功能，建立住宅小区停车收益监管系统，实现房屋外墙保温层空中坠物实景监测系统；数字文旅方面，奉贤打造的文旅云平台，整合全区文化旅游资源，通过网站、手机H5等终端，推动"线上"与"线下"的互动，实现公共文化旅游资源的共享和服务；弥合社会数字鸿沟方面，推出"智能相伴"项目，通过图像、音视频等老年人容易理解和接受的形式，为老年人提供智能互动服务，帮助老年人破解数字鸿沟。

治理数字化转型：全面深化"一网通办"改革，强化城市运行"一网统管"应用。电子政务方面，完成政务外网升级改造项目建设，按照市政务外网统一建设标准和运行管理规范，实现与市级政务外网衔接，推进区电子政务云二期项目建设。公共数据治理方面，完成区大数据平台建设，完成资源目录编目1456条，基本实现"应归尽归"，为区内40多个应用提供数据支撑。推进开展"数源工程"、"亮数工程"和"一数一源"治理，探索政府购买社会数据的模式。"互联网+政务"服务方面，筹备试点区块链应用电子材料库；持续完善"一网通办"奉贤门户和"随申办"移动端。一方面搭建"贤智办"智能审批系统，不断提升"AI+一网通办"赋能水平。另一方面完善"一网通办"奉贤频道，以"应归尽归"为原则，归集市级电子证照608类，区级电子证照47类，证照总量4553张，"用证清单"累计调用约126.4万次。

2."东方美谷"产业集聚优势凸显

"东方美谷"品牌知名度进一步打响。近年来,奉贤聚焦打响"东方美谷"品牌,围绕药品、化妆品、食品等先导领域,把握主动权、抢占新赛道、布局产业链,引进了巴斯德研究所等一批国家级功能平台,在生物疫苗、现代中药、创新药物等细分领域形成了先发优势。特别是形成了新冠防治全产业链,在mRNA疫苗、核酸抗原检测、新冠口服药等方面取得了多个"上海第一""全国首个"。截至2022年8月,"东方美谷"入驻规模以上工业企业222家、规模以上服务业企业41家,产业集聚的优势不断凸显。根据上海市奉贤区"十四五"规划,预期2025年"东方美谷"的产业规模达1000亿元,进一步向"世界化妆品之都"迈进。2022年,"东方美谷"和中央广播电视总台上海总站联合打造的央视"东方美谷"直播基地正式揭牌,"东方美谷"依托美丽健康产业链全力打造"直播之都",将更多奉贤制造、奉贤服务推向全世界。

生物医药产业逆势增长劲头足。奉贤区生物医药产业规模持续攀升,从2015年的约107亿元增加至2021年的近230亿元。2022年,新冠肺炎疫情对上海的整体经济影响较大,"东方美谷"产业园区实施多项措施,助力企业复工复产,使生物医药企业产值仍能保持增长趋势,1~8月"东方美谷"生物医药行业规模以上工业企业产值同比增长33.6%。目前,奉贤区共有各类生物医药企业200多家,其中规上企业77家,2021年规上工业产值达到229.2亿元,位列全市第三。2022年1~9月,生物医药产业完成规上工业总产值212.5亿元,同比增幅达到24.1%,远高于全市可比增幅5.8%。在"张江研发,奉贤承接"联动机制的推动下,奉贤近年来快速集聚生物医药企业,初步形成了化学原料药和制剂企业集群、生物制品企业集群、中药企业集群、诊断试剂和医疗器械企业集群。

3."森林城市"生态逐渐优化

绿色生态已成为奉贤强有力的名片。奉贤有着丰富的森林、绿地、湿地和农田等生态空间,拥有1.8平方公里黄浦江涵养林、2.6平方公里的申亚片林、7平方公里的申隆生态林、4.8平方公里的城市中央林地、6.6平公里的化工区隔离林5大生态本底,还有10平方公里的海湾森林公园内的9000亩复合混交林群落,层林尽染。原有生态资源与城市公园相连,与林荫绿廊、生态廊道相交,相辅相成,形成了系统连续整体的城市生态网络体系,更有效地保护和修复生态环境,提升了生态系统的多样性、稳定性和持续性。2022年8月,奉贤聚焦"大生态"格局,提出创建"国家森林城市"的新目标,不断探索以生态优先、绿色发展为导向的高质量发展道路,展开"森林城市"的新蓝图,绘就人与自然和谐共生"奉贤画卷"。

低碳绿色发展提高生态竞争力。奉贤不断探索绿色低碳发展模式,全面倡导绿色低碳的生活方式和城市运行模式,探索"无废城市"建设。奉贤同时推进低碳发展实践区、低碳社区、低碳示范机构等试点工作,逐步扩大低碳试点范围;持续推进近零排放项目试点,强化零碳建筑等示范引领作用。为进一步贯彻习近平总书记提出的"绿水青山就是金山银山"理念,奉贤在"十四五"规划中明确构建"两山"指数,以此为抓手评估奉贤生态建设进展,聚力推动生态文明体系建设,加速推动全社会实现绿色低碳转型,助力打造绿色宜居之城。奉贤"两山"指数近几年整体呈现逐年上升趋势,反映出奉贤"两山"发展在生态环境、经济增长、民生建设、政策保障等方面都取得了显著的阶段性成果。其中"生态环境"指数反映出奉贤在生态保护和绿色发展工作中取得了突出成果,奉贤获评"2021年最具生态竞争力城市"荣誉称号也充分验证了这一点;"未来经济"指数显示出奉贤经济增长势头良好,庄园式、庭园式、公园式总部经济发展优势充沛,绿色低碳经济发展模式初见成效,经济结构不断优化;"人民生活"指数反映出奉贤生态之城建设仍在加速推进,新江南文化催化城乡加速融合,打造出独具风韵的生活之城;"创新保障"指数表明奉贤政策组合拳全力出击,为"两山"发展实践提供了坚实的政策支撑。

4. 新城建设与乡村振兴相互促进

城市功能建设促进奉贤新城生活品质全面提升。结合奉贤自身的生态环境优势,已经成功创建了上海市首批"河长制标准化街镇",拥有了"上海市园林街镇",5年内新增公园7座,其中6座已纳入上海市城市公园名录,

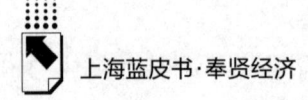

并结合"美丽街区"创建,形成了年丰路、望园路、金海路等特色道路。2022年8月,奉贤新城的重要板块之一"魔方奉浦"公布了15分钟社区生活圈规划三年行动方案,同时,街道在社区文化活动中心设置了主题展,让最广泛的人民群众可以更感同身受地了解社区生活圈的丰富内涵。此外,奉浦街道还邀请当地居民参加主题沙龙讨论,共同探讨协商推进"魔方奉浦"的建设,这不仅能让人人都成为社区建设的参与者,更是人民城市理念的最佳诠释。预计到2025年,奉贤新城公共服务水平将在品质和覆盖面上得到显著提升,对人才的吸引力明显增强,基于居民就近生活服务类需求的"15分钟社区生活圈"将基本建成,居民对新城区域的归属感也将随之不断提升。

奉贤新城建设与乡村振兴互为补充。从《上海市奉贤区实施乡村振兴战略"十四五"规划》和《奉贤新城"十四五"规划建设行动方案》的比较中可以看出,奉贤新城建设与乡村振兴发展目标定位一致,主要任务相互融通,空间发展格局互为补充。但人才广度和产业发展不够是奉贤乡村振兴战略实施中面临的重大挑战,奉贤新城建设有助于补齐乡村经济社会发展中的短板。在奉贤新城建设中,将建设创新之城放在首要位置,着力集聚科技创新人才和管理人才,为乡村振兴人才储备提供了渠道;将建设数字之城作为重要目标,引入数字产业化和产业数字化,发展数字经济,打造数字社会和数字政府,这些发展理念和实践为农业产业数字化和科技化提供支撑;建设公园之城和文化创意之都,发挥本地生态资源优势、发掘"贤美文化"内涵,为农村稀缺优质资源的充分利用提供了动力;建设消费支撑,发展线上线下新消费、文化消费、健康消费和现代服务消费为农业产业链延伸和品牌影响力构建提供了渠道。

(二)风险挑战

1. 外部环境不确定性加剧

国内外形势复杂严峻。2022年新冠肺炎疫情出现反复,统筹疫情防控和经济发展的压力不断增大,我国经济面临需求收缩、供给冲击和预期转弱的三重压力。尤其是2022年上半年上海的新一轮疫情为全年实现经济发展目标带来了尤为严峻的挑战。主要发达经济体采取的加息措施尚未对通胀形成较好的控制，反而由于加息步伐的超预期对全球金融市场造成剧烈的冲击，财政和金融条件不断收缩，对实体经济造成了负面影响。而地缘政治冲突的升级加剧带来了更多的不确定性，石油、天然气等国际能源供给需求结构遭到严重破坏，能源价格的持续走高进一步推高了主要发达经济体的通胀水平，尤其是欧洲面临严重的能源危机。而能源危机很可能逐步演变为经济危机，"滞胀"已经出现。

全球经济增速放缓。在金融条件和能源条件的共同约束下，发达经济体的总体需求不断下滑，全球潜在经济增长率正在下降，美国和欧洲等发达经济体很有可能陷入衰退周期，全球气候异常也将带来更多的不确定性。根据IMF在《世界经济展望报告》中的最新预测，2022年全球经济增速将保持在3.2%的水平不变，2023年将放缓至2.7%，比7月预测低0.2个百分点，且存在25%的可能性会降到2%以下。持续存在且不断扩大的通胀压力促使各国央行快速同步收紧了货币环境，全球货币和金融环境的收紧将在整个经济范围内产生影响，抑制需求并帮助逐步遏制通胀。IMF指出，受全球金融紧缩、乌克兰危机以及中国经济增速放缓等因素影响，预计2022年和2023年亚太地区经济增长将放缓。在此次报告中，IMF还重点警示了世界与亚洲当前面临日益增长的经济分裂风险，呼吁政策制定者必须果断行动，避免全球分裂带来的伤害，确保贸易继续成为经济增长的引擎。

2. 疫情扰动消费增长放缓

线下消费需求疲弱。疫情进入第三年，疫情的不断反复致使线下消费需求略显疲弱，消费总量、消费结构以及消费习惯的改变，正在对原有的商业市场造成持续性的影响。2022年上半年，国内部分地区疫情多发频发，对消费造成了较大冲击，尤其是2022年3月以来，国内疫情多点频发、波及面较广，让年初略有恢复的消费迅速遇冷。全国社会消费品零售总额同比增速从1~2月的6.7%降至3月的-3.5%，4月负增长态势进一步加剧至-11.1%，严重制约了线下消费。

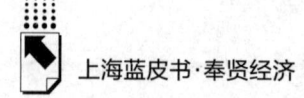

消费降幅逐渐收窄。2022年上海线下消费零售经历了长达3个月的停滞，恢复正常生产生活秩序以来，消费品市场逐渐恢复。从上海全市来看，2022年3月中下旬，疫情开始影响上海消费品市场，3~5月社会消费品零售总额大幅下行，同比下降34.1%。6月随着上海复工复产，社会消费品零售总额降幅收窄至4.3%。2022年前三季度，上海市社会消费品零售总额11864.63亿元，比去年同期下降10.7%，降幅比上半年收窄5.4个百分点。分行业看，批发和零售业零售额11055.4亿元，同比下降9.4%，降幅比上半年收窄5.2个百分点；住宿和餐饮业零售额809.3亿元，下降24.8%，降幅收窄8.3个百分点。从奉贤区来看，2022年1~9月奉贤区实现商品销售额963.7亿元，同比下降11.9%。2022年1~9月奉贤区累计实现社会消费品零售总额388.1亿元，同比下降8.7%。2022年奉贤区消费受疫情影响增速下滑较大，但6月以来正在逐步恢复。

3. 绿色低碳发展任重道远

绿色低碳技术突破难且推广难。实现绿色低碳发展无论是能源结构转变还是产业结构转型都需要技术支持，许多污染问题是由于生产设备落后产生过多污染废弃物造成的。清洁生产的核心是相关技术的研发、推广和应用，而清洁生产技术研发周期长、成本高，后期推广使用更需大量资金投入。从开发资源到利用资源，废弃资源排放的各个阶段都有不同的清洁生产技术，新能源行业的快速发展促进清洁技术向前迈进一大步，但是如果没有配套产业的支持，新能源技术和清洁能源技术的开发成本很高，且推广困难，要实现技术突破需要较长的研发周期。目前奉贤高技术企业不多，清洁技术企业则更为稀有，相关技术引进成本比较大。

产业能级提升与绿色低碳转型发展制约有待破除。目前奉贤产业能级还不够高，龙头企业匮乏，园区内企业大多处于能级较低水平。然而绿色低碳技术需要坚实的研发基础和雄厚的资金支持，产业能级较低的企业往往难以在实现转型升级的同时兼顾绿色发展。要推动产业结构优化升级，一方面需要严格控制高耗能、高排放行业的规模和产出，另一方面要通过出台政府扶持政策助力重点领域企业进行绿色低碳转型，大力发展节能环保产业。目前奉贤整体产业能级不够高，全面进行绿色低碳转型不仅高成本且高风险，控制产能则可能与经济发展有冲突。因此必须确保奉贤产业能级提升与低碳发展模式相协调，选择合适的发展尺度。

（三）走势研判

2022年1~9月奉贤区经济运行呈现"前升后降再企稳回升"的"N"字形走势。虽然上半年经济形势异常严峻，但奉贤区经济依然展现出强大韧性，临港新片区、生物医药和新能源产业分别引领重点区域、重点产业，拉动全区经济向好发展。从各项主要经济指标来看，奉贤区规上工业产值增速由负转正，规上服务业营收增速持续攀升，进出口增势持续向好，地方财政收入、固定资产投资、社会消费品零售总额降幅持续收窄，经济运行总体呈现稳中向好的积极态势。

农业方面，奉贤农业产业转型升级驶入快车道，各类农业经营主体发展迅速，各种优质农产品供应充分。同时，奉贤还深化落实"藏粮于技，藏粮于地"战略要求，持续推进农业农村绿色发展，专注于农业生产提质增效。目前，成功选育了拥有自主知识产权的"美谷2号"优质稻米品种，为加快稻米产业化提供了有力保障，为本地居民从"吃得饱"向"吃得好"转变提供了坚实基础。

工业方面，工业经济发展新动能不断释放，生物医药与新能源汽车产业逆势增长。奉贤区抓住内外部宏观环境中的机遇，统筹疫情防控和经济社会发展，加快培育经济发展新动能的步伐，积极推进企业复工复产进程，出口交货值累计增长率等多个经济指标平稳改善、逐渐恢复至疫情前水平，呈现出良好增长态势，工业经济总体呈现出良好的韧性。

服务业方面，奉贤区批发零售业增速放缓，商品销售企稳回升，房地产业逐步回暖，金融业平稳增长，上市挂牌企业增加。预计到2023年，奉贤区消费品市场逐步回稳，网络零售拉动消费复苏，房地产市场加快恢复，金融市场保持稳中上升的良好趋势。

综合来看，结合奉贤区在城市功能建设、统筹新城建设与乡村振兴、城市数字化转型、提升"东方美谷"产业能级、通过塑造新江南文化振兴文化创意产业、打造"森林城市"等方面的发展态势，预计2023年奉贤地区生产总值将保持稳中向好增长态势，增速有望恢复至疫情前水平。在紧抓城市数字化转型加快推进、"东方美谷"集聚发展、生态环境逐步优化、乡村振兴与新城建设融合发展等机遇的同时，仍需密切关注外部环境的变化，密切关注投资、消费、出口"三驾马车"对经济的拉动作用，持续推进奉贤经济向绿色低碳发展。

三 对策建议

（一）实施企业"淘金"工作，激发"五型经济"活力

"五型经济"，包括创新型经济、服务型经济、总部型经济、开放型经济、流量型经济，这五种经济业态彼此交叉融合，是经济体系在不同方向视角投影下的5种不同形态。2022年7月15日，上海发布《关于促进"五型经济"发展的若干意见》（以下简称《意见》），提出实施百千万"五型经济"主体培育行动计划，探索建立"五型经济"典型企业识别监测体系，遴选"100+"龙头企业树立标杆、"1000+"成长企业匠心扶持、"10000+"潜力企业孵化培育，吸引海内外"五型经济"头部企业加速在沪集聚，力争专精特新"小巨人"企业数量全国领先。这彰显出市场企业主体在经济转型发展的进程中具有重要地位，更是作为推动经济高质量发展的动力所在。

在上海"五型经济"的整体发展战略谋划下，奉贤应坚持实施企业"淘金"工作，以逐步构建适应奉贤城市发展的经济结构，打造上海的"五型经济"示范区、国家级的中小企业科创活力区。立足于奉贤自身产业结构和行业优势，基于中小企业未来的发展趋势、行业潜力，并从产业的引领性、发展的可持续性等角度出发，以淘选出一批创新能力强、成长速度快、产业模式新、引领能力强的优质企业。强化数字赋能企业的遴选过程，深化

政策研究让奉贤区的"五型经济"企业微观基础更加坚实牢固、创新创业氛围更加活跃、发展成果达到新高度。以审慎宽容的企业帮扶政策，从制度上鼓励企业勇于创新，帮扶并引导企业加大创新投入，并给予先行先试的企业以政策保障，为企业的开放创新保驾护航，打造中小企业创新发展的良性生态圈，为奉贤经济的高质量发展注入源源不断的动力。

（二）主动融入新片区，推动区区合作新模式

新片区的设立体现了党中央进一步扩大开放、坚持全方位开放的坚定态度，在融入全球化发展的基础上引领全球化发展，在坚持对外开放的基础上探索更高水平的开放。

如在人才政策方面，奉贤可借鉴新片区模式探索招揽人才的新路径、新载体，考虑特定区域或特定行业领域适用新片区人才政策、实行人才购房政策，可考虑特定区属国企设立人才招引平台、发展载体。在保税领域，探索洋山特殊综合保税区、奉贤区综合保税区的联动发展，探索空间联通、功能互补的创新试点，以保税区内的研发、检测维修等功能支撑保税区外的产业发展，在自贸区新片区尝试建立"东方美谷"免税店；在新能源汽车领域，探索上下游产业的功能互补，推动区域间错位发展，形成新片区、奉贤区、张江园区的三区协同；在生物医药领域，形成临港新片区生命蓝湾、奉贤"东方美谷"、张江药谷的三园联动。在双方共同特色领域形成区域联动、优势互补、彼此支撑、协作发展的基础上，争取自贸区新片区相关产业政策的倾斜和同等享受。

（三）进一步做大新江南文化品牌，推动文化产业和消费协同增长

始终坚持文化自信，打响上海文化品牌，奉贤作为其中的主力军，一直坚持不懈做大新江南文化品牌、发展文创产业。新江南文化在红色文化、海派文化、江南文化三种文化基础上推陈出新，在贤美文化的滋润中不断发展，其包含了江南文化的传承与创新以及开放传统。为做大新江南文化品牌、发展文创产业，奉贤在完善政策顶层设计、搭建文创服务平台、用好文

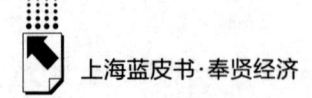

创产业扶持资金上不断努力，聚焦时尚创意和文旅融合发展、打造九棵树"艺术生态圈"、做强内容创作生产、打造影视产业生态圈。

面向"十四五"期间新时代新阶段，奉贤要继续把文创产业作为彰显城市温度的关键要素，不断提升南上海文化创意产业集聚度、显示度、贡献度，持续做大属于奉贤、属于上海、属于中国的新江南文化品牌。一是，要立足产业发展基础，做强文化装备、文化消费终端、内容创作生产，做强创意设计服务，加大奉贤特色文创产品的开发运用。二是，要适应未来发展趋势，推动线上线下融合。大力发展影视、电竞游戏、数字出版、在线直播等产业。三是，要依托本土文化资源，推动文化产业和消费相互促进协同增长。做强九棵树文化艺术核心区，丰富区域文化体验和文化消费场景，构建场馆、演艺、创意周边、培训、经纪等一体化的产业链生态。利用"东方美谷"产业优势，扩大"艺术商圈"覆盖范围，打造一批文创艺术与商业服务高度融合的综合消费场所。以江南文化遗产保护为重点，赋予江南文化新的时代内涵和现代表现形式，加强"新江南文化"风貌区建设。

（四）落实"十个一切"要求，持续打造一流营商环境

近年来，奉贤区持续落实"十个一切"要求，营商环境显著改善。在深化"放管服"改革方面，奉贤累计取消调整审批事项118项；"一网通办"年办件量超440万件，全程网办比例达到86.8%；为企业提供"妈妈式服务"，打造"线上直通车、驻企店小二"服务平台，通过政企"早餐圆桌会"加强交流，实行"无科层"审批，率先实现产业项目落地"六证齐发"；复制推广"一业一证"改革经验，实现"一证准营"、跨地区互认通用；大力实施减税降费政策，助企纾困，为企业减税超150亿元。

未来奉贤还可以从以下三个方面进一步优化营商环境。一是，提升政策知晓度，疏通优化营商环境的堵点难点。针对企业对惠企政策的感受度不高，政策发布与市场主体之间存在比较严重的信息堵点和不对称等问题，探索在政策宣传方式方法上进行创新。借助新媒体平台、"一对一"指导等多种形式开展政策宣传解读，实现涉企优惠政策一体化整合、一站式宣传，将

最新政策有针对性地及时推送给目标企业。二是，提升企业参与度，引入多样化政策制定及评价机制。政府应与时俱进，进一步拓宽企业政策参与通道，持续建立健全企业家参与涉企多样化政策制定、反馈机制，充分聆听采纳企业感受和意见，提高政策的针对性、精确性及有效性。同时也应引入政策评价机制，适时回头看，在确保评价客观性的同时，形成较为科学客观的评价体系，促成政策制定和企业参与评价之间的良性循环。三是，提升政府管理服务效能，推动各项政策落地见效。推动"政府思维"向"企业视角"转变，"政府端菜"向"企业点菜"转变。主动出击，服务上门，找准企业的关注点和需求点。搭建高效的政企沟通平台，尽可能消除信息不对称，充分了解企业诉求，聚焦政策落地过程中的堵点和难点，逐个击破。盼企业所盼，急企业所急，"一企一策"提供精准服务，聚焦政策实效，让企业得到实惠才能切实提升企业满意度。

参考文献

《优化城市生态环境　打造绿色美丽奉贤——上海市奉贤区绿化工作纪实》，《国土绿化》2022年第7期。

《携手科技，打造康养产业新场景——老年人康养应用盘点》，《大数据时代》2022年第7期。

欣闻：《上海市奉贤区：出台推进消费城市建设九大专项行动方案》，《中国城市报》2022年6月6日。

鲍筱兰：《上海奉贤投入1亿元建设消费之城》，《中国经济导报》2022年6月7日。

胡幸阳：《奉贤：画出一条更快更高发展曲线》，《解放日报》2022年6月25日。

俞陶然：《奉贤生物医药产业逆势上扬》，《解放日报》2022年8月22日。

陈祈：《奉贤：优质农产品展销让市民喜笑颜开、收获满满》，《东方城乡报》2022年9月27日。

钟源：《上海奉贤奋力实现"奉贤美、奉贤强"新跨越》，《经济参考报》2022年10月21日。

分析研判篇
Analytical Study

B.2 2022~2023年奉贤农业经济形势分析与研判

张鹏飞*

摘　要： 2021~2022年，奉贤农业结构持续优化提升，尤其是农林牧渔服务业快速发展，为其农业高质量发展奠定了基础。在乡村振兴方面，"两个百万"工程全面推进，成效显著。都市现代绿色农业也得到了稳步发展，水稻新品种"美谷2号"获得丰收，"奉贤黄桃"等本地平台农产品强势崛起。此外，在生态宜居美丽乡村建设上，奉贤获评"中国最具生态竞争力城市"。但是，奉贤农业能级与上海全球城市定位还不相适应，与周边区县特色不是很明显。未来，奉贤需要在保持基本耕地红线基础上，以都市农业、数字农业、总部农业为重点，推进奉贤农业高质量发展。

关键词： 农业服务业　现代绿色农业　数字农业　总部农业

---

* 张鹏飞，上海社会科学院世界经济研究所助理研究员，研究方向为区域经济学。

近年来,奉贤农业持续提质增效,农民收入显著增加,农业机械化水平提升有效缓解了农村劳动力供给短缺局面。尤其是在《实施乡村振兴战略"十四五"规划》发布后,奉贤区政府抓住重点领域推进改革,不断推进农业现代化建设,植入数字元素,开创了奉贤现代化乡村振兴的新局面。

一 农业服务业持续发展,农业结构更趋合理

(一)农业生产总体情况

2021年奉贤农业总产值为24亿元,呈持续下降趋势,但下降趋势变缓,相比2020年只减少了0.4亿元,降幅为1.7%(2020年为5.4%)(见图1)。在2021年,奉贤林业下降幅度最大,同比下降28.1%,占农业总产值比重从2020年的5.5%下降为4.9%。而畜牧业下降了9.9%,渔业下降了1%,种植业下降幅度最小,为0.1%。与之相反的是,农林牧渔服务业同比增长4.2%。这些表明奉贤农业的产业结构调整初见成效,尤其是农林牧渔服务业快速发展,为奉贤农业高质量发展提供了重要的支撑。

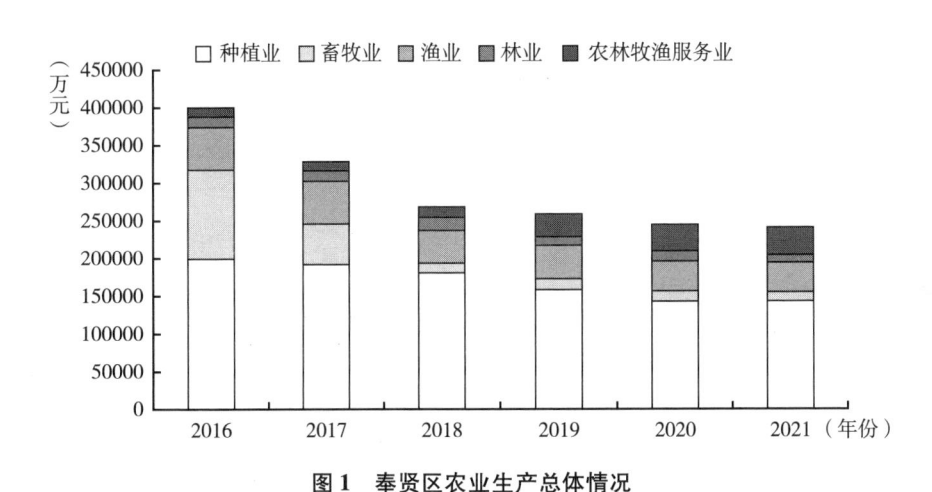

图1 奉贤区农业生产总体情况

资料来源:不同年份《奉贤统计年鉴》。

（二）传统种植业

2021年，奉贤严格落实粮食安全责任制，全年粮食种植面积为11480.1万公顷，产量为96012万吨，同比增长1.5%（见表1）。尤其是在种植农作物种类的选择上，奉贤持续更加水稻等优势作物的种植面积，并相对收缩小麦等不具有优势的农作物种植面积。2021年，奉贤种植水稻17.2万亩，轮作休耕16.8万亩，推进水稻主导品种覆盖率达到97%，"美谷二号"示范推广种植面积在1万亩左右。此外，2021年奉贤蔬菜种植面积为8186.7公顷，产量为226448万吨，同比增长17.2%。

表1 奉贤区种植业主要作物基本情况

年份	粮食			夏熟谷物		
	播种面积（公顷）	单产（千克）	总产量（吨）	播种面积（公顷）	单产（千克）	总产量（吨）
2017年	9967.7	8045	80192	968	3911	3787
2018年	10844.8	8427	91391	623.7	4912	3064
2019年	10731.1	8528	91517	108.5	4500	483.5
2020年	11263.8	8398	94589	57.8	4396	254.1
2021年	11480.1	8363	96012	37.1	4013	148.9

年份	小麦			单季稻		
	播种面积（公顷）	单产（千克）	总产量（吨）	播种面积（公顷）	单产（千克）	总产量（吨）
2017年	797.9	3964	3163	8999.4	8490	76405
2018年	582.3	4911	2860	10211	8642	88326
2019年	82.6	4700	388	10389	8619	89544
2020年	44.3	4582	203	11206	8418	94335
2021年	20.8	4423	92	11443	8378	95864

续表

年份	水果		蔬菜		西甜瓜	
	果园面积（公顷）	总产量（吨）	播种面积（公顷）	上市量（吨）	播种面积（公顷）	总产量（吨）
2017年	2240.6	45739	12546.5	331969	868.6	28712
2018年	1848.3	41127	10520.5	296803	487.4	14140
2019年	1685.3	36037	7995.3	227187	475.4	13642
2020年	1464.6	27252	6632.7	193151	237.9	9378
2021年	1317.4	20173	8186.7	226448	248.4	9343

资料来源：不同年份《奉贤统计年鉴》。

（三）畜牧业

近年来，奉贤持续加大对不规范畜禽养殖的整治力度，2021年在完成了市级生猪存栏5万头任务量的同时，生猪出栏数量仅为0.05万头，同比下降16.61%。与此同时，家禽产量为44万羽，同比下降35.3%。然而鲜蛋产量达到5106吨，同比增长22.6%（见表2）。

表2 奉贤区畜牧业产量情况

畜牧业	2017年	2018年	2019年	2020年	2021年
生猪出栏数（万头）	17.30	0.13	0.15	0.06	0.05
家禽产量（万羽）	292.00	62.00	55.00	68.00	44.00
鲜蛋产量（吨）	5539.00	4499.00	4713.00	4164.00	5106.00

资料来源：不同年份《奉贤统计年鉴》。

（四）水产养殖业和林业

为了保证奉贤水质，奉贤渔业更加注重特色品牌产品的发展，并加大对不规范池塘养殖的整治力度，使得2021年渔业总产量为9730吨，同比下降4%。与此同时，奉贤南美白对虾获得丰收，得益于奉贤开创"南繁北养"

的模式，使其种虾品质优良，其良种虾苗的虾池比使用普通虾苗虾池每万尾增产50%以上，病害减少70%以上，且生长周期相对较短。此外，在林业方面，2021年底，奉贤实有林地总面积为13087公顷，仅增加了106公顷，林业产业下降了28.1%。

二 农民收入持续提升，城乡联动效应增强

2021年，奉贤农民年人均可支配收入持续增长，为5.4万元，同比增长9.4%。其中工资性收入为3.7万元，同比增长10.1%；家庭经营性收入为2663元，同比增长5.9%；财产性收入为4478元，同比增长3.4%；转移性收入为9593元，同比增长10.7%（见表3）。转移性收入增长主要得益于奉贤实施的"两个百万"等项目工程，通过分红等进行转移支付，在奉贤农民可支配收入中占比已达到17.76%。此外，2021年奉贤为打响"百村"系列品牌，集中签约农户1316户，累计分红5.4亿元。

在城乡收入差距方面，得益于奉贤新城建设的带动效应，2021年奉贤农村常住居民年人均可支配收入增速为11%，远高于城镇居民的8.3%，但是由于城镇常住居民的年人均可支配收入较高（为6.3万元），使得2021年奉贤城乡年人均可支配收入差距依然高达2.4万元（见图2）。

三 农民技能显著提升，高文化素质人才持续匮乏

2021年，奉贤农业人口持续减少，约为46万人，同比减少4.3%，主要是由于外来人口数量的减少，2021年奉贤外来人口为26.8万人，同比减少3.2%（见表3）。但是，奉贤农民的专业技能显著提升，主要得益于乡村振兴人才队伍建设，将培养与引进相结合、引才与引智相结合，最大限度激发乡村人才内在活力，重点引进涉农高层次创新型人才，加快培养农业科技领军人才和创新团队，逐渐培育出一批有文化、懂技术、善经营、会管理的高素质技术型农民，为奉贤农业高质量发展提供人才支撑。

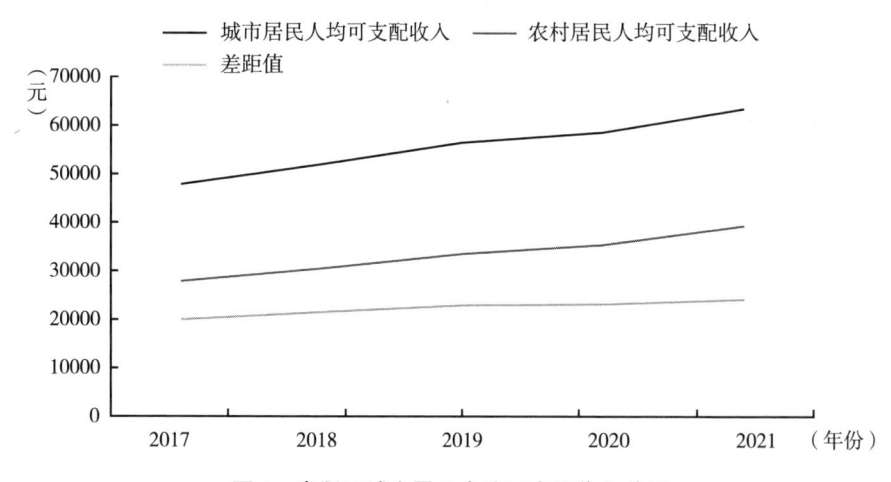

图 2 奉贤区城乡居民人均可支配收入差距

资料来源：不同年份《奉贤统计年鉴》。

表3 奉贤农村人口现状

单位：人

项目	2017年	2018年	2019年	2020年	2021年
农业总人口	557167	510432	485250	480351	459630
外来人口	326461	281135	264796	277155	268416
劳动力总数	384962	358865	342632	338686	321734
第一产业劳动力	40115	37358	33418	31713	30540
第二产业劳动力	291969	269547	256329	252198	240187
第三产业劳动力	52878	51960	52885	54775	51007

资料来源：不同年份《奉贤统计年鉴》。

（二）高文化素质的农民持续匮乏

2021年，根据对奉贤区农民文化程度的最新调研数据，整个奉贤农业人口的高文化素质在持续下降。其中初中及以下文化程度人数占比增加，2021年为78.43%（2020年为76.13%），而高中文化程度人数和大专文化程度人数占比均出现大幅下降，其中高中文化程度人数占比从2020年的

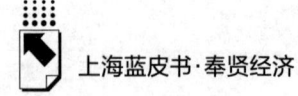

17.70%跌到了15.77%，大专文化程度人数占比从5.35%下降到2.90%。仅大学及以上文化程度人数出现了增加，从2020年的0.82%增加到了2.90%，主要得益于奉贤农业服务业的快速发展（见表4）。

表4 奉贤区农民文化结构

项目	2017年	2018年	2019年	2020年	2021年
调查户数(户)	200	130	130	130	130
总调查人数(千人-待核实)	414	237	241	243	241
其中:文盲或者半文盲人数占比(%)	2.66	4.50	4.56	4.94	5.81
小学文化程度人数占比(%)	23.67	27.85	26.14	27.16	22.41
初中文化程度人数占比(%)	49.76	42.79	43.57	44.03	50.21
高中文化程度人数占比(%)	16.91	17.55	18.67	17.70	15.77
大专文化程度人数占比(%)	3.86	5.45	5.81	5.35	2.90
大学及以上文化程度人数占比(%)	3.14	1.69	1.24	0.82	2.90

资料来源：不同年份《奉贤统计年鉴》。

四 2021~2022年奉贤乡村振兴中亮点众多

（一）持续推进"美丽家园"建设，农业现代化布局不断优化

第一，"两个示范村"建设呈现显著。围绕"奉贤是个大公园、村村都是度假村"目标，近年来，奉贤聚焦乡村振兴示范村建设，不断优化空间规划布局。2021年，奉贤完成了渔沥村、六墩村、存古村3个乡村振兴示范村建设任务，并成功创建3个市级美丽乡村示范村，目前又启动3个乡村振兴示范村建设。

第二，推进农村人居环境整治。一方面，以"百万集中居住工程"为抓手，以"房地产开发模式"等创新性举措来推进农民集中居住，实现农民在相对集中居住中"房等人"，并不断优化集中居住的安置条件，改善农

民居住条件。另一方面，奉贤持续开展村庄清洁专项行动，如农村爱国卫生运动，及"以工代赈"等方式，加大推进美丽庭院"小三园"覆盖力度，来优化人居环境。

第三，创新推进农业农村改革。2021年，奉贤重点推进宅基地确权颁证等工作，推进农村宅基地数字化管理系统建设，逐步形成宅基地信息"一张图"。此外，奉贤还深化了南桥镇、庄行镇"共享宅基"试点，及宅基地权益股权化改革，实现宅基地从单一居住功能向经济、文化以及公共服务多元化复合功能转变。

（二）持续推进"绿色田园"建设，农业现代化水平不断提升

第一，持续推进农业绿色生产方式。目前，奉贤已完成第二批生态循环示范镇和第三批示范基地创建，农残抽检合格率大于99%。其次，奉贤持续深化绿色食品认证，不断提升农产品绿色生产基地覆盖率及绿色食品认证率。此外，奉贤还着力提升秸秆综合利用率，并强化农药实名销售。

第二，加快提升农业数字化水平。一方面，奉贤推进蔬果生产"机器换人"示范基地建设，因地制宜开展大棚设施宜机化改造。另一方面，奉贤近年来不断完善农用地信息综合管理平台（GIS）功能，持续推进数字乡村和数字农业云平台建设，持续推进农业生产作业信息直报工作，完善了国家数字乡村试点验收工作。

第三，持续提升农产品的品牌效应。近年来，奉贤聚焦"奉贤黄桃""庄行蜜梨""奉贤雏鸡"等品牌，利用上海三农、上海奉贤等主流宣传平台，及线上与线下农事体验活动等，不断提升主要农业品牌的知名度。其中"塞翁福"成为上海唯一成功入选"中国农业品牌目录2020年农产品品牌"，"庄行蜜梨"入选2021年上海市地理标志农产品保护工程项目。"申鸿七彩雉"成为全国首个通过国家审定的人工培育雉鸡新品种，并被列入2020年"国家畜禽遗传资源名录"，"奉贤雏鸡"新申请国家地理标志。此外，奉贤还和市农科院等单位就打造奉贤黄桃、庄行蜜梨等农产品品牌进行深度合作，有序推进青村东方桃园项目建设，加快推动丰科生物种源创新平

台建设，逐步形成品牌带动、标准化生产、龙头企业支撑、产加销有机结合的高效的新型农业体系。

（三）持续推进"幸福乐园"建设，农业现代化功能不断丰富

第一，持续推进"三园一总部"工程。近年来，为了与中心市区如陆家嘴等的CBD形成联动效应，奉贤聚焦"浦江第一湾"、农艺公园、良渚江海等，全力打造新型生态商务区，为多家高端总部、高端研发机构等提供田园环境。目前，已有多家互利共生、优势互补的总部聚集在生态商务区。

第二，持续推进乡村的招商引资。为了加大乡村振兴建设力度，奉贤依托奉贤新城、东方美谷、未来空间等重大项目，加快在乡村振兴示范村等导入优质项目。为此，奉贤先行启动5亿元贴息资金，通过中长期银行贷款贴息，撬动社会资本、金融资本等投入乡村振兴，增强奉贤农村发展的内生动力。

五　2021~2022年奉贤农业发展遇到的主要问题

第一，奉贤农业能级与上海全球城市建设要求还有差距。比对东京、伦敦等全球城市周边的都市农业，由于受到基本农田等耕地红线的限制，奉贤农业能级较低，主要是以种植业为主体，没有将上海在研发、金融和人才等方面的优势要素导入到农业，向种业、花卉等高附加值农业发展。尤其是奉贤作为上海全球城市建设的新城，尚没有承担起市区居民对农村生活的高品质需求。

第二，奉贤农业特色与周边区县相比不是很明显。尽管奉贤有"奉贤黄桃""庄行蜜梨"等本地品牌，但体量和规模均不足以支撑起整个奉贤农业的高质量发展。尤其是与周边的金山、松江等相比，农业结构趋同，差异化不是很明显，而自身毗邻临港新片区政策创新高地的优势没有发挥出来，尚未创新出"爆点"项目来吸引市区的客流。

第三，高素质农村劳动力依然短缺。由于整个农村业态尚未调整过来，农业依然是劳动密集型的低端产业，没办法吸引高素质的优秀的青年劳动力。目前，现有劳动力整体存在年龄偏大、学历偏低、技能偏弱等问题，水产养殖等行业很可能会出现后继无人的情况。

六 "十四五"期间奉贤农业的发展思路与政策建议

2022年，奉贤需要强化"四大功能"，以数字化和低碳绿色为方向，进一步优化农业产业结构，聚焦都市农业、数字农业和总部农业，充分利用临港新片区制度创新优势，打造现代农业的"爆点"项目，不断提升奉贤农业能级，使得奉贤农业成为上海全球城市建设的重要部分。

（一）持续推进都市农业

都市农业作为城市发展的必需品，更是一种全新的生活方式，尤其是在欧洲、美国等地区，都市农业以市场为导向，特别发达，借鉴它们经验，对奉贤未来都市农业的建议如下：一是大力发展安全韧性的都市农业。主要是将都市农业作为处理城市污水和促进城市有机废物循环的重要环节，因为透水的地面使得雨水渗入并蒸发，在干旱期可以将存储的水分用于缓解旱情，雨季又能减少河流和地面水富营养化。未来奉贤可以重点在距离市区较近的区域，或者奉贤新城内，培育发展绿色农场等，减少化肥和农药的使用，重点发挥农场的城市绿肺和通风网络作用。二是大力发展治疗心灵的都市农业。主要是结合现代人工作节奏快、压力大等问题，通过都市农业，为市区广大白领提供一个可以接触大自然和绿色环境的机会，能够有效地减少压力、放松心情。建议奉贤可以重点发展教育或娱乐功能的农业，如可以参照支付宝沙漠植树，为市区白领提供私人农场租赁服务，白领只需要支付费用，专人护理并通过直播方式，展示给白领。周末，白领可以带着家人来自己的花园采摘。三是大力发展高附加值的都市农业。可以专业发展种子、蘑菇、盆栽、花卉等高品质农作物，重点采用先进技术发展高科技农业，不仅

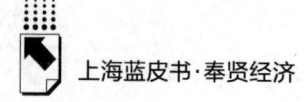

服务上海市区居民的生活需要,而且可以在长三角或者依托临港新片区出口到国外。

(二)大力发展数字农业

数字农业能够有效地减少化学品和劳动力的投入,提高农业生产率;通过增进沟通和包容性,带来社会文化效应;通过优化资源利用,带来环境效益。借鉴国际经验,未来奉贤的数字农业可以从以下方面入手:一是加快推进奉贤农业数字平台建设。重点是通过农村"新基建",推进互联网和5G在重点区域的覆盖,同时建立农业数字平台,并鼓励农业经营主体接入平台和采纳数字化应用场景。此外,还需要不断完善对农业数据存储方式和使用效率的提升,构建完善的基础数字资源体系。二是推进关键技术研发,构建全产业链数字生态。区政府可以联合农业生产组织和数字平台,联合打造农业数字生态系统。其中,在直播端,重点发展直播、电商等数字化技术;在生产端,重点发展精准、智能、可溯源等数字技术,不断提升奉贤数字农业的竞争力。三是大力发展农业数字化转型服务类企业。奉贤需要充分依托上海在软件和硬件等方面的优势,为长三角乃至"一带一路"沿线地区农业的数字化转型提供支撑服务,强化奉贤农业经济的"头部"优势。

(三)创新发展总部农业

上海总部经济较为发达,通过将总部经济与农业相结合,不仅使得上海核心城区的总部经济拥有了绿色的发展空间,更是为奉贤农村导入了资本等要素,助力奉贤乡村振兴发展。一是逐步完善奉贤总部经济的配套服务。在互联网基础设施、金融等不断完善的基础上,将总部区域与民宿、园艺等相互连接,并且导入咖啡、高端餐饮、茶室等,为商务会谈、研发等提供不一样的体验。二是强化对总部经济的扶持力度。奉贤可以充分利用地理空间优势,为奉贤总部企业在办公场地等方面提供便利,并鼓励总部企业将部分配套产业放在奉贤,促使奉贤在总部与产业之前形成正向循环,未来将奉贤打造成全球农村总部经济高地。

参考文献

张爱军：《乡村振兴战略下济南都市农业发展模式与政策选择》，《商场现代化》2022年第19期。

陈江、熊礼贵：《数字农业内涵、作用机理、挑战与推进路径研究》，《西南金融》2022年第10期。

金玉实、马波、赵玉宗：《从对立到融合：日本的都农关系及都市农业演变研究》，《地理研究》2022年第8期。

瞿慧：《奉贤区加快推进都市现代绿色农业高质量发展》，《上海农村经济》2022年第6期。

徐相明等：《奉贤区2021年气温特征及气温对当地农业生产的影响》，《上海农业科技》2022年第4期。

张耀一：《数字农业高质量发展的国际经验及其启示》，《技术经济与管理研究》2022年第10期。

B.3
2022~2023年奉贤工业形势分析与研判

王永水　邢子怡*

摘　要： 2022年上半年，上海市面对复杂严峻的外部环境和本土突发疫情等叠加因素冲击，统筹推进疫情防控和经济社会发展工作，在工业生产减产后加快恢复，全市经济逐步呈现出了向好态势。奉贤区紧抓实干，随着企业复产复工进程的不断推进，主要的经济指标呈现明显回升的态势。2022年1~9月，全区规模以上工业企业共1175家，规模以上工业总产值达到1850.78亿元。工业经济发展新动能不断释放，战略性新兴产业实现工业产值809.1亿元，占全区规模以上工业总产值比重达到43.72%；东方美谷美丽健康产业规模以上工业总产值达379.29亿元，占全区规模以上工业总产值比重达到20.49%。

关键词： 上海奉贤　工业经济　东方美谷　未来空间

上海坚持以习近平新时代中国特色社会主义思想为指导，坚决贯彻落实党中央、国务院和中共上海市委的决策部署，自觉践行"人民城市人民建，人民城市为人民"重要理念，统筹推进疫情防控和经济社会发展工作，实现了经济总体积极向好和社会大局稳定。据2021年上海市统计局、国家统计局上海调查总队统计数据，2021年上海市生产总值达4.32万亿元，比上

---

* 王永水，经济学博士、法学博士后，华东政法大学商学院副教授、上海市软科学研究基地——"上海市科技统计与分析研究中心"兼职研究员，主要研究领域为人力资本、科技进步与经济增长，科技政策分析与评价；邢子怡，华东政法大学商学院产业经济学硕士研究生。

年同期增长8.1%。实际利用外资达到225.51亿美元，相对于上年同期增长11.5%。外贸进出口总额达到4.06万亿元，比上年同期增长16.5%。规模以上工业总产值达3.95万亿元，相对于上年同期增长10.3%。2022年上半年，面对复杂严峻的外部环境和本土疫情等超预期因素的冲击，上海市统筹疫情防控和经济社会发展，克服外部环境趋紧、疫情短期冲击等诸多的不利影响，积极应对挑战，抓紧机遇，稳定宏观经济基本盘。2022年上半年上海市生产总值为1.93万亿元，相较上年同期增长-5.7%，工业生产触底后加快恢复，6月全市工业总产值为4002.76亿元，比同比增长14.7%，规模以上工业总产值为3787.76亿元，同比增长15.8%。[1]

2021年奉贤地区经济社会发展主要目标全面完成，地区生产总值增长9%，区级财政收入增长36.6%，增速排名全市第一。全社会固定资产投资达到580亿元，增长10%，其中工业投资130亿元，增长14%；规模以上工业产值达到2300亿元，增长18%，增速排名郊区第二。社会消费品零售总额达到565亿元，增长9%[2]。2022年1~9月，受到上半年本土疫情冲击及俄乌冲突等外部国际环境复杂形势的叠加因素影响，奉贤区相关经济指标呈现一定的降幅。2022年上半年全区地区生产总值为561.7亿元，累计增长-10%，1~9月财政总收入为497.36亿元，其中税收收入为456.49亿元，增长-15%。商品销售额为963.68亿元，社会消费品零售总额达388.05亿元，累计增长-8.7%。

一 奉贤工业经济总体运行态势

2022年1~9月，奉贤区全区工业总产值达2243.37亿元，同比增长5.7%，全区规模以上工业企业总数达到1175家，423家单位出现亏损，总计资产达到3304.43亿元，负债为1524.33亿元，营业收入达到1693.22亿

---

[1] 上海市统计局，https://tjj.sh.gov.cn/index.html，最后访问日期：2022年6月1日。
[2] 《2022年上海市奉贤区人民政府工作报告》，https：//xxgk.fengxian.gov.cn/art/info/5250/i20220109-zz26e2apiwcvuc3juw，最后访问日期：2022年6月1日。

元，利润总额为109.34亿元。规模以上工业累计完成总产值1850.78亿元，同比增长5.7%；全区经济发展新动能方面，其中东方美谷规模以上工业总产值达到379.29亿元，占规模以上工业总产值的比重为20.49%，战略性新兴产业工业总产值（规模以上）为809.1亿元，占比达43.72%。2022年1~9月，全区规模以上工业能源消耗总量为80.70万吨标准煤，增长-8.3%，用电总量为19.11亿千瓦时，增长-6.7%；截至6月，2022年上半年用水总量为1084.13万立方米，增长-15.1%。

与调查的上海市各区工业经济进行横向对比（见图1、图2），2022年1~8月，奉贤区规模以上工业产值达1569.65亿元，在闵行区、宝山区、嘉定区、松江区、金山区、青浦区、崇明区各区之间，奉贤区规模以上工业产值排名第五位；面对2022年上半年本土疫情短期冲击以及严峻的外部环境带来的冲击，奉贤区规模以上工业产值同比增长2.0%，在其他各区增长率均呈现负增长的情况下，奉贤区规模以上工业产值呈现正向增长。2022年1~7月，奉贤全区规模以上工业利润达91.51亿元，在各区中排名第四位，利润额同比增长率为-31.60%。全区固定资产投资总额为340.31亿元，其中工业投资为75.55亿元，比重达到了22.20%。规模以上工业累计销售产值增长6.40%达1850.71亿元，累计产销率100%，累计出口交货值增长18.40%至286.84亿元。

进一步地，聚焦奉贤区各月规模以上工业增长情况。图3反映2022年2~9月奉贤区当月规模以上工业总产值、规模以上工业总产值累计以及规模以上工业总产值累计增长率。2月规模以上工业总产值为162.60亿元，累计增长率达8.8%，除上海市本土疫情短期冲击影响外，外部环境形势复杂，特别是俄乌冲突引发大宗商品价格普遍上涨，这一趋势进一步传递到制造业和产业链下游，带动生产成本、消费品价格的上升，导致工业产值等经济指标出现一定降幅。具体表现为工业企业3月的工业产值增长率开始有所下降，为3.3%，当月总产值达到186.56亿元。4~5月呈现负增长，增长率分别为-15.7%、-15.6%，工业总产值分别为67.50亿元、164.60亿元。随着5月起企业陆续的复工复产，经济社会运转逐步回归常态，6~7月工业

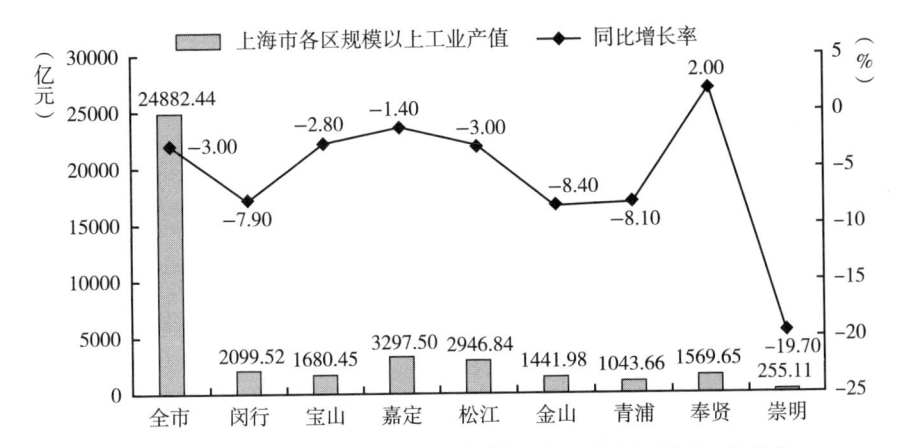

图 1　上海市各区 2022 年 1~8 月规模以上工业产值及同比增长率

资料来源：《奉贤统计月报》。

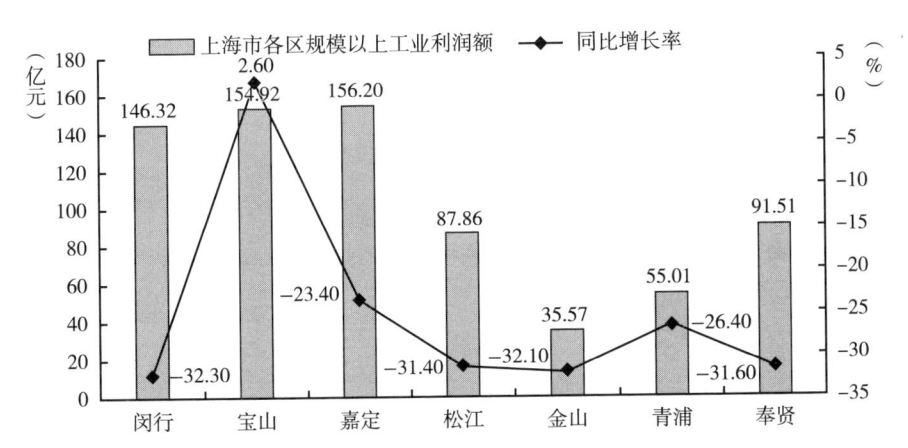

图 2　上海市各区 2022 年 1~7 月规模以上工业利润额及同比增长率

资料来源：《奉贤统计月报》。

产值增长虽仍为负增长，但相比 4 月、5 月，降幅已有所趋缓，分别实现工业总产值 249.39 亿元、243.41 亿元。8 月恢复正增长，工业总产值上升至 256.43 亿元，增长率为 2%，9 月增幅进一步上升，增长率为 5.7%，工业总产值为 269.40 亿元。与 2021 年同期相比，2022 年 2~9 月当月的规模以上工业总产值增长率均相对较低，一方面，这是受 2022 年上半年上海市新冠肺炎疫情冲击工业企业减产所致；另一方面，国际环境形势严峻复杂，俄乌冲突引致的能源和大宗商品价格大幅上涨，抬高了工业品原料价格，压缩了行业利润。但是同时能够看出，随着本土疫情防控呈现积极向好以及我国的大宗商品保供稳价政策的不断发力，产业链趋于修复，工业总产值正呈现稳步回升的趋势。

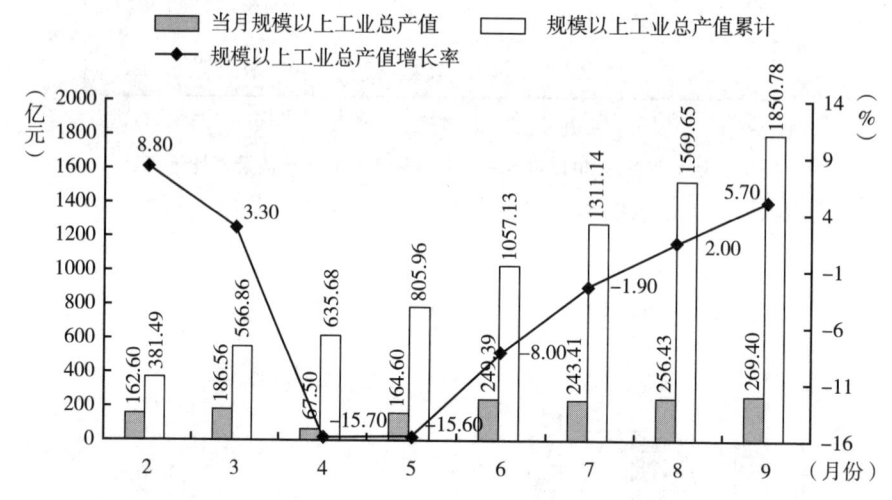

图3　奉贤2022年2~9月当月规模以上工业总产值及累计增长率

资料来源：《奉贤统计月报》。

从工业税收及增长率数据来看（见图4），2022年1~9月全区实现规模以上工业税收累计达到163.91亿元，增长-16.10%。在各月数据中，1、2月的工业税收处于相对较低水平，分别为26.57亿元和18.73亿元，3月工业税收累计值突破50亿元，为64.02亿元，4~8月税收值不断累积，5月突破100亿元，为107.77亿元，8月税收累计值达到153.16亿元。税收累计增长率方面，1~2月受季节性因素影响，增长率为负值，3月实现正增长，增长率为1.30%，4~6月受疫情导致的企业减产等因素叠加影响，持续呈现负增长，增长率分别为-10.10%、-15.30%、-22.70%。7~9月增长率分别为-19.20%、-17.70%、-16.10%，税收额分别为23.55亿元、9.41亿元和10.75亿元。与2021年同期相比，2022

年1~9月税收累计值均相对较低，但随着复工复产进程的加速推进，6~9月规模以上工业总产值正逐步回升，同期规模以上工业税收的负增长态势也同样有所趋缓。

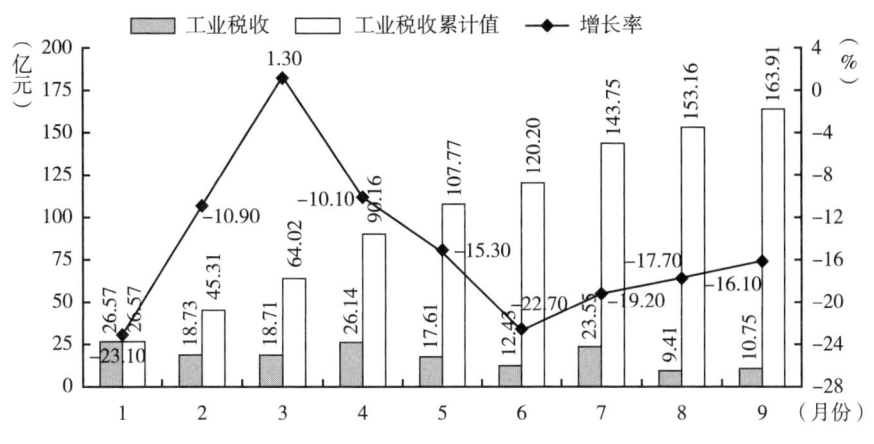

图4 奉贤2022年1~9月规模以上工业税收情况及其增长率

资料来源：《奉贤统计月报》。

图5进一步从全区规模以上工业企业效益指标进行分析。2022年1~9月，全区规模以上工业企业单位总数达到1175家，总计资产达到3304.43亿元，负债总计为1524.33亿元，营业收入为1693.22亿元，利润总额为109.34亿元，销售利润率（利润总额除以营业收入）为6.46%。其中亏损单位数为423个，亏损单位的亏损额为28.66亿元。这与俄乌冲突导致的大宗商品价格上升、压缩各行业利润有一定关系。各月工业销售产值、出口交货值及其增长率数据见图5，在各月数据中，在工业销售产值及出口交货值方面，考虑疫情短期冲击等不利等因素的影响，除4月工业销售产值、出口交货值呈现明显下降趋势外，其他月的工业销售产值均呈现相对平稳的上升态势，9月工业销售产值实现271.51亿元；出口交货值则保持相对稳定的态势，在30亿元上下浮动。在增长率方面，3月销售产值累计增长率及出口交货值累计增长率均呈现逐渐下滑的态势。随着上海市高效推进疫情防控工作，统筹疫情防控和经济社会发展，外贸进出口克服外部环境趋紧和疫情

冲击等不利影响，4月起，出口交货值累计增长率恢复正增长并逐渐稳步攀升，呈现在相对高位运行的趋势，9月增长率达到了18.40%，正逐步恢复至疫情前的水平；4~7月，销售产值累计增长率虽在低位运行但仍稳步攀升，8月实现正增长，增长率为2.50%，9月增长率进一步回升，达到6.40%。

另外，同时给出了各月的累计产销率，各月产销率均稳定在100%左右，9月的累计产销率达到100%。

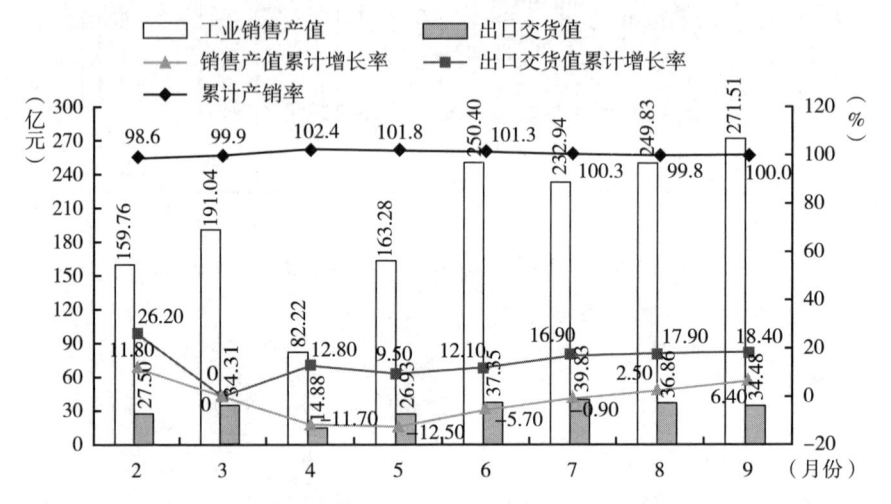

图5 奉贤2022年2~9月工业销售产值、出口交货值及其累计增长率、累计产销率

资料来源：《奉贤统计月报》。

二 按城镇分规模以上工业企业发展情况

接下来对按城镇分规模以上工业企业发展情况进行分析。

首先，回顾2021年，表1中给出了奉贤区2021年各城镇规模以上工业企业的主要经济指标。在规模以上单位数方面，奉城、庄行、金汇、青村和柘林均超过百家，分别为133家、107家、108家、142家和127家，占各城镇规模以上工业企业总数比重分别为16.04%、12.91%、13.03%、17.13%和15.32%，而海湾单位数较少，为10家，占比为1.21%。各城镇规模以上工业总产值达到1154.21亿元，增长率为21.80%，其中奉城和青村工业总产值达150亿元以上，分别为184.94亿元和186.44亿元，占全城镇比重分别达16.02%和16.15%，增长率为16.90%和16.10%。同样地，海湾的工业总产值较低，为33.14亿元，增长率为-3.80%。

表1 奉贤区2021年按城镇分规模以上工业企业主要指标

	单位数（个）	单位数占比（%）	工业总产值（亿元）	工业总产值占比（%）	工业总产值增长率（%）
合计	829	100.00	1154.21	100.00	21.80
南桥镇	76	9.17	90.39	7.83	25.10
奉城镇	133	16.04	184.94	16.02	16.90
庄行镇	107	12.91	148.43	12.86	20.70
金汇镇	108	13.03	140.42	12.17	13.10
四团镇	65	7.84	143.80	12.46	60.70
青村镇	142	17.13	186.44	16.15	16.10
柘林镇	127	15.32	102.54	8.88	24.80
海湾镇	10	1.21	33.14	2.87	-3.80
西渡街道	61	7.36	124.11	10.75	19.80

资料来源：《上海市奉贤区统计年鉴2022》。

表2给出了全区2021年各城镇规模以上工业企业营业利润相关指标。2021年全年各城镇总共实现营业收入1284.33亿元，实现营业利润82.17亿元，营业利润率为6.40%。具体地，青村、庄行的营业利润突破10亿元，营业利润占比分别为25.42%、17.00%，营业利润率分别为9.47%和8.43%。营业利润率较低的城镇是四团，营业利润为2.85亿元，占比为3.46%，营业利润率为1.54%。

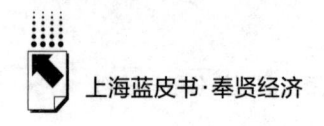

表2 奉贤区2021年按城镇分规模以上工业企业营业利润

单位：亿元，%

	营业收入	营业利润	营业利润占比	营业利润率
合计	1284.33	82.17	100.00	6.40
南桥镇	98.72	7.78	9.46	7.88
奉城镇	182.41	9.91	12.06	5.43
庄行镇	165.80	13.97	17.00	8.43
金汇镇	150.49	9.44	11.49	6.27
四团镇	184.66	2.85	3.46	1.54
青村镇	220.50	20.88	25.42	9.47
柘林镇	117.34	4.81	5.85	4.10
海湾镇	36.99	3.82	4.65	10.32
西渡街道	127.44	8.72	10.61	6.84

资料来源：《上海市奉贤区统计年鉴2022》。

另外，图6给出了奉贤2022年1~9月各城镇规模以上工业总产值及增长率。2022年1~9月，除四团外，各城镇的规模以上工业产值均出现负增长，其中海湾、青村、南桥、庄行、西渡街道的产值降幅较大，均在-10%以下，分别为-16.20%、-18.20%、-11.50%、-15.80%、-12.80%。2022年9月，四团规模以上工业产值累计达到134.87亿元，实现正增长25.80%。规模以上工业产值超过百亿的城镇还有奉城、青村，产值分别为119.05亿元、117.79亿元。产值超过50亿元的城镇包括：金汇、庄行、西渡街道、柘林和南桥，分别为97.41亿元、92.80亿元、79.37亿元、73.82亿元和59.67亿元。海湾规模以上工业产值规模相对较小，为21.35亿元。

另外，统计数据表明，2022年1~9月，包括海湾旅游区、工业综合开发区、杭州湾开发区、东方美谷集团、临港（奉贤）、头桥集团、上海奉贤经济发展有限公司（以下简称"经发"）在内的开发区规模以上工业总产值累计额分别达到2.21亿元、358.31亿元、240.67亿元、66.81亿元、364.81亿元、17.70亿元、4.13亿元，合计占全区规模以上工业总产值的56.98%。

其次，图7给出了奉贤2022年1~8月各城镇规模以上工业主营业务收入及累计增长率。同样除四团外，其他城镇的规模以上工业企业主营业务收

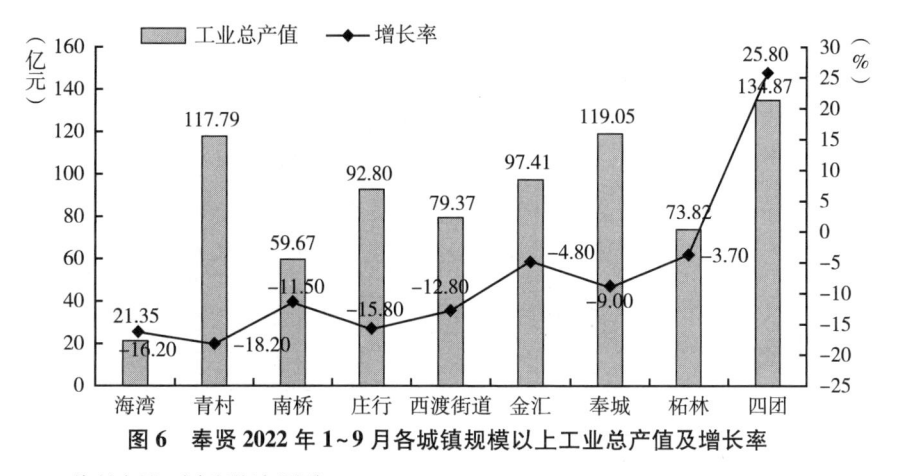

图6 奉贤2022年1~9月各城镇规模以上工业总产值及增长率

资料来源：《奉贤统计月报》。

入总额均呈现不同程度的负增长，其中海湾、青村、南桥、庄行增长率在-10%以下，西渡街道、金汇、奉城、柘林的增长率在-10%以上，分别为-9.40%、-8.40%、-8.10%和-5.50%。四团规模以上工业主营业务收入总体呈现正增长，增长率为15.40%。从规模上看，青村、奉城、四团规模以上工业主营业务收入均达到了百亿元以上，分别为121.22亿元、101.85亿元和130.63亿元；主营业务收入规模达到50亿元的街镇还有南桥、庄行、西渡街道、金汇、柘林，分别为54.81亿元、86.83亿元、72.19亿元、85.26亿元、67.53亿元。在各个街镇均受到疫情冲击的情况下，与2021年同期比较，青村和四团仍是主营业务收入规模较高的街镇，海湾、南桥规模则仍相对较小。统计数据同时公布了2022年1~8月奉贤区内开发区规模以上工业营业收入，达到951.64亿元，占全区规模以上工业主营业务收入的56.20%，其中工业综合开发区、杭州湾开发区、临港（奉贤）营业收入达百亿元，分别为348.39亿元、224.89亿元和303.26亿元。

各城镇规模以上工业利润总额及其累计增长率方面（见图8），青村、四团、西渡街道的工业利润总额位居前三，分别为8.46亿元、5.16亿元、4.47亿元。柘林、海湾、南桥的工业利润总额相对较低，分别为2.10亿元、2.13亿元、2.73亿元。利润总额增长率方面，除四团外，其他街镇的利润总额均

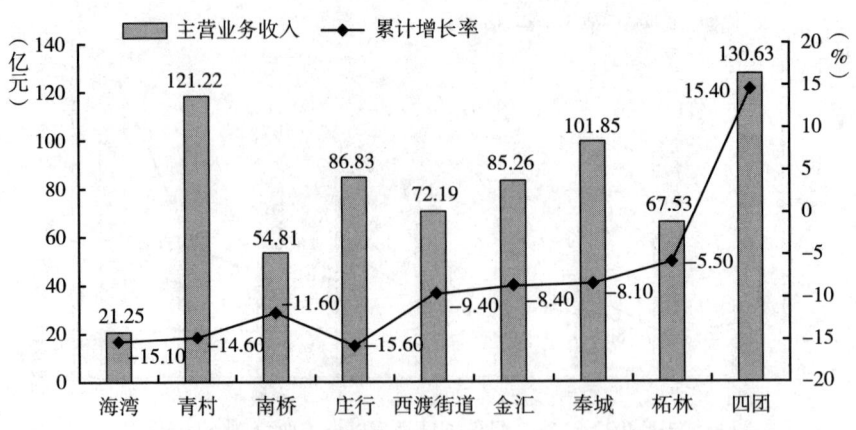

图 7　奉贤 2022 年 1~8 月各城镇规模以上工业主营业务收入及累计增长率

资料来源：《奉贤统计月报》。

呈现负增长。其中庄行增长率在-50%以下，为-64.70%。与 2021 年同期相比，四团规模以上工业利润总额经历了高速攀升，相比其 2021 年同时期利润总额最低、增长率为负的情况而言，2022 年 1~8 月其利润增长率达到了 260%；另外，与上年同期相比，青村仍是工业利润总额最高的街镇。综上分析，在一定程度上可以看出，以四团、青村为代表的街镇企业在复工复产后的恢复速度较快，这也是奉贤区、上海市受疫情冲击后经济复苏的一个缩影。另外，统计资料表明，奉贤区内开发区规模以上工业利润总额为 73.23 亿元，占全区规模以上工业利润总额的 66.98%，其中，利润额相对较高的是工业综合开发区和杭州湾开发区，利润额分别为 42.51 亿元和 17.09 亿元。

结合各城镇的规模以上工业"利润额"和"主营业务收入"指标，以"利润/主营业务收入"测算各城镇工业利润率（见图 9），发现海湾、青村、西渡街道的工业利润率超过 5%，相对较高，分别为 10.03%、6.98%和 6.19%；南桥和金汇工业利润率相近，分别为 4.99%和 4.76%。庄行、奉城、柘林和四团的工业利润率相对较低，分别为 3.37%、3.99%、3.12%和 3.95%。与 2021 年同期相比，各城镇因受到本土疫情短期冲击，以及俄乌冲突之后能源价格飙升的多重复杂因素影响，工业利润率呈现不同幅度的下降。从排名情况来看，庄行的工业利润率在各个街镇的排名有所下降，西渡

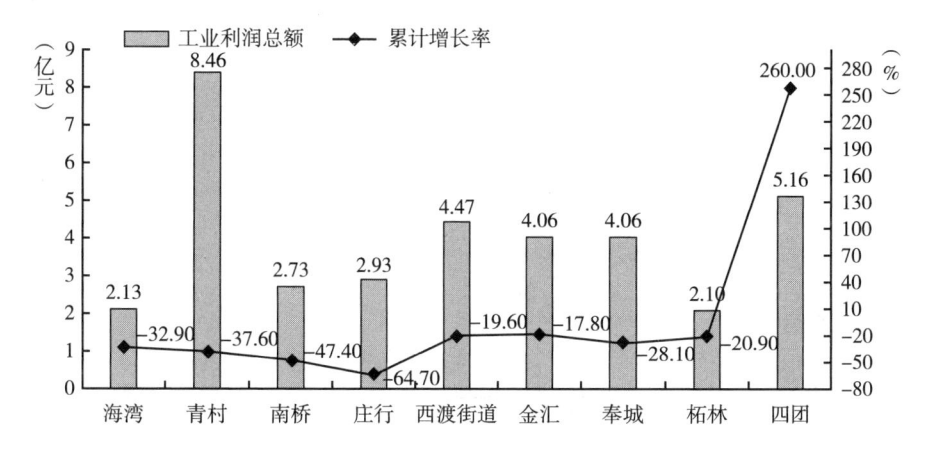

图8 奉贤2022年1~8月各城镇规模以上工业利润总额及累计增长率

资料来源：《奉贤统计月报》。

街道的排名则有所上升。

另外，统计资料给出了2022年1~9月临港新片区产城融合区（奉贤）相关的经济效益指标，其中规模以上工业总产值为500.07亿元，增长55.2%；资产总计为493.76亿元，增长25.3%；实现营业收入414.80亿元，增长30.8%。

各城镇规模以上工业综合能源消费量见图10。2022年1~9月，各城镇规模以上工业综合能源消费量均呈现负增长，疫情冲击导致企业减产是原因之一，另外，俄乌冲突导致大宗商品和能源价格高涨，能源供需结构失衡加剧，主要涉及石油、天然气、煤等能源，这大大增加了能源进口成本，这也是综合能源消费量呈现负增长的可能原因。其中西渡街道综合能源消费量跌幅较大，增长率为-29.80%。四团、青村是综合能源消费量居前的城镇，能源消费量分别为61264吨标准煤、58538吨标准煤；海湾综合能源消费量则较低，为14516吨标准煤。这与四团、青村同时期规模以上工业总产值规模较大以及海湾同时期规模以上工业总产值规模较小有一定的关系。

另外，据调查资料，各开发区规模以上工业综合能源消费量的总体情况为：除东方美谷集团和临港（奉贤）综合能源消费量呈现正增长外，其他

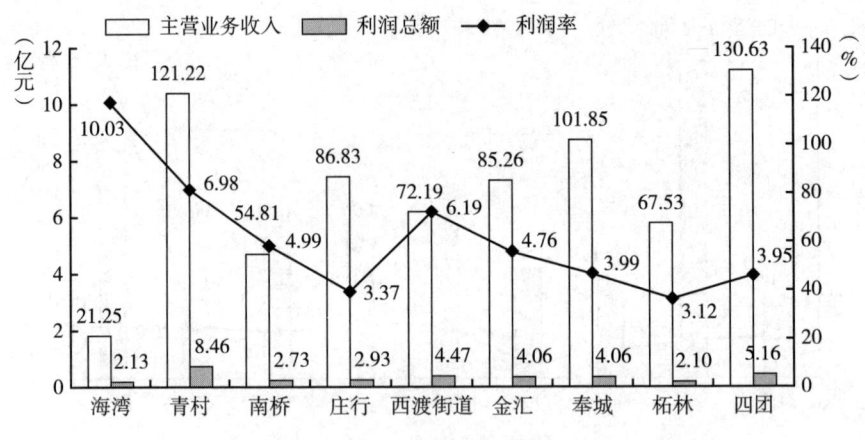

图9　奉贤2022年1~8月各城镇规模以上工业利润率

资料来源：《奉贤统计月报》。

开发区的综合能源消费量均出现不同程度的降幅。海湾旅游区、工业综合开发区、杭州湾开发区、头桥集团、经发规模以上工业综合能源消费量分别为775吨标准煤、136623吨标准煤、196668吨标准煤、6359吨标准煤、1675吨标准煤，增长率分别是-3.9%、-2.7%、-9.9%、-5.5%和-40.6%。东方美谷集团和临港（奉贤）综合能源消费量分别为52104吨标准煤和60700吨标准煤，分别增长3.9%和4.6%。

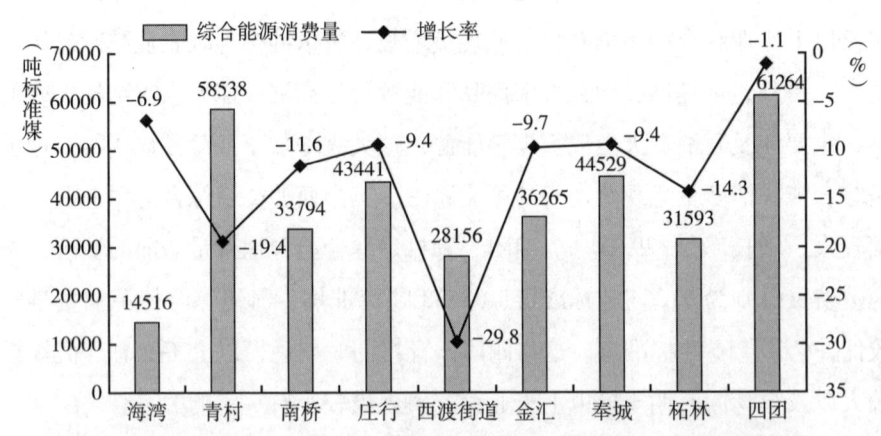

图10　奉贤2022年1~9月各街镇规模以上工业综合能源消费量及增长率

资料来源：《奉贤统计月报》。

三 按行业分规模以上工业企业发展情况

回顾2021年，表3给出了全区2021年各行业规模以上工业企业数、工业总产值相关指标。从单位数来看，各行业规模以上单位数合计为1164家，其中化学原料和化学制品制造业、金属制品业、通用设备制造业、专用设备制造业、电气机械和器材制造业的单位数达到百家以上，分别为117家、107家、167家、102家、118家；规模以上工业总产值达百亿元以上的行业包括：化学原料和化学制品制造业、医药制造业、橡胶和塑料制品业、通用设备制造业、专用设备制造业、汽车制造业和电气机械和器材制造业，产值分别为326.22亿元、188.43亿元、124.80亿元、188.52亿元、265.68亿元、284.55亿元和268.94亿元。

表3 奉贤区2021年按行业分规模以上工业企业主要指标

	单位数（个）	单位数占比(%)	工业总产值（亿元）	工业总产值占比(%)
合计	1164	100.00	2427.47	100.00
农副食品加工业	14	1.20	36.63	1.51
食品制造业	33	2.84	67.73	2.79
酒、饮料和精制茶制造业	4	0.34	5.96	0.25
纺织业	20	1.72	57.04	2.35
纺织服装、服饰业	16	1.37	11.60	0.48
皮革、毛皮、羽毛及其制品和制鞋业	7	0.60	4.89	0.20
木材加工和木、竹、藤、棕、草制品业	8	0.69	13.15	0.54
家具制造业	40	3.44	46.99	1.94
造纸和纸制品业	32	2.75	35.31	1.45
印刷和记录媒介复制业	18	1.55	11.46	0.47
文教、工美、体育和娱乐用品制造业	23	1.98	62.08	2.56
石油加工、炼焦和核燃料加工业	4	0.34	5.83	0.24
化学原料和化学制品制造业	117	10.05	326.22	13.44

续表

	单位数（个）	单位数占比（%）	工业总产值（亿元）	工业总产值占比（%）
医药制造业	33	2.84	188.43	7.76
化学纤维制造业	2	0.17	2.34	0.10
橡胶和塑料制品业	95	8.16	124.80	5.14
非金属矿物制品业	39	3.35	93.88	3.87
黑色金属冶炼和压延加工业	13	1.12	13.22	0.54
有色金属冶炼和压延加工业	13	1.12	97.59	4.02
金属制品业	107	9.19	93.35	3.85
通用设备制造业	167	14.35	188.52	7.77
专用设备制造业	102	8.76	265.68	10.94
汽车制造业	69	5.93	284.55	11.72
铁路、船舶、航空航天和其他运输设备制造业	9	0.77	11.98	0.49
电气机械和器材制造业	118	10.14	268.94	11.08
计算机、通信和其他电子设备制造业	24	2.06	42.02	1.73
仪器仪表制造业	18	1.55	13.38	0.55
其他制造业	10	0.86	7.96	0.33
废弃资源综合利用业	1	0.09	2.97	0.12
电力、热力生产和供应业	3	0.26	30.17	1.24
燃气生产和供应业	1	0.09	7.69	0.32
水的生产和供应业	4	0.34	5.09	0.21

资料来源：《上海市奉贤区统计年鉴2022》。

表4给出了奉贤区2021年各行业规模以上工业企业利润数据。其中化学原料和化学制品制造业、医药制造业的营业利润相对较高，分别为40.50亿元和49.50亿元，占比分别达到17.67%、21.60%，营业利润率为10.46%、27.03%。同时化学原料和化学制品制造业规模以上工业企业营业收入也是全部行业中最高的，达到387.08亿元。此外，营业收入达到百亿元以上的行业还有医药制造业、橡胶和塑料制品业、有色金属冶炼和压延加工业、通用设备制造业、专用设备制造业、汽车制造业、电气机械和器材制造业。

表4 奉贤区2021年按行业分规模以上工业企业营业利润

单位：亿元，%

	营业收入	营业利润	营业利润占比	营业利润率
合计	2616.04	229.22	100.00	8.76
农副食品加工业	39.06	4.45	1.94	11.39
食品制造业	74.60	8.56	3.74	11.48
酒、饮料和精制茶制造业	5.80	0.15	0.07	2.60
纺织业	56.88	3.71	1.62	6.53
纺织服装、服饰业	12.60	-0.19	-0.08	-1.50
皮革、毛皮、羽毛及其制品和制鞋业	8.01	0.15	0.06	1.83
木材加工和木、竹、藤、棕、草制品业	13.54	1.44	0.63	10.61
家具制造业	48.26	1.94	0.85	4.02
造纸和纸制品业	36.60	1.22	0.53	3.32
印刷和记录媒介复制业	11.42	0.06	0.03	0.52
文教、工美、体育和娱乐用品制造业	70.31	16.57	7.23	23.56
石油加工、炼焦和核燃料加工业	7.63	0.19	0.08	2.50
化学原料和化学制品制造业	387.08	40.50	17.67	10.46
医药制造业	183.12	49.50	21.60	27.03
化学纤维制造业	2.36	0.01	0.00	0.47
橡胶和塑料制品业	133.17	9.16	4.00	6.88
非金属矿物制品业	95.45	5.99	2.61	6.28
黑色金属冶炼和压延加工业	13.65	0.24	0.10	1.73
有色金属冶炼和压延加工业	127.48	0.45	0.20	0.36
金属制品业	96.27	4.21	1.84	4.37
通用设备制造业	196.12	13.55	5.91	6.91
专用设备制造业	296.39	25.28	11.03	8.53
汽车制造业	291.60	17.50	7.64	6.00
铁路、船舶、航空航天和其他运输设备制造业	12.12	0.81	0.35	6.66
电气机械和器材制造业	277.96	14.40	6.28	5.18
计算机、通信和其他电子设备制造业	47.07	3.24	1.41	6.89
仪器仪表制造业	14.12	0.62	0.27	4.41
其他制造业	7.60	0.70	0.30	9.19
废弃资源综合利用业	2.96	1.07	0.47	36.30
电力、热力生产和供应业	30.12	3.66	1.60	12.15
燃气生产和供应业	9.10	0.41	0.18	4.45
水的生产和供应业	7.60	-0.33	-0.14	-4.28

资料来源：《上海市奉贤区统计年鉴2022》。

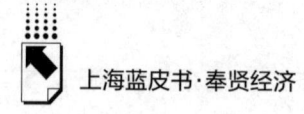

表5给出了奉贤2022年1~9月分行业规模以上工业总产值情况，纺织服装及服饰业、皮革毛皮羽毛及其制品和制鞋业、医药制造业、有色金属冶炼和压延加工业、汽车制造业、铁路船舶航空航天和其他运输设备制造业、电气机械和器材制造业、仪器仪表制造业、废弃资源综合利用业、电力热力生产和供应业、燃气生产和供应业的工业总产值取得正增长，其余各行业均出现不同程度的负增长。各行业累计规模以上工业总产值占比超过10%的分别为化学原料和化学制品制造业、汽车制造业、电气机械和器材制造业，累计工业总产值分别为220.03亿元、252.25亿元、353.30亿元，占全区规模以上工业总产值比重分别为11.89%、13.63%、19.09%，增长率分别为-10.3%、25.2%、86.1%。此外，累计工业总产值达到百亿元的还有专用设备制造业（156.38亿元）、医药制造业（165.79亿元）和通用设备制造业（117.25亿元），增长率分别为-23.1%、30.2%和-14.4%，总产值占比分别为8.45%、8.96%和6.34%；总产值在50亿元以上的还有橡胶和塑料制品业、非金属矿物制造业、有色金属冶炼和压延加工业、金属制品业，工业总产值分别为77.01亿元、56.48亿元、78.75亿元和54.75亿元，增长率分别为-13.4%、-11.1%、19.7%和-16.6%，产值占比分别为4.16%、3.05%、4.25%和2.96%。值得注意的是，化学纤维制造业的规模以上工业总产值跌幅最大，增长率为-59.3%，化学原料和化学制品制造业工业总产值同样呈现负增长，可能的原因为世界市场油气价格上升且长期维持高位，这将影响制造业，特别是化工行业。

表5 奉贤区2022年1~9月分行业规模以上工业总产值

单位：亿元，%

行业	累计工业总产值	总产值占比	增长率
合计	1850.78	100.00	5.70
农副食品加工业	27.19	1.47	-1.00
食品制造业	46.71	2.52	-1.50
酒、饮料和精制茶制造业	3.22	0.17	-28.70
纺织业	37.82	2.04	-9.80

续表

行业	累计工业总产值	总产值占比	增长率
纺织服装、服饰业	8.51	0.46	6.90
皮革、毛皮、羽毛及其制品和制鞋业	3.93	0.21	17.10
木材加工和木、竹、藤、棕、草制品业	6.66	0.36	-25.90
家具制造业	26.47	1.43	-19.20
造纸和纸制品业	22.10	1.19	-11.80
印刷和记录媒介复制业	5.78	0.31	-32.50
文教、工美、体育和娱乐用品制造业	34.95	1.89	-30.50
石油加工、炼焦和核燃料加工业	3.99	0.22	-4.20
化学原料和化学制品制造业	220.03	11.89	-10.30
医药制造业	165.79	8.96	30.20
化学纤维制造业	0.74	0.04	-59.30
橡胶和塑料制品业	77.01	4.16	-13.40
非金属矿物制品业	56.48	3.05	-11.10
黑色金属冶炼和压延加工业	8.21	0.44	-13.00
有色金属冶炼和压延加工业	78.75	4.25	19.70
金属制品业	54.75	2.96	-16.60
通用设备制造业	117.25	6.34	-14.40
专用设备制造业	156.38	8.45	-23.10
汽车制造业	252.25	13.63	25.20
铁路、船舶、航空航天和其他运输设备制造业	8.42	0.45	0.40
电气机械和器材制造业	353.30	19.09	86.10
计算机、通信和其他电子设备制造业	26.04	1.41	-15.20
仪器仪表制造业	9.25	0.50	0.60
其他制造业	4.78	0.26	-18.30
废弃资源综合利用业	2.28	0.12	13.60
电力、热力生产和供应业	21.71	1.17	0.90
燃气生产和供应业	6.35	0.34	12.80
水的生产和供应业	3.67	0.20	-2.00

资料来源：《奉贤统计月报》。

进一步地，分别选择2022年1~9月规模以上工业产值占比相对较大的行业和增长率相对较高的行业以作进一步分析。其中"电气机械和器材制造业"是规模以上工业总产值占比重最大（19.09%），同时也是总产值增长率最高的行业（86.10%）；"医药制造业"是规模以上工业总产值增长率排名第二的行业（30.2%），下文选择这两个领域深入分析其规模以上工业总产值及增长率情况。

图11给出了电气机械和器材制造业规模以上工业总产值及累计增长率情况。从增长率方面看，受3月本土疫情影响，企业停产、减产导致累计增长率出现降幅，从2月的77.80%下降至3月的64.10%，4月累计增长率出现最低值，但仍然呈现正增长，累计增长率为29.10%，随着疫情防控形势向好，企业加快复工复产进程，总产值累计增长率也开始缓慢回升，5月的累计增长率为32.40%，7月已经突破50%，为62.90%，截至9月，增长率已经回升至疫情前的水平，达到86.10%。从当月总产值方面来看，4月总产值最低，为7.36亿元，随后开始缓慢稳定增长，9月当期的工业总产值为67.58亿元，累计值为353.30亿元。

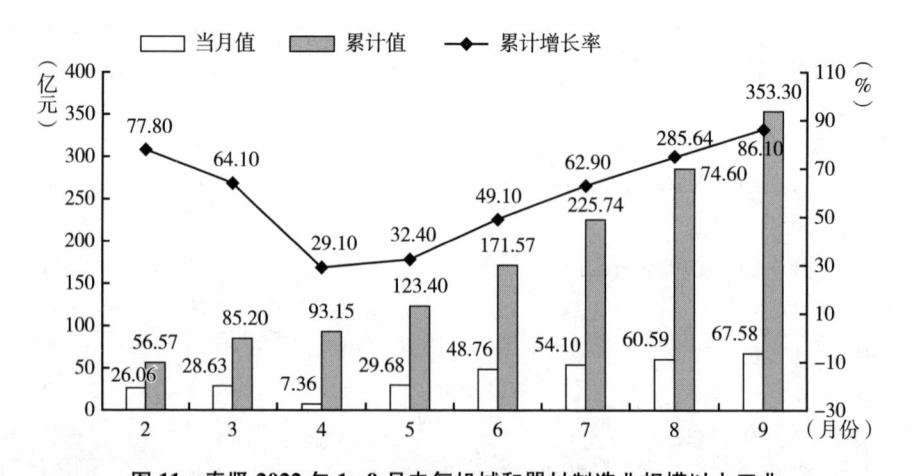

图11 奉贤2022年1~9月电气机械和器材制造业规模以上工业总产值及累计增长率

资料来源：《奉贤统计月报》。

图12给出了医药制造业规模以上工业总产值及累计增长率情况。虽然上海的全域静态管理期间由于港口限制对医疗试剂耗材供应会造成影响，但

是从增长率方面看，医药制造业规模以上工业总产值呈现平稳上升的态势，整体而言受疫情影响较小。这可能是因为，医药产业作为基础产业，并且医药企业作为重点保护企业，特别是在疫情防控关键时期，医药行业是首批列入复工复产的行业之一，且上海的医药行业发展基础较好，能够以较快速度恢复产能，以保障医用医疗防疫物资的充足。从规模以上工业总产值当月值来看，除2月和4月的总产值低于15亿元（分别为12.51亿元和13.63亿元）之外，其他各月的总产值在20亿元上下浮动，说明奉贤区医药制造业正稳定发展。

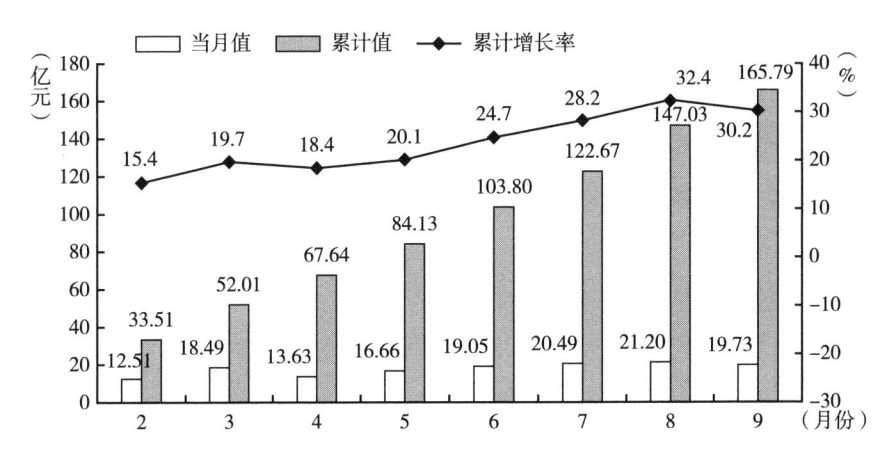

图12 奉贤2022年1~9月医药制造业规模以上工业总产值及累计增长率

资料来源：《奉贤统计月报》。

四 按注册登记类型分规模以上工业企业发展情况

表6和表7给出了全区2021年各注册登记类型规模以上工业企业主要指标以及营业利润指标。其中私营有限责任公司和外资企业的规模以上工业企业单位数达到百家，分别为720家和138家，占全部注册登记类型的比重分别为61.86%和11.86%，其工业总产值分别为896.13亿元和442.53亿

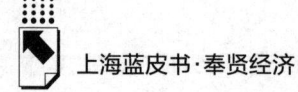

元，占全部注册登记类型的工业总产值比重为36.92%和18.23%。营业利润相关指标方面，私营有限责任公司和外资企业类型的规模以上工业企业的营业收入、营业利润仍然是各登记注册类型中排名靠前的，营业收入分别达到了907.16亿元和490.78亿元，营业利润为60亿元和48.23亿元。另外，营业利润率较高的注册登记类型为港澳台商投资股份有限公司和与港澳台商合资经营，分别达到了16.50%和13.33%。

表6 奉贤区2021年按注册登记类型分规模以上工业企业主要指标

	单位数（个）	单位数占比（%）	工业总产值（亿元）	工业总产值占比（%）
合计	1164	100.00	2427.47	100.00
集体	3	0.26	2.69	0.11
国有独资公司	5	0.43	24.99	1.03
其他有限责任公司	86	7.39	256.27	10.56
股份有限公司	22	1.89	260.66	10.74
私营独资	13	1.12	5.96	0.25
私营合伙	4	0.34	5.64	0.23
私营有限责任公司	720	61.86	896.13	36.92
私营股份有限公司	47	4.04	119.57	4.93
与港澳台商合资经营	22	1.89	143.05	5.89
与港澳台商合作经营	3	0.26	2.46	0.10
港澳台商独资	49	4.21	89.36	3.68
港澳台商投资股份有限公司	2	0.17	5.60	0.23
中外合资经营	46	3.95	162.70	6.70
中外合作经营	1	0.09	1.04	0.04
外资企业	138	11.86	442.53	18.23
外商投资股份有限公司	1	0.09	0.75	0.03
其他外商投资	2	0.17	8.05	0.33

资料来源：《上海市奉贤区统计年鉴2022》。

表7 奉贤区2021年按注册登记类型分规模以上工业企业营业利润指标

单位：亿元，%

	营业收入	营业利润	营业利润占比	营业利润率
合计	2616.04	229.22	100.00	8.76
集体	2.86	0.04	0.02	1.53
国有独资公司	28.85	0.62	0.27	2.15
其他有限责任公司	273.35	22.35	9.75	8.18
股份有限公司	305.74	36.04	15.72	11.79
私营独资	8.01	0.45	0.20	5.58
私营合伙	4.80	0.58	0.25	12.13
私营有限责任公司	907.16	60.00	26.17	6.61
私营股份有限公司	141.91	13.86	6.04	9.76
与港澳台商合资经营	177.67	23.68	10.33	13.33
与港澳台商合作经营	2.46	0.09	0.04	3.83
港澳台商独资	91.94	6.87	3.00	7.47
港澳台商投资股份有限公司	4.91	0.81	0.35	16.50
中外合资经营	165.55	14.62	6.38	8.83
中外合作经营	1.29	0.05	0.02	3.64
外资企业	490.78	48.23	21.04	9.83
外商投资股份有限公司	0.69	0.01	0.00	0.81
其他外商投资	8.05	0.91	0.40	11.36

资料来源：《上海市奉贤区统计年鉴2022》。

表8、表9分别给出了奉贤2022年1~9月分登记注册类型规模以上工业总产值及增长率、2022年1~9月分登记注册类型规模以上工业总产值结构比重及其增长率。其中占比最高的为私人控股企业，工业总产值为1157.98亿元，占比达到62.60%，2022年1~9月总产值增长率为8.40%。港澳台控股工业总产值为96.24亿元，增长率为6.10%，占比为5.20%；外商控股总产值为420.11亿元，产值累计数额仅次于私人控股，占比为22.70%。国有控股工业总产值为168.66亿元，占比为9.1%，总产值增长率为17.20%；集体控股工业总产值为3.66亿元，占比为0.2%，总产值增长率为-28.50%；其他登记注册类型的企业工业总产值为4.13亿元，占比

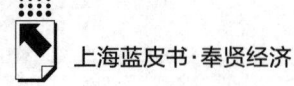

为0.2%，总产值增长率为180%。横向对比各登记注册类型规模以上工业总产值增长率来看，除集体控股和外商控股工业总产值出现负增长以外，其他登记注册类型的规模以上工业总产值增长率均为正。对比各登记注册类型规模以上工业总产值结构比重，外商控股占比也有一定幅度的下降，这可能是在一定程度上受到俄乌冲突冲击全球贸易的影响。另外，集体控股规模以上工业总产值比重也有所降低。

表8 奉贤区2022年1~9月分登记注册类型规模以上工业总产值及增长率

单位：亿元，%

	2月	3月	4月	5月	6月	7月	8月	9月	累计	增长率
合计	162.60	186.56	67.50	164.60	249.39	243.41	256.43	269.40	1850.78	5.70
国有控股	14.21	11.98	6.65	12.75	20.17	23.97	24.97	21.82	168.66	17.20
集体控股	0.26	0.34	0.11	0.18	0.42	0.61	0.73	0.62	3.66	-28.50
私人控股	96.74	113.91	42.04	100.72	149.49	150.49	158.34	176.49	1157.98	8.40
港澳台控股	8.05	9.88	5.53	10.38	13.22	13.74	12.85	12.04	96.24	6.10
外商控股	39.93	45.65	11.79	36.46	59.69	54.03	59.19	57.95	420.11	-4.40
其他	3.42	4.80	1.39	4.12	6.41	0.58	0.35	0.50	4.13	180.00

资料来源：《奉贤统计月报》。

表9 奉贤区2022年1~9月分登记注册类型规模以上工业总产值结构比重及增长率

单位：%

	2月	3月	4月	5月	6月	7月	8月	9月	累计	增长率
国有控股	8.70	6.40	9.80	7.70	8.10	9.80	9.70	8.10	9.10	0.90
集体控股	0.20	0.20	0.20	0.10	0.20	0.30	0.20	0.20	0.20	-0.10
私人控股	59.50	61.10	62.30	61.20	59.90	61.80	61.70	65.50	62.60	1.50
港澳台控股	4.90	5.30	8.20	6.30	5.30	5.60	5.00	4.50	5.20	0.00
外商控股	24.60	24.50	17.50	22.20	23.90	22.20	23.10	21.50	22.70	-2.40
其他	2.10	2.60	2.10	2.50	2.60	0.20	0.10	0.20	0.20	0.10

资料来源：《奉贤统计月报》。

五　东方美谷及战略性新兴产业工业企业发展情况

奉贤经济发展新动能表现方面,以战略性新兴产业和东方美谷为重点研究对象(见图13、图14、图15、图16)。

图13给出了全区2021年东方美谷规模以上工业总产值及增长率,其中生物保健、日用化学和绿色食品规模以上工业总产值均达到百亿元,分别为173.78亿元、137.92亿元、103.62亿元,增长率为15.4%、14.2%和4.4%。医疗器械领域的规模以上工业总产值虽然相对较低,但是其增长率达到49.2%,可以看出其较大的成长潜力。

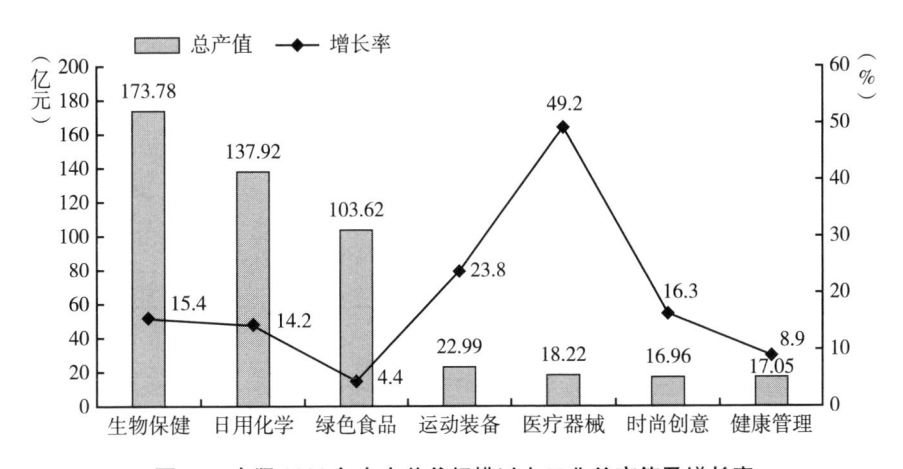

图13　奉贤2021年东方美谷规模以上工业总产值及增长率

资料来源:《上海市奉贤区统计年鉴2022》。

2022年1~9月,东方美谷规模以上工业总产值达到379.29亿元,受疫情冲击影响,增长相对较为平缓,累计增长率为0.8%。规模以上工业企业单位数达到231个,累计增长24.2%;资产总计1059.42亿元,累计增长13%;负债额为367.52亿元,营业收入达357.59亿元,利润额为61.42亿元,累计增长-3.3%,税收收入达32.64亿元,增长率为-7.3%;固定资产计划投资为429.59亿元,自开始建设累计完成投资185.95亿元,本年完成投资额53.44亿元。东方美谷主打产业包括生物保健、日用化学、绿色食品、运动装备、医疗器械、时尚创意和健康管理。新冠肺炎疫情正逐渐改变我国健康医疗的市场格局。从统计数据可以看出，在众多主打产业中，仅有生物保健、医疗器械产业的规模以上工业总产值实现了正增长，增长率分别为29.8%和0.4%。同时生物保健的产值规模达到了百亿元以上，为166.28亿元。产值规模达50亿元的领域还有日用化学、绿色食品，产值分别为72.88亿元、75.97亿元。与2021年同期相比，生物保健、日用化学、绿色食品仍然是产值规模较大的行业，健康管理产业产值规模仍相对较小。

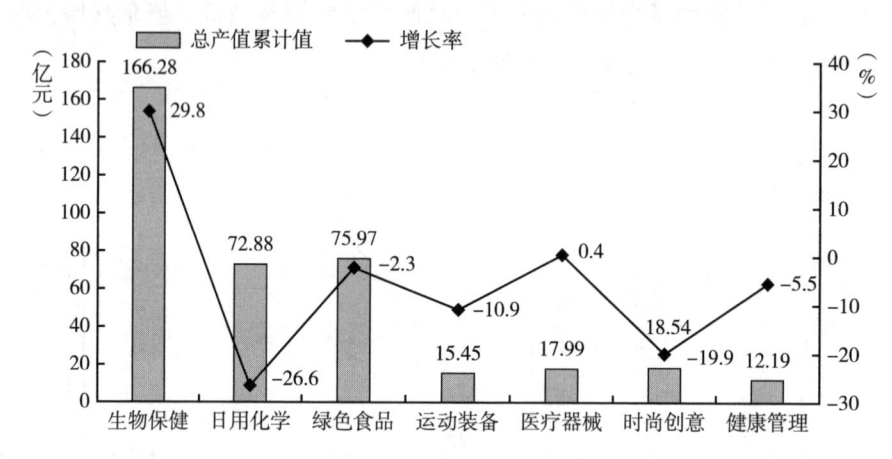

图14 奉贤2022年1~9月东方美谷规模以上工业总产值累计值及增长率

资料来源：《奉贤统计月报》。

对于战略性新兴产业规模以上工业发展情况，首先回顾2021年，图15给出了奉贤全区2021年战略性新兴产业规模以上工业总产值及全市可比增幅。可以看出，高端装备、生物医药、新材料领域规模以上工业总产值均达到了百亿元以上，分别为215.7亿元、229.2亿元、211.3亿元，单位数分别达到了48家、68家和57家。其中高端装备和生物医药的增长率分别达到了14.00%和18.50%，均超过全市可比增幅10.30%和12.10%。此外，新能源领域规模以上工业总产值虽相对较低，但其可比增幅达到了53.80%，远超过全市可比增幅16.10%。

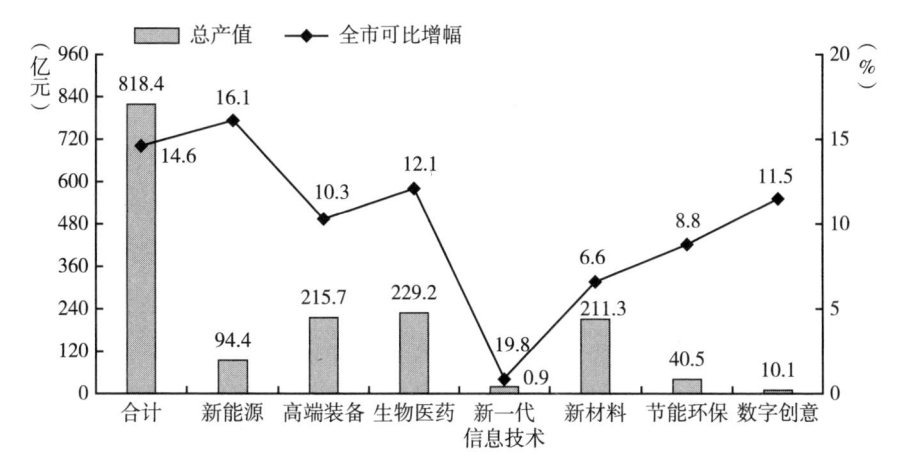

图 15　奉贤 2021 年战略性新兴产业规模以上工业总产值及全市可比增幅

资料来源：《上海市奉贤区统计年鉴 2022》。

图 16 给出了奉贤战略性新兴产业规模以上工业总产值及增长率情况。可以看出，2022 年 1~9 月，奉贤战略性新兴产业规模以上工业总产值累计值为 809.1 亿元，单位数为 228 家，总产值增长 30.10%，远超过上海全市同时期的增长率 7.20%。在一定程度上说明奉贤区的战略性新兴产业在受疫情短期冲击后经济的恢复和重振的速度要高于全市平均水平。从结构上看，奉贤区主要以生物医药、新材料、高端装备为主，单位数分别达到了 77 家、58 家、43 家。其工业总产值累计值分别达到 212.5 亿元、146.7 亿元、120.2 亿元。增长率分别为 24.10%、7.10%、-24.90%，其中生物医药和新材料增长速度为正，且均超过了全市的增长速度。受疫情冲击影响下，奉贤区产值增长率为正的领域还包括新能源、新一代信息技术、新能源汽车，增长率分别为 12.90%、5.80% 和 870%，而同期上海全市的增长率为 -18.00%、13.80%、65.40%。这三个领域的规模均较小，区内单位数量分别为 17 家、16 家和 5 家，但却在不断快速成长中。值得注意的是，俄乌冲突也对原材料供应链产生冲击，国内新能源产业的发展实际上很可能受相关金属原材料价格上涨的影响。但由上述分析可知，奉贤区新能源汽车行业规模以上工业总产值

增长率达到870%，能够在一定程度上说明区域内新能源汽车行业所处产业链相对完善。

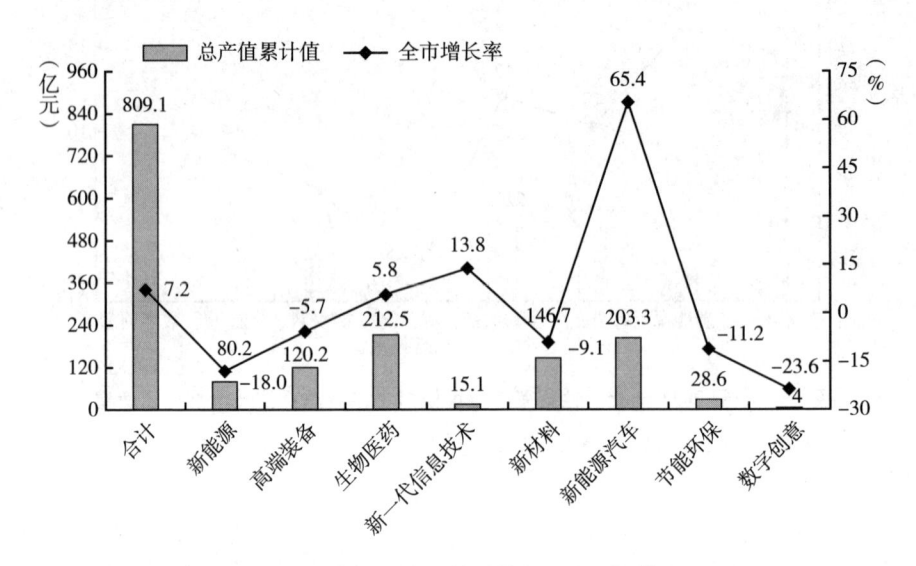

图16　奉贤2022年1~9月战略性新兴产业规模以上工业总产值累计值及全市增长率

资料来源：《奉贤统计月报》。

另外，对各城镇的经济发展新动能进行了进一步分析（见图17、图18、图19）。首先是各城镇东方美谷规模以上工业的发展情况（图17）。2022年1~9月，东方美谷规模以上工业总产值累计值较高的三个街镇分别是庄行、海湾、金汇，产值累计值分别为23.46亿元、20.82亿元、18.90亿元，产值较低的是四团、西渡街道，而青村和南桥总产值则基本持平，分别为10.02亿元、10.32亿元。受上半年新冠肺炎疫情短期冲击影响，各街镇东方美谷规模以上工业总产值增长率均出现了负增长。从税收及其增长率数据来看（图18），2022年1~9月，税收累计排名前三的街镇仍旧是庄行、金汇和海湾，分别是1.53亿元、1.23亿元和1.06亿元，同时金汇税收增长率实现正向增长，为8.10%；西渡街道和四团税收累计值则相对较低，分别为0.24亿元和0.14亿元，但四团的税收增长实现较高攀升，达到40.80%。

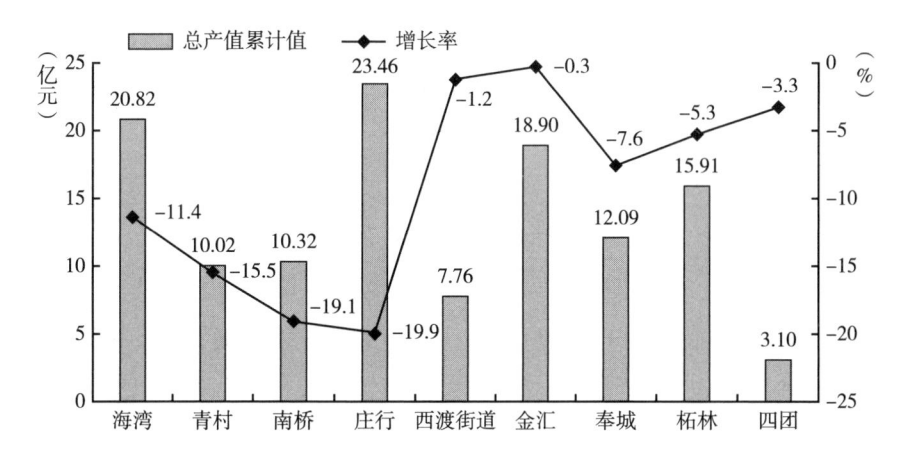

图 17 奉贤 2022 年 1~9 月各城镇东方美谷规模以上工业总产值累计值及增长率

资料来源：《奉贤统计月报》。

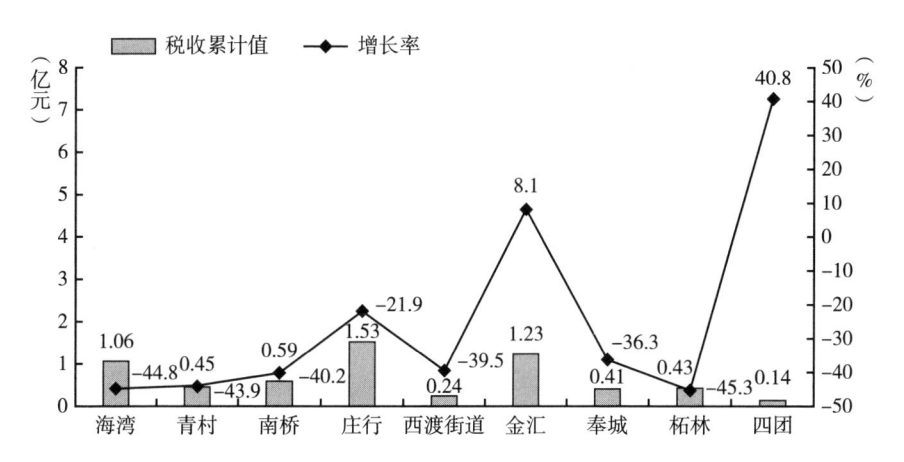

图 18 奉贤 2022 年 1~9 月各城镇东方美谷规模以上工业税收累计值及增长率

资料来源：《奉贤统计月报》。

另外，统计数据显示，2022 年 1~9 月，各开发区东方美谷规模以上工业产值、税收整体情况为：规模以上工业产值方面，杭州湾开发区、东方美谷集团、临港（奉贤）东方美谷规模以上工业产值实现正增长，增长率分别为 15.80%、19.40%、17.30%；海湾旅游区、工业综合开发区、头桥集团、"经发"规模以上工业产值出现不同程度的降幅。税收方面，海湾旅游区、杭州湾开发区、东方美谷集团、头桥集团的东方美谷规模以上工业税收均有不同程度的涨幅，增长率分别为33.20%、13.20%、18.90%和4.40%。

其次是各街镇战略性新兴产业规模以上工业总产值的情况（图19），2022年1~9月，战略性新兴产业工业总产值累计值较高的三个街镇分别是四团、西渡街道和金汇，产值累计值分别是58.20亿元、25.00亿元、23.10亿元；南桥和庄行、海湾和青村则基本持平，产值累计值分别达到14.90亿元和14.20亿元、11.30亿元和11.70亿元。从可比增幅来看，海湾、青村、庄行、奉城、柘林和四团均实现正向增长，其中海湾、柘林和四团可比增幅超过10%，可以看出，虽然遭受疫情短期冲击，但各街镇的经济发展仍具备韧性。

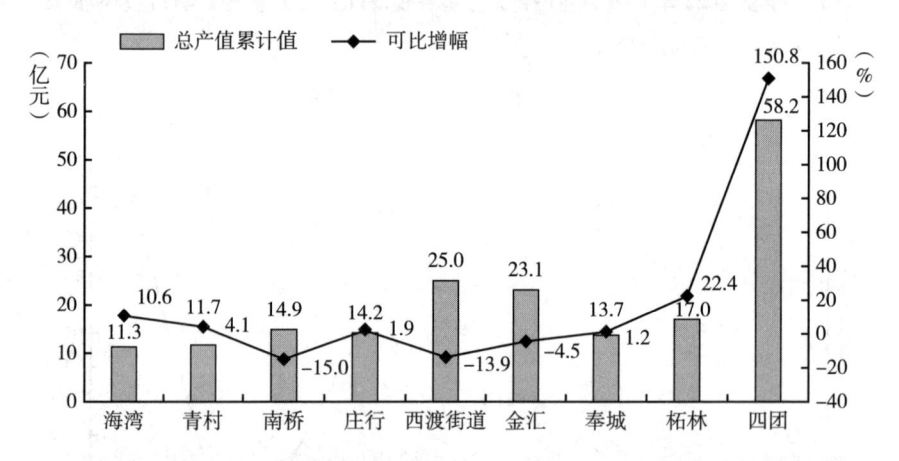

图19　奉贤2022年1~9月各街镇战略性新兴产业规模以上工业总产值累计值及可比增幅

资料来源：《奉贤统计月报》。

另外，统计数据显示，2022年1~8月，奉贤区内各开发区战略性新兴产业规模以上工业总产值整体情况为：海湾旅游区、工业综合开发区、杭州湾开发区、东方美谷集团、临港（奉贤）、头桥集团规模以上工业总产值实现正增长，增长率分别为1.3%、25.4%、0.3%、44.3%、81%、13.1%，工业综合开发区、杭州湾开发区以及临港（奉贤）规模以上战略性新兴产业工业总产值超过百亿元，分别为157.1亿元、144.6亿元和278.9亿元。而经发规模以上工业总产值出现一定程度的降幅，增长率为-18.5%。

六 总结

2022年上半年是极不平凡的一段时期，面对上海市本土疫情的短期冲击以及外部俄乌冲突带来对全球贸易的冲击等叠加因素的影响，宏观环境发生重大变化，不确定性陡增，内部经济社会发展过程既充满挑战，同时又充满机遇。面对发展过程中的压力和挑战，奉贤区高效统筹疫情防控，平稳推进企业复工复产进程，砥砺前行，紧抓实干，2022年1~9月，全区规模以上工业单位数达到1175家，资产总计3304.43亿元，营业收入为1693.22亿元，利润额为109.34亿元，工业销售利润率为6.46%。其中亏损单位数为423家。同时期全区规模以上工业总产值累计值达到1850.78亿元，同比增长5.7%。规模以上工业税收累计达163.91亿元，工业销售产值累计1850.71亿元，出口交货值累计286.84亿元，分别累计增长6.40%、18.40%。

值得关注的是，2022年1~9月，就分行业分析规模以上工业发展情况而言，虽然上海全域静态管理期间因港口限制会影响医疗试剂耗材供应，但是医药制造业规模以上工业总产值呈现平稳上升的态势，整体而言受疫情影响较小，累计增长30.20%。就分城镇分析规模以上工业发展情况而言，四团、青村和奉城规模以上工业总产值较高；另外，开发区规模以上工业总产值累计值达到1054.64亿元，占全区规模以上工业总产值比重为56.98%。另外，从全区发展新动能方面来看，东方美谷单位总数达到231家，累计增长24.2%，规模以上工业总产值为379.29亿元，增长较为平缓，增长率为0.8%，占规模以上工业总产值比重达20.49%；同时期战略性新兴产业规模以上工业总产值达809.1亿元，占规模以上工业总产值比重为43.72%。特别是新能源汽车规模以上工业总产值增长率达到870%，能够在一定程度说明区域内新能源汽车行业所处产业链的相对完善，说明俄乌冲突冲击原材料供应链进而制约国内新能源产业发展这一形势并未对奉贤区新能源产业产生较大的影响。

总结过去，展望未来，奉贤区抓住内外部宏观环境中的机遇，统筹疫情防控和经济社会发展，加快培育经济发展新动能的步伐，积极推进企业复工复产进程，出口交货值累计增长率等多个经济指标正平稳增长、逐渐恢复至疫情前水平，呈现出良好增长态势，工业经济总体呈现出良好的韧性。

B.4
2022~2023年奉贤服务业形势分析与研判

纪园园*

摘　要： 2022年1~6月，奉贤区服务业增加值为209.41亿元，同比下降3.9%，占全区增加值比重为37.3%，比上一年同期增加了2.1个百分点，表明奉贤区产业结构逐步优化，服务业对经济贡献率持续提升。从税收结构来看，服务业税收在三产中贡献率处于主导地位，其中，2022年1~9月，实现税收收入268.93亿元，比上一年降低13.9%，占全产业比重为58.75%。从固定资产投资来看，服务业固定资产投资在三产中比重最大，其中，2022年1~9月，服务业固定资产投资为244.13亿元，同比降低15.2%，占全产业固定资产投资比重为76.29%，比上一年同期提升了约2个百分点。从服务业分行业来看，批发零售业增速放缓，商品销售企稳回升，房地产业逐步回暖，金融业平稳增长，上市挂牌企业增加。预计2023年，奉贤区消费品市场逐步回稳，网络零售拉动消费复苏，房地产市场加快恢复，金融市场保持稳中上升的良好趋势。

关键词： 服务业　增加值　固定资产投资　税收结构

---

* 纪园园，经济学博士，上海社会科学院经济研究所、数量经济研究中心副研究员，主要研究方向为计量经济学与大数据分析、计量经济理论。

一 奉贤区服务业总体概况

（一）服务业占比持续上升，经济结构逐步优化

2022年1~6月，奉贤区服务业增加值为209.41亿元，增速由正转负，同比下降3.9%，从服务业增加值占比来看，服务业比重持续上升，占全区增加值比重为37.3%，比上一年同期上升了2.1个百分点；同期，工业增加值占全区比重为62.1%，比上一年同期下降了2.1个百分点；农业增加值比重为0.6%，与去年同期持平；三次产业结构比重为0.6∶62.1∶37.3。图1显示，2021年，奉贤区服务业增加值为470.39亿元，同比增长5.8%。据奉贤区统计年鉴，从2010年到2021年，奉贤区服务业的比重持续增加，服务业增加值比重从26.8%上升至35.4%，上升了约8.6个百分点，同期工业增加值比重处于下降趋势，从67.0%下降到62.0%，表明奉贤区逐步实现了由工业主导向工业和服务业双轮驱动的产业格局，经济结构逐步优化，经济进入高质量发展阶段。

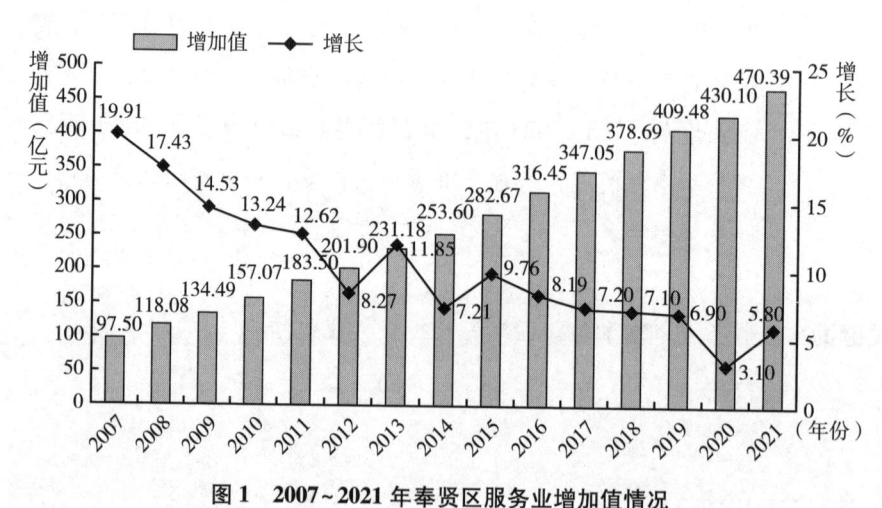

图1 2007~2021年奉贤区服务业增加值情况

资料来源：不同年份《奉贤统计年鉴》。

（二）服务业部分行业增速回落

2022年1~6月，奉贤区服务业部分细分行业增速回落（见表1）。除金融业和交通运输、仓储和邮政业之外，其他细分行业增长率均为负数。从服务业各细分行业比重来看（见图2），批发和零售业依旧占据优势，在服务业中比重最大，增加值为35.86亿元，占比为17.12%；排名第二的是房地产业，增加值为39.10亿元，占比为18.67%；排名第三的是金融业，增加值为25.01亿元，占比为11.94%。住宿和餐饮业占比最小，增加值为3.14亿元，占比仅为1.50%。

表1 2022年1~6月奉贤区服务业发展总体状况

行业	增加值（亿元）	增长率（%）	占服务业增加值比重（%）
服务业	209.41	-3.9	100.00
批发和零售业	35.86	-16.2	17.12
交通运输、仓储和邮政业	7.33	5.7	3.50
住宿和餐饮业	3.14	-14.6	1.50
金融业	25.01	6.5	11.94
房地产业	39.10	-4.8	18.67
其他服务业	98.20	-1.1	46.89

资料来源：不同年份《奉贤统计年鉴》。

（三）服务业占全产业固定资产投资持续上升

据奉贤区2022年9月统计月报，奉贤区服务业固定资产投资占全产业投资比重持续上升，仍居于主导地位。从产业投向看，2022年1~9月，奉贤区服务业固定资产投资为244.13亿元，同比增速持续下降，同比降低15.2%，占全产业固定资产投资比重为76.29%，比上一年同期提高了约2个百分点。同期，工业固定资产投资为75.54亿元，同比增速下降较大幅度，同比下降23.3%，在全产业固定资产投资中所占比重为23.61%。农业

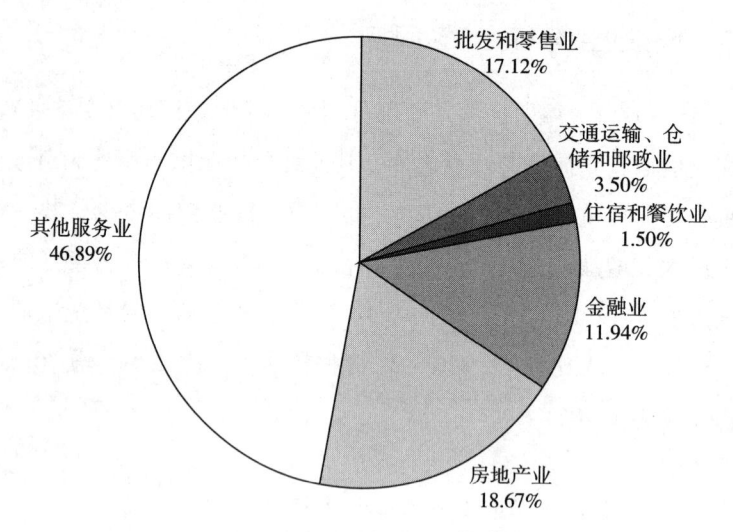

图 2　2022 年 1~6 月奉贤区服务业各门类分布情况

资料来源：不同年份《奉贤统计年鉴》。

固定资产投资为 0.27 亿元，同比降低 63.1%，在全产业固定资产投资中所占比重最小，仅为 0.084%。从服务业内部行业来看，2022 年 1~9 月，房地产开发投资为 170.51 亿元，占服务业投资额比重为 69.85%，增速持续下降，同比降低 21.7%，占服务业比重相比上一年同期下降了约 5 个百分点。

2021 年，奉贤区服务业固定资产为 417.6 亿元，同比增长 5.9%，占全产业固定资产投资比重为 75.2%，比上年降低 2.1 个百分点。同期，第一产业投资 10387 万元，同比下降 38.3%；第二产业投资 136.7 亿元，几乎全部为工业投资，同比增长 19.9%，占全产业固定资产投资比重为 24.6%，比上年提高 2.3 个百分点。从服务业内部行业来看，房地产业投资 306.4 亿元，同比增长 2.1%，占服务业比重高达 73.37%，在服务业中居于主导地位。

（四）服务业税收收入增速回落

服务业税收收入增速回落，但在三产中依然贡献率最高，持续处于主导地位。2022 年 1~9 月，奉贤区服务业实现税收收入同期 268.93 亿元，增速由正转负,比上一年同期降低13.9%,占全产业比重为58.75%,与上一年同期基本持平。同期,奉贤区工业实现税收收入163.91亿元,比上一年同期降低16.1%,占全产业比重为35.81%。农业实现税收收入0.22亿元,比上一年同期增长13.2%,在全产业中占比最小,仅为0.05%。从服务业内部行业来看(见表2),2022年1~9月,批发零售业在各行业中实现税收收入最多,排名居于首位,实现税收收入87.81亿元,增速回落,同比降低4.5%,占服务业比重为32.65%;排名第二的是租赁和商务服务业,同期实现税收收入71.28亿元,同比降低11%,占服务业比重为26.51%;排名第三的是房地产业,同期实现税收收入38.51亿元,同比降低44.7%,占服务业比重为14.32%;三者合计占比73.48%。从服务业内部各行业增速来看,部分细分行业在经历了高速增长之后,增速均处于回落状态,其中住宿餐饮业、金融业、居民服务修理和其他服务业保持良好增长态势,增速分别为35.7%、36.1%和19.6%。

表2 2022年1~9月奉贤区服务业分行业税收状况

行业	税收(亿元)	增长率(%)	占服务业税收收入比重(%)
批发零售	87.81	-4.5	32.65
运输邮政仓储	3.96	-61.8	1.47
住宿餐饮业	0.65	35.7	0.24
信息传输软件和信息技术服务	11.63	-3.5	4.33
金融业	18.78	36.1	6.98
房地产	38.51	-44.7	14.32
租赁和商务服务业	71.28	-11.0	26.51
科学研究和技术服务业	25.20	1.3	9.37
居民服务、修理和其他服务业	5.18	19.6	1.93

资料来源:不同年份《奉贤统计年鉴》。

2021年,奉贤区服务业实现税收收入370.80亿元,比上年增长48.40%,增速比上一年上升了约28个百分点。同期,工业税收收入为217.93亿元,比上一年增长16.1%,农业税收收入为0.28亿元,比上一年下降2.4%。从税收收入的产业结构来看，服务业所占比重最大，占比高达59.33%，超过五成，工业占比为34.87%，农业所占体量依旧最小。从服务业内部细分行业来看，排名前三的行业与2020年一致。其中，批发和零售业排名第一，实现税收收入111.58亿元，同比增长40.7%，占比为30.09%；租赁和商务服务业排名第二，实现税收收入94.75亿元，同比增长39.8%，占比为25.55%；房地产业排名第三，实现税收收入75.49亿元，占比为20.36%；三者合计占比高达76%。

二 服务业主要行业发展特点

（一）批发零售业增速放缓，商品销售企稳回升

2022年，受新冠肺炎疫情的影响，奉贤区批发零售业增速较上一年开始回落。2022年1~6月，奉贤区批发和零售业增加值为35.86亿元，同比降低16.2%，占服务业总体比重为17.12%，比上一年同期降低约2个百分点。

2021年，奉贤区批发和零售业实现增加值94.05亿元，同比增长6.1%。全年实现商品销售总额1481.6亿元，比上年增长16.3%。2021年，奉贤区消费品市场逐步回暖，全年社会消费品零售总额564.3亿元，比上年增长9.2%，增速较上年提升12.0个百分点。其中，限额以上社会消费品零售额203.5亿元，同比增长2.5%，占全部社会消费品零售总额的比重为36.1%。限额以上社会消费品按主要商品类别分为11类，主要商品零售额六升五降。其中，六类商品实现正增长，分别为化妆品类、服装鞋帽针纺织品类、日用品类、石油及制品类、金银珠宝类、文化办公用品类，实现商品零售额分别为42.4亿元、25.7亿元、9.5亿元、5.4亿元、2.9亿元、2.7亿元，对应增速分别为6.6%、21.1%、2.0%、17.0%、67.2%、42.8%；五类商品零售额均有不同程度下降，降幅较大的是家用电器和音像器材类、粮油食品类、烟酒类、汽车类，零售额分别为13.3亿元、5.3亿元、1.0亿元和36.4亿元，同比分别降低18.7%、12.7%、7.3%和6.5%，中西药品

类下降幅度较小，零售额为 1.10 亿元，同比下降 3.9%。

从总体趋势来看（见图 3），2013~2019，批发零售业增加值在经历过快速增长后，逐渐趋于平稳增长态势。2021 年，奉贤区商品销售企稳回升，批发零售业增加值处于恢复增长态势。

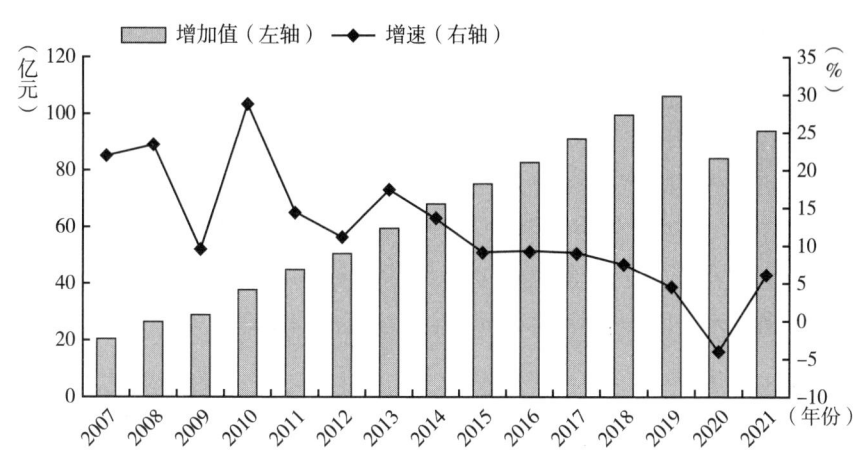

图 3　2007~2021 年奉贤区批发零售业增加值和增速走势

资料来源：不同年份《奉贤统计年鉴》。

（二）房地产业逐步回暖

2022 年 1~6 月，奉贤区房地市场实现增加值 39.10 亿元，增速由正转负，同比降低 4.8%，占服务业增加值的比重为 18.67%，与 2021 年同期基本持平。2021 年奉贤区房地产业增加值 78.52 亿元，同比增长 6.1%。

从奉贤区房地产完成投资额来看，2022 年 1~8 月，奉贤区完成投资额 141.5192 亿元，同比下降 19.6%。从房地产经营状况来看，奉贤区房屋施工面积和竣工面积均处于增长态势，具体来看，2022 年 1~8 月，房屋施工面积 1304.7804 万平方米，同比增长 4.1%，其中新开工面积 170.4978 万平方米，同比增长 42.7%。房屋竣工面积 97.2971 万平方米，同比增长 89.1%，其中住宅面积 64.0310 万平方米，增长较大幅度，同比增长 285.7%。从奉贤区房地产销售面积来看，2022 年 1~8 月，奉贤区商品房销售面积97.04万平方米,同比下降21.7%。现房销售面积66.1548万平方米,同比增长19.4%,其中住宅销售面积63.5175万平方米,同比增长37.3%;期房销售面积30.8831平方米,同比下降54.9%,其中住宅销售面积26.4886平方米,同比下降58.9%。从奉贤区房地产销售额来看,2022年1~8月,奉贤区商品房销售额为164.8504亿元,同比下降40.7%,主要是由于期房销售额下降较大幅度。其中,现房销售额为70.4895亿元,同比增长57.9%,期房销售额94.3609亿元,同比下降59.6%。

2021年,奉贤区房地产开发投资306.4亿元,比上年增长2.1%,增速比2020年放缓。从奉贤区房地产施工面积来看,2021年奉贤区房屋施工面积1326万平方米,增速由正转负,同比下降2.2%,其中,新开工面积206.9万平方米,同比下降33.1%。房屋竣工面积112.3万平方米,同比下降43.0%。全区商品房销售面积165.2万平方米,同比增长14.2%,其中,住宅销售面积150.3万平方米,同比增长9.4%。全区商品房销售额404.0亿元,同比增长34.3%。全区空置房面积189.2万平方米,同比下降3.1%。

从总体趋势来看(见图4),2007~2021,奉贤区房地产业总体增加值保持稳中上升的良好态势,虽然在2017年出现较大幅度的回落,但2018年又恢复增长,之后逐步趋于平稳增长阶段。

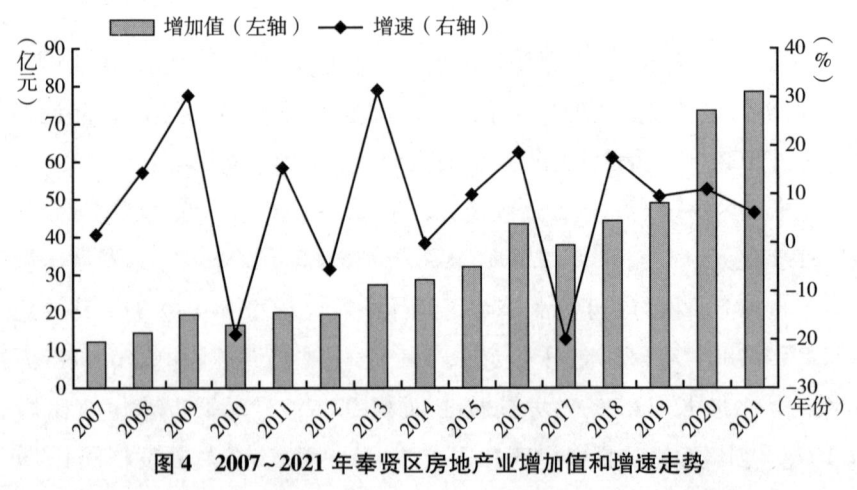

图4 2007~2021年奉贤区房地产业增加值和增速走势

资料来源:不同年份《奉贤统计年鉴》。

(三)金融业平稳增长,上市挂牌企业增加

2022年1~6月,奉贤区金融业继续保持增长趋势,实现增加值为4.5亿元,同比增长6.5%,增速比去年同期增加了2个百分点,占服务业比重为11.94%,与去年同期基本持平。2021年金融业实现金融增加值47.69亿元,同比增长4.6%。截至2021年末,全区共有银行分支机构28家,分布经营网点142个(工商银行增加2个网点,建设银行减少1个网点),证券业15家。

奉贤区存贷款保持平稳增长趋势。截至2022年8月底,全区各项存款余额2654亿元,同比增长12.9%。企业存款和居民储蓄存款保持增长态势,其中企业存款1260亿元,同比增长16.90%,增速与去年同期基本持平,占全区银行存款余额比重为47.48%;居民储蓄存款1394亿元,同比增长9.5%,涨幅较去年收窄,占全区银行存款余额比重为52.52%。截至2022年8月底,银行贷款余额1590亿元,增速开始由正转负,同比降低0.6%。从贷款对象来看,企业贷款占比最大,主要集中在中小企业贷款。全区企业贷款968亿元,同比降低0.3%,占全区银行贷款余额比重为60.88%,比重与去年基本持平。在企业贷款中,中小企业贷款503亿元,同比降低0.3%,占企业贷款比重为51.96%,超过五成。个人贷款622亿元,同比降低1.1%,占全区银行贷款余额的39.12%。其中,个人住房贷款497亿元,同比降低1.5%,在个人贷款中所占比重为79.90%。从贷款期限来看,短期贷款保持平稳增长态势,中长期贷款增速出现回落。截至2022年8月底,短期贷款468亿元,同比增长8.4%,涨幅较去年收窄,在全区银行贷款中占比为29.42%;中长期贷款为1123亿元,增速由正转负,同比降低3.9%,在全区银行贷款中占比为70.58%。

从存贷款余额的分布区域来看(表3),2021年南桥镇存贷款余额所占比重最大,分别为50.70%和70.96%,占比均超过全区的五成。其中南桥镇的存款余额为1191.89亿元,贷款余额为1135.34亿元。

表3　2021年奉贤区各镇存贷款余额

	网点数(个)	各项存款余额(亿元)	占全区比重(%)	各项贷款余额(亿元)	占全区比重(%)
南桥镇	56	1191.89	50.70	1135.34	70.96
奉城镇	17	205.22	8.73	42.89	2.68
庄行镇	6	61.52	2.62	19.11	1.19
金汇镇	9	121.83	5.18	37.60	2.35
四团镇	6	82.33	3.50	11.38	0.71
青村镇	11	110.59	4.70	36.47	2.28
柘林镇	9	87.63	3.73	27.33	1.71
海湾镇	4	22.29	0.95	4.52	0.28
西渡街道	7	91.89	3.91	24.18	1.51
奉浦街道	13	352.51	15.00	251.15	15.70
海湾旅游区	2	11.19	0.48	1.41	0.09
杭州湾开发区	1	11.63	0.49	8.54	0.53
东方美谷集团	1	0.18	0.01	0.07	0.00
全区总计	142	2350.69	100.00	1599.99	100.00

资料来源：2021年《奉贤统计年鉴》。

2022年1~8月，证券交易总额12584亿元，同比增长4.8%，增速较上年同期提高了约3个百分点。其中股票成交额8281亿元，同比下降8.0%。2021年，奉贤区证券交易总额18691亿元，比上年增长4.1%，其中A股成交13808亿元，比上年增长3.3%。奉贤区新增上市和新三板挂牌企业6家，其中主板1家、科创板2家、创业板1家、纳斯达克1家、新三板挂牌企业1家。截至2021年底，全区累计上市和新三板挂牌企业59家，其中主板15家、创业板4家、科创板3家、港交所2家、纳斯达克1家、新三板34家。

（四）信息传输、计算机服务和软件业蓬勃竞发

2021年，奉贤区科技创新活力蓬勃竞发。加大引进院士专家团队力度，年内新增8家院士专家工作站。创新主体实力稳中有进，全区拥有高新技术企业1497家，位列全市第五，其中首次认定343家。新增市级小巨人7家，总数位列全市第七。科技成果亮点频现，年内共有9项市高新技术成果转化

项目成功入围"百佳"。奉贤区进一步加快科技型中小企业培育，全年共认定技术合同977件，成交金额50.9亿元；高新技术成果转化项目共立项58件；完成科技型中小企业评价工作，1119家企业获得入库编号。全年专利授权513891件，同比增长24.8%，其中发明专利804件、实用新型11098件、外观设计1989件。

2021年，奉贤区数字基础设施建设不断加强。截至2021年末，奉贤区各信息基础设施运营商共新建光缆24.00万芯公里，累计长度401.42万芯公里；光纤到户覆盖24.32万户，累计覆盖155.91万户（端），光纤覆盖100%；新建4G移动通信基站37个、室分微站新型小区站等20个，总计有4G基站4687个、室分微站新型小区站等416个；新建5G移动通信基站1142个、5G室内覆盖场点数111个，总计有5G基站3231个、5G室内覆盖场点数264个。全区现有宽带用户44.35万户，其中光纤入户40.36万户；移动通信用户144.29万户，其中4G/3G/2G用户86.38万户，5G用户57.91万户；全区有线电视数字化，现有用户数17.2万户，其中互动电视6.68万端、高清6.68万端；全区高清IPTV共计约24.82万户。

（五）交通运输、仓储和邮政业逐步恢复

奉贤区交通运输、仓储和邮政业逐步恢复。2022年1~6月，奉贤区交通运输、仓储和邮政业增加值7.33亿元，同比增长5.7%，增速相比去年同期降低了15.9%，占服务业总体比重为3.50%，与去年同期基本持平。

2021年，交通运输、仓储和邮政业增加值16.6亿元，同比增长13.0%。2021年，奉贤区快递业务量完成1.53亿件，同比下降9.5%；业务收入完成6.15亿元，同比减少16.4%。全年共计完成邮政业务总量3.19亿元，比上年下降20.7%。全年投送各类邮件4448.34万件，同比增长2.3%；投送各类报刊2135.17万件，同比下降4.1%。

（六）住宿和餐饮业增速回落

受新冠肺炎疫情影响，奉贤区住宿和餐饮业增速开始回落。2022年1~

6月，奉贤区住宿和餐饮业增加值3.14亿元，增速由正转负，同比降低14.6%，占服务业总体比重为1.50%。2021年，奉贤区住宿和餐饮业增加值8.6亿元，同比增长10.8%。奉贤区住宿和餐饮业离不开文化旅游产业的支撑。2021年，奉贤区区域旅游发展亮点频出。年内，全区共接待国内外游客790.33万人，营业收入8.49亿元。2021年，东方美谷JW万豪酒店、木莲庄等高端品牌酒店、"吾乡童年""乡村马龙"等6家民宿顺利开业；南桥沈陆村、柘林海湾村、奉城卫季村创建为奉贤区第四批乡村旅游示范点；举办"遇见之旅　未见之美"奉贤新城旅游推介会，梳理一川烟雨等5个亿元级以上旅游投资项目进入市级招商平台，"小雅·鹿鸣"酒店等2个项目在上海旅游投资促进大会上启动发布。"上海海湾森林公园休闲一日游"及"上海奉贤吴房村万亩桃园一日游"2条线路入选国家文旅部"体验脱贫成就·助力乡村振兴"300条线路之列。海湾旅游区、庄行旅游咨询服务中心实施服务窗口功能提升改造，区旅游咨询服务中心窗口共接待市民游客9000余人次，发放各类旅游宣传资料2万余份。

2021年，全区限额以上住宿和餐饮企业的经营额为130468万元，其中餐费收入95132万元，在营业额中所占比重最大，占比高达72.92%，与上一年占比基本持平；客房收入25151万元，在营业额中占比19.28%；商品销售额5221万元，在营业额中占比4%；其他收入4964万元，在营业额中占比3.80%。

三　2023年奉贤区服务业发展趋势判断

（一）消费品市场逐步回稳，网络零售拉动消费复苏

2022年1~8月，奉贤区商品销售额累计为597.13亿元，增速由正转负，同比下降16.5%。社会消费品零售总额为343.79亿元，同比下降9.6%，限额以上社会消费品零售额为121.35亿元，同比下降8.1%，其中通过公共网络实现的商品零售额为60.49亿元，同比上升12.3%。数字经济时代，直播电商、数字文化等新模式引领消费，受到新冠肺炎疫情影响，虽

然社会消费品零售额增速下降，但是网络销售额在疫情下呈现逆势增长的态势，成为疫情之后消费复苏的重要驱动力。

2021年，奉贤区网络销售额处于良好增长态势，网络零售拉动消费复苏。2021年，奉贤区网络商品零售额累计87.5亿元，同比增长10.5%，增速较去年有所回落。其中，限额以上批发和零售业网上零售占全区限额以上批发和零售企业商品零售额的比重为43.0%，比重比上年提高7.7个百分点，拉动限额以上社会消费品零售额增长4.5个百分点。全区限额以上住宿和餐饮企业通过公共网络实现的累计客房收入和餐费收入为1502.3万元和83.8万元，同比分别增长23.9%和39.2%。受新冠肺炎疫情影响，2022年上半年奉贤区商品销售额有所下降，现期处于逐步恢复阶段。预计在2023年，奉贤区消费品市场逐步回稳，网络零售持续上涨。

（二）房地产市场加快恢复，逐渐复苏

2022年6月以来，随着上海全面复工复产，上海全市房地产开发和经营情况逐渐回暖，降幅逐步缩小。2022年1~8月，奉贤区房地产开发投资完成额同比下降10.9%，相较于2022年上半年的降幅（-25.4%），下降幅度收窄。在房地产经营方面，2022年1~8月，上海全市施工面积同比实现正增长，同比增长4.1%，其中新开工面积同比增长42.7%，已经由2022年上半年的负增长转为正增长，说明6月以来复工复产的全面推进取得了初步成效，房地产市场已经逐步复苏。2022年1~8月，奉贤区商品房销售额为164.8504亿元，同比下降40.7%。2021年，全区商品房销售额404.0亿元，同比增长34.3%。2019~2021年，奉贤区商品房销售额一直处于蓬勃发展态势，受到新冠肺炎疫情影响，在2022年上半年开始回落，但随着疫情的平稳和复工复产的全面推进，奉贤区房地产市场逐步恢复。初步判断，奉贤区房地产市场在2023年将加快恢复，销售端将呈现同步回暖迹象。

（三）金融市场稳中上升

2022年1~8月，证券交易市场持续保持增长趋势，交易总额12584亿

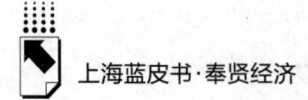

元,同比增长4.8%,增速比上一年同期增加了3个百分点,其中A股成交8228亿元,同比下降8.5%。2021年,全区证券交易总额18691亿元,比上年增长4.1%,其中A股成交13808亿元,比上年增长3.3%。2019~2021年,奉贤区证券市场保持持续增长态势,2019年之后,奉贤区证券市场开始复苏,证券交易额实现正增长,2020年奉贤区证券交易总额17952亿元,比上年增长51.6%,金融市场进入蓬勃发展阶段,2021年,奉贤区证券交易额增速有所回落,但仍处于正增长态势,2022年1~8月,奉贤区证券交易市场交易总额增速相比同期有所上升。预计2023年,证券交易市场仍然保持稳步增长趋势。

四 2023年加快奉贤区服务业发展的对策建议

(一)推动服务业产业国际化

鼓励区内现代服务业企业积极参与全球竞争,进一步发挥市场在资源配置中的决定性作用,激发企业活力,拓展企业发展空间,增强产业辐射力与国际影响力。深入实施"引进来、走出去"战略和企业国际化战略,鼓励企业积极接轨国际商业惯例,主动对接国际产品和服务标准。加快发展平台经济,鼓励企业突破地域限制,拓展服务半径,为经济发展带来新的增长点。

(二)促进文化创意与传统产业融合

以推进文化创意和设计服务与制造业融合发展为主要任务,围绕高端化、集约化、服务化、融合化发展要求,充分发挥文化创意和设计服务引领制造业转型升级的作用。在智能制造产业服务环节,要大力提升总体设计、系统集成、节能环保、绿色智能、试验验证、应用转化等能力,加强产品和关键性零部件的外观、材料、结构、功能和系统的设计。在美丽健康等消费品服务环节,要融入传统文化和现代时尚元素,强化创意和设计在产品创新、品牌建设、营销策划和质量管理等方面的作用，提高产品附加值。推进文化创意和设计服务与旅游业深度融合发展，进一步扩大旅游产业规模。

（三）提高政府公共服务效率，营造良好环境

推行服务业领域政府权力清单制度，实行行政审批事项清单管理，提高政府公共服务效率。打破行业垄断，逐步建立服务业领域平等规范、公开透明的市场准入标准。推进社会信用体系建设，构建诚信、透明的市场环境。推进知识产权服务体系建设，加大知识产权执法力度，完善知识产权行政管理和综合执法机制。开展重点行业质量监测与测评，探索建立美丽健康、智能制造等产业服务质量综合评价体系。

参考文献

奉贤区统计局：《2021年上海市奉贤区国民经济和社会发展统计公报》，奉贤区统计信息，https：//www.fengxian.gov.cn/tjj/col2849/20220607/17934.html，最后访问日期：2022年6月1日。

金阳：《上海奉贤区民营经济营商环境优化思考》，《合作经济与科技》2021年第21期。

B.5
2022~2023年奉贤固定资产投资形势分析与研判

何雄就　伏开宝*

摘　要： 本报告以奉贤区固定资产投资为主要研究对象，从增速、结构和与上海郊区（县）的对比等方面着手分析，研究了该区2011~2021年固定资产投资的发展历程。研究发现，该时期奉贤区固定资产投资总额在过去一段时间，特别是"十三五"期间有了较大的增加，与此同时产业结构也在持续优化。进一步，与上海郊区横向比较，对投资的结构进行分析。同时，通过与临沪部分县级市（区）固定资产投资总额比较研究，本报告发现"十三五"时期奉贤区固定资产投资总额增速不仅是上海郊区中的领先区域，而且也快于部分临沪县级地区的增长。本报告认为，2022年下半年奉贤区固定资产投资将持续发力，为经济平稳有序复苏提供支撑。从长期的视角来看，长三角一体化的进程正在加快推进，"五个新城"、临港新片区也赋予奉贤发展的巨大机遇，需要持续有力的固定资产投资。在全球宏观形势、国内相应政策相对稳定的前提下，奉贤区固定资产投资在经历短暂的下行波动后，将重返稳定增长的道路。

关键词： 固定资产投资　工业投资　产业结构

---

* 何雄就，经济学博士，研究方向为区域经济与经济增长；伏开宝，嘉兴南湖学院讲师，经济学博士，研究方向为经济增长与产业经济。

2021年，奉贤区全力推进固定资产投资项目建设，房地产开发投资基本盘稳定，工业投资增速亮点突出，总体投入仍保持相对稳定。2022年全球宏观环境越发复杂、新冠肺炎疫情等风险挑战使上海市乃至国内经济受到极大的冲击，但全国上下戮力同心、危中寻机、开拓进取，有效应对错综复杂的形势。在此过程中，奉贤区把握住"疫情要防住、经济要稳住、发展要安全"的要求，率先推动经济社会发展回归正常轨道，同时把发展作为第一要务，全力以赴稳经济、保增长，在此过程中固定资产投资为经济平稳恢复发挥了重要的作用。

一 2011~2021年奉贤区固定资产投资分析

本节主要从投资总量、产业结构、增长速度等多个方面呈现2011~2021年奉贤区固定资产投资的发展情况，简要地分析奉贤区固定资产投资变化趋势。2017年11月起，奉贤区内上海市属固定资产投资额纳入区固定资产投资完成总额，为了保持分析的一致性，本部分的奉贤区固定资产投资总额剔除了市属项目的固定资产投资额。

（一）2011~2021年奉贤区固定资产投资完成额和增速

从总量上看（见图1），2011~2021年，奉贤区固定资产投资完成额保持相对稳定，2011~2012年投资处于快速增长状态，2013~2016年投资规模保持相对稳定。2017年开始投资规模较为明显扩大，2017年和2018年出现较大幅度的增长。可以看出2017年包含市属项目在内的投资增速约23%，2018年增速仍超过20%，达到20.5%，2019年增长速度放缓至5.8%，2020年重新突破10%。2021年受宏观形势与外部不确定性影响，总体增速放缓至10.2%。与上海市总体进行比较（见图2），奉贤区固定资产投资增速在2013~2016年低于上海市增长速度，2017年起，奉贤区增速再次超过上海市固定资产投资增速，2018年比上海增速高出近15个百分点，2019年两者速度差距再次收敛，上海增速为5.1%，奉贤区仅比上海高约0.7个百分点。从2019年开始,奉贤区固定资产投资增速一直领先于上海市整体增速,表明奉贤区是上海市投资较为活跃地区,主要原因在于奉贤新城发展规划的带动,以及奉贤区政府加大高质量转型发展力度的影响。

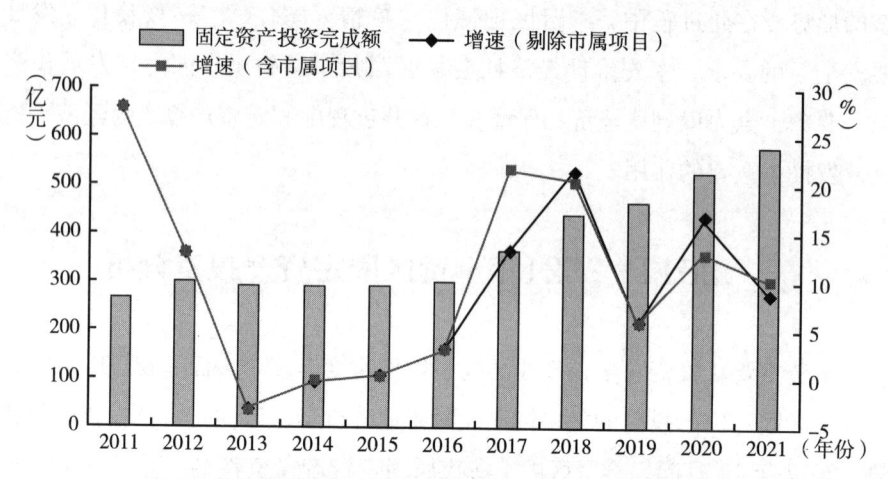

图1 奉贤区固定资产投资完成额与增速(不含市属项目)

资料来源:奉贤区统计局。

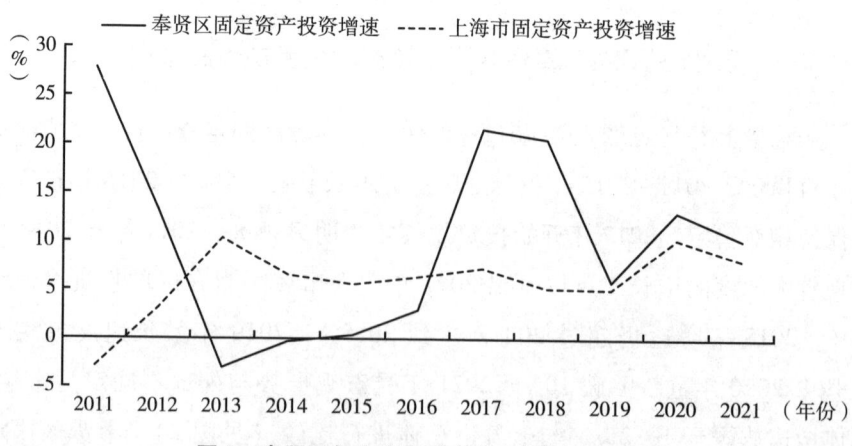

图2 奉贤区与上海市固定资产投资增速对比

资料来源:上海市统计局、奉贤区统计局。

(二) 2011~2021年奉贤区固定资产投资产业结构

分析固定资产投资投入的产业方向，可以研究地区未来经济发展的质量和产业结构的变化趋势。地区产业高级化的过程中，必然伴随着资本更多地流向战略新兴产业、城市基础设施的建设，进一步吸引资金源源不断地引导到本区域范围内。从固定资产投资的产业结构来看，2011~2021年奉贤区经历了一段城市化建设快速推进的过程。房地产开发投资是其中的主要力量，第三产业占固定资产投资比重也因此处于总体上升的趋势。房地产投资占比迅速提高虽然符合特定时期经济发展的规律，但是在未来房地产开发热潮降温时某种程度上也影响固定资产的总体增速。不过，从近两年的投资结构来看，尽管房地产开发有所放缓，但奉贤区固定资产投资增速仍保持较高水平，说明工业投资等项目接过了房地产开发投资的"大旗"，奉贤区正有效迈向经济高质量发展的方向，具体表现为工业投资占比稳步提高，可以从图3的趋势变化发现这一现象。2006年起到2018年，奉贤区第三产业投资占比持续上升，与此同时第二产业投资占比有所下降，原因在于工业投资增速相对房地产开发投资较慢。2011年是转折的年份，第三产业投资占比开始大于第二产业。第二、三产业投资此消彼长的形势延续至2018年，第三产业占固定资产投资达了本阶段高峰，高达79.6%，第二产业所占比重则被压缩至20.8%。第三产业占比提升的主要原因是房地产开发投资持续快速增长，该项投资比重在2011~2020年逐年上升。在"房住不炒"相关政策影响下，2020年房地产开发投资占比开始下降。尽管如此，2021年房地产投资占比仍高达55.2%，与2006年相比上升了31.4个百分点，目前来看奉贤区固定资产投资增速仍将在一段时间受到房地产开发投资的影响较大。

房地产开发只是城市开发的其中一部分。城市能级的提升还有赖于其他基础设施的建设。排除房地产开发投资的影响后，可以看到奉贤区的城市基础设施建设也处于一个较快推进的过程。2012~2018年奉贤区的第三产业固定资产投资（不含房地产）占比保持上升，从2012年的约9%迅速上升至2018年的24.7%，2019年占比大幅下降至15.55%，主要是城市基础设施建设项目数量有较大减少，2021年占比重回20%以上，非房地产类第三产业投资在奉贤地区发展中始终保持着较为重要的地位。

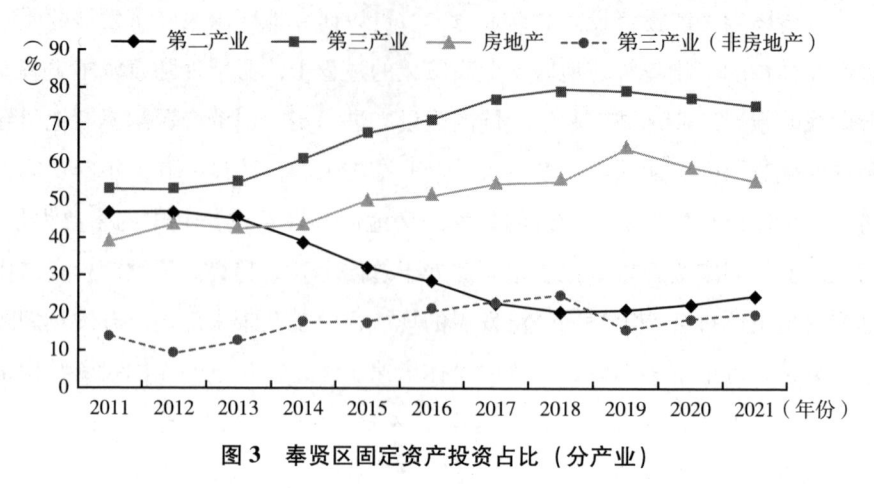

图3　奉贤区固定资产投资占比（分产业）

资料来源：奉贤区统计局。

从固定资产投资分产业的增长速度来看（见图4），2018~2021年奉贤区第三产业的固定资产投资增速与区固定资产投资总体增速基本持平。第二产业固定资产投资增速在2011~2015年表现出逐年下降的趋势，2013年开始年一度出现负增长，2015年是增速的阶段性低谷，随后下降幅度收窄，2018年增速转正并达到9.8%，2020年更是高达25.3%。在宏观形势不确定性较高的情形下，2021年第二产业固定资产投资仍保持近20%的增速，展现了社会对奉贤未来发展的信心，工业投资持续的高增速也印证了奉贤区经济的高质量发展转向。

不含房地产投资的第三产业固定资产投资增速波动较大，主要受不同时期的基建项目开工、储备的数量所影响。2016~2018年该项增速保持两位数以上，分别为2016年的18.5%、2017年的27.6%和2018年的30.5%，均高于房地产开发投资增速，2019年投资总额大幅下降，2020年增速重新回归两位数以上，达到38.4%。原因在于2019年大型基建项目数量较少，城市基础设施投资同比下降50.4%，下降60.4个百分点。2020年不含房地产投资的第三产业投资高增长主要是2019年的低基数所引致。总体上，近年来奉贤城市建设开发正在加速，2021年非房地产类第三产业固定资产投资增速仍将近18%，奉贤城市功能正不断完善，品质持续提高，成为奉贤进一步吸引人才、资金的重要名片。

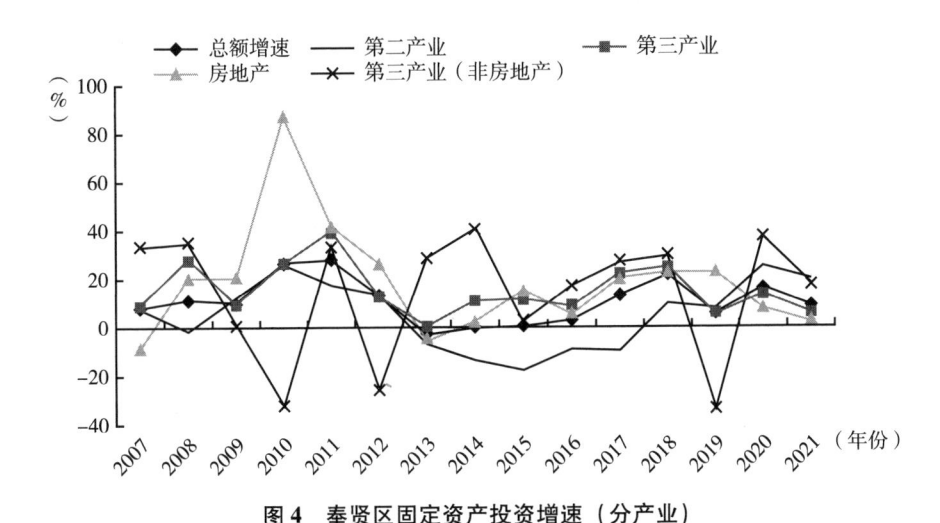

图4 奉贤区固定资产投资增速（分产业）

资料来源：奉贤区统计局。

房地产开发增速方面，房地产投资开发的热潮使得本区域的房地产开发投资增速在2010年一度达到了87.1%。2012年以后，房地产开发投资增速相对稳定，虽然增速与2008~2011年比较已大幅下降，但房地产总额与2007年相比已经有了较大增长，房地产投资增长仍是全社会固定资产投资较快增长的主要贡献力量，2017~2019年该增速更有加快的趋势，2017年增速达20.4%，2018年增速进一步扩大至22.7%，2019年仍保持在20%的水平以上，增速为22.7%。2020年该项增速回落至7.7%，2021年进一步下降至2.1%。总量上巨大的变化是房地产开发投资快速增长的印证，2011年奉贤区房地产开发投资额为103.8亿元，到了2021年房地产开发投资完成额达到306.4亿元（见图5），房地产投资在此期间大幅增加。房地产投资快速增加既受全国各地开发热潮的影响，更多的是奉贤区内部基础设施、特别是交通基础设施不断完善的结果。基础设施的完善既让奉贤更好地加入核心城区的"一小时通勤圈",也使得奉贤生活品质持续上升,在奉贤安居乐业成为人民群众的自然选择。

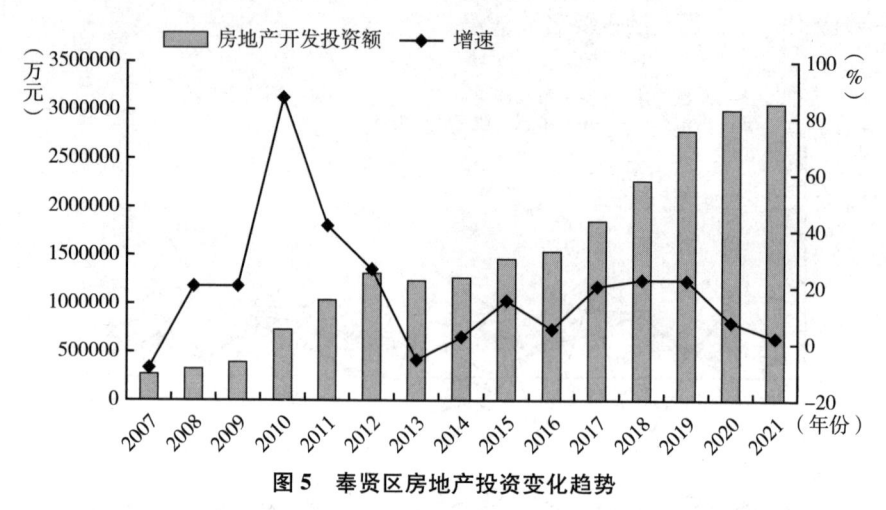

图5 奉贤区房地产投资变化趋势

资料来源:奉贤区统计局。

(三)2011~2021年上海郊区固定资产投资比较

上海各郊区在政策背景、经济水平和社会文化等方面有一定的相似性,以郊区作为样本进行比较,能够更好地观察奉贤区固定资产投资的发展历史、现状和趋势。从绝对投资总量来看,2021年上海郊区固定资产投资总额分别为:闵行790.0亿元、宝山657.1亿元、松江613.5亿元、奉贤581.2亿元、嘉定514.3亿元、金山341.1亿元、崇明232.9亿元。奉贤的总体固定资产投资水平处于郊区中游,这与其交通区位、产业、人口等集聚程度密切相关。从增长速度来看2011~2021年奉贤区固定资产投资快速增长,平均增长速度为7.5%,是上海市郊区(包括闵行、嘉定、宝山、奉贤、松江、金山、青浦、崇明)中平均增速较高的郊区之一,高于同期上海市的固定资产投资的平均增速1.1个百分点,在郊区中仅次于闵行区、金山区。(见图6)。

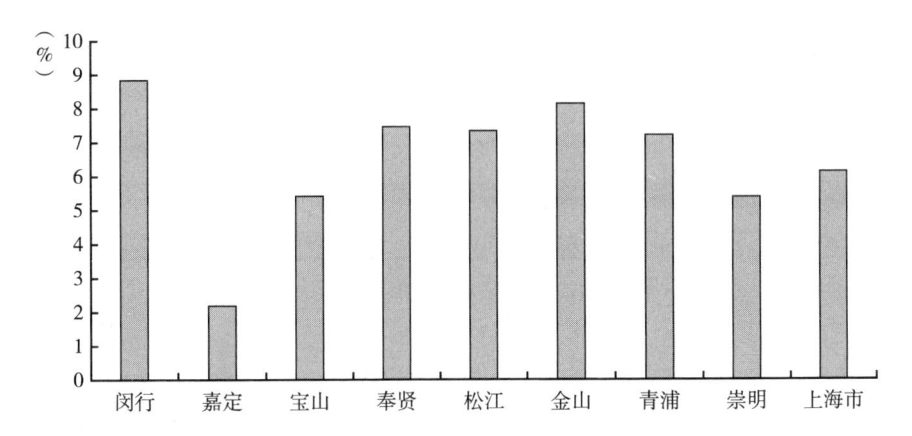

图 6 上海市郊区（县）2011~2021 年固定资产投资平均增速

资料来源：上海市统计局，相关区（县）统计局。

从投资结构数据看，8个郊区中，2021年奉贤区工业投资占全社会固定资产投资比重为23.52%，比2020年上涨1.9个百分点，在郊区中排名第三。"十三五"期间奉贤区内工业投资占比经历了先下降后回升的过程，2018年以来奉贤区工业投资占固定资产投资比重持续提升，工业投资增加为奉贤经济未来高质量发展奠定了较为坚实的基础（见表1）。总体上，奉贤工业投资占固定资产投资比例相对稳定，保持在20%附近。值得注意的是，松江的工业投资占比也在不断提升，该区区域产业结构近年来正持续优化。

表 1 上海市郊区 2016~2021 年工业投资占比情况

单位：%

工业投资占固定资产投资比重	2016年	2017年	2018年	2019年	2020年	2021年
奉贤	28.28	24.31	19.15	19.51	21.62	23.52
宝山	5.37	6.63	14.73	14.15	15.35	19.48
崇明	9.30	10.30	2.00	1.59	8.59	9.96
嘉定	19.22	23.14	23.53	29.86	24.69	22.15
金山	48.15	33.88	40.42	35.95	31.66	30.62

续表

工业投资占固定资产投资比重	2016年	2017年	2018年	2019年	2020年	2021年
闵行	10.31	12.53	13.87	13.97	16.09	15.92
青浦	10.00	8.84	9.02	7.90	11.01	10.64
松江	12.75	20.14	26.65	29.29	33.10	33.96

资料来源：上海市统计局，相关区（县）统计局。

2021年奉贤区房地产投资占全社会固定资产投资比重为52.72%，比2020年下降4.21个百分点（见表2）。在"房住不炒"等政策调控下，房地产投资的热度有所下降。尽管如此，奉贤区以及其他上海郊区的房地产投资占固定资产投资比重均保持在较高水平，崇明、嘉定、闵行、青浦的房地产投资占比在2021年不降反升。总的来说，奉贤区的房地产开发投资占比与其他郊区相比始终较为稳定，投资的产业结构也未出现大起大落，从投入比例来看奉贤区的固定资产投资结构更为健康。

表2　上海市郊区2016~2021年房地产投资占比情况

单位：%

房地产投资占固定资产投资比重	2016年	2017年	2018年	2019年	2020年	2021年
奉贤	51.17	50.67	51.57	59.76	56.93	52.72
宝山	78.86	76.24	72.31	76.30	63.77	60.22
崇明	45.68	45.72	60.35	45.15	36.75	43.97
嘉定	69.66	67.73	63.82	58.27	52.48	55.24
金山	34.91	40.32	59.06	36.13	42.75	41.14
闵行	70.20	57.63	58.23	56.99	57.11	58.05
青浦	70.15	71.94	63.16	64.07	62.40	63.63
松江	78.63	65.27	62.36	59.34	55.44	54.68

资料来源：上海市统计局，相关区（县）统计局。

从可比性的角度来看,对嘉定区、宝山区、金山区、青浦区和奉贤区等郊区进一步分析可以发现,奉贤区、松江区、金山区在2011~2021年的固定资产投资平均增速较高,均在7%以上。从图7可以看到,2011年奉贤区固定资产投资总额为263.36亿元,低于嘉定区的405.32亿元。到了2021年,奉贤区的固定资产投资年度数据大幅增长至581.2亿元(含市属项目),高于嘉定区的514.3亿元。与青浦区、宝山区和嘉定区相比较,奉贤区固定资产投资年增长幅度相对平稳,奉贤区政府在促进固定资产投资相关政策和措施均保持一定的持续性和有效性。

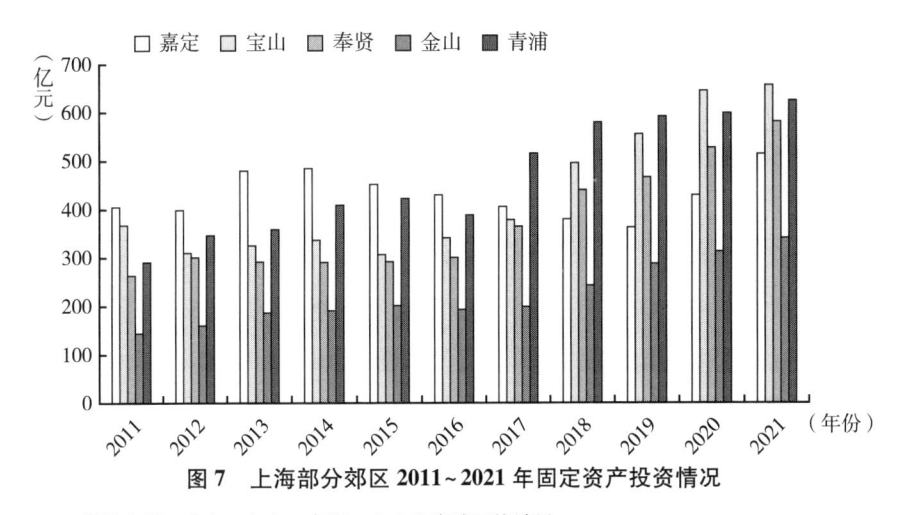

图7 上海部分郊区2011~2021年固定资产投资情况

资料来源:嘉定、宝山、奉贤、金山和青浦区统计局。

(四) 2011~2021年奉贤与部分临沪县级市(区)固定资产投资比较

为了进一步分析奉贤区的固定资产投资情况,本部分进一步将之与部分临沪县级市(区)进行比较,主要对象为嘉善、启东、太仓、海门。这样的比较有一定的意义,因为奉贤区的区位与临沪县级市(区)有一定的相似性,而且在长三角一体化的过程中,这些地区既是相互配合融入一体化的整体,也是作为"竞争对手"努力吸引从短期而言相对有限的投资资源,因此比较和了解这些地区的固定资产投资发展情况具有一定的意义。

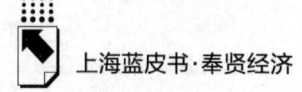

从表3可以看到，2011年奉贤投资总额是嘉善的144%，启东的90%，太仓的89%，海门的90%。2016年，奉贤当年固定资产投资总额是嘉善的89%，启东的49%，太仓的65%，海门的49%。到了2021年，奉贤当年投资总额是嘉善的149%，启东的66%，太仓的116%，海门的70%。

表3　奉贤区固定资产投资与临沪城市的比例关系

单位：%

奉贤区固定资产投资与临沪城市的比例关系	奉贤/嘉善	奉贤/启东	奉贤/太仓	奉贤/海门
2011年	144	90	89	90
2016年	89	49	65	49
2021年	149	66	116	70

资料来源：奉贤、嘉兴、南通、苏州统计局。

从增长速度来看，观察2011~2021年奉贤与上述临沪县级市（区）固定资产投资平均增长速度（见图9），奉贤年均增长约8.2%，高于嘉善的7.9%、太仓的5.4%，低于启东的11.5%、海门的11.0%。总体上，数据表明2011~2021年南通的临沪县级市（区）投资热度较高，特别是2011~2016年，奉贤的投资热度明显高于太仓、嘉善。

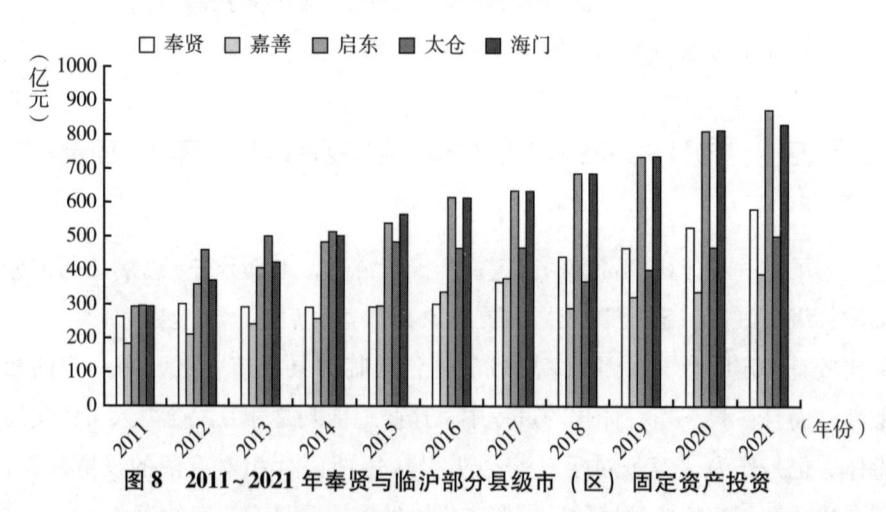

图8　2011~2021年奉贤与临沪部分县级市（区）固定资产投资

资料来源：奉贤、嘉兴、南通、苏州统计局。

进一步观察，可以发现奉贤区固定资产投资后劲十足，图9显示，2016~2021年奉贤的固定资产投资平均增速高达14.1%，高于同期嘉善、启东、太仓和海门，增长速度位列第一。与上述临沪县级市（区）比较，可以明显看到奉贤区固定资产投资的喜人的变化。在"十二五"之初，甚至到"十三五"前期，奉贤区的固定资产投资完成额一度落后于太仓、嘉善、启东、海门。但是到了2022年，奉贤区固定资产投资完成了对太仓和嘉善的反超。也就是说，与上述两地相比较，奉贤城市建设、产业建设升级均相对较快。但需要看到的是，奉贤区和启东、海门的差距仍然较大，2021年固定资产投资完成额奉贤区仅为启东的66%，海门的70%，上述两地的投资热潮显然受益于重大交通基础设施，如崇启大桥、沪通铁路公路大桥等的正面影响，在南通市完成"八龙过江"的交通规划前后，交通建设将持续对南通市产生正面的影响。不过，奉贤区本身交通区位状态也在不断改善，进入"十三五"后奉贤投资增速有明显加快的态势，区域内部产业升级、城市界面提升均使奉贤区有强劲的发展后劲。

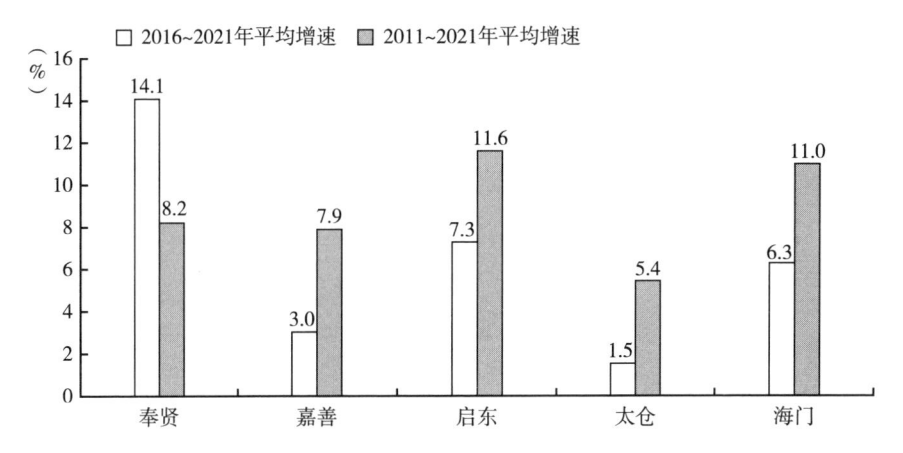

图9　2016~2021年和2011~2021年奉贤与临沪部分县级市（区）固定资产投资平均增速

资料来源：奉贤、嘉兴、南通、苏州统计局。

（五）2021年奉贤区固定资产投资特点

2021年，奉贤区全社会固定资产投资（包含市属项目）达到581.2亿元，同比增长10.2%，增速与2020年相比较略有下降，但仍高于上海市整体水平2.1个百分点。2021年奉贤区固定资产投资既为上海经济稳定增长贡献了力量，夯实了高质量转型发展的基础，同时也提升了奉贤的区域形象，东方美谷大道、临港南桥科技城首发区、拓展区和"南桥源"城市更新等项目建成升级，进一步凸显出奉贤之美。

一是工业投资保持快速增长。2021年，完成工业投资136.7亿元，较去年同期增长20.0%，完成年初目标的105%（年初计划工业投资130亿元）。一大批重大产业项目建成是工业投资快速增长的重要原因，多达115个重点项目建成投产，其中不乏药明生物、君实生物、美乐家新总部等知名企业。此外，一批功能性平台加速集聚奉贤，例如国家化妆品检测中心、中科院巴斯德所、资生堂研发中心等增强了区域科创能力。自动驾驶全出行链场景一期建成，"未来空间"产业得到进一步强化。总体上，工业厂房建设完成建筑面积115万平方米，完成年度计划（100万平方米）的115%。工业投资持续向战略性新兴产业集聚，将为奉贤未来发展持续提供新动能、新活力。

二是房地产投资保持稳定增长。全年实现房地产业增加值78.5亿元，可比增长6.1%。在宏观政策的影响下，全区房地产开发仍保持总体平稳。全年房地产开发投资306.4亿元，同比增长2.1%。房屋施工面积1326.0万平方米，同比下降2.2%。从需求来看，在奉贤区置业的需求仍然较大，全区商品房销售面积165.2万平方米，同比增长14.2%。销售增长的主要贡献力量为商品房，全区商品房销售额404.0亿元，同比增长34.3%。全区空置房面积189.2万平方米，同比下降3.1%，"房住不炒"政策得到较好的推进。不过需要注意到房地产开发投资下行压力仍然较大，新开工面积206.9万平方米，下降33.1%，面积基数减少将影响未来转化为固定资产投资完成额的总量。

三是基建投资提升城市品质。2021年奉贤区的交通体系持续优化，百姓出行更加便捷，闵浦三桥等多个交通项目建成通车，S3等项目开工建设，全市首条BRT奉浦快线、南团快线开通运行。医疗卫生水平也在不断提高，区医疗急救中心和区皮防所、牙防所建成，国妇婴奉贤院区基本建成，新华医院奉贤院区开工建设。同时，建设了 5 家社区卫生服务中心、62 家标准化村卫生室、32 家智慧村卫生室建设。体育健康设施也在持续改善，普通市民益智健身苑点、全人群体育微公园、市民健身步道、市民球场、村级综合健身中心等网点不断新增完善。此外，东方美谷论坛酒店、传悦坊、金光路初中和小学建成等项目从多方面、多层次提升了奉贤区的城市能级。

四是数字基础设施建设持续发力。"十四五"期间，奉贤区将全面推进奉贤城市数字化转型，加快打造数字经济，打造未来发展的竞争力。数字经济的打造离不开数字基础设施的建设。从数据上看，奉贤区数字基础设施建设加速，既贡献了固定资产投资完成额，也为奉贤数字经济发展打造了基础。2021 年，各信息基础设施运营商共新建光缆 24.0 万芯公里，累计长度增长 6.0%。光纤覆盖 100%，光纤到户覆盖增加 15.6%。此外 4G 移动通信基站、室分微站新型小区站、5G 移动通信基站数量也在持续增长。全区现有宽带用户、光纤入户、移动通信用户等数量均有了一定的提升，在数字基础设施的支撑下，奉贤将打造出具备未来感的数字城市，促进新的产业、业态、模式加快出现。

二　本年度（2022年）1~9月奉贤区固定资产投资分析

2022 年上半年，上海市经历了疫情的"大仗、硬仗"，其间生产生活秩序受到了一定影响，从固定资产投资的角度来看，基础设施建设项目在静态管理期间几乎暂停施工。在全市上下共同努力下，上海最终实现了动态清零，疫情防控取得阶段性成效，奉贤区更是成为上海率先实现社会面基本清零的地区。疫情最为严重的期间，奉贤区工业投资和房地产投资依然发力，为经济平稳发展提供了一定的支撑。

（一）奉贤区固定资产投资总体运行状况

据奉贤区 2022 年 9 月统计月报，2022 年 1~9 月，完成固定资产投资

340.3亿元，同比下降15.5%。从产业分类来看，第一产业固定资产投资完成0.27亿元，第二产业投资完成75.5亿元，同比下降23.3%；第三产业投资完成244.1亿元，同比下降15.2%，其中，房地产投资完成额为170.5亿元，同比下降21.7%。房地产投资与工业投资占比均有所下降，房地产投资占比为50.1%，比去年同期下降4个百分点，工业投资占比为22.2%，比去年同期下降2个百分点。从构成来看，建筑工程投资额为166.2亿元，同比下降28.1%；安装工程投资额为13.8亿元，同比增长21.6%；设备、工具、器具购置投资完成28.9亿元，同比下降6.2%；其他费用111.2亿元，同比下降2.3%。

（二）各镇、区固定资产投资情况

临港奉贤分区、工业综合开发区、东方美谷集团、四团镇和金汇镇固定资产投资相对较高，分别为52.3亿元、16.7亿元、9.9亿元、8.1亿元和7.7亿元（见图10），多数镇（区）固定资产投资总额相比有不同程度的下降，其中的亮点是临港奉贤分区作为固定资产投资的"龙头"区域，投资总额不但没有下降，反而有较大幅度的提升，2022年1~9月同比增加了61.7%。

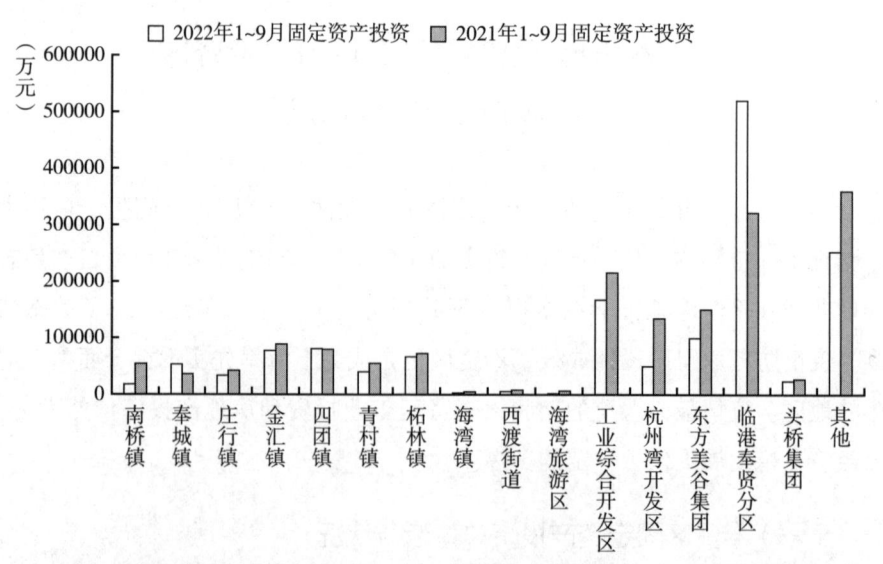

图10 2021年1~9月、2022年1~9月奉贤区分镇（区）固定资产投资总额

资料来源：奉贤区统计局。

从工业投资来看（见图11），2021年1~9月临港奉贤分区、东方美谷集团、工业综合开发区、四团镇、青村镇和杭州湾开发区的占比较高，工业投资总额分别为28.7亿元、8.3亿元、8.0亿元、6.6亿元、5.2亿元和4.3亿元。其中，只有临港奉贤分区和柘林镇实现了正增长，柘林镇的增幅达到了58.5%。值得注意的是，临港奉贤分区固定资产投资总额同期增幅较高，但工业投资增幅只有3.8%，说明该区域本时期固定资产投资增速贡献主要来自第三产业固定资产投资，同时由于分镇（区）建设项目固定资产完成情况统计不包含房地产，说明城市基础设施等建设是该区域固定资产投资快速增长的主要原因，也表明该区域城市能级正在不断提升，为后续发展持续贡献力量。

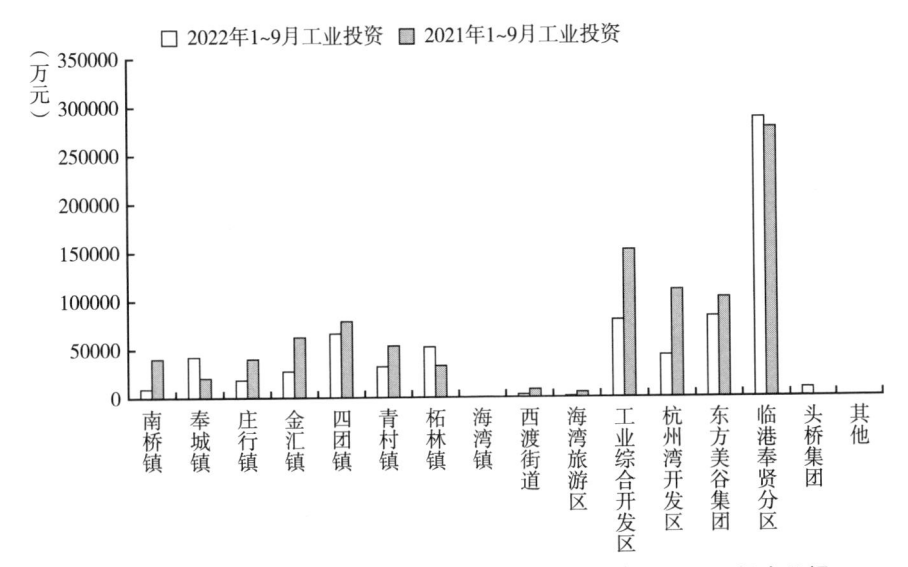

图11　2021年1~9月、2022年1~9月奉贤区分镇（区）工业投资总额

资料来源：奉贤区统计局。

（三）2022年1~9月奉贤区固定资产投资特点

2022年1~9月，在新冠肺炎疫情的冲击下，奉贤区固定资产投资进程受到一定的影响，与以往年份相比，4月、5月的固定资产投资总额有较大幅度的下降。但是，固定资产投资稳经济的作用也得到显现。即使在静态管理的情况下，部分房地产投资、工业投资工作也在持续进行。在全区上下共同努力下，6月的固定资产投资总额基本恢复至往年水平。总体上看，2022年奉贤区固定资产施工建设处于积极推进的状态，在没有特大规模疫情影响的1~3月，固定资产投资总额高于往年水平，若非出现不确定的外生性冲击，2022年奉贤固定资产投资总额将达到新的高峰。总体上，2022年前三季度固定资产投资呈现出如下特点。

固定资产投资快速恢复。2022年1~9月，全区固定资产投资340.3亿元，同比下降15.5%。从图12可以看到，2022年1~3月，奉贤区固定资产投资力度总体高于2019年、2020年和2021年同期水平，但是4月和5月在静态管理的影响下完成额较低，降幅约80%，其中城市基础设施建设投资完成额受到较大的影响，甚至出现负投资完成额的现象。从6月开始，固定资产投资开始重新发力，助力奉贤经济快速复苏。

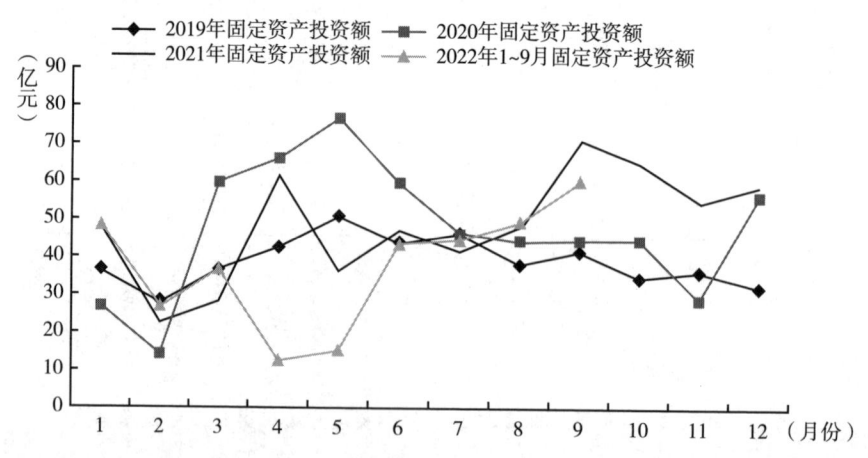

图12 2019全年、2020全年、2021年、2022年1~9月奉贤区月度固定资产投资额

资料来源：奉贤区统计局。

工业投资展现较强韧性。从图13看到，2022年1~9月，工业投资完成75.5亿元，同比下降23.3%。疫情影响下，4月工业投资完成额较低，但5月开始迅速回升，特别是进入9月，工业投资加速推进，展现出较强韧性。

下阶段，在"新城发力百日行动"的推动下，工业投资将为奉贤经济恢复和重振贡献重大力量，有望挽回疫情所造成的影响。

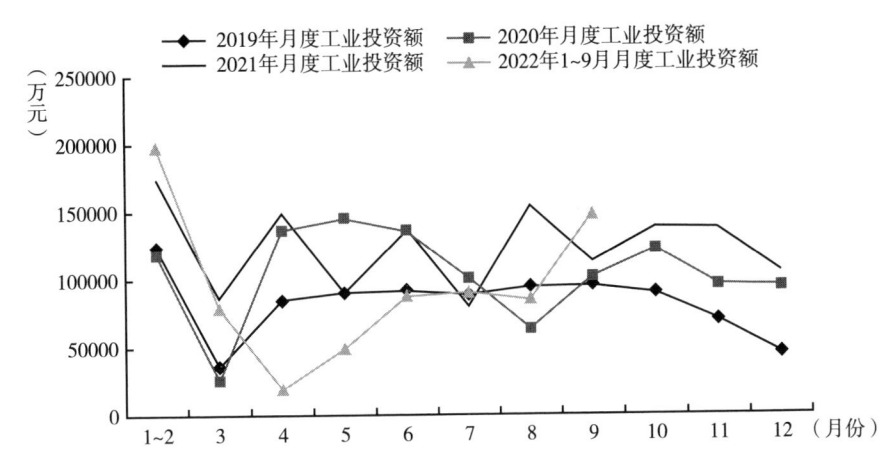

图 13　2019 全年、2020 全年、2021 年、2022 年 1~9 月奉贤区月度工业投资额

资料来源：奉贤区统计局。

大型项目示范效应持续。截至 2022 年 9 月底，奉贤区已经召开了两批次重大产业项目开工仪式，第一批次是总投资 66 亿元的 10 个重大产业项目，产业项目聚焦高质量发展方向，包括生物医药、数字经济、汽车智能网联、新材料等战略性新兴产业，也包括核酸、快消品等热点领域。第二批次开工汇聚了 16 个重大产业项目，计划总投资 102 亿元。项目的行业类别以生物医药产业为主，同时辐射汽车、新能源、集成电路、高端食品等多个领域。作为奉贤区经济恢复重振计划的重要组成部分，加快重大产业项目落地，不仅有助于奉贤经济的快速恢复，同时也为奉贤未来的高质量发展积蓄后劲。

房地产稳投资作用显现。2022 年 1~9 月，房地产开发投资额为 170.5 亿元，同比下降 21.7%。近两年行业调控力度加大，房地产企业融资难度增加，某种程度上使得全国各地房地产开发力度下降。但是，从 2020 年和 2021 年房地产开发投资额可以看到，在行业政策的约束下，奉贤区房地产开发投资总额未发生大幅度下降，由于房地产投资占比大，该项支出稳定对投资稳定的作用也不容忽视。进入 2022 年，疫情导致 4 月、5 月投资完成额较低，但与其他产业相比，管控期间房地产仍完成了一定投资额，管控结束后房地产开发仍能基本维持往年水平（见图 14），在行业面临着较大的资金压力的情况下，表现也可圈可点。短期来看，由于房地产开发投资占固定资产投资比重仍超过 50%，房地产投资的相对稳定使得区域范围内投资保持相对稳健，对固定资产投资稳定的积极作用也应予以肯定。

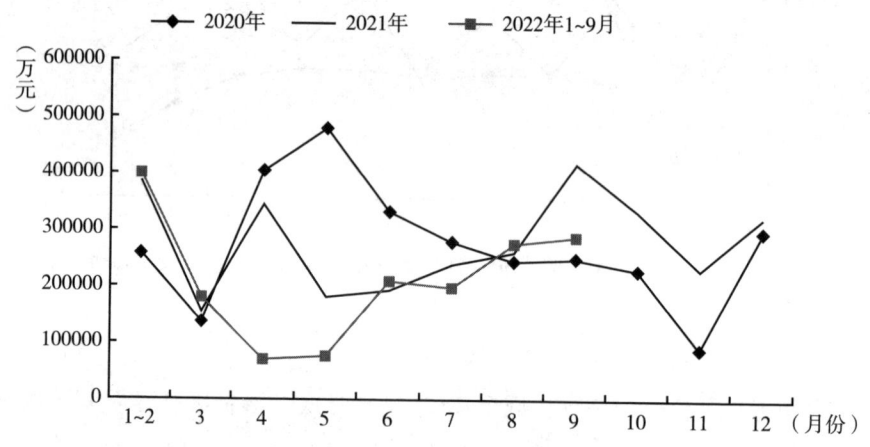

图 14　2020 年、2021 年、2022 年 1~9 月奉贤区月度房地产投资额

资料来源：奉贤区统计局。

城市基建投资受到较大冲击。2022 年 1~9 月第三产业增速同比下降 15.2%，其中城市基础设施投资额 18.7 亿元，下降了 40.6%，是第三产业增速下降的主要原因之一。具体观察月度数据（见图 15），在 4 月、5 月静态管理期间，城市基建投资几乎没有完成额。进入 6 月，在其他领域如工业、房地产等已经恢复的情况下，城市基建投资完成额低迷的状态没有改变，一直到 7 月才迅速恢复至疫情前水平。从城市基建投资以往的季节规律来看，第四季度投资额总体呈现按月下降的趋势，因此下阶段该项投资较难通过加大施工力度弥补年初的空缺，寒冷空气的到来也对工程施工产生一定的约束。

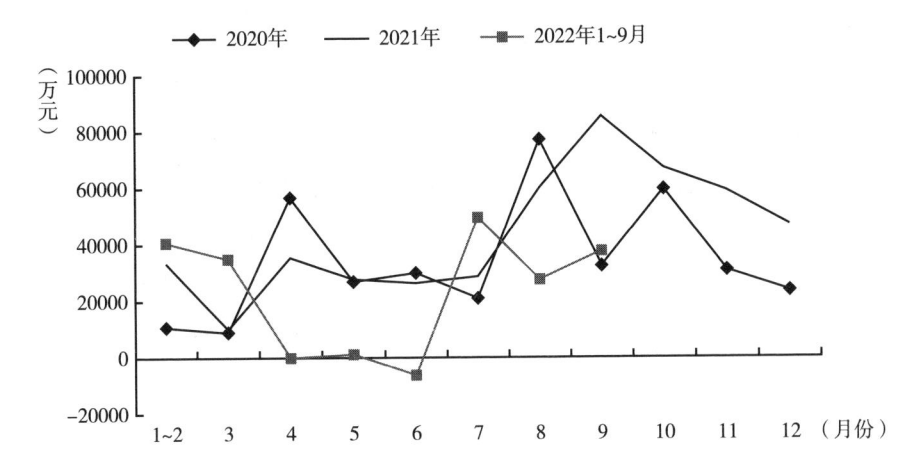

图 15　2020 年、2021 年、2022 年 1~9 月奉贤区月度城市基建投资额

资料来源：奉贤区统计局。

三　奉贤区固定资产投资优化建议

当前，奉贤发展迎来了自贸区临港新片区、长三角一体化、虹桥国际开放枢纽、"五个新城"建设等重大战略机遇。根据奉贤区的现状特点，结合区政府工作目标任务，建议做优做强特色产业，夯实发展之基；实施大生态战略，展现奉贤之美；构建大交通体系，夯实节点地位；坚持大民生理念，提升城市品位；加快项目投资推进，助力经济复苏。在此过程中，充分发挥政府对投资的引导和带动作用，通过有效的固定资产投资，激发全社会投资活力，加速经济实现高质量转向，保障经济平稳发展。

（一）做优做强特色产业，夯实发展之基。固定资产投资引导重点产业升级改造，通过对重点产业领域重大技术改造项目提高支持力度，对符合条件的产业园区"二转二"开发贷款给予融资、财税便利。进一步提升东方美谷影响力、生物医药产业竞争力，促进形成新冠病毒防疫检测、疫苗、治疗性药物全产业链，引导资金流入高端食品、爱宠经济，推进未来空间建设，打造智能网联新能源汽车全周期产业链。支持绿色低碳、"元宇宙"、

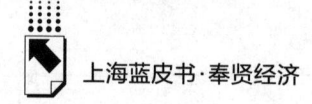

智能终端等新赛道加快布局发展，加快城市数字化转型。

（二）实施大生态战略，展现奉贤之美。生态环境是奉贤区重要的对外名片。观察世界发展成熟的大湾区经验，生态环境是一个不可或缺的因素。奉贤区应以国家生态园林城区创建为引领，以"水天一色"工程和"公园之城"为抓手，进一步提升奉贤生态之美。同时，深化望园路生态商务区建设，加大站点区域地块出让与开发力度。推动云水无边、未来街区等规划落地，打造三官堂科创活力区。推进"一川烟雨"水岸经济带建设，加快冷江雨巷、青春万岁、明城新月、五四渡等项目进度。持续深化"南桥源"城市更新，推动三古里、鼎丰酱园等项目早出成效。完善管理体制和功能布局，推动大居整体转型，打造国际生态商务区。

（三）构建大交通体系，夯实节点地位。交通体系的优化对地区发展的作用十分重要。从与临沪县级市（区）的对比可以清晰看到，受益于交通运输的优化，南通市的固定资产投资快速增长。同样是得益于大交通体系的优化，奉贤区在"十三五"时期固定资产投资增速处于较高的状态。下一阶段，奉贤区应该致力于建设"独立的综合性节点城市"，公路交通方面，保障G228、S3、大叶公路、金海公路、金钱公路、望园路滨江段等项目尽快建成，浦星公路、解放路延伸段等项目按时开工建设；轨道交通方面15号线南延伸、奉贤线、南枫线等轨道交通项目要加快启动建设。除了大交通项目外，也应注重城市交通的"毛细血管"打通，例如奉贤区内的一些支路、农路建设，争取建成四通八达、快速高效的现代交通体系。

（四）坚持大民生理念，提升城市品位。城市品质提升是经济高质量发展的重要范畴，高品质城市不仅增进了民生福祉，也增强了对各方资本的吸引力。在现有城市基建较为完备的前提下，可以考虑以下方向：推进学前教育和义务教育普惠优质均衡发展，优化医疗卫生设施建设，推进基本公共卫生服务均等化；优质房地产开发、公租房建设、老旧小区改造齐头并进，提升居民住房整体品质；推进文体设施建设，完善全民健身设施网络，塑造城市品格，彰显新江南文化个性，不断增强城市软实力。实施"满天星"工程，打造百个大空间、千个链接点、万个微基建，超前布局高能级基础设施，让奉贤新城成为品质生活高地，吸引人才、资金持续流入。

（五）加快项目投资推进，助力经济复苏。根据历史实践和相关经济理论，在经济受到下行冲击的时期，固定资产投资可以起到缓冲器的作用。2022年在疫情的影响下，经济下行压力仍然较大，政府可以通过加快新城建设、乡村振兴，推动重大基建、安居房等项目，以此弥补经济受外生性冲击事件的影响，具体方法上，可以综合运用政策性、开发性金融工具和贷款贴息政策等各类融资工具，也可以争取落实专项债券和项目投资补助促进项目开工建设。对于"十四五"规划中的项目，适度超前开展基础设施投资研究，对标国际、国内先进城市建设。需要注意的是，适度开展的规划也应该符合城市功能完善、社会民生改善、居民生活品质提升的总体方向。同时，可以加快项目储备，摸排重大项目前期工作情况，按轻重缓急程度推进，确保项目早日转为正式项目，转化为实质性投资完成额。

四 奉贤区固定资产投资形势展望

"十三五"期间，奉贤从上海市的"远郊"，逐渐转变为中心城区的有机组成部分，大项目、大基建等固定资产投资持续投入发挥了重要作用，经济社会飞速发展的同时，奉贤生态美、城市美、乡村美、产业美、文化美也得到了充分的展现。展望未来，奉贤还需要加快"产城融合、宜业宜居"的高质量发展，把奉贤新城建设成为"新片区西部门户、南上海城市中心、长三角活力新城"，这一目标的实现有待引入更多重大项目，引导更合理的固定资产升级，进行更大规模、更高效率的固定资产投资，助力奉贤区推动经济社会高质量发展。

从国家和地区的总体经济形势来看，2022年新冠肺炎疫情对上海和全国各地均产生了重大影响，俄乌冲突、美元加息等事件给全球发展带来了不确定性，需求收缩、供给冲击、预期转弱等压力凸显。在政府各项积极政策的合力下，经济下滑势头得到遏制，经济总体恢复平稳，但是经济恢复的基础仍然不稳固，在此背景下政府将加大力度扩大有效投资，加快资金使用和

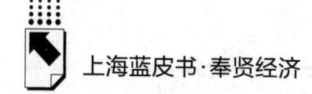

基础设施项目建设，加快推进制造业、服务业、社会服务等领域更新改造，支持刚性和改善性住房需求，实施好保交楼政策，提高有效投资重要项目的运行效率，短期来看这些政策是固定资产投资保持投入的保障。中期来看，我国仍处于快速发展阶段，人民物质生活文化水平提升的需求、经济高质量发展的方向均有赖于固定资产投资的不断投入，下一阶段"十四五"规划重大工程项目加快推进，传统、高新技术企业技术改造投资加大，固定资产投资的经济稳定器作用，这些都是固定资产投资平稳的重要保障。

从奉贤区发展形势来看，中共奉贤区第五次党代会提出了"五个翻一番"奋斗目标，今后五年，要全面完成"十四五"规划目标任务，推动高质量发展、创造高品质生活、实现高效能治理。其中要求到2026年，全社会固定资产投资五年累计达到4000亿元，也就是说平均每年要完成800亿元。奉贤区在建成具有鲜明产业特色和独特生态禀赋的综合性节点城市的过程中必然还要求升级完备各类基础设施，实现区内产业高质量发展，这些均要求未来固定资产继续大规模持续投入。

从具体产业项目来看，奉贤区逐步形成了"1+1+X"产业格局，下阶段将继续聚焦优势特色企业，药品、化妆品、高端食品的规模倍增、能级提升计划，化妆品全球贸易功能区和化妆品消费之城的建设、生物医药产业高峰的打造，据需要投入大量固定资产投资。与此同时，新片区智能新能源汽车产业飞速发展，"新能源汽配"也成为奉贤"新经济"重点发展领域。后期奉贤在动力电池、汽车电子等细分行业发力，把新能源汽配打造成新的千亿元级产业集群的过程中，将带来众多固定资产投资项目。此外，数字化转型、数字经济高地的建设也需要投入大量资金推进。

从房地产投资来看，房地产开发投资占奉贤固定资产投资比例的50%以上，尽管在宏观政策的影响下，房地产开发热度相对"十二五""十三五"期间有所下降，但这并不意味着房地产开发落幕。房地产开发将从以往的全面热潮转变为结构性优化，奉贤作为长三角一体化过程中的节点性城市，随着大生态、大交通、大民生、大数据的推进，城市能级将不断提高，特色产业的发展将持续吸引人才不断涌入，奉贤区设有2035年百万人口的目标，也就是说未来十多年内将会有持续的人力资源流入奉贤。人才对区域内的住房配置需求是奉贤房地产开发投资平稳的重要支撑。此外，与上海其他郊区相比较，奉贤的房地产开发投资占比虽高，但仍处于相对合理的水平，存在一定合理的发展空间。

综合研判，本报告认为2022年下半年奉贤区固定资产投资将持续发力，为经济平稳有序复苏提供支撑。从长期的视角来看，长三角一体化的进程正在加快推进，"五个新城"作为上海市未来发展的重要战略空间和新增长点，临港新片区也赋予奉贤发展的巨大机遇。奉贤面临新一轮大建设、大发展的重大机遇，新片区、新城市、新农村、新经济等实现，需要加快"大生态、大交通、大民生、大数据"的建设，这些均需要持续有力的固定资产投资。因此，城市发展内核和地区发展形势均要求奉贤持续推进各类固定资产投资，在全球宏观形势、国内相应政策相对稳定的前提下，奉贤区固定资产投资在经历短暂的下行波动后，未来将可能重返持续增长的道路，推进奉贤成为"新片区西部门户、南上海城市中心、长三角活力新城"。

参考文献

奉贤区统计局：《奉贤统计月报（2022年9月）》，上海奉贤网，https：//www.fengxian.gov.cn/tjj/col2847/20221031/29668.html，最后访问日期：2022年6月1日。

奉贤区统计局：《奉贤统计年鉴（2022年）》，上海奉贤网，https：//www.fengxian.gov.cn/tjj/col2848/20221031/29695.html，最后访问日期：2022年6月1日。

B.6
2022~2023年奉贤消费品市场形势分析与研判

邸俊鹏 宋敏兰*

摘 要： 在新一轮疫情影响下，2022年奉贤区消费品市场面临较大挑战。奉贤区消费品市场的宏观数据显示，2022年上半年奉贤区消费品市场受疫情冲击较大，但影响程度低于2020年。在政策指引下，自2022年6月解封以来，消费复苏加快进行，其中通过网络实现的消费成为稳定消费的重要支撑。数字化消费逐步成为新趋势，商业综合体的建成开业为奉贤增添了消费新亮点。未来奉贤区还能以数字化转型赋能商业，加快培育新型消费；以乡村振兴为着力点，聚焦露营经济消费热点，进一步挖掘乡村消费潜能；以政策措施为指导，逐步引导生活性服务业恢复；以合法设摊经营为契机，激活夜间经济。

关键词： 消费品市场 消费复苏 数字化消费

疫情进入第三年，疫情的不断反复致使线下消费需求略显疲弱，消费总量、消费结构以及消费习惯的改变，正在对原有的商业市场造成持续性的影响。2022年上半年，国内部分地区疫情多发频发，对消费造成了较大冲击。尤其是2022年3月以来，国内疫情点多、面广、频发，让开年一度有所回

---

* 邸俊鹏，经济学博士，上海社会科学院经济研究所、数量经济研究中心副研究员，主要研究方向为计量经济学理论及其在政策评估中的应用；宋敏兰，上海社会科学院研究生，研究方向为宏观经济分析。

暖的消费迎来"倒春寒"。全国社会消费品零售总额同比增速从1月至2月的6.7%，降至3月的-3.5%，4月进一步加剧至-11.1%，严重制约了线下消费。

2022年上海线下消费零售经历了长达3个月的停滞，恢复正常生产生活秩序以来，消费品市场逐渐恢复。自3月中下旬，疫情开始影响上海消费品市场，上海市统计局数据显示，3~5月社会消费品零售总额大幅下行，同比下降34.1%，6月随着上海复工复产，社会消费品零售总额降幅收窄至4.3%。2022年上半年上海实现社会消费品零售总额7590.96亿元，同比减少16.1%。2022年以来，上海认真贯彻党中央、国务院重要决策部署，在3月底和5月底先后出台抗疫助企"21条"、经济恢复重振"50条"两轮助企纾困稳增长综合性政策。2022年8月底，国家在稳经济一揽子33项政策的基础上，又推出19项接续政策措施。为及时落实国家政策措施，巩固全市经济恢复发展基础，全力打好经济恢复和重振攻坚战，上海于9月又发布了《上海市助行业强主体稳增长的若干政策措施》。该措施主要聚焦文旅体育、会展、广告、航空、餐饮住宿等受疫情影响较大的行业，着重关注中小企业和高新技术企业，通过扩大投资、促消费、稳外贸外资等方式助力实现稳增长。

为了带动消费回暖，奉贤区在解封后率先打出政策"组合拳"。2022年5月30日，在奉贤区加快发展现代服务业打造消费之城推进大会上，围绕上海建设国际消费中心城市决策部署，聚焦奉贤"消费之城"建设，发布了《奉贤区关于推进消费城市建设九大专项行动方案》。该方案提出通过"九大行动"，打造"东方美谷"全球美妆产品消费目的地、全球新品首发地示范区（化妆品）、世界化妆品"直播之都"、上海国际消费中心城市示范区，全面提升奉贤城市知名度、消费繁荣度、商业活跃度。

一 消费品市场的现状分析

（一）商品销售额

2022年奉贤区统计局发布的统计月报中，该项统计指标的数据一个季度更新一次。最新公布的"2022年9月统计月报"中的数据显示，奉贤区2022年1~9月商品销售额为963.7亿元，同比下降了11.9%。如图1所示，从数值上来看，2022年前三季度为疫情前2019年全年的72.6%，是2018年全年的53.2%。2021年商品销售额较2020年反弹显著、也高于2019年疫情前的水平，但总额仍不及2018年。考虑疫情因素，2022年上半年上海疫情的封控程度远高于2020年初，但2022年前三季度的商品销售额仍高于2020年同期水平，居民消费的黏性与商品销售额的韧性凸显。从同比增速情况来看，由于2021年消费复苏显著基数较高，进而导致2022年的同比增速较低。奉贤区是全市首批迈入全域防范的区，5月末起就开始复工复产、复商复市，民众生活逐步走向正轨。随着消费复苏步伐加快，预计商品销售额负增长的态势将在第四季度大幅缓解。

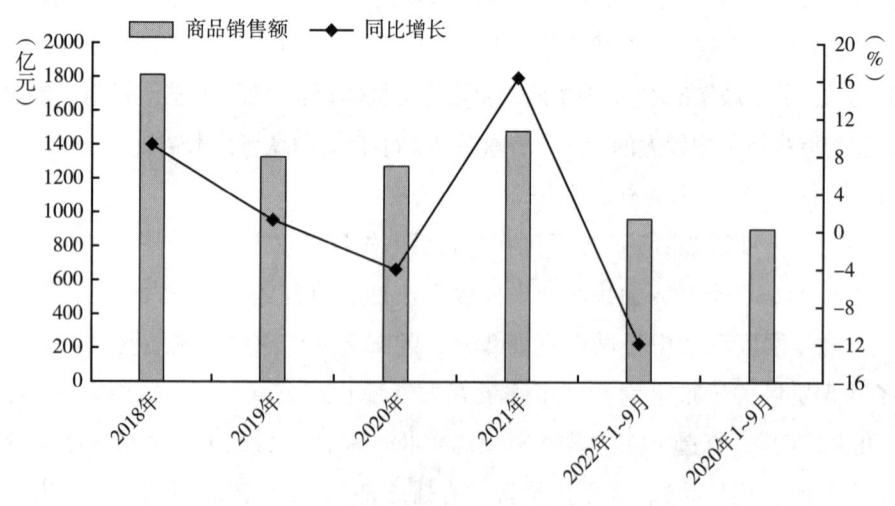

图1 近五年奉贤区商品销售额和同比增长

资料来源：历年《奉贤统计年鉴》，奉贤统计月报。

（二）社会消费品零售总额

2022年奉贤区社会消费品零售总额受疫情影响增速下滑较大，但相比2020年同期仍有小幅提升。2022年1~9月全区累计实现社会消费品零售总额388.1亿元，相较2020年同期的372.0亿元略有提升。由图2可以看出，从增速情况来看，2022年1~9月较去年同期增速降幅显著。从数值角度来看，2021年奉贤区社会消费品零售总额有较大幅度的反弹，已恢复至疫情前2019年的水平。从图2中也能看出尽管受疫情的影响，2020年社会消费品零售总额有所下降，但降幅并不是很大，且在2021年迅速反弹。由于社会消费品零售总额是表现消费需求最直接的数据，可以看出奉贤区近五年消费需求较为平稳，对经济发展的稳定作用凸显。

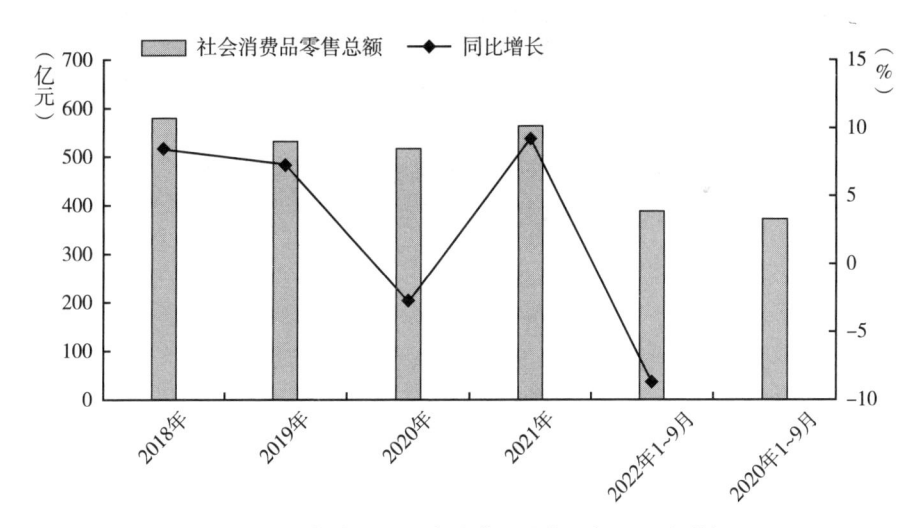

图2 近五年奉贤区社会消费品零售总额及同比增长

资料来源：历年《奉贤统计年鉴》，奉贤统计月报。

从图3中可以看出，受疫情影响，2022年4月由于封控及物流不畅等原因，奉贤区社会消费品零售总额相较往年降幅显著。5月物流逐渐恢复，尽管尚未全面解封，但居民的消费需求得到一定程度释放。6月全面解封后，消费复苏步伐逐步加快，叠加刺激消费的政策红利不断释放，积压的消费需求得到释放，6~9月较去年同期有小幅增长。从累计增速情况也能看出，2021年末累计增速逐渐恢复至疫情前水平，而2022年累计增速从2月开始逐月下降，直到5月增速降到-15.8%后开始逐渐反弹。受疫情影响上海"五五购物节"延期至8~9月举行，作为上海"五五购物节"重要组成

图 3　近五年奉贤区社会消费品零售总额及累计增速

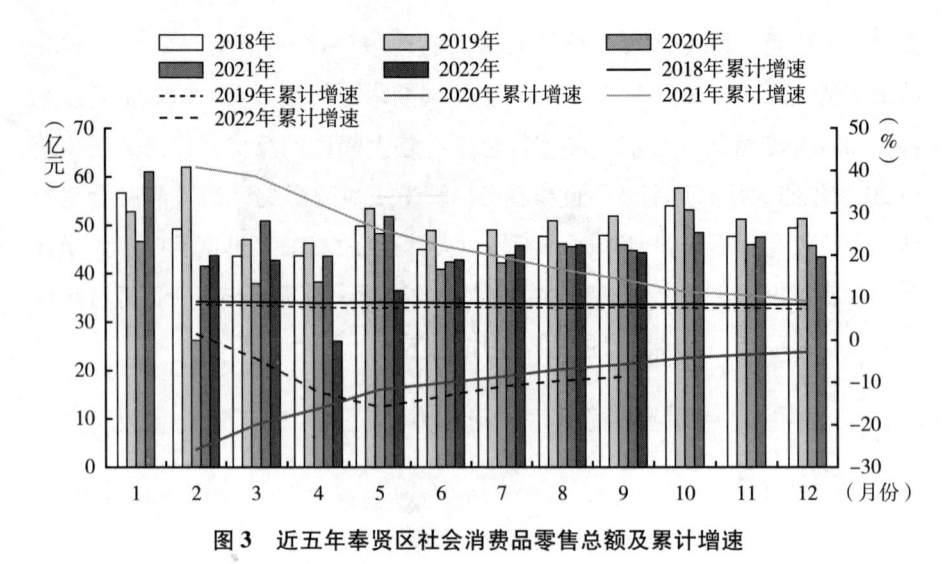

资料来源：历年《奉贤统计年鉴》，奉贤统计月报。

部分，奉贤购物季以"贤城美购潮享生活"为主题，活动丰富多样，贯穿夏日暑期、金九银十等重要节点，为消费复苏带来新的增长点。

（三）限额以上社会消费品零售额

2022年奉贤区限额以上社会消费品零售额受疫情影响显著但影响程度低于2020年。受累于疫情，2022年1~9月累计实现限额以上社会消费品零售额138.6亿元，同比下降6.5%，但相比2020年同期的123.3亿元仍有一定程度的提升。从图4中可以看出，2018~2021年奉贤地区限额以上社会消费品零售额稳步增长，尽管在2020年也保持正向增长。2022年受疫情影响1~9月同比下降6.5%，与同期社会消费品零售额的下降比例8.7%相比较低，说明疫情影响的广泛性，以及规模较大企业恢复可能较快，无论企业规模大小都受到重创，中小商户疫情后的复工复产值得关注。在8~9月的奉贤购物季活动，叠加第四季度消费旺季等一系列鼓励消费的活动加持下，2022年全年限额以上社会消费品零售额有望与去年持平或小幅提升。

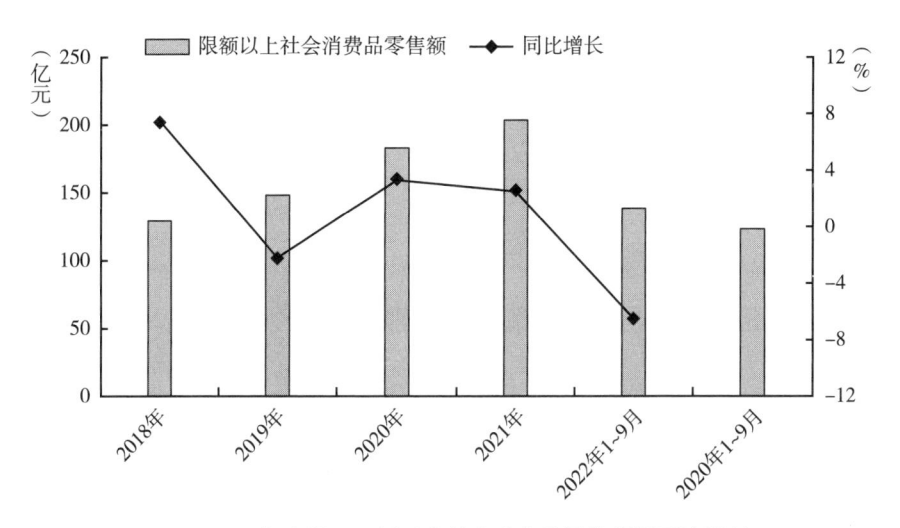

2022~2023年奉贤消费品市场形势分析与研判

图4　近五年奉贤区限额以上社会消费品零售额及同比增长

资料来源：历年《奉贤统计年鉴》，奉贤统计月报。

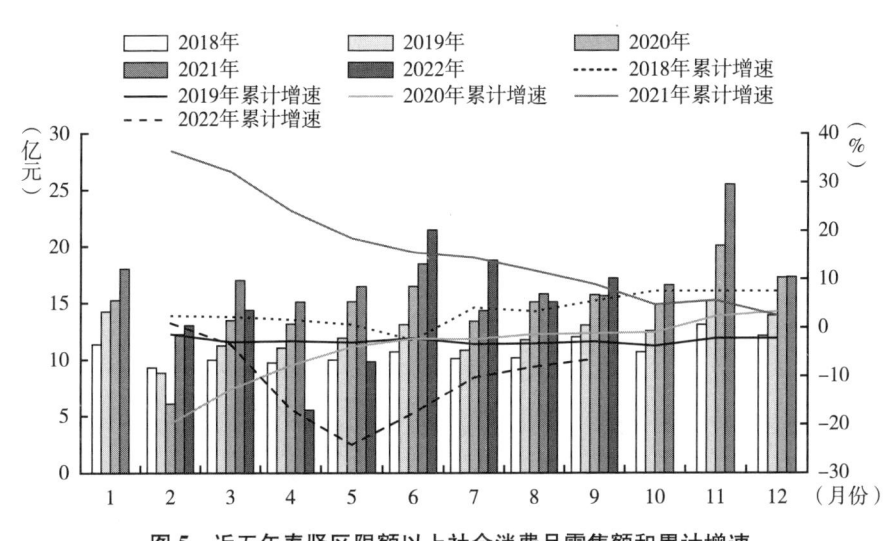

图5　近五年奉贤区限额以上社会消费品零售额和累计增速

资料来源：奉贤统计月报。

从图5中月度数据的变化情况来看，奉贤区限额以上社会消费品零售额在2022年4~5月受疫情影响较大。6~9月已有显著反弹，且6月和7月的数值显著高于前四年同期数值，反弹势头较为强劲。从图3和图5的对比中也能看出，限额以上社会消费品零售额累计增速从5月的-24.2%恢复至9月的-6.5%，提升了17.7个百分点；而社会消费品零售额累计增速从5月的-15.8%恢复至9月的-8.7%，提升了7.1个百分点。可以看出限额以上社会消费品零售额恢复较为迅速。

（四）通过公共网络实现的商品零售额（限额以上）

通过公共网络实现的商品零售额逆势增长，是当下稳消费促消费的重要抓手。2022年1~9月奉贤区通过公共网络实现的商品零售额（限额以上）达到66.8亿元，同比增长10.0%。相比其他消费品市场的主要数据，率先实现同比正增长。从图6中可以看出，尽管从同比增速来看不及2020年1~9月，但绝对数值相比2021年同期有显著的增长。略微高于2020年全年的发生额64.6亿元，可以看出近几年通过公共网络方式实现的商品销售增长态势迅猛，逐渐成为稳定消费的重要抓手。

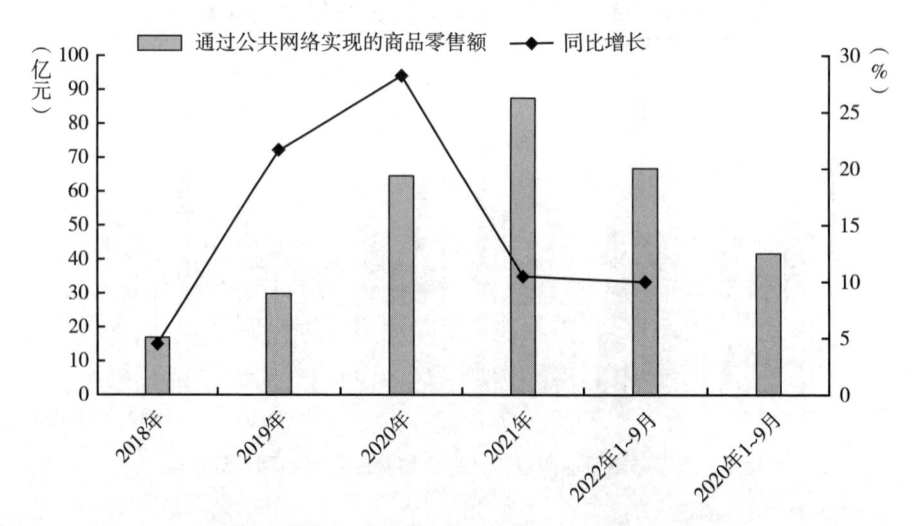

图6 近五年奉贤区通过公共网络实现的商品零售额及同比增长

资料来源：历年《奉贤统计年鉴》，奉贤统计月报。

图 7 近五年奉贤区通过公共网络实现的商品零售额和累计增速（限额以上）

资料来源：奉贤统计月报。

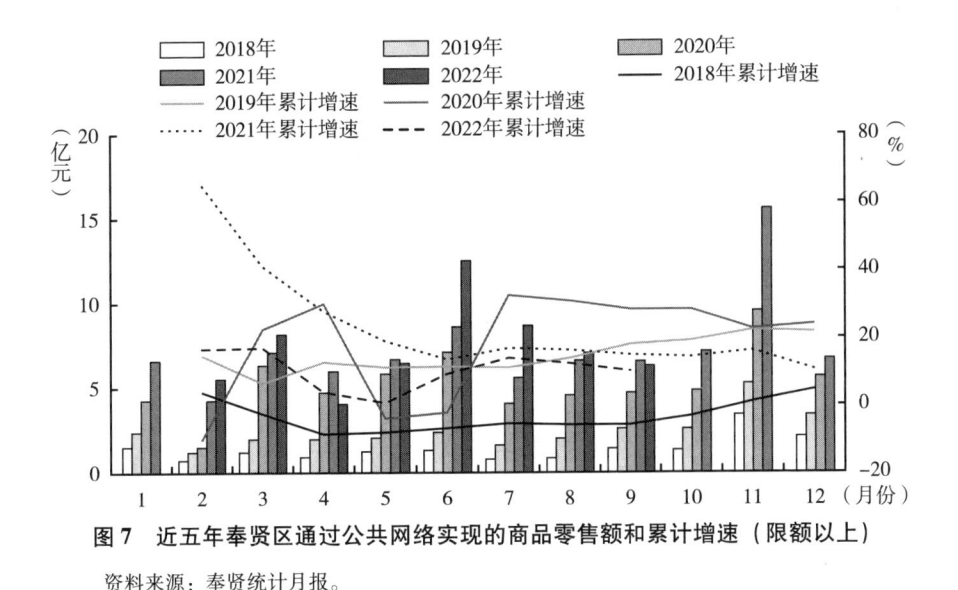

结合图 7 中的情况来看，2022 年 4~5 月奉贤地区通过公共网络实现的商品零售额均较去年同期有一定程度下降，尤其是 4 月降幅最为显著。5 月已恢复至与去年同期相近水平，6 月上海全面解封后迎来了显著反弹，7~8 月也显著高于去年同期水平，9 月略低于去年同期。从同比累计增速情况来看，增速从年初 16.9%下滑到 5 月的最低点 0.6%之后开始迅速恢复，但增速变化幅度要小于 2020 年。从近五年的月度变化情况来看，下半年的增速和数值情况变化较为平稳。2021 年 11 月的通过公共网络实现的商品零售额较前三年有显著提升，2022 年第四季度数据也有望再次突破。

（五）按主要商品分类限额以上社会消费品零售额分析

按主要商品类值分，2022 年 1~9 月奉贤地区限额以上社会消费品零售额排在前三位的为化妆品类（29.6 亿元）、汽车类（19.2 亿元）和服装鞋帽针纺织品类（16.9 亿元）。从图 8、图 9 中可以看出，化妆品类和服装鞋帽针纺织品类消费较去年同期略有增长，但要想实现超越去年全年规模仍具有一定挑战；汽车类销售额降幅较大，尽管"五五购物节"期间，奉贤区的购车市场也开始升温,价格优惠吸引了较多消费者,但目前在宏观数据中尚未体现;在石油及制品类方面,零售额连续五年逐年下降;烟酒类、中西药品类的消费近五年也呈现出逐年下降的趋势。随着居民对健康的重视程度逐步加深,绿色健康相关的消费有望迎来增长;受疫情影响家用电器和音像器材类以及粮油食品类消费较去年同期有所增长,尤其是粮油、食品类消费增幅较大。

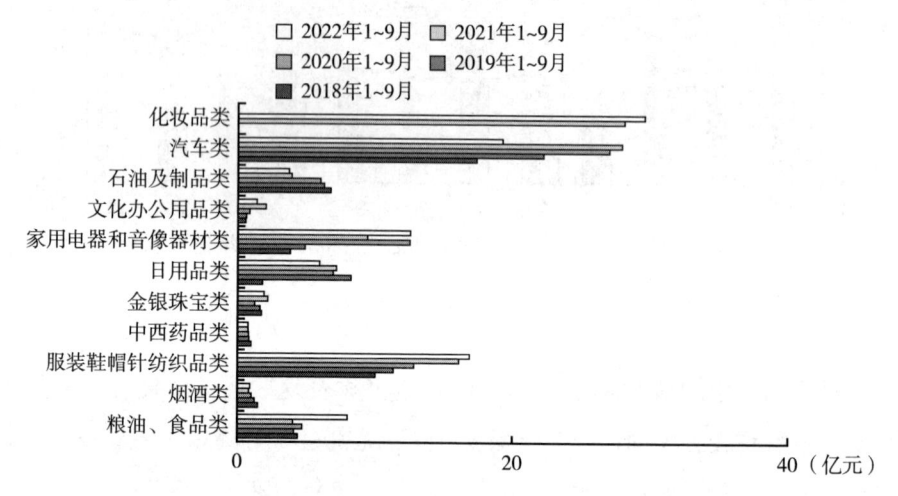

图8　近五年前三季度奉贤区按主要商品分类限额以上社会消费品零售额

资料来源:奉贤统计月报。

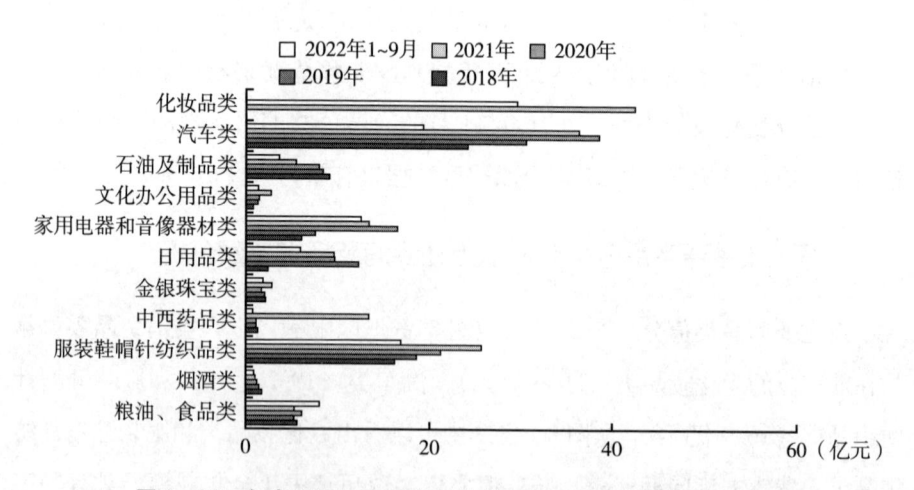

图9　近五年奉贤区按主要商品分类限额以上社会消费品零售额

资料来源:历年《奉贤统计年鉴》,奉贤统计月报。

（六）各镇（区）社会消费品零售总额

南桥镇仍为奉贤区的消费重镇，受疫情影响降幅显著。从图10和图11中可以看出，与去年同期相比，除四团镇外，奉贤区其他镇（地区）社会消费品零售总额均有不同程度的降幅；其中，南桥镇和青村镇降幅最为显著，庄行镇和工业综合开发区降幅接近。从近五年各街镇整体变化趋势来看，南桥镇的消费中心地位仍旧突出，西渡街道和工业综合开发区的消费增长态势仍旧显著，奉城镇、庄行镇、海湾镇、南方集团的社会消费品零售总额递减趋势将进一步加剧。

作为上海重点推进的"五大新城"建设之一的奉贤新城，正酝酿着一场全方位的消费升级。金汇天街和奉贤天街"双天街"，将为奉贤新城区域打造一个可覆盖百万人口的商业中心。其中，金汇天街已于2022年9月30日开业，总体量约11万平方米，通过崭新的品牌组合激发区域生活消费迭代升级，充分践行了上海通过首店经济打造国际消费中心城市的政策路径。奉贤天街总体量约14万平方米，预计2022年底开业。"双天街"将为奉贤新城带来更为新颖时尚的消费场景，更加完备的配套设施与宜居的商业、生活环境，充分满足日常消费需求的同时，也实现为奉贤加快建设"15分钟生活圈"贡献赋能。

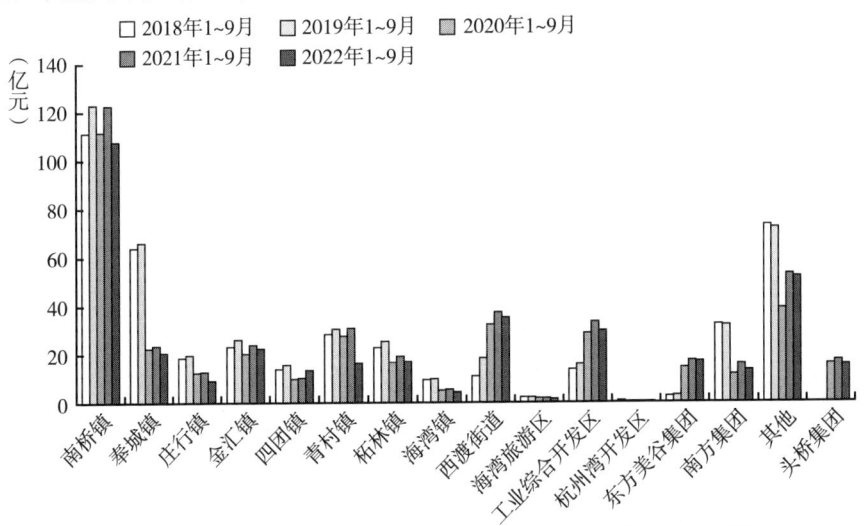

图10 近五年前三季度奉贤区各镇（区）社会消费品零售总额

资料来源：奉贤统计月报。

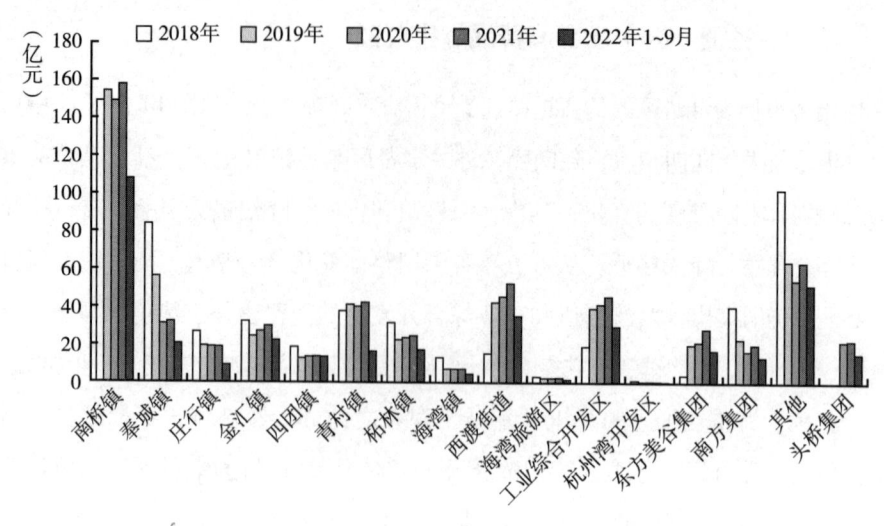

图 11　近五年奉贤区各镇（区）社会消费品零售总额

资料来源：历年《奉贤统计年鉴》，奉贤统计月报。

二　2022年消费品市场运行主要特点

（一）消费品市场稳步恢复

全面解封后消费数据逐渐改善。从表1中上海市各区的社会消费品零售额的对比情况来看，2022年上半年奉贤区社会消费品零售额为252.2亿元，同比下降13.4%，增长率相比全市整体水平较高，也说明了疫情对全市消费品市场的影响较大。全市16个区中仅有普陀区上半年实现了正增长，黄浦、嘉定、闵行等区增长率较低。上半年的数据，直观反映了疫情对上海消费市场的严重冲击。根据消费市场大数据实验室（上海）监测显示，2022年上半年上海市线下支付端共计消费12154亿元，同比2022年下滑26.9%，其中第一季度和第二季度分别同比下降10.8%和44.8%。不过，6月线下支付端环比5月提高12.8个百分点。与5月相比，汽车、珠宝首饰和百货恢复程度最为明显。同时，6月首店经济逐步释放活力，上海新增首店101

家。其中,全国首店8家。此外,结合图3、图5、图7中各项统计指标的月度数据变化情况来看,奉贤区社会消费品零售额、限额以上社会消费品零售额以及通过公共网络实现的商品零售额(限额以上)三项统计指标,均在上海全面解封后的6月开始逐步反弹,其中通过公共网络实现的商品零售额(限额以上)恢复较快,且对社会消费品零售总额的贡献度逐年递增,为稳定消费品市场增长发挥了巨大作用。

表1 上海市各区社会消费品零售额情况

区县	2019年上半年(亿元)	2020年上半年(亿元)	2021年上半年(亿元)	2022年上半年(亿元)	2022年上半年同比增速(%)
全市	6661.4	6946.8	9048.44	7590.96	-16.1
宝山区	350.6	363.1	415.7	404.5	-2.7
长宁区	175.7	242.9	295.1	249.8	-15.4
崇明区	67.4	56.8	70.1	62.7	-10.5
奉贤区	310.5	238.0	291.1	252.2	-13.4
虹口区	166.7	180.9	225.0	199.1	-11.5
黄浦区	424.0	580.8	784.0	623.9	-20.4
嘉定区	672.3	695.5	878.9	697.0	-20.7
金山区	269.5	170.4	217.7	187.2	-14.0
静安区	350.3	559.7	789.6	665.9	-15.7
闵行区	558.2	810.4	1070.5	837.4	-21.8
浦东新区	1177.7	1373.7	1867.5	1565.8	-16.2
普陀区	321.6	271.2	351.2	337.6	5.1
青浦区	296.0	227.3	286.0	234.4	-18.0
松江区	318.8	267.4	327.6	276.1	-15.7
徐汇区	324.7	445.2	599.8	445.2	-15.4
杨浦区	273.4	288.7	338.1	—	—

资料来源:各区统计月报。

政策发力促进消费市场潜力释放。2022年9月上海发布了《上海市助行业强主体稳增长的若干政策措施》,该措施中拟从积极扩大有效投资、促

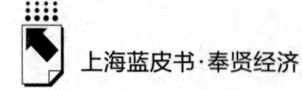

进消费潜力释放、推动外贸外资保稳提质以及支持重点产业企业加快升级发展等供需两侧同步发力。针对消费市场的潜力挖掘，上海将大力促进汽车、住房等大宗消费，取消对符合国五及以上排放标准的小型非营运二手车迁移限制，按照国家政策规定延续免征新能源汽车购置税政策至2023年底，合理支持刚性和改善性住房需求。放大10亿元"爱购上海"电子消费券乘数效应，持续投放面向市民的体育消费券，对本市消费者购买绿色智能家电等个人消费给予支付额10%、最高1000元的一次性补贴，实施消费市场创新发展奖励支持。该政策的出台也为上海及奉贤消费品市场的恢复打了一剂"强心针"。

（二）数字化消费成为新趋势

后疫情时代，数字化消费成为新趋势。《数字宏观：数字时代的宏观经济管理变革》一书中提出，数字化消费具有无接触、搜索成本和运输成本低等优势，能够很好地克服社交和地理隔离带来的不便，加快消费变革，为消费者开辟新的消费渠道和内容，同时也倒逼生产者依托数字化技术改善运营。数字化消费有望成为解决当前消费增长乏力的新亮点。2022年的上海"五五购物节"期间，数字化被较多提及。结合5G、AR、"元宇宙"等最新科技，电商平台也创新推出"元宇宙"商场。以百联、虎城等为代表的商圈，以南京路步行街、淮海路等为代表的泛商圈纷纷拿出了数字发券、虚拟人走秀、无感积分等数字化创新，推动线下消费恢复。

通过公共网络实现的消费增长受疫情影响程度较低。2022年1~9月奉贤区通过公共网络实现的商品零售额（限额以上）达到66.85亿元，同比增长10.0%。相比其他消费品市场的主要数据，率先实现同比正增长。2021年上海发布的《上海市建设国际消费中心城市实施方案》中指出，要打造商业数字化转型示范区，推动大型连锁商业企业全方位数字化转型，建设一批智慧购物示范场景，鼓励线上平台与实体商业深度合作，打造智能化、定制化、体验式的商业新业态新模式。支付宝数字商业业务总经理陈章庆总结了数字商圈发展的五个趋势：小程序成为数字商圈链接用户的新渠道，电子消费券成为数字商圈驱动消费的新方式,电商与直播成为数字商圈品牌营销的新阵地;绿色低碳成为数字商圈可持续发展的新动能,试水"元宇宙"成为数字商圈创新实验的新场景。根据奉贤区数字化转型规划方案,奉贤计划在"十四五"期间打造在线新经济生态圈,引育 5 家新生代互联网企业,创建 2 个数字商圈商街,打造 5 家直播电商示范基地,直播产业销售额将突破 1000 亿元。在数字化转型的背景下,数字化技术与实体商业相融合的新业态新亮点有望成为奉贤区消费品市场复苏增长的新亮点。

(三)商业综合体承载新亮点

"双天街"亮相为奉贤消费增添重磅消费综合体。2022 年 9 月 30 日,龙湖上海金汇天街正式开门迎客。这是上海今年正式开业的第一批商业体,也是龙湖在上海"五个新城"布局的第一座"天街",奉贤新城也迎来一座定位中高端的商业综合体。该商业综合体汇集了国内外近 200 家优质品牌,其中 40%为区域首店,包括 2 家全国首店、6 家上海首店,整体招商率达 99%,品牌同步开业率突破 99%。金汇天街是周边唯一大型购物中心,8 公里范围内辐射 244 个大型社区,283 家企事业单位,40 个幼儿园,16 座中小学和高等院校,覆盖超 70 万品质人口,区域消费需求旺盛。因此,金汇天街也精准定位为多维家庭成长空间,并以消费者多样化及差异化需求为源点,进行品牌组合构建。龙湖上海奉贤天街也将于 2022 年底开业,目前进场装修品牌已有 100 余家,项目拥有 249 个品牌,招商率已达 95%,品牌齐全,业态丰富完整。两座"双子星"将是激发区域消费内生动力的引擎。

小而精的特色商业体新潮流新亮点层出不穷。奉贤区爱企谷集市通过搭建许多沉浸式场景,吸引市民游客前来打卡夜游、品尝人气美食。代表"昨天"的别具风格的传统非遗一条街、代表"今天"的流光溢彩的"老上海式"霓虹灯招牌、随处可见的花式餐车,以及代表"未来"的数字展厅、网易联合创新中心、电商直播平台等数字化经济,热闹的人气激活了奉贤市民的消费新"夜"态,不少市民都是携亲朋好友慕名而来"尝尝鲜"。不仅美食吸引了更多年轻人前来尝鲜，集市还在不断打造文化新场景，云间坊文创一条街、贤商优品一条街，以及与网易蜗牛读书合作共建的"云间书房"，前来夜游的市民在吃得开心的同时，也能购物、阅读、玩乐。爱企谷集市不仅打造年轻人喜闻悦见的沉浸式消费业态，也将赋能各商业业态，做到生产、生活、生态无边界融合，成为年轻人开心创业、快乐生活的美好乐园。

（四）政策提振消费复苏信心

为了带动消费回暖，奉贤区从推动消费城市建设的核心要素出发，推出九大专项行动计划。九大行动包括地标商圈培育行动、首发经济导入行动、"满天星"品牌布局行动、夜间经济点亮行动、运营中心和总部提升行动、直播经济壮大行动、数字商业赋能行动、海里乡村振兴行动和文旅体消费提振行动。针对该九大主体，奉贤将开展不同程度的政策扶持。如对地标性商圈，将视其贡献度给予运营主体最高500万元扶持奖励。夜间经济活动项目视效应一次性给予运营主体最高100万元的运营奖励。贡献度显著的开发机构和运营总部，经认定给予其最高500万元的扶持奖励。直播电商平台年交易规模达到30亿元，一次性给予500万元奖励等。"上海奉贤"微信公众号中的资料显示，奉贤区将投入1亿元总扶持金额，促进恢复消费市场，提振消费信心，全面打响"南上海消费之城"品牌，让奉贤成为"顶流"和"潮流"之地。

在消费赛道上，奉贤着眼丰富多元的商业生态。首店经济方面，奉贤计划加快引入一批顶流和新锐品牌，每年预计引进各类首店品牌100个，打造"江南韵、国潮风、科技范、世界波"的新兴消费地标和潮流汇聚地。夜间经济方面，奉贤将发展夜间"秀、购、游、食、娱、读、动、宿"等多元化业态，推动建设具有主题化、特色化、差异化的标志性夜市。同时，鼓励全区各商圈等开展商业大促销，联合商圈主要品牌及区内银行推出消费返券、满额减价等"折扣季"让利活动。聚焦乡村振兴和文旅体领域，奉贤将盘活农民宅基房，建设约2万间客房，打造乡村经济综合体、生态旅游度假综合体，引入一批有集聚带动效应的总部型企业。此外，文化演出季、旅游嘉年华、全面健身"四季歌"等也将逐步亮相，通过开展系列消费促进活动、商文旅体演艺活动、零售业让利促销活动、餐饮业优惠打折活动等，集聚人气商气，做热做旺市场，全面促进"吃住行娱购游"等领域消费，促进市场回暖。

三 2023年消费品市场研判

通过上述分析可以看出，尽管2022年上半年上海消费品市场经受了疫情的重大考验，但目前增长恢复的态势已经显现。消费品市场的恢复一般情况下会依次按照易耗品消费到耐用品消费再到服务消费的顺序依次恢复。2022年奉贤区消费品市场尽管短期内承受了较大压力，但随着一系列政策和消费促进活动的逐步发力，全新商业综合体的开业，居民消费的信心逐渐恢复，奉贤区消费恢复的态势已经显现。预计奉贤区消费品市场将在第四季度恢复至疫情前的增长态势，而整体的消费修复将在2022年末至2023年初基本完成，其中服务消费的恢复仍面临一定挑战。

人口方面，上海市第七次全国人口普查主要数据公报中的数据表明，截至2021年11月1日零时，上海市常住人口为2487.1万人，较十年前增长8.0%。其中奉贤区常住人口为114.1万人，占全市人口的比重为4.6%，较2010年下降了0.1%。收入水平方面，《2021年上海市奉贤区国民经济和社会发展统计公报》中的数据显示，2021年全年居民人均可支配收入为54086元，比上年增长9.4%。农村常住居民人均可支配收入达到39298元，比去年同期增长16.3%。农村居民收入增长快于城镇居民。

综合来看，近几年奉贤区的商业地标逐步建成开业，为奉贤区居民提供了诸多消费新亮点。网络消费逐渐成为消费品市场增长的主力，人口及收入的稳步增长是奉贤消费向好发展的不竭动力。政府部门根据经济发展实际因地制宜地制定提振消费的政策，为消费的恢复提供信心和指引，因此综合来

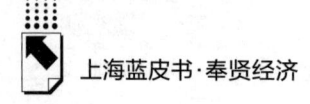

看，奉贤区未来消费品市场增长的动力仍旧坚实，预计2023年奉贤区的社会消费品零售总额将恢复正增长，有望再创新高。

四 对策建议

（一）以数字化赋能商业，加快培育新型消费

近年来，以直播电商为代表的新型消费发展迅猛，逐渐成为促进消费增长的新引擎。2022年，国家先后出台了《关于以新业态新模式引领新型消费加快发展的意见》和《加快培育新型消费实施方案》等重要文件。以打造新业态、创新商业模式、打造新场景为支撑的新型消费，有效对冲了疫情对传统消费的冲击，为实现经济稳增长产生了积极影响。在科技赋能和消费升级双向驱动下，依托互联网、大数据、云计算、人工智能等新技术的新型消费，更好地实现了供需两侧的高效对接。同时，新兴技术赋能下物流快递实现高效畅通，物流时间和损耗成本大幅下降，消费便利性得到显著增强。新型消费的转型逻辑是从注重产品向满足消费者需求转变，从注重产品及服务的无差别化向差异化转变，以及从注重促成单次交易完成向挖掘长期增值服务价值转变。奉贤区新型消费发展也应从精准性、便利性和增值性等方向寻求突破。

奉贤区出台的推进消费城市建设九大专项行动方案，在实施过程中还应注重数字化技术的应用，通过创新数字产品和服务供给、健全数字消费标准管理体系、加快打造一批数字消费品牌等举措补齐短板，强化数字消费领域综合协同治理。

（二）以乡村振兴为着力点，挖掘乡村消费潜能

乡村振兴过程中需从供需两侧发力推动消费重振。奉贤区推动消费重振的九大行动之一——海里乡村振兴行动。强调以现代开发管理模式促进一二三产联动发展，盘活农民宅基房，建设2万间客房，打造都市乡村生态商务

总部生活圈。以上政策主要从供给侧为消费提供良好的环境。从需求侧，还应从农村居民实际消费需求角度出发，挖掘本地居民消费潜能。近几年来奉贤区农村居民的可支配收入增长较快，农村居民升级类消费和服务类消费的消费需求仍有较大市场。未来还应从进一步完善农村流通体系、畅通消费渠道、改善消费环境等方面着手，提升农村居民消费便利性和消费满意度。如通过开展新一轮汽车下乡和以旧换新，同时加强停车场、充电桩等设施建设，促进农村汽车消费。

乡村露营成为都市人休闲度假的热门选择。近两年来，露营旅游火爆出圈，成为休闲度假的"顶流"，尤其节假日期间露营一位难求，更是火出天际。露营旅游由小众走向大众，首先是疫情加速了露营旅游的普及。一方面是受国内外疫情导致的中长距离出游所限，自然休闲的近郊游和相对空间独立的无接触露营旅游成为更多游客的选择。另一方面，疫情期间全民运动健身意识得到深度觉醒，人们对于运动、健康、食品、体质、免疫力的认知得到全面提升。在疫情下异地出行顾虑较多的情况下，乡村露营契合了人们休闲旅游、追求健康的心理需求。新兴消费热点下，奉贤区可结合当地特点打磨露营产品，建立健全露营服务体系，打造优质露营基地，打造差异化服务供给，盘活资源要素，反哺民宿、餐饮、农产品的消费提振。

（三）以政策措施为指导，逐步引导服务消费恢复

2022年9月上海最新发布的《上海市助行业强主体稳增长的若干政策措施》，主要聚焦文旅体育、会展、广告、航空等受疫情影响较大的产业，进一步加大助企纾困力度。具体包括5条政策：一是加大文化旅游体育行业纾困力度。实施电影票价补贴、专营商业影院和体育健身场所复工复市补贴、专业剧场一次性停业补贴和限流补贴。同时，实施旅游业贷款贴息扩围、A级景区和星级酒店一次性纾困补助、体育企业贷款贴息支持等。二是加大会展行业扶持力度。对2022年克服疫情影响在沪举办的对外经济技术展览会，举办单位实际发生的场租费用，按照不超过10%的标准给予补贴，单场最高100万元。三是支持广告行业恢复发展。对提供广告服务的单位和

个人，按其2022年第四季度实际缴纳文化事业建设费的50%给予资金支持。四是加大航空业纾困补助力度。制定实施2022年上海航空业补助方案，对消杀、核酸检测等方面给予补贴。五是支持各类生活性服务业恢复发展。优化餐饮、住宿等行业稳岗补贴认定条件，对养老、托育服务机构属于中小微企业和个体工商户范畴、承租国有房屋的，一律免除租金到2022年底。

本轮政策更加注重"促发展""做增量"。本轮政策的"有效期"并不局限于2022年最后三个月，除具体条款明确有执行期限的以外，其余条款属于常态化政策，可以跨年度施行。在此政策的指引下，生活性服务业得到政策重点支持，奉贤区还需加快落实相关政策要求，结合奉贤区生活性服务业的特征，因地制宜制定相关扶持对策，为加快奉贤区服务消费的恢复助力。

（四）以合法设摊经营为契机，激活夜间经济

夜间经济的繁荣程度是一座城市经济开放度、活跃度的重要标志，是展示城市历史底蕴、创新活力的重要舞台。2022年上海市商务委员会发布了《上海市夜间经济空间布局和发展行动指引（2022～2025）》，提出未来上海夜间经济发展的布局体系，这也是中国首份城市夜间经济发展指引。《第一财经》发布的"中国城市夜经济指数"显示，上海夜间经济综合实力位列中国各城市之首。数据结果显示，上海在夜间灯光强度、城市公交活跃度和新兴展演空间活跃度三大维度上均保持全国领先，夜间出行活跃度、夜场电影活跃度和酒吧数量也都位列全国前三。截至2022年2月，上海共有400余家夜间商场、8万余家夜间餐厅和超4000处夜间娱乐场所，它们共同形成一张强大的"夜态"网络。在此基础上，更有4000余处运动场馆、700余家书店、3700余家24小时便利店和800余家星级酒店为城市夜生活注入更多的亮点。

立法修订优化，允许符合限定条件的设摊经营。上海市十五届人大常委会表决通过了新修订的《上海市市容环境卫生管理条例》（以下简称《条例》）。对设摊经营、占道经营，以前是全面禁止，新修订的《条例》则指

出,在规定不得擅自占用道路、桥梁等公共场所、兜售物品的同时,明确区政府、乡镇政府可以划定一定公共区域用于从事设摊经营、销售自产农副产品等经营活动。《条例》将从2022年12月1日起施行。合法设摊经营为夜间经济的发展提供了政策保证,体现了"以人为本"的人民视角,有助于激活城市活力,为助力恢复城市"烟火气"、促进消费复苏提供了契机。奉贤区可多听取民意,了解百姓的实际需求,再进行夜间经济设摊规划布局,这将有助于构建共治共享的夜市格局,有助于烟火气的可持续。

参考文献

程晖:《26条"解渴"政策纾困养老托育服务业》,《中国经济导报》2022年9月1日。

冯其予:《新型消费蓬勃发展》,《经济日报》2022年7月23日。

裴龙翔、王海燕:《上海新规不再全面禁止"路边摊"》,《工人日报》2022年9月25日。

澎湃新闻:《消费如何为新城发展注入内生动力?这里正探出一条新路》,https://m.thepaper.cn/baijiahao_19977597,最后访问日期:2022年6月1日。

邱爱荃:《奉贤推动消费与时间"赛跑"》,《中国经济导报》2022年6月7日。

上观新闻:《让商圈更"火",地标更"靓",品牌更"响"!奉贤出台推进消费城市建设九大专项行动方案》,https://sghexport.shobserver.com/html/baijiahao/2022/05/30/756512.html,最后访问日期:2022年6月1日。

苏展:《郊野露营蹿红,网红如何长红?》,《文汇报》2022年10月6日。

孙璐璐、贺觉渊、秦燕玲:《各方齐发力假期"不歇脚" 稳经济再吹集结号》,《证券时报》2022年10月10日。

唐玮婕:《上海力推新一轮稳增长"22条"政策措施》,《文汇报》2022年9月29日。

唐玮婕:《支持加力!从"救急难"向"促发展"升级》,《文汇报》2022年9月29日。

王莉:《我国消费市场总体呈现恢复发展态势》,《中国商报》2022年8月9日。

位亚男:《上海再发布22条稳增长措施涉及会展行业》,《中国会展》2022年第19期。

吴丹璐:《上海出台"22条"助企纾困稳增长》,《解放日报》2022年9月29日。

欣闻：《上海市奉贤区：出台推进消费城市建设九大专项行动方案》，《中国城市报》2022年6月6日。

严曦梦、宋薇萍：《上海出台稳增长22条新举措 加力巩固经济恢复发展基础》，《上海证券报》2022年9月29日。

尤方明：《破解养老受阻托育难 13部门26条举措助力两行业纾困》，《21世纪经济报道》2022年9月2日。

证券时报：《让消费场景与数字技术对接 上海加快建设国际消费中心城市》，https：//baijiahao.baidu.com/s？id＝1744766136644081350&wfr＝spider&for＝pc，最后访问日期：2022年6月1日。

中国发展网：《奉贤是个大公园 村村都变度假村》，https：//baijiahao.baidu.com/s？id＝1722276302893319639&wfr＝spider&for＝pc，最后访问日期：2022年6月1日。

宗赫：《上海加大对旅游、会展等行业助企纾困力度》，《中国贸易报》2022年9月29日。

B.7 2022~2023年奉贤对外经济形势分析与研判

李世奇*

摘　要： 面对国内外经济金融环境的巨大变化，2021年奉贤对外贸易规模历史首次突破1000亿元大关，2022年前八个月奉贤进出口总值为831.1亿元，同比增长16.7%，有力克服了上海新一轮疫情所带来的不利影响，出口总值为458.0亿元，同比增长15.4%，进口总值为373.10亿元，同比增长18.3%，奉贤综合保税区全力支撑经济高质量发展和疫情防控，跨境电商加速发展，品牌影响力大幅提升。2022年前九个月奉贤外商直接投资合同金额为9亿美元，同比下降23.1%，实际到位金额2.64亿美元，同比下降4.4%，吸引外资和落实外资均有待进一步挖掘潜力，落实外资规模占地区生产总值比重需要重点关注。综合而言，在全球潜在增长率不断下降的背景下，奉贤必须抢抓新片区机遇，着力提升对外经济的综合实力。

关键词： 对外经济　综合保税区　外商直接投资

一　奉贤对外贸易的主要特点

（一）疫情冲击外贸波动加大，出口表现好于预期

由于新一轮疫情对上海经济社会发展产生巨大冲击，叠加国际政治环境

---

* 李世奇，经济学博士，上海社会科学院数量经济研究中心助理研究员，主要研究方向为宏观经济增长与科技创新政策评估。

发生较大变化，地缘政治冲突导致全球能源和粮食供应链均遭到不同程度的破坏，奉贤对外贸易在2022年出现一定波动。2022年前三个月，奉贤外贸整体延续了2021年快速增长的态势，进出口总值达到325亿元，同比增速保持在29%以上，高于上海14.6%的增速（见图1）。奉贤进出口自2020年11月开始增速均高于上海，表明疫情影响下奉贤对外贸易结构更好地适应了新形势下的全球经济发展。在新一轮疫情冲击下，2022年4月奉贤进出口累计同比增速降至13.8%，5月进一步降至9.3%，而上海的增速已经由正转负，降至-2.8%。随着5月底上海加快经济恢复和重振，奉贤对外贸易增速在6月重回两位数，8月增速达到16.7%，而上海增速也重新回正，累计同比增长4.8%。面对严峻复杂的疫情影响，奉贤外贸的表现极具韧性，有力承担起奉贤经济高质量发展的重任，有效熨平了各种不利影响导致的巨大波动，为上海稳定经济大盘贡献了积极力量。

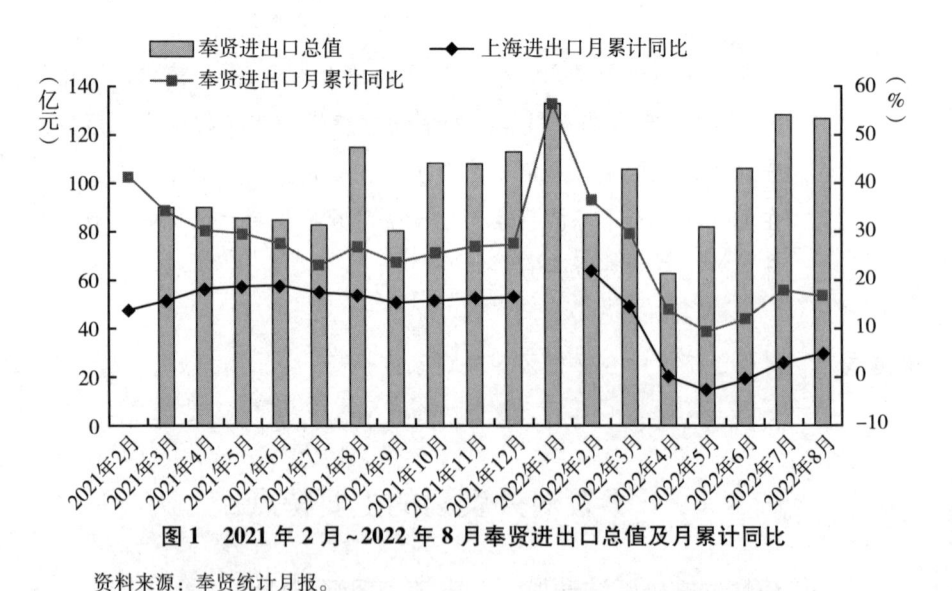

图1　2021年2月~2022年8月奉贤进出口总值及月累计同比

资料来源：奉贤统计月报。

奉贤出口与进口的表现自2021年下半年开始出现明显分化。奉贤出口在去年三、四季度以及今年上半年的表现远超预期，2022年前三个月奉贤出口累计同比增长41.2%（见图2），即使在疫情影响最严重的4月和5月，奉贤出口累计同比增速仍然能够保持在20%和14%的水平上，而上海出口增速在5月已降至1.6%。2022年前八个月奉贤出口总值达到458.0亿元，同比增长15.4%，在去年高基数的增速下继续保持高速增长显得尤为不易，充分反映出奉贤制造业产品的供给结构与疫情后国际市场的需求结构两者之间具有更好的适配性，发达经济体近年来极度宽松的货币政策导致居民部门产生的巨大需求，叠加石油、天然气供应链危机以及气候变化、能源转型对新能源、光伏产品的额外需求，共同推动了奉贤出口的快速增长。相较而言，奉贤进口自2021年7月以来增速就降到20%以下，2022年前三个月奉贤进口累计同比增长17.8%（见图3），与出口增速相差20个百分点以上，但仍然明显好于上海8.9%的增速水平，奉贤进口增速在5月降至4.4%，而上海同期已经降至-5.4%。2022年前八个月奉贤进口总值达到373.10亿元，同比增长18.3%，尽管上海增速也已经回正，但同比仅增长0.7%。同样都是在去年两位数的高基数下，奉贤进口的韧性要明显好于上海，一方面是由于出口拉动的关联性进口继续保持增长，另一方面也说明奉贤以制造业为主的产业结构更好地适应了疫情影响下的外贸环境。值得注意的是，奉贤出口与进口的增速差距在8月已经出现反转。

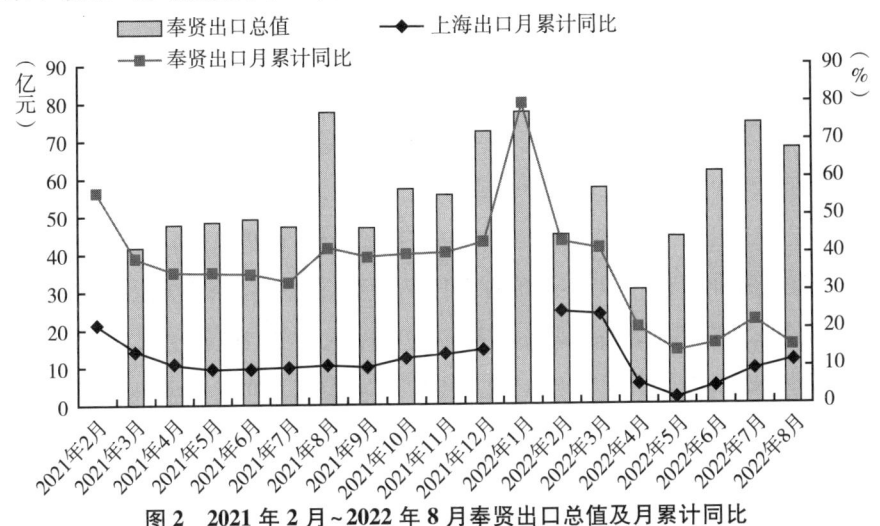

图2 2021年2月~2022年8月奉贤出口总值及月累计同比

资料来源：奉贤统计月报。

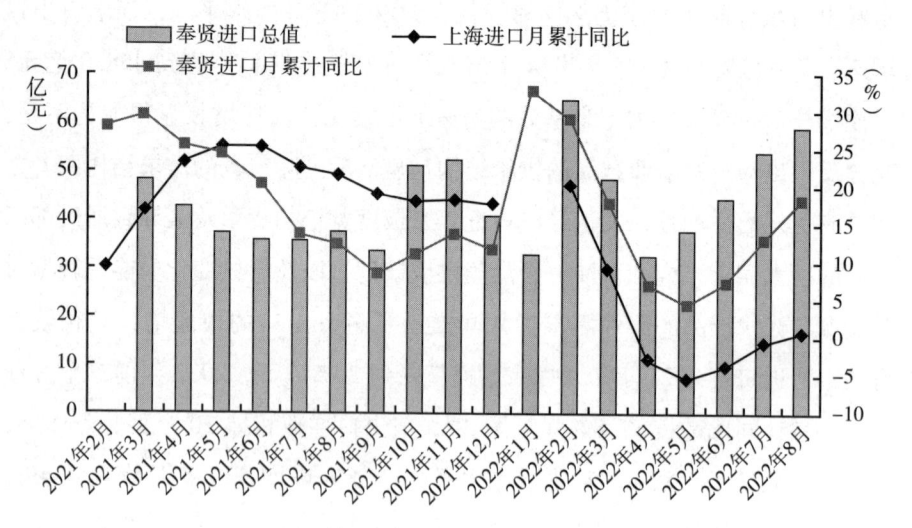

图3　2021年2月~2022年8月奉贤进口总值及月累计同比

从长历史周期来看，奉贤对外贸易的波动性在2021年显著放大（见图4），一改之前十多年波动性逐步走低的趋势，但这种改变更大概率不具有持续性。2022年奉贤进出口的增速相较于2021年将有所放缓，尤其是出口增速很难再次超过30%，除了2021年四季度的高基数以外，更重要的原因是全球经济周期大概率将进入衰退期。主要发达经济体由于没有采取果断的措施及时退出量化宽松政策，导致通胀逐步高企，而全球能源和粮食供应链的破坏进一步推高了通胀水平，世界主要央行不得不完全扭转货币政策走向，采取极为激进的加息手段，控制需求以遏制物价的走高，在这样的大背景下，奉贤出口很难继续保持2021年和2022年的高速增长，而进口受到外需和内需的共同拖累，短期内也很难看到新的增长点，不宜对外贸形势预测过于乐观，预计2023年奉贤进出口增速将出现明显放缓。从净出口的水平来看，2022年前八个月，奉贤净出口总值为84.83亿元，与去年同期基本持平。2021年奉贤净出口占奉贤地区生产总值比重为10.23%（见图5），相比于过去六年占比逐年降低的态势出现明显变化，2022年奉贤贸易顺差规模有望进一步扩大，净出口在未来一定时期内仍将对奉贤经济增长起到拉动作用。

图4　2007~2021年奉贤进出口总值及同比增速

资料来源：奉贤区统计年鉴。

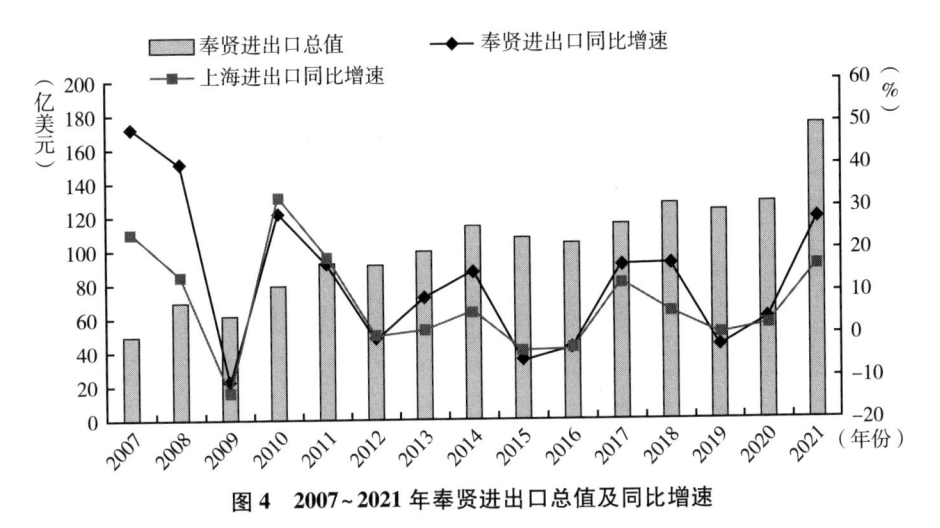

图5　2007~2021年奉贤净出口占GDP比重

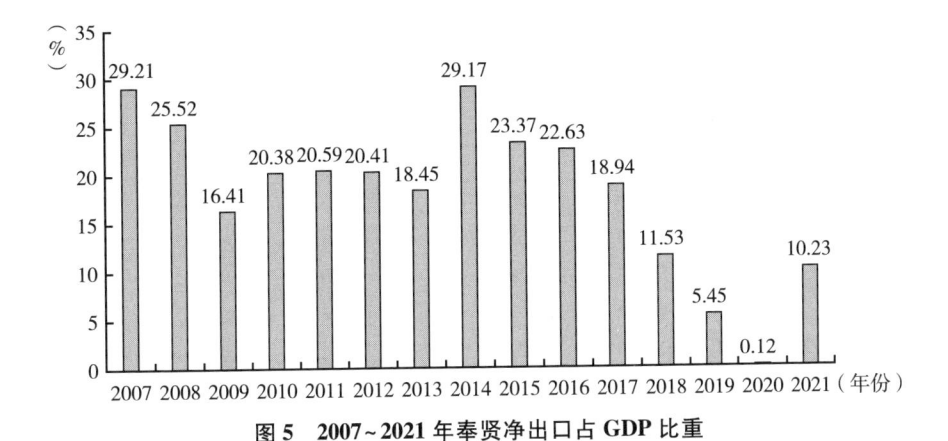

资料来源：奉贤区统计年鉴。

（二）对外依存保持高位，顺差规模全市第一

通过比较2021年上海各区的对外贸易情况，可以看出奉贤出口增速处在上海领先水平，但是进口增速则处在中下游水平。在上海郊区中，2021年奉贤1122.10亿元的进出口总值低于松江的2888.75亿元、闵行的2200.00亿元、嘉定的1551.50亿元和宝山的1377.53亿元，高于金山的

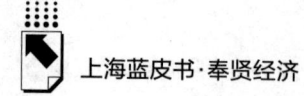

965.18亿元、青浦的791.66亿元和崇明的135亿元，而奉贤27.30%的进出口同比增速则低于宝山的57.30%，高于金山的24.70%、崇明的19.20%、嘉定的18.50%、青浦的11.90%、闵行的1.57%和松江的-0.39%（见表1）。奉贤629.10亿元的出口总额低于嘉定的758.50亿元，高于金山的500.21亿元、青浦的432.66亿元、宝山的392.18亿元和崇明的50.60亿元，而奉贤43.00%的出口同比增速则低于宝山的52.80%，高于金山的32.80%、嘉定的17.10%、青浦的10.80%和崇明的-33.50%（见表1）。奉贤493.00亿元的进口总额高于金山的464.97亿元、青浦的359.00亿元和崇明的84.40亿元，低于宝山的985.36亿元和嘉定的793.10亿元，而奉贤11.70%的进口同比增速则低于崇明的128.00%、宝山的59.10%、嘉定的19.80%、金山的17.15%和青浦的13.30%（见表1）。

表1 2021年上海各区对外货物贸易主要指标分布

地区	进出口总额（亿元）	进出口同比增速(%)	对外贸易依存度	出口总额（亿元）	出口同比增速(%)	进口总额（亿元）	进口同比增速(%)
奉贤区	1122.10	27.30	84.36	629.10	43.00	493.00	11.70
浦东新区	23886.00	13.90	155.58	8203.00	14.90	15684.00	13.40
黄浦区	1227.30	50.20	42.29	284.40	20.10	942.90	62.40
徐汇区	1012.50	14.00	41.52	314.70	4.70	697.80	18.70
长宁区	734.77	23.80	40.23	309.82	15.60	424.96	30.60
静安区	521.42	33.50	20.32	139.51	12.70	381.91	43.10
普陀区	348.47	3.90	28.41	173.02	8.60	175.45	-0.40
虹口区	500.10	11.10	41.17	104.60	11.60	395.50	10.90
杨浦区	250.40	35.70	12.83	147.50	40.80	102.90	29.11
闵行区	2200.00	1.57	77.38	—	—	—	—
宝山区	1377.53	57.30	79.83	392.18	52.80	985.36	59.10
嘉定区	1551.50	18.50	57.34	758.50	17.10	793.10	19.80
金山区	965.18	24.70	81.60	500.21	32.80	464.97	17.15
松江区	2888.75	-0.39	162.08	—	—	—	—
青浦区	791.66	11.90	60.10	432.66	10.80	359.00	13.30
崇明区	135.00	19.20	32.95	50.60	-33.50	84.40	128.00

资料来源：上海各区2021年统计公报。

从对外贸易依存度来看,奉贤 84.36% 的依存度相比去年的 74.20% 有所增加,低于浦东新区的 155.58% 和松江的 162.08%,在上海各区中排名第三。2021 年奉贤净出口规模大幅增加,从 2020 年的 1.4 亿元大幅增长至 136.10 亿元,超过青浦的 73.66 亿元、杨浦的 44.60 亿元和金山的 35.24 亿元,顺差规模跃居上海第一,而宝山、嘉定和崇明则净进口分别为 593.18 亿元、34.60 亿元和 33.80 亿元,奉贤是上海唯一一个顺差规模超过 100 亿元的地区,说明奉贤经济对国际市场需求的依赖性相较于上海其他地区而言更大,对全球产业链和供应链的变化更为敏感,所以在发达经济体需求大幅增长时,奉贤出口增速明显高于上海其他地区,而随着外部需求的放缓,奉贤出口增速也较上海平均水平而言更易出现较为明显的回落。

反观上海中心城区,2021 年黄浦的对外贸易依存度为 42.29%,徐汇为 41.52%,长宁为 40.23%,静安为 20.32%,普陀为 28.41%,虹口为 41.17%,除黄浦区较去年有较大程度的增长,其余各区基本保持较为稳定的水平,且均明显低于奉贤对外贸易依存度,而且中心城区均为逆差状态,黄浦的净进口总值为 658.50 亿元,徐汇为 383.10 亿元,长宁为 115.14 亿元,静安为 242.40 亿元,普陀为 2.43 亿元,虹口为 290.90 亿元。奉贤的对外贸易依存度与净进口将随着贸易结构的升级与居民美好生活水平的提高逐渐向中心城区收敛,但在收敛过程中不是一蹴而就的,2022 年对外贸易依存度可能进一步回升,净出口规模有望进一步扩大,整体而言从出超状态向入超状态转变的过程存在曲折和反复。

(三)奉贤综保区全力支撑经济高质量发展与疫情防控

2018 年奉贤综合保税区成功实现了从出口加工区到综合保税区的转型,成为集保税加工、保税物流、保税研发、保税检测等多种功能于一体的国家级海关特殊监管区域。奉贤综保区成功创建"上海市跨境电子商务示范园区",吸引淘宝全球购第二家"上海仓",围绕"东方美谷"特色产业,在创新探索中不断前行,2021 年奉贤综保区进出口总值成功突破百亿元大关,用一年时间实现了"翻一番"的跨越式发展。

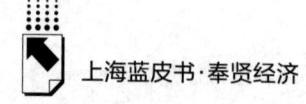

奉贤综合保税区积极推动相关政策落地，让园区企业能享受到实实在在的优惠。增值税一般纳税人资格试点政策的落地，让上海晶澳太阳能科技有限公司得以在三年内节约成本2600万元，有力提升了企业统筹两个市场、利用两种资源的能力，仓储货物按状态分类监管政策的落地，有效刺激了仓储企业的发展。奉贤综合保税区加大招商引资力度，大力提升园区硬件设施，为落户企业营造优质的营商环境，形成了新能源、装备制造、电子信息、仓储物流四大产业格局。

奉贤综保区作为上海新一轮疫情当中最早一批复工复产的园区，在奉贤海关的大力支持下，2022年4月中下旬开始多措并举按下企业复工复产的"加速键"。为确保民生保供链条顺畅，奉贤海关自3月28日综保区封控管理以来，就安排专人值守，及时响应企业需求，积极畅通民生物资"绿色通道"，助力物流企业保运保供。复工复产启动后，企业进出口通关需求激增，综保区海关主动帮助企业解决"急难愁"问题，通过线上指导、线上申报、无陪同查验等模式为企业保驾护航，确保通关顺畅助力企业复工复产。综保区内企业觉亚是上海市经信委批准的保供冷链企业，疫情期间一直为沃尔玛、永辉超市等大型商超供应国外进口食品，如牛奶、面包、水果、巧克力等物资。为满足园区企业便利化的核酸采样需求，积极推行"一企一点三专员"模式，即一个企业一个采样点，配备扫码员、采样员、防疫专员三专员，企业选派的"扫码员""采样员"经培训考核后持证上岗。

在2022年6月1日上海全市进入全面恢复正常生产生活秩序阶段后，位于奉贤综保区内的美渠保税仓也迎来消费"新高潮"。包括雅诗兰黛、伊诗露、黛珂在内的进口美妆品牌以及奥适宝保健品牌等在内的多个品类几十款产品销售成绩喜人，总单量超5000单，销售额破百万元。综保区内跨境电商自动查验流水线24小时不停机，保证所有跨境订单及时查验，保税仓物流工作人员加班加点，确保在疫情期间也能及时发货，助力促进消费回暖。3月以来，作为上海市域海关特殊监管区中始终正常运行跨境业务的保税仓，美渠保税仓内的跨境美妆充分满足了市民朋友的购物需求，为进口品类民生物资保障提供了有力的链条补充。

（四）跨境电商加速发展，品牌影响力大幅提升

2022年前七个月，奉贤综保区实现跨境业务单量54.71万单，同比增长65%，实现货值1.58亿元，同比增长50%，跨境电商业务总量持续攀高。自2020年奉贤综保区成功创建为"上海市跨境电子商务示范园区"以来，跨境业务得到快速发展，跨境电商总单量已累计完成123.76万单，实现货值3.84亿元。作为奉贤唯一的市级跨境电商示范园区，近年来，综保区不断完善跨境电商功能设施，通过搭建跨境电商自动查验流水线，大大减少人工查验环节，推动跨境货物通关效率进一步提升，为跨境电商业务发展营造了良好的发展环境。2022年以来，跨境电商日平均单量达到2600单，高峰时日单量超4000单。

宠物食品跨境业务成主力军，全力打造"东方美谷·美谷美宠"特色产业园区，倾力建设美谷美宠"一平台五中心"，即美谷美宠跨境服务平台、美谷美宠食品生产研发中心、服务发展中心、文化发展中心、用品拓展中心以及实验检测服务中心。依托奉贤综保区美谷美宠跨境服务平台的建设发展，截至2022年7月底，宠物食品跨境电商单量实现41.28万单，占总跨境单量的75.45%，货值达1.43亿元。随着宠物行业步入快速发展期，宠物经济成了消费升级的重要组成部分，宠物食品成为奉贤综保区跨境电商业务的主力军。

美妆类跨境业务成为后起之秀，奉贤综保区始终致力于依托美丽健康产业发展拓展跨境电商业务，为产业发展提供从仓储物流到品牌孵化、产品销售、产业链延展的成长土壤，随着淘宝全球购美渠跨境仓的入驻、"美谷美购·跨境购"的平台搭建、美妆直播基地的建立，厂家直销、产业集聚、直播经济与综保区独有的跨境电商优势相融合，奉贤综保区美妆跨境电商生态逐步形成。通过两届"五五购物节"的成功举办，"美谷美购·跨境购"品牌影响力大幅提升，吸引60多家企业300个品牌参与，全球美妆品牌云集，成为奉贤创新型经济、流量型经济发展的新高地。

2022年"618"期间东方美谷结合综合保税区资源，做强品牌优势，开

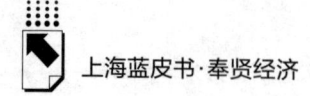

启"美谷美购·跨境购"促销费活动，让市民在家门口就能享受在免税店购买化妆品的体验，提振消费信心，促进市场回暖。"美谷美购·跨境购"恢复线下营业后，美妆护肤、日用洗护、食品饮料、宠物用品、香水香氛等商品受到广泛欢迎。"美谷美购·跨境购"作为奉贤本土的电商平台，发挥了地域优势，跨境购品类也从600种扩充到上千种，跨境购网上商城两个月内总单量突破了1万单，是去年全年单量的3倍之多，销售额破百万元，是去年全年的2倍，跨境购品牌影响力大幅提升。"美谷美购跨境购"商品，除了一部分来自本土东方美谷企业的产品外，还有很大一部分商品都源于奉贤区综合保税区，距离场馆1公里左右。作为奉贤本土的电商平台，上海美渠网络科技有限公司运营的跨境仓具备了海外运输、进境申报、货物存储、快递配送等全供应链功能。

东方美谷企业集团和央视上海总站联合打造的央视东方美谷直播基地在2022年8月正式揭牌，有望充分发挥央视总台媒体旗舰优势、东方美谷特色产业优势，变宣传力为影响力、传播力、创造力和生产力，深度共建全国技术领先并具有行业影响力的美丽健康产业直播基地，把更多奉贤制造、服务、购物和文化推向全国乃至全世界，全面提升城市核心竞争力，推动奉贤加速迈向"世界化妆品之都"。

二　奉贤外商直接投资主要特点

（一）吸引外资和落实外资有待挖掘潜力

2022年奉贤吸引外资迎来开门红，奉贤外商直接投资合同金额前三个月同比增长40.6%，而且如此快速的增长是在去年同期同比增长118.5%的基础上取得的，连续两年第一季度维持高速增长。但是到4月，奉贤吸引外资直接由正转负，同比下降2.2%，5月和6月增速继续大幅走低，6月同比下降41.1%，而上海同期则已回正，同比增长0.2%，7月和8月虽然降幅有所收窄，但仍然没有出现回正的趋势。2022年前九个月奉贤外商直接投资合同金额9.00亿美元，同比下降23.1%（见图6）。奉贤在吸引外资方面的表现远逊于对外贸易，一方面是由于吸引外资更易受到疫情反复的影响，另一方面奉贤吸引外资增速在去年第三季度就已经转负，说明增速下滑不仅是疫情的原因，更有自身产业结构不断调整的原因。奉贤在落实外资方面受到的疫情影响出现了一定的滞后效应，2021年同期较低的基数是主要原因。2022年第一季度奉贤落实外资同比增长38.7%，高于上海同期17.8%的增速，在4月和5月依旧维持15.1%和10.1%的两位数增速，上海则降至1.6%和-3.8%，而去年4月奉贤和上海的增速分别为-25.4%和20.3%。而奉贤落实外资增速在2022年6月和7月迅速转负主要也是由于去年较高的基数所导致。但值得注意的是，2022年前九个月奉贤外商直接投资到位金额2.64亿美元，同比下降4.4%去年同期增速为2%（见图7），在低基数下仍然出现了下降，而上海同期同比增长11.3%，可见奉贤在落实外资方面出现了放缓的迹象，整体落后于上海的平均水平。

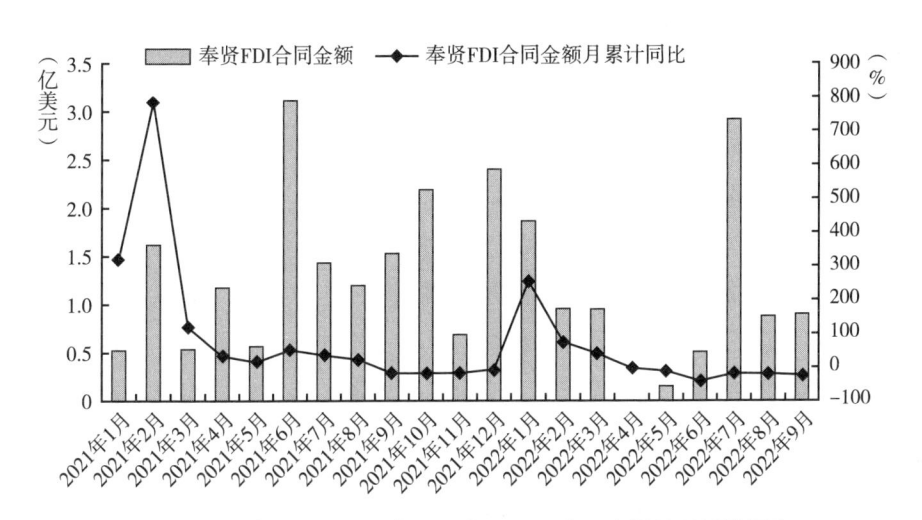

图6 2021年1月~2022年9月奉贤FDI合同金额及月累计同比

资料来源：奉贤统计月报。

相比于2021年前九个月奉贤吸引外资和落实外资增速上的较大差异，2022年奉贤在两者的表现上均不尽如人意。由于2021年四季度吸引外资和

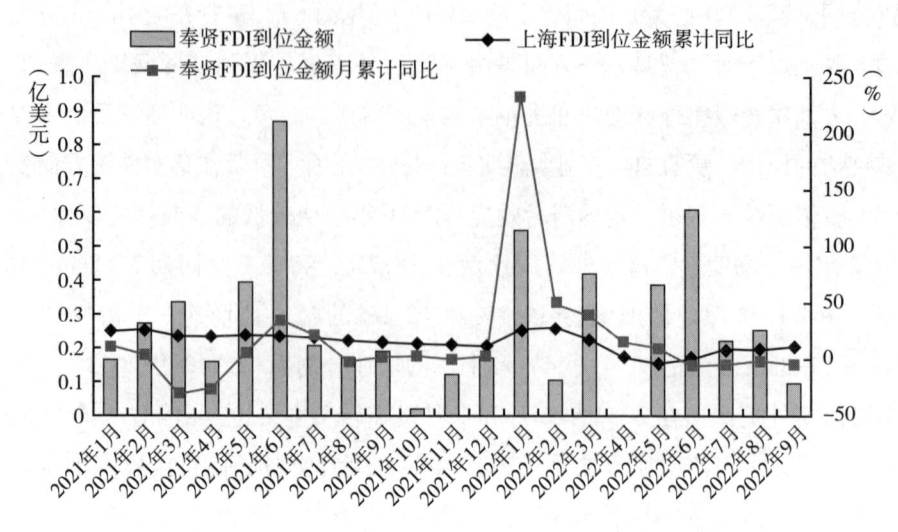

图7 2021年1月~2022年9月奉贤FDI到位金额及月累计同比

资料来源：奉贤统计月报。

落实外资的较低基数，奉贤外商直接投资合同金额和到位金额在2022年的累计同比增速均有回正的可能性，但仍需要付出巨大的努力。长期来看，2021年奉贤外商直接投资合同金额下降6%至16.98亿美元，远超"十三五"时期10.42亿美元的平均水平，到位金额增长2.6%至3.08亿美元，略高于"十三五"时期2.8亿美元的平均水平（见图8）。但2020年和2021年合同金额能够保持高位部分原因是全球流动性非常宽裕，而在主要发达经济体开启加息后，跨国公司对外投资也受到了不同程度的影响，尤其在全球经济发展前景极不明朗的背景下，奉贤吸引外资和落实外资均面临更大的挑战，两者增速回暖可能需要较长的过程。

（二）合资项目持续增长，到位占比需要关注

通过比较2021年上海各区的吸引外资和落实外资情况，可以看出奉贤在吸引外资规模上居于上海各区的上游水平，但在落实外资规模上仍有较大的提升空间。在上海郊区中，2021年奉贤16.98亿美元的FDI合同金额低于闵行的50.40亿美元、嘉定的37.80亿美元、青浦的27.90亿美元和松江

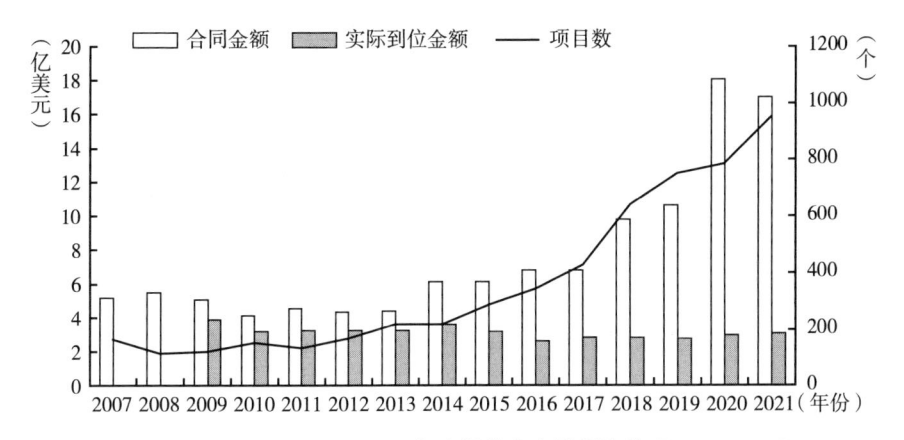

图 8　2007~2021 年奉贤外商直接投资情况

资料来源：奉贤区统计年鉴。

的 21.29 亿美元，高于宝山的 14.70 亿美元、崇明的 6.20 亿美元和金山的 4.57 亿美元。奉贤-6.00%的 FDI 合同金额同比增速低于闵行的 36.90%、宝山的 5.10%、嘉定的 50.10%、金山的 17.10%、松江的 91.60%和青浦的 40.90%，高于崇明的-22.40%。奉贤 3.08 亿美元的 FDI 实际到位金额低于闵行的 13.12 亿美元、宝山的 5.70 亿美元、嘉定的 11.00 亿美元、金山的 3.53 亿美元、松江的 6.23 亿美元和青浦的 9.50 亿美元，仅高于崇明的 1.6 亿美元。奉贤 2.6%的 FDI 实际到位金额同比增速低于闵行的 19.70%、宝山的 26.80%、嘉定的 6.40%、金山的 17.20%、松江的 85.80%、青浦的 5.80%和崇明的 19.80%（见表 2）。

从 FDI 实际到位金额占各区生产总值比重来看，奉贤 1.49%的比重相比去年的 1.73%有所下降，低于浦东新区的 4.50%、闵行的 2.98%、宝山的 2.13%、嘉定的 2.62%、金山的 1.93%、松江的 2.26%、青浦的 4.65%和崇明的 2.52%（见表 2）。奉贤 FDI 实际到位金额占各区生产总值比重在上海郊区中已经落后，需要更有力的举措落实合同外资，抓住自贸区新片区的历史性机遇，提高实际到位外资的规模，奋起直追向上海的平均水平靠近。

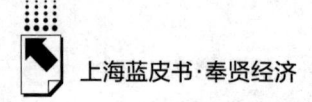

表2　2021年上海各区外商直接投资主要指标分布

地区	新批FDI项目数（个）	FDI合同金额（亿美元）	FDI合同金额同比增速（%）	FDI实际到位金额（亿美元）	FDI实际到位金额同比增速（%）	FDI实际到位金额占各区生产总值比重（%）
奉贤区	953	16.98	-6.00	3.08	2.60	1.49
浦东新区	—	—	—	107.00	14.20	4.50
黄浦区	176	16.46	4.90	9.38	15.40	2.09
徐汇区	141	13.50	3.40	7.73	0.39	2.05
长宁区	—	11.39	58.20	5.95	-22.00	2.10
静安区	323	12.89	-19.44	—	—	—
普陀区	213	12.71	-41.90	13.31	10.50	7.00
虹口区	116	13.99	3.60	13.05	0.20	6.93
杨浦区	132	—	—	11.01	4.1	3.64
闵行区	—	50.40	36.90	13.12	19.70	2.98
宝山区	326	14.70	5.10	5.70	26.80	2.13
嘉定区	—	37.80	50.10	11.00	6.40	2.62
金山区	—	4.57	17.10	3.53	17.20	1.93
松江区	367	21.29	91.60	6.23	85.80	2.26
青浦区	356	27.90	40.90	9.50	5.80	4.65
崇明区	—	6.20	-22.40	1.60	19.80	2.52

资料来源：上海各区2021年统计公报。

从外商直接投资的方式来看，2021年外商独资项目数为661个，合同金额为14.44亿美元，同比增长37.2%；中外合资项目数为292个，合同金额为2.54亿美元，同比减少66.3%（见图9），2021年外资企业和中资企业在奉贤合作投资项目数继续保持高速增长，外商独资项目数也创出历史新高。从外商直接投资的产业结构来看，2021年奉贤服务业共吸收外资16.08亿美元，同比下降5.89%；奉贤工业吸收外资0.90亿美元，同比下降7.07%（见图10），服务业吸收占比继续保持在94%以上水平。

从外商直接投资的合同金额看，2021年合同金额在500万美元以上的大型投资项目数为66个，合同总额为12.77亿美元，同比下降9.31%，合同金额在500万美元以下的中小型投资项目数为887个，合同总额为4.21

亿美元，同比增长5.94%（见图11）。投资规模在500万美元以上的项目平均投资金额从去年的0.31亿美元降低至0.19亿美元，说明超大型外商直接投资项目较为稀缺，规模在500万美元以下的项目平均投资金额从去年的53.7万美元降低至47.5万美元。

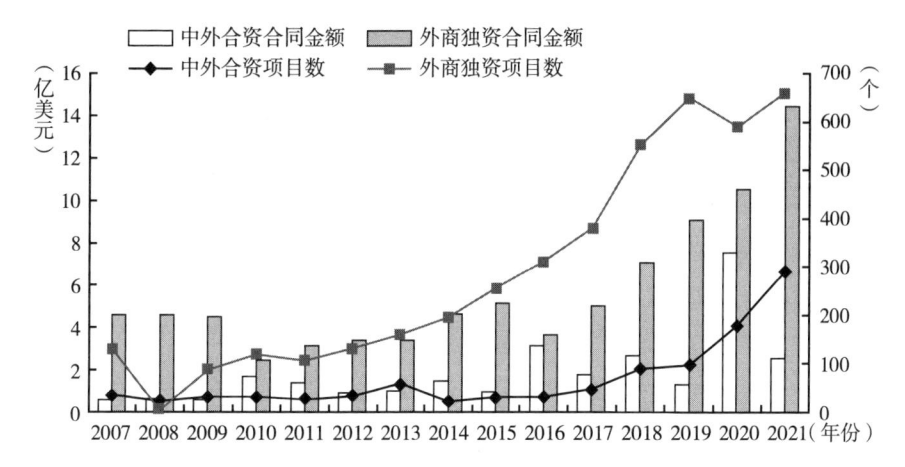

图9　2007~2021年按投资方式分奉贤外商直接投资情况

资料来源：奉贤区统计年鉴。

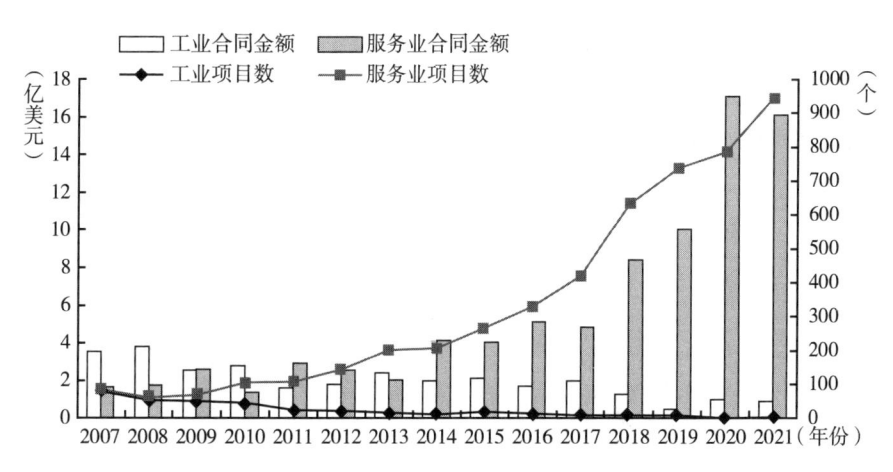

图10　2007~2021年按产业结构分奉贤外商直接投资情况

资料来源：奉贤区统计年鉴。

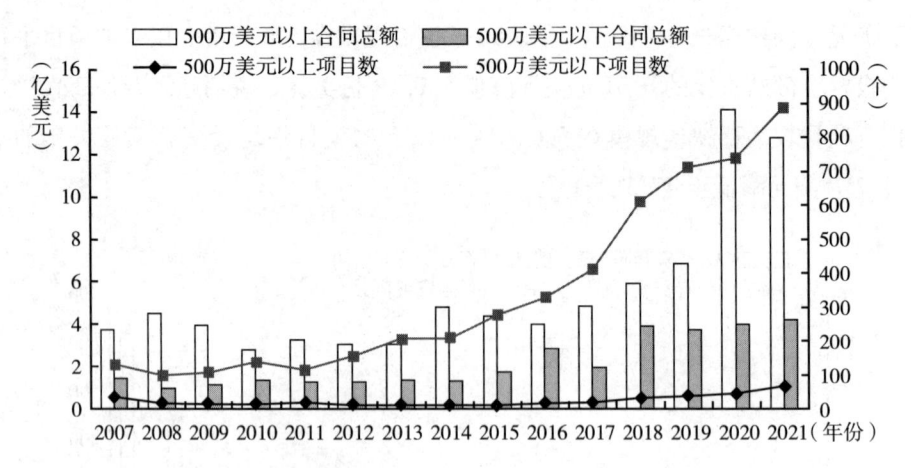

图 11　2007~2021 年按合同金额分奉贤外商直接投资情况

资料来源：奉贤区统计年鉴。

（三）资金来源有所变化，综合开发区重回首位

从投资来源地来看，2021 年中国香港以 313 个投资项目数排名第一，中国台湾以 209 个投资项目数、美国以 62 个投资项目数紧随其后（见表3）。中国香港重新超过中国台湾，成为奉贤外商直接投资来源地项目最多的境外地区，且投资项目数首次超过 300 个，连续五年刷新单一来源地外商直接投资项目数纪录。来源地前三名的地区发生了一定的变化，美国时隔 6 年超过韩国成为奉贤外商直接投资来源地排名前三的地区。

表 3　2007~2021 年奉贤外商直接投资来源地排行前三名

	第一名	第二名	第三名
2021 年	中国香港(313)	中国台湾(209)	美国(62)
2020 年	中国台湾(189)	中国香港(153)	韩国(71)
2019 年	中国香港(164)	中国台湾(125)	韩国(70)
2018 年	中国香港(142)	中国台湾(128)	韩国(81)
2017 年	韩国(83)	中国香港(82)	中国台湾(75)
2016 年	韩国(64)	中国台湾(63)	中国香港(56)
2015 年	中国香港(71)	中国台湾(48)	韩国(31)
2014 年	中国香港(49)	美国(22)	中国台湾(20)

续表

	第一名	第二名	第三名
2013年	中国香港(82)	中国台湾(31)	美国(17)
2012年	中国香港(49)	日本(19)	美国(17)
2011年	中国香港(54)	日本(16)	美国(12)
2010年	中国香港(46)	日本(19)	美国(9)
2009年	日本(14)	中国香港(11)	美国(4)
2008年	中国香港(28)	日本(11)	美国(6)
2007年	中国香港(37)	日本(20)	美国(13)

注：括号内为项目数。
资料来源：奉贤区统计年鉴。

从吸引投资的区域来看，2021年综合开发区重新超过临港奉贤分区，成为奉贤吸引外资最多的地区，金额为4.26亿美元，临港奉贤分区则降至第二位，金额为3.70亿美元，在特斯拉落户临港后，持续拉动了新能源汽车产业链在临港奉贤园区的投资兴业。杭州湾开发区和南桥新城吸引外资规模的排名较为稳定，连续两年排在第三位和第四位，吸引外资合同金额分别为1.55亿美元和1.35亿美元（见表4）。

表4 2011~2021年奉贤各镇（区）吸引外商直接投资合同金额排行前五名

	第一名	第二名	第三名	第四名	第五名
2021年	综合开发区	临港奉贤分区	杭州湾开发区	南桥新城	奉城镇
2020年	临港奉贤分区	综合开发区	杭州湾开发区	南桥新城	东方美谷集团
2019年	综合开发区	南桥新城	杭州湾开发区	青村镇	金汇镇
2018年	东方美谷集团	杭州湾开发区	综合开发区	奉城镇	柘林镇
2017年	综合开发区	杭州湾开发区	东方美谷集团	南桥新城	奉城镇
2016年	金汇镇	综合开发区	杭州湾开发区	南桥新城	庄行镇
2015年	综合开发区	杭州湾开发区	临港奉贤分区	星火开发区	生物科技园区
2014年	综合开发区	金融基地	杭州湾开发区	金汇镇	海港开发区
2013年	综合开发区	杭州湾开发区	南桥镇	奉城镇	青村镇
2012年	综合开发区	化工区	青村镇	庄行镇	海港开发区
2011年	综合开发区	化工区	临港奉贤分区	生物科技园区	柘林镇

资料来源：奉贤区统计年鉴。

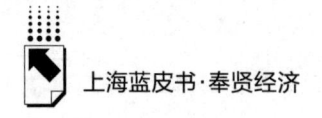

三 奉贤对外经济未来发展的预测与展望

2022年新冠肺炎疫情反复出现，统筹疫情防控和经济发展的压力不断增大，我国经济面临需求收缩、供给冲击和预期转弱的三重压力，尤其是上海新一轮疫情为全年实现经济发展目标带来了尤为严峻的挑战。主要发达经济体采取的加息措施尚未对通胀形成较好的控制，反而由于加息步伐的超预期对全球金融市场造成剧烈的冲击，财政和金融条件不断收缩，对实体经济造成了负面影响，而地缘政治冲突的升级加剧带来了更多的不确定性，石油、天然气等国际能源供给需求结构遭到严重破坏，能源价格的持续走高进一步推高了主要发达经济体的通胀水平，尤其是欧洲面临严重的能源危机，而能源危机很可能逐步演变为经济危机，"滞胀"已经出现，在金融条件和能源条件的共同约束下，发达经济体的总体需求不断下滑，全球潜在经济增长率正在下降，美国和欧洲等发达经济体很有可能陷入衰退周期，全球气候异常也将带来更多的不确定性。东南亚国家已经逐步恢复了生产能力，曾经回流到国内的贸易订单也在重新流出。从国际和国内的宏观经济环境来看，都不宜对奉贤2023年的对外贸易以及引进外资有过于乐观的预期。

总体来看，2022年奉贤进出口增速有望在上半年出口的强劲拉动下保持增长，但增速将低于2021年。但是展望2023年，奉贤进出口增速预计将向下显著波动，大概率出现负增长，出口增速和进口增速将双双回落，进口增速大于出口增速将成为常态，奉贤净出口规模占比从中长期来看将不断降低。当然在全球宏观环境不确定性不断增大的背景下也要看到奉贤对外贸易的积极因素，随着"四新四大"的加快推进，奉贤经济增长的新动能不断涌现，城市综合能级不断提升，奉贤综合保税区的跨越式发展带动对外贸易水平进一步提高，随着跨境电商的加速发展，不断满足人民群众对美好生活的向往，通过主动融入新片区，新能源、光伏等新兴产业有望成为对外贸易的亮点，而人民币汇率的阶段性贬值也为奉贤传统制造业创造了更好的贸易条件。2022年奉贤外商直接投资合同金额和到位金额预计将与2021年持平或略有下滑。2023年,在全球金融市场流动性不断收缩以及投资偏好不断趋于保守的背景下,奉贤吸引外资和落实外资所面临的挑战将更加艰巨,波动加剧以及增速中枢的下降可能成为常态。综合而言,越是面对复杂严峻的形势,越要变危为机,抢抓服务贸易提质升级的机遇,推动数字贸易发展,充分利用好长三角一体化与自贸区新片区的历史性机遇,提升奉贤对外经济的综合实力。

参考文献

上海奉贤区人民政府:《618东方美谷品牌受欢迎千款跨境购品类促消费》,https://www.fengxian.gov.cn/shfx/col136/20220602/17638.html,最后访问日期:2022年6月1日。

上海奉贤区人民政府:《综保区多措并举按下复工复产"加速键"》,https://www.fengxian.gov.cn/shfx/col136/20220517/16270.html,最后访问日期:2022年6月1日。

上海奉贤区人民政府:《跨境购都在买什么?奉贤综保区跨境电商单量最高的居然是这类》,https://sghexport.shobserver.com/html/baijiahao/2021/08/28/523635.html。最后访问日期:2022年6月1日。

B.8
2022~2023年奉贤财政形势分析与研判

谢骏鸣[*]

摘　要： 2021年奉贤经济得到了全面复苏，财政收支压力得到了明显改善，但制约经济长期不利因素并未散去。2022年上半年的疫情又使得财政收入出现了下滑趋势，而支出依旧保持稳步的增长。潜在的疫情冲击和经济层面各项风险的涌现，奉贤未来的财政收支依旧面临着一定的不确定性。本文将利用统计局公布的截至2022年9月的财政数据和数次实地调研考察，对奉贤区的财政现状和形势做出细致分析，并对未来奉贤的财政状况做出一定的预判。

关键词： 财政收入　财政支出　宏观经济

　　新冠肺炎疫情转眼已有三年，这三年期间经济形势一直随着疫情冲击和外部环境的变化而起伏。对于上海而言，2021年是相对平稳的一年，经济恢复速度较快，但是2022年上半年的疫情依旧给地区经济带来了不小的冲击。截至第三季度，上海全市生产总值仅达到30956.7亿元，同比下降1.4%，与全国3.0%的增长率相比更是相去甚远，但从单季度数据看，上海已经走出了上半年的疫情冲击，经济正在稳步恢复。

---

[*] 谢骏鸣，上海社会科学院西方经济学博士研究生，主要研究领域包括计量经济建模与经济决策分析、科技统计、电力统计。

单就奉贤来说，2021年是经济恢复增长的一年。第二产业和第三产业协同增长，实现地区全年生产总值1330.09亿元，同比增长9.3%。其中第二产业增长最为显著，生产总值相较2020年增加850.3亿元，增长11.6%，第三产业则增加470.39亿元，可比增长5.8%。9.3%的可比增长率，打破了奉贤区自从2018年以来，因为中美贸易摩擦以及后来的疫情冲击造成的生产总值增长率连年下探的趋势。其中，工业部分，尤其是医药制造、汽车制造以及通用设备制造业的高额增长，起到了巨大的带动作用。临港新片区完成规上工业产值438亿元，同比增长33.8%。其中218家战略性新兴产业企业实现工业总产值818.4亿元，可比增长15.6%，为奉贤区的经济发展激发了新的活力。不仅工业生产得到了快速增长，消费也在稳步回升，2021年奉贤全年全区社会消费品零售总额564.3亿元，同比增长9.2%。其中，网络零售对消费复苏起到了重要的拉动促进作用。进出口规模进一步扩大，相比2020年增长27.3%。此外，奉贤区获得外商投资项目953项，增长21.2%，实际到位资金3.08亿美元，同比增长2.6%。

奉贤区在2021年经济得到恢复性增长，疫情的平稳给予社会经济的发展一次喘息的机会，配合好的支持性政策，经济得到了有效恢复，甚至打破了近年来经济增长率的下跌趋势。这凸显了奉贤经济内核依旧保有活力和韧性。同时，我们注意到疫情依旧会对社会经济带来冲击并进一步衍生至财政收入。整体外部环境所蕴含的不确定性也会影响社会整体对经济的预期。截至2022年10月下旬，股市汇市双双下跌的情形反映出市场整体对未来经济的悲观预期，未来经济增长是否能够保持活力，形势依旧充满了变数。

一 奉贤区财政收入状况分析

本部分主要对历年统计数据进行纵向分析，对奉贤区财政收入做一个时间轴上的跟踪，并对增长趋势做一个评估，并通过对月度数据的跟踪梳理评估疫情对奉贤区财政收入的影响。

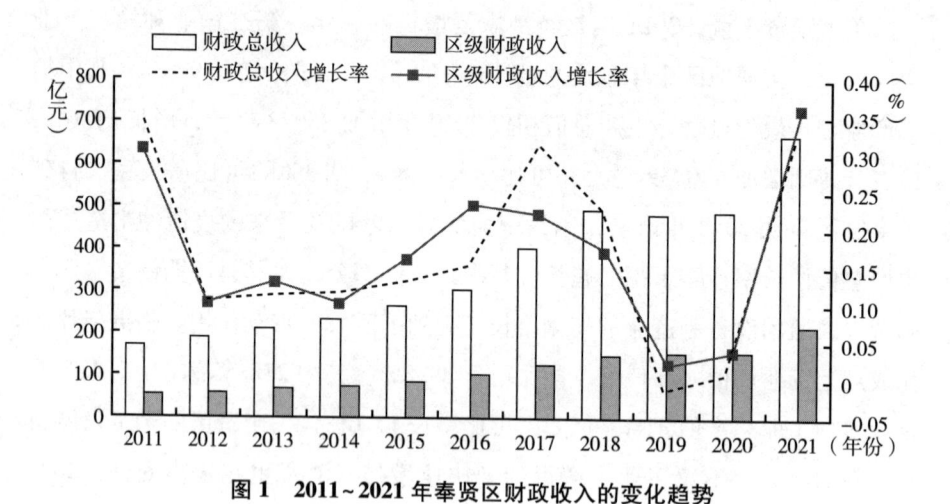

图 1　2011~2021 年奉贤区财政收入的变化趋势

资料来源：历年奉贤统计年鉴、奉贤 2021 年统计公报以及 2022 年统计月报。

从图 1 可以明显的看到，自 2017 年中美贸易冲突爆发以来的 2 年里，奉贤区财政收入的增长率呈现下滑趋势，2019 年财政收入甚至出现了负增长。这与前文所述的奉贤区近年来的整体经济发展形势是相符合的。表 1 显示，2021 年奉贤区实现财政总收入 670.8 亿元，其中区级财政收入 220.8 亿元，同比往年增长 36.6%。2021 年的财政收入高增长率扭转了自 2018 年以来的下滑趋势，高财政增长率的背后是经济的快速恢复发展，这体现了奉贤经济内核的活力和韧性。但是正如我们在去年的蓝皮书中所作的预判，2021 年的乐观局面是短期的，能否在反弹之后从近几年的下行趋势中彻底挣脱出来回归到 2018 年之前的潜在增长轨迹依旧有待观察。

表 1　奉贤区历年财政收入

单位：万元

年份	财政总收入	区级财政收入
2008	936012	285521
2009	1064601	319597
2010	1272333	404305
2011	1709627	528493

续表

年份	财政总收入	区级财政收入
2012	1884388	584138
2013	2093885	660297
2014	2341770	729109
2015	2648847	848944
2016	3061338	1048128
2017	4031974	1281111
2018	4922073	1511989
2019	4846479	1549857
2020	4911313	1615955
2021	6708156	2208010
2022年1~9月	4973600	1730700

资料来源：历年奉贤统计年鉴（2021~2022年数据来源于统计公报）。

另一方面，疫情冲击对经济和财政的影响巨大。从2022年的月度数据来看，在疫情冲击到来之前，2022年的单月财政收入相比2021年同期有10%~30%的增长率。但是在3月底疫情到来之后，迅速冲击了4月的财政收入，在后续的三个月中，奉贤区单月财政收入缩减至2021年同期的一半左右，随着7月疫情的缓解，财政收入又迅速回升，但相较于去年同期的增长率，从年初的10%下降至不足10%。从时间分布上看，每年的单月财政收入数据呈现出一个固有的趋势，详见图2。其中，第二季度的财政收入占据全年财政总收入的比重较高，从2021年数据看，全年财政收入670.82亿元，其中第二季度贡献231.33亿元，占比超过全年总额的1/3。而上海4月疫情又恰巧冲击了第二季度的财政数据，使得2022年累计财政收入相较于2021年出现了极大的跌幅，截至9月，2022年累计财政收入497.36亿元，依旧低于去年同期的13.5%。随着第四季度的发力，全年度财政收入的缩减幅度将有所减小，但即便后续三个单月财政收入数据相较于去年同期能够按照年初单月最高的增长率30%增长，2022年全年累计财政收入也将比2021年下跌7.23%。如果仅按照10%的增长率，则下跌幅度将达到10.1%。

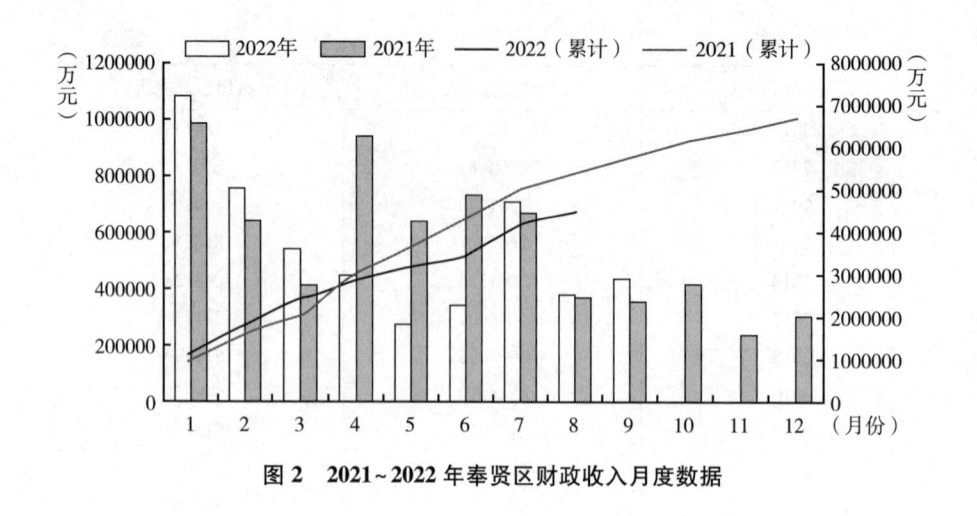

图 2　2021~2022 年奉贤区财政收入月度数据

由此次疫情影响对财政收入的冲击情况可以发现：一是疫情暴发时间与财政收入所受冲击的时间点基本吻合，没有出现明显的滞后效应，说明经济运行依旧有较强的活力，能够迅速在疫情之后得到恢复。二是就此疫情而言，对月度财政数据的影响并非是一个固定值，而是相较于往年同期数据呈现一个固定的跌幅，这个幅度在50%左右，这在日后遇到同等规模的疫情冲击时，为预估财政收入提供了一定的参考。三是疫情暴发在不同时间段，对财政收入的影响程度是不同的，相同的时长，如果暴发在年末，则影响程度相对较小。

（一）奉贤区财政收入结构

从奉贤区的财政收入结构来看，2021年奉贤非税收部分有了明显的增加，总量达46.63亿元，相较于2020年增幅为60.4%，在财政总收入中，占比从5.92%上升至6.95%。税收部分，2021年奉贤区累计缴纳税收625亿元，相较于2020年增幅为35.1%（见表2）。而从细分的税种来看，增值税累计缴纳320.97亿元，上涨21.2%，涨幅相对其他税种低，但总量最大，占全年税收的51.35%。其次是企业所得税149.93亿元，占比24%，涨幅为53.7%。消费税涨幅为42.7%，但总量较低，仅2.83亿元，占比0.45%。

个人所得税98.13亿元，占比15.7%，增幅为54.6%，是四项细分税种中增长幅度最大的。个人所得税收入的高增长，体现了奉贤区人民收入水平的增长，但是54.6%的增长着实令人吃惊。对比2020年数据，受大环境影响，2020年奉贤整体经济表现低迷，增幅仅为1.2%，在此背景下，增值税、消费税和企业所得税相比2019年都出现了5%以上的跌幅，因此2021年税收回暖，有一部分是因为2020年下跌后的反弹。但个人所得税有别于这三类，在2020年其他三类税收都呈现不同程度下跌的情况下，奉贤区个人所得税也保持了36.5%的增幅，在2021年，这一增幅又进一步扩大至54.6%。相较于2019年，2021年的个税总额近乎翻了一倍。从个人所得税的税源分析，社会从业人员的平均工资在2019年为7455元每月，2021年为8815元每月，两年时间仅增长1360元每月，涨幅为18.2%。而从业人员数目则从223974人下降至220791人。从业人口基数有所下滑，平均工资涨幅不高的前提下，个人所得税收入却能在两年内实现翻倍的增长，极有可能意味着社会收入差距在逐渐拉大。因为累进税制的原因，当收入向少数群体集中时，原先不需要缴税或承担较低税率的部分触发了高税率，从而使得个人所得税总额在税基没有明显扩大的情况下实现了翻倍的增长。例如视频直播带货这种具有明显头部效应的行业，会加剧财富在社会分配时的集中化。行业的转型升级有其自身的经济规律和客观合理性，但在中央强调共同富裕的今天，我们也要充分重视和防范在行业转型升级的同时造成收入差距的拉大。

（二）分行业税收贡献情况

从分行业的税收贡献来看，2021年第三产业税收贡献进一步加大，总计税收370.8亿元，同比去年增幅为48.37%，占整体税收额的59.33%，第二产业也得到了有序的恢复，税收贡献253.92亿元，与2019年持平，相较于2020年增幅为19.49%，占比40.63%。

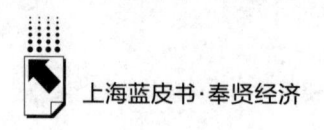

表2 奉贤区历年财政收入

单位：万元

	2016年	2017年	2018年	2019年	2020年	2021年	2022年1~9月
税收总收入	2855609	3808843	4683000	4609800	4627126	6250000	4577344（-14.9%）
第一产业	3328.433	3161	5851.466	2866.381	2857	2788	2259（13.2）
第二产业	1429560	2110225	2632438	2535031	2125069	2539165	1885732（-16.3%）
工业	1252807	1924273	2405423	2299211	1877689	2179289	1639127（-16.3%）
第三产业	1422721	1695456	2044711	2071902	2499200	3708047	2689353（-13.9%）
交通运输、仓储及邮政业	64979.52	74076	94399.2	87763.04	91203	131010	39539（-61.8%）
信息传输、计算机服务和软件业	22936.48	24538	43775.22	45513.82	85901	146400	116317（-3.5%）
批发和零售业	409244.1	521123	717837.2	721580.5	793084	1115761	878103（-4.5%）
住宿和餐饮业	8222.648	6341	6434.557	5978.297	3323	4841	6528（-35.7%）
金融业	23818.56	25557	30141.76	33191.81	62366	162001	187810（36.1%）
房地产业	461705.6	503335	464908.5	440598.7	540168	754914	385075（-44.7%）
租赁和商务服务业	252012.4	320171	398739.6	443848.6	625160	947541	712823（-11.0%）
科学研究和技术服务业	92278.97	134160	170291.6	182272	205483	313641	251992（1.3%）
居民服务和其他服务业	65366.94	57275	66469.75	57322.89	42925	54125	51778（19.6%）
教育	6224.335	6219	5443.814	4045.958	2492	6363	
卫生、社会保障和社会福利业	239.3546	2047	2308.944	4229.23	1572	6487	
文化、体育和娱乐业	5958.344	6105	18625.17	26316.83	21684	30440	
公共管理和社会组织	2396.546	4320	10254.53	3294.668	2519	6273	
其他行业	7336.968	109	13.19984	5494.011	13664	10788	

资料来源：历年奉贤统计年鉴。

从行业细分来看（见表3），第二产业部分，化学原料和化学制品制造行业的产值最大，占2021年全部工业产值的13%，其次是汽车制造业以及电气机械和器材制造业，占比12%和11.3%。专用设备制造业占比

10.9%，通用设备制造业7.8%，医药制造业7.4%，其余行业的生产总值均不足整体生产总值的5%。在以上这些产值占比较大的领头行业中，增速最快的是有色金属冶炼和压延加工业，相比2020年增长64%，其次是石油加工、炼焦和核燃料加工业，增速63%，居于第三的是黑色金属冶炼和压延加工业，增速46.9%。而到2022年，在疫情冲击之下，只有电气机械和器材制造业以及医药制造业依旧保留了较高的增长，增速相比去年同期为86.1%和30.2%，多数产业陷入不同程度的衰退，其中化学纤维制造业衰退幅度最大59.3%，2021年产值占比最高的化学原料和化学制品制造业也有10.3%的衰退。2022年工业产值的全面衰退，一方面受到疫情的影响，另一方面也有受到国际环境局势的影响。俄乌战争的升级加剧了能源价格的上涨，同时美国对中国展开了新一轮的芯片制裁，这在未来很有可能对一些需要芯片支撑的设备的生产制造业带来冲击。

表3 分行业全区工业生产总值（规模以上）

单位：万元

	2021	增长（%）	2022年1~9月	增长（%）
合计	23627961	18.5	18507813	5.7
农副食品加工业	365749	-5.8	271886	-1
食品制造业	656614	13.6	467100	-1.5
酒、饮料和精制茶制造业	59567	-7.4	32200	-28.7
纺织业	559240	29.5	378247	-9.8
纺织服装、服饰业	117773	1.8	85092	6.9
皮革、毛皮、羽毛及其制品和制鞋业	48927	3.1	39282	17.1
木材加工和木、竹、藤、棕、草制品业	131422	27.1	66633	-25.9
家具制造业	428411	21.7	264679	-19.2
造纸和纸制品业	334724	13.4	221040	-11.8
印刷和记录媒介复制业	111747	27.9	57812	-32.5
文教、工美、体育和娱乐用品制造业	624574	15.6	349516	-30.5
石油加工、炼焦和核燃料加工业	52301	63	39940	-4.2
化学原料和化学制品制造业	3181649	18	2200338	-10.3
医药制造业	1740941	15.5	1657892	30.2
化学纤维制造业	23416	1.9	7425	-59.3

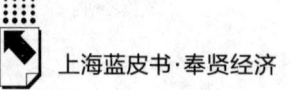

续表

	2021	增长(%)	2022年1~9月	增长(%)
橡胶和塑料制品业	1135268	17.9	770114	-13.4
非金属矿物制品业	926531	16.5	564756	-11.1
黑色金属冶炼和压延加工业	112409	46.9	82083	-13
有色金属冶炼和压延加工业	987925	64	787492	19.7
金属制品业	909278	20.6	547470	-16.6
通用设备制造业	1831448	9.6	1172535	-14.4
专用设备制造业	2574940	13.6	1563849	-23.1
汽车制造业	2844750	23.6	2522536	25.2
铁路、船舶、航空航天和其他运输设备制造业	118469	6.7	84160	0.4
电气机械和器材制造业	2673637	29	3533030	86.1
计算机、通信和其他电子设备制造业	399936	2.7	260399	-15.2
仪器仪表制造业	141053	37.8	92493	0.6
其他制造业	76084	-3	47760	-18.3
废弃资源综合利用业	29682	12.3	22751	13.6
电力、热力生产和供应业	301744	2.3	217134	0.9
燃气生产和供应业	76945	16.6	63496	12.8
水的生产和供应业	50806	6.4	36671	-2

在第三产业方面，批发和零售产业的税收贡献是最大的，贡献税收111.6亿元，占三产税收总额的30.1%，其次是租赁和商业服务，贡献94.8亿元，占比25.6%，房地产业税收贡献75.5亿元，占比20.4%。面对疫情的冲击，住宿和餐饮业的税收衰退是最明显的，达到了96.6%，其次是运输邮政和仓储，相比2021年同期衰退67.2%，但是这两类行业本身在奉贤区第三产业的税收占比不高，因此对整体税收影响不大。而占比最高的批发零售业仅衰退7.3%，租赁和商务服务业衰退15.3%，房地产业衰退更为明显，达到46.6%。房地产业税收衰减，除疫情冲击外，也有自身行业趋势的因素。现在房地产市场遇冷，房价呈现出一定的下跌压力，因此房地产行业的低迷状态很可能还要持续。此外，租赁和商务服务往往是针对制造业，为企业提供厂房设备等的融资租赁服务，如果制造业本身因为各方原因而遇冷，也会进一步反映到租赁和商业服务产业上。

二 奉贤区财政支出状况分析

(一) 2021年奉贤区财政支出概况

奉贤区2021年财政一般预算性支出332.6亿元，相比2020年增加73.4亿元，涨幅近28.3%，基金预算支出合计134.8亿元，相比2020年缩减19.4%，支出合计共467.4亿元（见图3），相比2020年增长近9.4%。虽然财政支出相较往年有了较大幅度的增长，但是得益于财政收入的高增长，奉贤区的财政盈余增大至203.4亿元，与2020年相比提升了3倍之多。为近年来最高。为政府有效的行使自身职能提供了充足的资金支持。

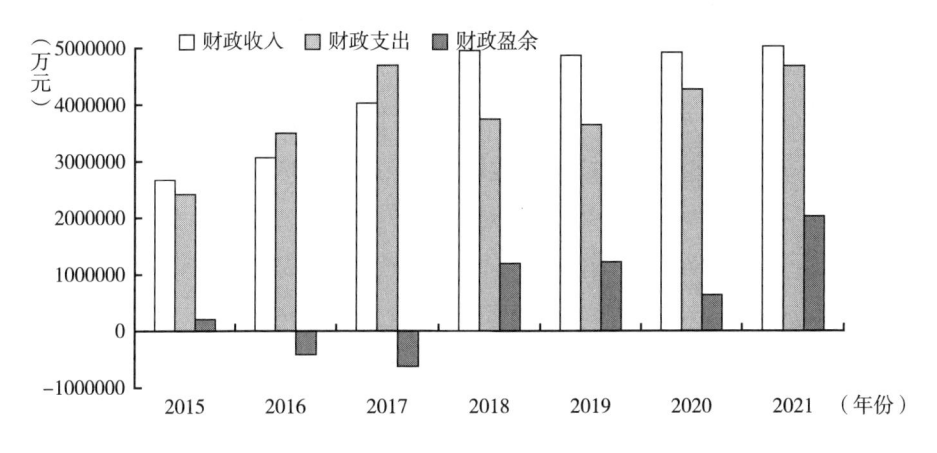

图3 2015~2021年奉贤区财政收支情况

资料来源：历年奉贤统计年鉴。

从具体的支出细则来看（见表4），2021年的区级各项财政支出中，最大额的支出项目依旧为教育和农林水事务，分别为32.37亿元、29.99亿元，这与往年情形相差不大。而在资源勘探电力信息等事务、城乡社区事务以及文化体育与传媒支出方面，相较往年都有较大的增幅。

教育方面，奉贤区幼儿园在读25401人，专任教师1877人；小学在校生36573人，专任教师2663人；初中生19164人，专任教师2113人；高中在读6522人，专任教师688人，共计基础教育学生87660人，教师7341人。此外新建成奉贤中学附属初中、小学等中小幼学校4所。新开工建设致远高中、世外学校等项目9个。与华东师范大学、上海师范大学、上海中学、上海市科艺中心分别签约建设华理附属奉贤曙光中学、上师大附属奉贤实验中学和小学、上中国际奉贤分校（项目名）、市科艺中心南上海分中心。新增普惠性托育点4个。探索集团化办学的联合学校模式，新组建奉二·头桥联合中学等4个联合中小幼学校。以奉贤中学为代表的中小学教育教学质量持续提升。职成教育和终身教育进一步发展，特殊教育完成三年行动计划评估验收。加强"五项管理"，落实"双减"政策，课后服务实现义务教育学校全覆盖。

农业方面，奉贤区累计开展12项郊野单元规划调整，7项村庄设计。优先保障要素配置，2021年内安排150亩新增建设用地指标。加大农业农村有效投入，执行数为79.66亿元。帮助降低"三农"综合融资成本，在保单位数达1989家，贷款余额71.21亿元。实施"两个百万"工程，签约农户1316户，签约率百分百；全区累计落户"三园一总部"企业1894家，累计创造税收8.78亿元；打响"百村"系列品牌，累计分红5.4亿元；都市现代绿色农业稳步发展。完成国家数字乡村试点中期评估，实现农用地精准化管理、农资农药安全监管、智慧粮田、智慧灌溉。建设蔬菜机器换人示范基地，推动农机和农艺融合、机械化和信息化融合。培育自主知识产权优质水稻新品种"美谷2号"。加强农业面源污染控制，化肥农药使用量实现"五连降"，绿色食品认证率超过30%；开展农产品质量安全监测，合格率99.7%。本年度获上海地产优质农产品品鉴评优活动奖牌6枚。擦亮"奉贤黄桃"等地理标志品牌，"庄行蜜梨"入选上海市地理标志农产品保护工程项目。吴房村成功创建为全国"一村一品"示范村。塞翁福成功入选"中国农业品牌目录2020年农产品品牌"。生态宜居美丽乡村建设全面推进。建设"新江南"海派乡村，奉贤获评"中国最具生态竞争力城市"，成为上海首个获此殊荣的区。有效推进示范村建设，成功创建9个乡村振兴示范村、

29个市级美丽乡村示范村、57个区级美丽乡村。五四村、迎龙村入选第二批全国乡村治理示范村。

就业和社会保障方面，奉贤区2021年全年新增就业岗位2.52万个。完成职业技能培训5.40万人次。帮助420名长期失业青年实现就业。帮扶引领成功创业581人，其中帮扶青年大学生443人。将户籍登记失业人数控制在9200人以内。

（二）2022年奉贤区财政支出情况及短期趋势

2022年奉贤区财政支出的增长趋势并未得到减缓，表4显示，截至9月，奉贤区财政一般预算支出232.6亿元，基金预算支出合计147.4亿元，支出总计的380亿元，相比2021年同期增长14.7%。其中节能环保方面支出提升巨大，相比去年同期增长230.1%，其次是文化体育与传媒，支出额度上涨83.9%。受到新冠肺炎疫情冲击，2022年的医疗卫生支出大幅度增长，相比去年提升了70.4%，而疫情对经济造成的冲击造成了部分失业现象，使得社会保障和就业支出也有所增长。预计今年财政总支出依旧会保持增长趋势，而财政收入相对去年却有所缩减，财政盈余将被压缩。未来，为应对疫情暴发隐患，医疗卫生方面的支出有可能会进一步提高，同时潜在的疫情和外部环境变化可能对经济造成冲击，引发的失业现象加剧，进而加大就业保障方面的支出。

表4 2015~2021年奉贤区财政支出状况

单位：万元

预算科目	2017年	2018年	2019年	2020年	2021年	2022年1~9月
支出总计	4691562	3756605	4325234	4271144	4685449	3799853(14.7%)
一般预算支出合计	3127152	2728277	2891485	2592170	3325960	2325945(7.5%)
其中:市专项支出数	1197312	599881.6	634222	355585	509460	
区本级合计	2508052	1907614	2039933	1781060	2187436	
一、一般公共服务	64605	82993.93	85503	82607	84369	80656(27.7%)
二、国防	3135	3305.819	3915	2478	2360	1930(11.4%)
三、公共安全	108887	99128.69	98246	109359	114517	83255(3.0%)

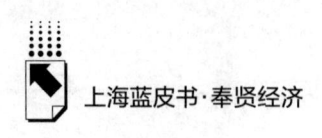

续表

预算科目	2017年	2018年	2019年	2020年	2021年	2022年1~9月
四、教育	251257	280588.3	296858	326710	323739	229089(15.1%)
五、科学技术	29336	31619.23	33513	49874	55502	24595(-42.2%)
六、文化体育与传媒	18318	25862.26	23513	27434	36019	44247(83.9%)
七、社会保障和就业	161395	163098.5	220640	175473	188593	165689(9.7%)
八、医疗卫生支出	118705	107408.3	124635	132791	142121	185515(70.4%)
九、节能环保	41903	46511.01	39094	29867	19084	34131(230.1%)
十、城乡社区事务	221442	198823	282537	161404	226597	124337(-21.6%)
十一、农林水事务	359756	326647.6	321889	293348	299913	233084(14.4%)
十二、交通运输	884457	254576.9	220152	59197	262640	
十三、资源勘探电力信息等事务	101048	144000.8	119425	134098	227845	185184(48.1%)
十四、商业服务业等事务	1402	1728.631	207	230	120	
十五、金融监管等事务支出	0	25	10	0	40	
十六、国土海洋气象等服务	4322	4207.528	5148	5164	5456	
十七、住房保障支出	60433	51254.12	59309	76026	85947(13.0%)	61166(-2.4%)
十八、粮油物资管理事务	3338	2889.965	3954	11953	3102	
十九、国债还本付息支出	74018	82666.63	90177	91624	95267	
二十、其他支出	296	277.6837	411	137	195	
转移性支出	619100	820662.8	851552	811111	1138524	
基金预算支出合计	1539652	1018144	1423700	1671451	1347844	1473908(28.3%)

资料来源：《奉贤统计年鉴》。

三 奉贤区财政收支总结和潜在问题

（一）奉贤区财政收支小节

1. 财政收入下滑，支出增大，短期财政盈余将会缩减

虽然奉贤区在2021年财政收入出现了极大的恢复性增长，但是进入

2022年后，财政收入再次出现了下滑的态势。在3月末的疫情冲击之后，经济有所恢复，财政收入状况也随之得到改善。但经济回暖的弹性不足，内在的增长乏力，截至9月数据来看，单月财政收入依旧还未达到疫情冲击前的水平，累计收入更是与往年同期相比有明显的下滑。就这一趋势来看，奉贤区要在2022年第四季度发力，有望在单月数据上有所增长，但幅度不会太大，无法在累计数据上填补前两季度疫情冲击所带来的损失。我们预计奉贤区2022年整年财政收入与往年相比会有7%～10%的跌幅。

另外，奉贤区财政支出正在稳步增加。增加的财政支出有利于政府更好地行使自身的公共职能，尤其是在经济环境存在大幅波动的时期，政府需要承担民生保障的职能以及往往需要在经济下行区间里对经济做出反向的调节刺激，需要加大政府的财政支出。此外，疫情防控压力也给地方财政带来一笔不小的开支，从公布的数据看，累计到9月，奉贤区医疗卫生支出18.55亿元，同比增长70.4%。虽说就目前来看，疫情防控有政府和企业的共同参与，但企业归根结底是以盈利为导向的，而疫情防控行为本身并不会创造出经济价值，所以虽然部分企业资金在疫情防控之初缓解了政府财政支出的压力，但这只是在时间上的顺延而已，最终防控支出压力还是会落到政府财政上。

综合来看，奉贤区的财政收入依旧远高于支出水平，即便2022年预计收入下滑，预计支出提升的情况下，整体收支平衡状况依旧是健康的。但奉贤区财政盈余规模将大概率缩减。长期来看，财政收入增长的趋势不甚明朗，由于外部环境的不确定性，短期经济虽然从疫情冲击中较快得到了恢复，但长期的增长趋势依旧面临着很大的不确定性。俄乌战争带来的能源价格波动以及美国的芯片制裁，都会极大地影响奉贤区工业经济的发展。而制造业受挫、投资减少又会对融资租赁行业造成冲击，疫情的潜在风险也在威胁着普通服务业。奉贤区在财政支出层面的上升趋势并没有减缓的迹象，此外，疫情风险以及潜在的失业冲击，都有可能进一步提高财政的支出需求。虽然目前较高的财政盈余在短期内为财政平衡留下了足够的缓冲，但从长期来看，依旧需要留意，而振兴经济、提升税收贡献是保持健康财政收支的根本途径。

（二）潜在的问题和建议

1. 地方发债受限严重，不利于地方政府在收支上的自我调节

税收和土地出让收入一直是地方财政的主要收入来源，但是这两项收入都具有很强的被动性，政府无法左右经济的发展，如果经济遇冷，政府税收降低，而此时政府为了保障民生，扶持企业刺激经济，支出却有可能需要加大。而土地出让也非政府能够主导，一旦经济遇冷，尤其是房地产行业受到整体经济环境和国家政策影响，地方政府很难有所干预，造成土地流拍，地方政府只能被动减少收入。面对可能出现的财政收支缺口，发行地方债券是地方政府实现自我收支调节的重要途径。但中央为了规范地方财政稳定，对地方政府发债做出了较为严格的限制，对每个地区做出了发债规模上的限制，而且，近几年额度有向中西部地区倾斜的迹象。而从经济体量和增长活力来看，相比于大多数内陆地区，上海经济发展活力旺盛，地方财政也更为健康，偿债能力较强，信誉较高。如果按照市场定价，上海市地方政府债券应该利率更低，发行规模也更大。面对未来财政收入下降，支出上涨，财政盈余缩减的情况下，上海政府可能需要更高的发债规模来实现自身收支平衡。在上海政府有能力支撑自我债务的前提下，希望中央适当放宽发债规模限制，不要一刀切，给上海以及奉贤经济发展注入活力。

2. 社会经济预期不确定性加剧

反复的疫情冲击和外部经济环境的变迁给企业经营带来了极大的不确定性。尤其是中小型企业自身体量较小，抗风险能力较弱，面对经济的不确定性，企业会在投资时趋于保守，缩减经营规模甚至停业以减少损失。当这种寒意传达给其他企业时，会进一步影响社会对整体经济的预期。截至2022年9月，奉贤区私营企业税收累计贡献208.59亿元，同比缩减了19.3%，而累计新增的私营企业数58540户，同比缩减了27.9%。新创企业的活跃度下降透露出经济活力有所下滑。而近日股市的低迷，更是说明在全国层面经济都面临着一股寒意。

对未来经济的不确定性来自两方面，一方面是整体的经济环境，这一点地方政府只是一个被动的接受者，很难有所干预。另一方面则是潜在的疫情冲击，在这方面，地方政府还是能够有所作为的。首先是落实疫情防控政策，尽可能杜绝疫情的大规模传播；其次，明确化、透明化疫情防控政策。这有助于企业精准评估经营的风险，降低预期的不确定性；再次，探索疫情下生产经营的可行性。面对疫情，政府需要灵活应对，不应该"一刀切"。在条件允许的情况下，可以尝试开展疫情下的生产经营，尽可能保障中小企业的生存；最后，出台完善补贴政策。对因为疫情防控在生产经营上遭受损失的企业进行一些补贴，减少损失。

风险的本质是不确定性，降低未来的不确定性就是帮助企业降低风险。企业有活力，经济得到增长，才能带动税收的增长，维持地方财政收支的健康。

参考文献

张兆安、朱平芳主编《上海奉贤经济发展分析与研判（2018~2019）》，社会科学文献出版社，2019。

张兆安、朱平芳主编《上海奉贤经济发展分析与研判（2019~2020）》，社会科学文献出版社，2020。

张兆安、朱平芳主编《上海奉贤经济发展分析与研判（2020~2021）》，社会科学文献出版社，2021。

上海奉贤统计局：《2021年奉贤区国民经济和社会发展统计公报》，https://www.fengxian.gov.cn/tjj/col2849/20220607/17934.html，最后访问日期：2022年6月1日。

B.9 2022~2023年奉贤房地产发展形势分析与研判

谢姞青*

摘 要： 2022年春，新一轮新冠肺炎疫情席卷上海，全域静态管理对上海经济社会产生了广泛的影响。2022年6月，上海市第十二次党代会召开，这是上海在加快建设具有世界影响力的社会主义现代化国际大都市的关键阶段召开的大会，也是上海经历大上海"保卫战"后的重新再出发。为贯彻落实习近平总书记考察上海重要讲话和市第十二次党代会精神，奉贤区按照"疫情要防住、经济要稳住、发展要安全"的总要求，立足奉贤实际情况，聚焦新片区、新城市、新产业、新农村的"四新"重点，抓住大生态、大交通、大民生、大数据的"四大"关键，推动"奉贤美、奉贤强"的高质量发展。奉贤区房地产市场与"四新四大"工作推动息息相关，受疫情的影响，奉贤区房地产市场经历了滞缓到回暖的过程。随着复工复产的加快推动，2022年奉贤区房地产市场逐渐复苏。同时，奉贤加强与临港新片区的协同联动，在新城建设、乡村振兴、产业发展、民生保障等方面持续发力，全力加快经济恢复和重振。

关键词： 房地产市场 新冠肺炎疫情 新城建设

---

* 谢姞青，经济学博士，上海社会科学院数量经济研究中心、经济研究所助理研究员，主要研究方向为计量经济建模与经济决策分析、金融统计与风险管理、科技统计。

一 2022年上海市房地产市场发展概况和相关政策

（一）2022年上海市及各区县房地产发展概况比较

2021年以来，在房地产行业去杠杆化的大背景下，房地产企业遭遇资金流动性不足和偿债高峰期来临的双重压力，整个行业进入深度调整期。另一方面，2022年3月，新冠肺炎疫情突如其来，席卷上海，4月至6月，上海全域进入静态管理，从全国来看，我国宏观经济面临较大的下行压力。因此，2022~2023年的上海房地产调控以维持市场稳定、因城施策，坚持"房住不炒"的原则，支持合理住房需求释放，促进保障性租赁住房快速发展。

2022年上半年，上海加快推进经济恢复重振进程，经济运行逐步回归。全市房地产业增加值1662.30亿元，与上年同期相比下降10.0%。2022年1~9月，上海全市房地产开发和经营情况逐渐回暖，降幅逐步缩小。2022年1~9月，上海全市房地产开发投资与去年同期相比下降8.5%，其中住宅开发投资下降3.9%，办公楼和商业营业用房同比下降更大，分别是13.6%和25.3%，相较于2022年上半年的降幅，同比下降幅度减小。在房地产经营方面，2022年1~9月，上海全市施工面积同比实现正增长，增长0.3%，其中住宅施工面积同比增长0.4%，可以看到，6月以来复工复产的全面推进取得了成效。但是，新开工面积为1663.20万平方米，同比下降39.4%，其中住宅新开工面积仅为935.48万平方米，同比下降21.1%；竣工面积907.59万平方米，同比下降51.5%，其中住宅竣工面积483.24万平方米，同比下降53.1%。在房地产销售方面，2022年1~9月，上海全市房屋销售面积1201.07万平方米，同比下降7.0%，其中住宅销售面积1014.71万平方米，同比下降3.6%（见表1）。

表1 上海市2022年（1~9月）房地产开发和经营概况

指标	1~6月	同比增长（%）	1~9月	同比增长（%）
房地产开发投资(亿元)		-17.1		-8.5
#住宅		-12.4		-3.9
办公楼		-21.9		-13.6
商业营业用房		-33.7		-25.3
房屋建筑、销售面积(万平方米)				
施工面积	14351.09	3.4	15365.27	0.3
#住宅	6488.34	1.4	7026.14	0.4
新开工面积	634.55	-62.9	1663.20	-39.4
#住宅	345.16	-53.7	935.48	-21.1
竣工面积	548.26	-59.5	907.59	-51.5
#住宅	344.60	-54.0	483.24	-53.1
销售面积	637.91	-23.4	1201.07	-7.0
#住宅	535.80	-19.8	1014.71	-3.6

资料来源：2022年上海市统计局、国家统计局上海调查总队统计数据。

表2是上海市各区2020年房地产经营建设和房屋情况。2020~2021年，上海大力推进旧房改造，全市全年共完成90.1万平方米中心城区成片的二级旧里以下的房屋改造，深化住宅小区综合治理，推动"美丽家园"建设，全市全年既有多层住宅加装电梯共签约6073台，其中，已完工1579台。2022年7月24日，上海市黄浦区建国东路68街坊和67街坊东块的房屋征收签约率突破90%，标志着上海成片二级旧里以下房屋改造收官，这一困扰上海多年的民生难题终于历时30年得到历史性的解决。

在房屋建筑和施工方面（见表2），2020年上海全市房屋施工面积53798.60万平方米，同比增长5.66%，其中浦东新区房屋施工面积在全市中排名第一，达到18929.50万平方米。随着新城建设的推进，奉贤区的房屋施工面积在郊区中排名第一位，与2019年相比，超过嘉定区，排名全市第八位，前七位分别是浦东新区、闵行区、宝山区、普陀区、长宁区、虹口区和静安区。房屋竣工面积达到8150.76万平方米，同比下降11.71%，其中住宅房屋竣工面积4845.17万平方米,同比增长15.33%。奉贤区房屋竣工面积排名全市第十位,住宅竣工面积排名第九位,均次于嘉定区,可以看到,奉贤区地处南上海,在房屋竣工方面还有上升的空间。

在房屋存量方面,2020年上海市全部房屋合计145431万平方米,同比增长2.99%,其中居住房屋71152万平方米,同比增长1.66%,非居住房屋74279万平方米,同比增长4.30%。奉贤区的房屋存量处于全市前列,达到7786万平方米,全部房屋面积全市排名第七,前六位分别是浦东新区、闵行区、松江区、宝山区、嘉定区和青浦区。可以预计,未来在新城建设进程的不断推进和临港新片区的不断融合下,奉贤区的房地产经营将持续推进,房屋施工竣工面积将会有一定程度的增长,房屋面积也将持续增加。

表2 上海市各区2020年房地产经营建设和房屋情况

地区	房屋施工面积（万平方米）	房屋竣工面积（万平方米）	其中#住宅房屋	全部房屋合计（万平方米）	其中居住房屋（万平方米）	非居住房屋（万平方米）
总计	53798.60	8150.76	4845.17	145431	71152	74279
浦东新区	18929.50	1778.66	683.67	33741	16726	17015
黄浦区	101.16	9.22	8.34	3876	1658	2218
徐汇区	903.16	75.96	58.45	6497	3584	2913
长宁区	4434.81	663.18	500.93	4321	2428	1893
静安区	1131.96	236.53	203	6110	3140	2970
普陀区	4632.05	1014.63	827.11	6287	3772	2515
虹口区	4249.15	708.96	464.09	3863	2185	1678
杨浦区	650.32	117.89	50.27	6258	3447	2812
闵行区	8107.31	1573.54	1087.80	16392	8319	8072
宝山区	7235.47	1214.88	582.98	11228	6365	4863
嘉定区	917.50	234.92	202.80	10506	4598	5908
金山区	373.82	70.90	15.12	5662	2040	3622
松江区	744.02	244.28	57.14	12232	5388	6844
青浦区	239.86	53.73	8.81	7862	3018	4844
奉贤区	1097.14	143.65	86.45	7786	3038	4748
崇明区	51.36	9.83	8.22	2812	1447	1364

资料来源:《2021年上海统计年鉴》。

（二）2022年上海市房地产相关政策

在坚持"房住不炒"的原则下，2021年上海房地产行业进入"去杠杆"的阵痛期，限购、三价就低等政策的推进，房地产市场积极寻求一条可持续的新发展道路。

2022年大上海"保卫战"后，随着上海复工复产脚步加快，房地产市场也动作频频。为促进房地产市场的健康发展，上海房地产市场进入政策宽松期，松绑信贷，释放积极信号（见表3）。2022年1~9月，5年期以上LPR利率已累计下调35个基点，共下调三次，这是自2019年房贷利率换锚5年期以上LPR后降息力度最大的一年，这意味着在政策性降息的引领下，新一轮稳增长的措施正在加码。尤其在9月，调整差别化住房信贷政策、"换房可退个税"、"下调公积金贷款利率"形成了2022年9月三大稳楼市政策。总体而言，疫情之下，上海的房地产市场政策逐渐宽松，2022~2023年，整体市场追求"稳中求进"的发展目标，促进房地产市场健康稳定发展。

表3　2022年1~9月上海房地产市场政策梳理

发布时间	政策支持	发布部门	核心内容
1月20日	下调房贷利率	中国人民银行	银行个人房贷以最新5年期LPR利率定价，房贷利率下调5个基点
4月12日	临港人才政策	上海临港新片区管委会	上海缩短人才购房和优先选房人在临港的工作年限，由原来的一年缩短为3个月或6个月
4月29日	房住不炒因城施策	中央政治局会议	坚持"房住不炒"定位，支持各地从当地实际出发完善房地产政策，支持刚性和改善性住房需求，优化商品房预售资金监管，促进房地产市场平稳健康发展
5月15日	首套房贷款利率降息	中国人民银行、银保监会	贷款购买首套普通自住房，商业性个人住房贷款利率将在现行4.6%的LPR基础上，再减20个基点
5月20日	下调房贷利率	中国人民银行	银行个人房贷以最新5年期LPR利率定价，房贷利率下调15个基点
8月22日	下调房贷利率	中国人民银行	银行个人房贷以最新5年期LPR利率定价，房贷利率下调15个基点

续表

发布时间	政策支持	发布部门	核心内容
9月29日	差别化住房信贷政策	中国人民银行、银保监会	《关于阶段性调整差别化住房信贷政策的通知》决定阶段性调整差别化住房信贷政策
9月30日	置换可退个税	财政部、税务总局	明确支持居民换购住房有关个人所得税政策。对出售自有住房并在现住房出售后1年内在市场重新购买住房的纳税人,对其出售现住房已缴纳的个人所得税予以退税优惠
9月30日	下调公积金贷款利率	中国人民银行	自2022年10月1日起,下调首套个人住房公积金贷款利率0.15个百分点

资料来源:作者依据公开资料整理。

在疫情的冲击下,奉贤区房地产市场也受到较大的影响。随着复工复产工作的持续推进,房地产供应重新恢复。为推动奉贤区房地产市场的回暖,政策层面和执行层面也推出了相关的政策支持和布局。政策方面有以下六个方面的支持。

一是预售许可进度调整。据奉贤区房管局,奉贤区对受疫情影响的在建商品房项目申请预售许可,工程进度条件暂定调整为完成主体结构的1/3以上,从而加快房地产市场的供应速度。

二是开盘方式的调整。为严而有序推动项目复工复产,奉贤区率先推出商品住房"云开盘",通过线上摇号、线上选房,同时精简程序,让市民"足不出户"在线买房。具体而言,买房的认购时间从原来的7天调整为5天,限购审核由原来的7个工作日调整为5个自然日,计分审核由原来的7个工作日调整为5个自然日。若不触发计分,计分审核的5个自然日取消。奉贤新城项目触发计分比例由原来的1.3调整为1.8,但只要达到1.3的项目都限售。奉贤新城的保利翰林雅苑成为上海首个线上公证摇号选房的房地产项目。自2022年6月1日后开盘的项目,认购由线下调整为线上,公证摇号也调整为线上,开盘也由线下调整为线上,线上选房的整个过程由公证处全程公证。

三是配套费延期缴纳。根据上海市房屋管理局《关于2022年住宅项目

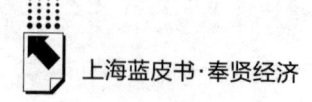

缴纳城市基础设施配套费有关事项的通知》精神，奉贤区积极落实城市基础设施配套费延期缴纳，原城市基础设施配套费缴纳期限在2022年3月1日（含）以后的住宅项目，可按原缴纳期限顺延三个月，最晚应于2022年12月31日前缴清。

四是人才物业免租。奉贤区发布《奉贤区人才安居物业免租实施意见》，对符合条件的人才实施不同标准的区级人才公寓住房租金减免。

五是延期交房免责。依据《关于新冠肺炎疫情影响下本市新建住宅交付的指导意见》，奉贤区落实对于因疫情影响客观上无法履行《上海市商品房预（出）售合同》等相关交付约定的，双方可以按照《中华人民共和国民法典》第五百九十条等规定，根据疫情对合同履行的影响程度，以不可抗力为由提出部分免责或全部免责主张，并依法及时通知对方，以减轻可能给对方造成的损失。

六是研究制定人才购房政策。根据《关于促进中国（上海）自由贸易试验区临港新片区高质量发展实施特殊支持政策的若干意见》《以"五个重要"为统领加快临港新片区建设的行动方案（2020~2022）》《关于本市"十四五"加快推进新城规划建设工作的实施意见》等文件精神，结合市房管局关于人才购房政策工作部署会议精神，奉贤区积极研究落实奉贤新城和临港新片区全域实施的人才购房政策。

二 2022年奉贤区房地产市场主要指标分析

（一）2021年奉贤区房地产市场概况

2021年，受五大新城规划的利好影响，奉贤区房地产市场以奉贤新城为代表，在全市中表现亮眼。2021年全年，奉贤区房地产业增加值达到78.52亿元，可比增长6.1%，同比增长6.77%，占全区地区生产总值的5.9%，与去年同期相比下降0.28个百分点。2021年奉贤区房地产业增加值占第三产业增加值的比重16.69%，与2020年的17.10%相比，下降0.41个百分点。2021年,全国房地产市场供给端房地产企业降负债率,多家房地产企业陷入债务危机,房地产行业进入调整期。而奉贤区在五大新城规划和临港新片区深度融合的加持下,总体而言,房地产市场实现平稳健康发展。

2021年全年,奉贤区房地产开发投资306.4亿元,比上年增长2.1%,占全社会固定资产投资总额的52.72%,与上年同期相比下降4.21个百分点;占第三产业投资的73.37%,同比下降2.74个百分点,可以看到,固定资产投资中房地产业的投资出现下降的趋势。随着奉贤新城建设的不断推进和临港新片区的加快融合,奉贤的城市功能品质持续提升,承接上海人口的溢出效应和产城融合,城市功能加快完善,奉贤整体房地产市场供应相对充足。2021年,奉贤新城六批次共上市7356套新房,共触发积分八次,入围分前三名的分别是金海壹品(72.8分)、保利明玥霞光(71.1分)、保利明玥湖光(68.5分),均位于奉贤新城的南桥板块。

2021年,奉贤区房屋施工面积1326.0万平方米,下降2.2%,其中,新开工面积206.9万平方米,下降33.1%。房屋竣工面积112.3万平方米,下降43.0%。全区商品房销售面积165.2万平方米,同比增长14.2%,其中,住宅销售面积为150.3万平方米,同比增长9.4%。全区商品房销售额404.0亿元,同比增长34.3%。全区空置房面积189.2万平方米,同比下降3.1%。

(二)2022年1~9月奉贤区房地产主要指标

随着奉贤区率先在全市实现全面复工,奉贤区房地产市场迸发新的活力。2022年6月,奉贤区商品住宅供应1882套,供应面积19.20万平方米,独占全市鳌头,其中奉贤新城南桥板块推出1142套新房,表现亮眼。加上新城建设的逐步推进,以及与临港新片区一体化发展迈出新的步伐,奉贤区在产业发展、人才引进、新城建设等方面不断发力,房地产市场助力奉贤推进"四新四大"的发展目标。

2022年上半年,奉贤区房地产开发企业共有172户,表4显示,自开始建设累计完成投资额10825932万元，同比增长9.2%，本年完成投资额940192万元，同比下降25.4%。在房地产经营方面，房屋施工面积11913740平方米，其中新开工面积460194平方米，两者同比下降分别是2.7%和48.8%，可以看到，受疫情影响，新开工面积同比下降幅度较大，主要是因为受疫情影响，新开工的建筑工地复工缓慢，建筑工人离沪较多，新招工人较为困难。但是，奉贤区2022年上半年房屋竣工面积905094平方米，同比增长147.0%，其中住宅竣工面积640310平方米，同比增长1108.2%。疫情全域静态管理对房屋竣工的影响确实存在，但是不改奉贤区房屋竣工大幅增长的趋势，主要原因在于奉贤区2020~2021年房地产市场施工项目存量较多，竣工项目多是存量在建项目经检验审核具备使用条件，大量的竣工项目在复工复产后进行审批审核，达到竣工条件。

2022年1~9月，奉贤区房地产累计完成投资额同比增长9.2%，本年完成投资额1705162万元，同比下降21.7%，降幅逐渐缩窄。在房地产经营方面，2022年1~9月，房屋施工面积13308576平方米，同比增长6.6%，其中新开工面积1855030平方米，同比增长63.5%，实现了正增长。房屋竣工面积1072562平方米，同比增长84.2%，其中住宅699627平方米，同比增长235.8%。体现了奉贤区作为上海市防疫优等生，率先完成社会面清零工作，率先进入复工复产，在经济重振方面取得了显著的成效。

表4 2022年1~9月奉贤区房地产开发和经营情况

	1~6月累计（万元）	同比增长（%）	1~9月累计（万元）	同比增长（%）
房地产开发企业（户）	172	—	186	—
自开始建设累计完成投资额	10825932	9.2	11707385	9.2
本年完成投资额	940192	-25.4	1705162	-21.7
房屋施工面积（平方米）	11913740	-2.7	13308576	6.6
#新开工面积	460194	-48.8	1855030	63.5
房屋竣工面积（平方米）	905094	147.0	1072562	84.2
#住宅	640310	1108.2	699627	235.8

资料来源：《奉贤统计月报》。

在房地产销售方面，奉贤区现房销售相较于期房销售而言受疫情影响较低。表5显示，2022年上半年，商品房销售面积844407平方米，同比下降面积19.2%，现房销售面积638963平方米，同比增长25.0%，其中住宅销售面积614628平方米，同比增长45.0%，住宅的现房销售活跃度较有好转。而期房销售面积205444平方米，同比下降61.5%，其中住宅销售面积183513平方米，同比下降62.9%，可以看到，疫情之后，相对于期房的不确定性，人们更加偏好现房。在销售额方面，同样地，现房销售额达到603215万元，同比增长73.0%，而期房销售额661297万元，同比下降62.6%。

2022年1~9月，奉贤区房地产销售情况逐渐好转，人们对于现房的追捧逐渐降温，期房销售下降的降幅逐渐缩窄。2022年1~9月，奉贤区商品房销售面积1081671平方米，同比下降17.0%，现房销售面积666862平方米，同比增长18.9%，其中住宅销售639497平方米，同比增长36.9%；期房销售面积414809平方米，同比下降44.1%，其中住宅销售370239平方米，同比下降47.6%。在销售额方面，现房销售额达到720420万元，同比增长56.7%，期房销售额1339094万元，同比下降47.1%。商品房空置面积都有不同程度下降，2022年上半年商品房空置面积累计1896282平方米，同比下降3.2%，直到9月，商品房空置面积下降为1857985平方米，同比下降1.9%。

表5 2022年1~9月奉贤区房地产销售情况

	1~6月累计	同比增长（%）	1~9月累计	同比增长（%）
本年商品房销售面积(平方米)	844407	-19.2	1081671	-17.0
现房销售面积(平方米)	638963	25.0	666862	18.9
#住宅(平方米)	614628	45.0	639497	36.9
期房销售面积(平方米)	205444	-61.5	414809	-44.1
#住宅(平方米)	183513	-62.9	370239	-47.6
本年商品房销售额	1264512	-40.3	2059514	-31.2

续表

	1~6月累计	同比增长（%）	1~9月累计	同比增长（%）
现房销售额（万元）	603215	73.0	720420	56.7
期房销售额（万元）	661297	-62.6	1339094	-47.1
商品房空置面积（平方米）	1896282	-3.2	1857985	-1.9

资料来源：《奉贤统计月报》。

2022~2023年，奉贤区房地产市场下一步布局主要分为两个方面，分别是增加房地产市场的土地供给和房屋供应量。

一是增加房地联动询价地块的供给。2022年第三批次房地联动询价地块6幅，共计出让土地24.2公顷，总建筑面积57.19万平方米。其中奉贤新城2幅，出让土地5.52公顷，总建筑面积17.91万平方米；金汇镇1幅，出让土地5.24公顷，总建筑面积10.49万平方米；奉城镇1幅，出让土地7.37公顷，总建筑面积10.32万平方米；西渡街道1幅，出让土地6.61公顷，总建筑面积11.89万平方米；海湾旅游区1幅，出让土地4.7公顷，总建筑面积6.58万平方米。

二是增加市场房屋供应量。2022年下半年预计上市42.39万平方米，其中奉贤新城13.7万平方米，占总供应量的32.3%；金汇镇9.67万平方米，占总供应量的22.8%；庄行镇9.3万平方米，占总供应量的21.9%，海湾镇4.95万平方米，占总供应量的11.7%；柘林镇3万平方米，占总供应量的7%；奉城镇1.77万平方米，占总供应量的4.2%。在新城建设和临港新片区的融合下，奉贤新城的房地产市场房屋供应量占比最高，其次是靠近临港新片区的金汇镇。

三 奉贤区保障房建设和基础设施建设概况

（一）2021~2022年奉贤区保障房建设概况

2021~2022年，奉贤区积极完善住房保障体系。2021年全年，奉贤区全区廉租家庭达到556户，发放廉租补贴791万元。共有产权保障住房完成第八批，共有35户受理。推进区属动迁安置房项目18个，共达到172万平方米，完成新开工项目5个，达到43.04万平方米；竣工项目有3个，达到48.2万平方米；交付项目有3个，达到48.43万平方米，安置总量达到1337户。

2022年，奉贤区继续有序推进保障房建设，计划完成筹措6300套保障性租赁住房，2022年1月至6月，奉贤区筹措并认定了六个项目，共有6842套保障性租赁住房，分别是奉贤新城15单元17A-06A、奉贤新城21单元12-02、海港开发区65-01、奉贤新城12单元29A-02A、奉贤新城12单元26A-01A和25A-01A地块项目。

截至6月底，由上海本港置业有限公司开发建设的海港开发区65-01地块项目已基本建成，并完成了隔离点装修，准备交付手续，为奉贤区抗击新冠肺炎疫情做出贡献。海港开发区65-01地块项目周边物流、科创企业较为集中，可供应租赁住房1944套、建筑面积11.96万平方米，将来可以为周边企业员工提供就近居住的条件。

其他奉贤新城的项目均不同程度地向前推进，由上海煜丰置业有限公司开发建设的奉贤新城15单元17A-06A地块项目已完成地下室结构，主体结构完成16%，该地块位于金汇港与南行港交汇处，周边配套和交通体系较为成熟，可供应租赁住房1200套、建筑面积6.83万平方米。奉贤新城21单元12-02地块项目土方开挖完成65%，垫层完成35%，该地块可供应租赁住房1308套、建筑面积6.73万平方米。由上海煜会置业有限公司开发建设的奉贤新城12单元29A-02A地块项目桩基完成至86%；由上海建泽置业有限公司开发建设的奉贤新城12单元25A-01A区域地块项目和由上海建熠置业有限公司开发建设的奉贤新城12单元26A-01A区域地块项目分别于6月和7月取得桩基部分的施工许可证。这三个地块均靠近社区中心，周边教育、公园等基础设施建设较为完善，累计可供应租赁住房2518套、建筑面积12.33万平方米。

可以看到，2022年奉贤区推进的六个保障房建设项目中五个位于奉贤

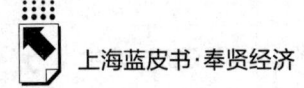

新城，一个位于海港开发区，海港开发区的项目为疫情防控提供隔离点，建设进度最快；为服务新城建设发展，奉贤新城的五个项目建设进度也有序推进。

"筑巢引凤、花香蝶来"。在人才房建设方面，为进一步服务奉贤新城南上海人才高地建设，奉贤区按照"保障性租赁住房和人才安居房源筹措双线并行"的原则，扩大人才安居住房的建设筹措和供应规模，积极增加人才房供给，支持奉贤区的人才政策和产业创新发展目标。2022年，共计划筹措人才公寓6000套，上半年已筹措6个保障性租赁住房项目均可全部作为人才安居房源，共计6842套，已供应2313套，其中保障性租赁住房项目1个（海港开发区65-01地块），共计1944套；公租房项目有五个，分别是奉城镇57-05区域地块项目（中海戈雅园）、奉贤临港园区二期04FX-0002单元B0204地块（凰城雅苑）、佳兆业二期、南桥镇25-01区域（金卓雅苑）、南桥新城16单元36-03地块（悦轩），共计369套。

2022年上半年，奉贤区有序开展区级人才公寓的认定。截至6月底，奉贤区共有3个项目（有巢公寓萧塘店、中海友里公寓上海临港自贸区店、漕河泾南桥园区公共租赁住房项目一期）完成人才公寓认定的流程，累计可提供人才安居房源1924套。

（二）2021~2022年奉贤区基础设施建设情况

近年来，随着新城建设的逐步推进，奉贤区城市功能加快提升，基础设施建设进一步完善，奉贤新城持续成为吸引人才的南上海城市中心。奉贤新城的区位和交通优势突出，虹梅南路越江隧道成功通车，直通城区的BRT快速交通线路开通运营，轨道交通5号线南延伸段顺利通车，大大缩短了奉贤新城和中心城区的时空距离。格致中学奉贤校区、世界外国语学校、上海中学国际部、金光路初中和小学等优质教育资源落地奉贤，国妇婴奉贤院区、新华医院奉贤院区、复旦儿科医院等知名医疗机构在奉贤建设，大大推动了奉贤教育、医疗水平的显著提升，也为奉贤吸引优秀人才提供优质环境。

奉贤区重大交通基础设施建设持续优化。2021年，S4南桥出口综合立交、大叶公路西段、西闸公路等重要道路顺利建成通车。公交出行环境改善，完成两条新辟线路和四条线路调整，完成361个公交站点的公交电子站牌建设，新增849个充电桩，建成2个新能源出租充电示范站并上线了市级专用充电平台。城市基础设施建设，是奉贤打造人民城市新典范的实际行动，是提升群众幸福指数的重要抓手。近年来，奉贤区持续用力推进城市功能和品质提升，奋力走好"奉贤美、奉贤强"的高质量发展新征程。

四 奉贤区房地产市场发展面临的机遇与挑战

（一）发展的机遇

2022年，在持续改善的房地产政策环境下，奉贤区抢抓自贸区新片区和"五大新城"建设的重大历史机遇，聚力抓好"四新四大"，奋力走好"奉贤美、奉贤强"的高质量发展新征程，房地产市场的健康发展迎来机遇，主要有以下两个方面。

1. 持续改善的房地产政策环境

2022年初以来，受新冠肺炎疫情的反复冲击、市场预期转弱、需求结构转变等因素的叠加影响，我国房地产市场面临较大的下行压力，各地房地产企业出现不同程度的资金链紧张，房屋销售明显下降。为促进房地产市场健康发展，2022年以来，中央地方持续改善房地产的政策环境，支持刚性住房需求和改善性住房需求，对稳定市场预期放出了积极的信号。分别在下调房贷利率、下调公积金贷款利率、下调个税等方面，推出了政策层面的"暖风"。

2022年5月，上海发布《上海市加快经济恢复和重振行动方案》，年内完成中心城区成片旧区改造，积极拓宽融资渠道，支持发行地方政府专项债券用于城市更新项目。在疫情下，建立房地产项目前期审批绿色通道，进一步缩短前期开发、拿地、开工、销售全流程的时间。奉贤区贯彻落实中央和

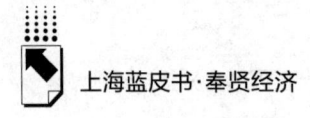

上海的政策，为房地产市场的健康发展提供相应的政策支持。

2. 新城市与新片区联动发展的发展机遇

中国（上海）自由贸易试验区临港新片区是以习近平同志为核心的党中央交给上海的重大任务之一，在总面积873平方公里的范围内，以金汇港为界，奉贤区东部五镇（奉城镇、青村镇、四团镇、金汇镇、海湾镇）439平方公里纳入其中，占比达到50.3%，迎来千载难逢的发展机遇。主动融入新片区建设是奉贤积极投身国家战略棋局的重要任务，2022年7月，奉贤区和临港新片区共同签订新一轮战略合作协议，建立常态化、制度化紧密协同机制，奉贤与新片区的合作进入新的阶段。

2021年初，上海发布全面推进"五个新城"建设，打响五大新城建设的发令枪。新城建设发力的核心在于产业发力，而产业发力的关键是人才。因此，在奉贤新城的建设规划中，明确提出要进一步增强自身竞争力，发挥宜居生态环境品质的优势，提高新城对人才的吸引力，至2035年，聚集100万左右的常住人口，基本建设成长三角地区具有辐射带动作用的综合性节点城市。吸引人才需要保障居民住房的需求，奉贤新城需要坚持产城融合，以产兴城、以业引人、以城留人。

（二）面临的挑战

2022年上海突如其来的疫情使得全域进入静态管理阶段，这对奉贤区房地产市场产生了较大的影响，主要有以下五个方面。

1. 疫情影响下房地产建设工程进度恢复速度放缓

受2022年疫情的影响，部分建筑工人已离职返乡，工程材料运输缓慢。6月以来，虽然各项工程建设工作逐渐恢复正常，但是与疫情前的水平相比还有一定的距离，房地产建设工程进度的缓慢恢复将直接影响奉贤区房地产投资的产出，延长房地产供给投放的时间。

2. 受疫情实施静态管理的影响，仍有项目处于停工状态

目前，奉贤区现有在建续建项目的复工率达到88%，但仍有项目因零散疫情原因仍处于静态管理状态。7月，奉贤区四团镇34-05区域地块和奉贤区金汇镇 38-04 区域地块两个重点项目仍处于停工状态，而这两个项目在一季度共产生投资额 2.7 亿元。

3. 新出让地块的入库速度明显放缓

2022 年 6 月初，奉贤区新出让土地三块，分别是奉贤新城 10 单元 10-06 区域地块、奉贤新城 16 单元 27-02 区域地块和庄行镇 B-07B-04 区域地块，三个地块均是居住用地。依据以往规律，自土地拍卖到取得施工许可证，再完成入库纳统，需要时间在半年以上。在现有的工作机制和政策法规框架下，加上目前新冠肺炎疫情的影响，今年新出让的地块无法在年内贡献房地产市场投资额，使得 2022 年的在建项目明显不足。

4. 房地产市场供应和成交陷入滞缓阶段

2022 年第一季度，计划上市 13.87 万平方米，同比持平，第二季度计划上市 27 万平方米，同比增长 23%。但是受疫情的影响，在第一季度奉贤区房地产市场实际上市 11.69 万平方米，同比下降 15.5%；而第二季度实际上市 2.48 万平方米，同比下降 89%。由于房地产市场的供应无法按计划上市，导致成交量也大幅下降，第一季度成交 19.84 万平方米，同比下降 49.9%，第二季度成交仅有 5.87 万平方米，同比下降 83.3%。随着疫情影响逐渐下降，第三季度和第四季度的房地产市场成交数据有回暖的迹象。

5. 房地产项目交付出现大量延期

2022 年，奉贤区新建住宅约定在年内交房的项目共有 11 个，但是受疫情影响，预计大约有 80% 的项目会产生延期交房的风险，这将影响房地产行业的市场预期。

五 总结和政策建议

（一）总结

房地产业是国民经济的支柱行业，2021 年 12 月的中央政治局会议中明确提出，促进房地产业与国民经济形成良性互动，这为 2022～2023 年的房

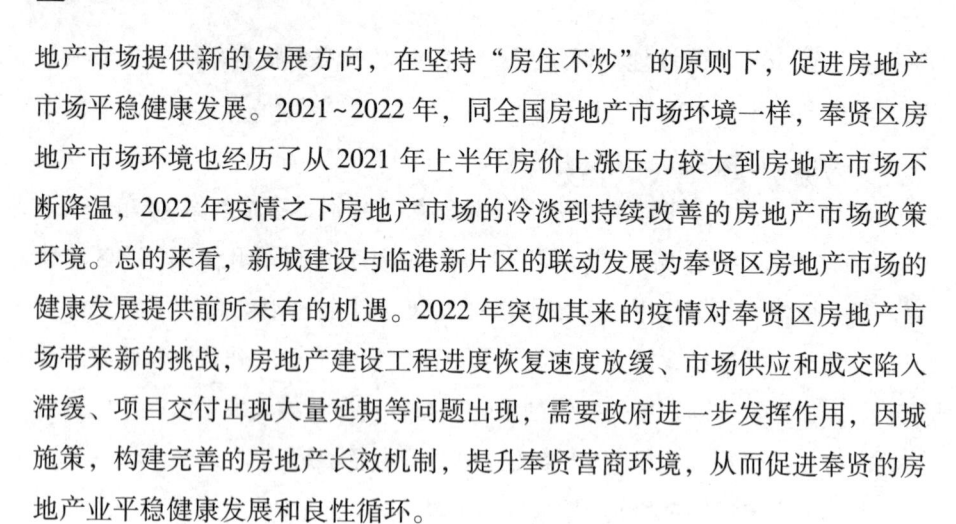

地产市场提供新的发展方向，在坚持"房住不炒"的原则下，促进房地产市场平稳健康发展。2021~2022年，同全国房地产市场环境一样，奉贤区房地产市场环境也经历了从2021年上半年房价上涨压力较大到房地产市场不断降温，2022年疫情之下房地产市场的冷淡到持续改善的房地产市场政策环境。总的来看，新城建设与临港新片区的联动发展为奉贤区房地产市场的健康发展提供前所未有的机遇。2022年突如其来的疫情对奉贤区房地产市场带来新的挑战，房地产建设工程进度恢复速度放缓、市场供应和成交陷入滞缓、项目交付出现大量延期等问题出现，需要政府进一步发挥作用，因城施策，构建完善的房地产长效机制，提升奉贤营商环境，从而促进奉贤的房地产业平稳健康发展和良性循环。

（二）政策建议

奉贤区房地产市场面临疫情带来的挑战，现提出以下三点政策建议，供有关部门参考。

一是稳定房地产市场开发投资，保障房地产项目交付。2022年受疫情影响和多家房地产企业债务危机，房地产市场出现延期交付的问题，本年度的房地产开发投资同比出现负增长，长此以往，会带来民生问题和悲观预期。因此，需要政府稳定房地产市场的开发投资，保障房地产项目的交付，增强房地产企业拿地与开发的信心和消费者消费的信心。

二是加快完善住房保障体系，建设长期住房制度。住房保障是一项长期的工作，加快完善住房保障体系是保障人民群众基本住房需求的重要措施，也是奉贤吸引人才的重要支撑。一方面，要加快建立以公租房、保障性租赁住房、共有产权住房为主体的住房保障体系，增加三类住房的供应量，满足更多群众的住房需求。另一方面，需要建立完整的住房保障政策和管理制度，包括群众的准入、房屋的使用、推出、运营等全流程管理机制。

三是进一步优化营商环境，营造良好的房地产市场环境。积极应对新冠肺炎疫情的影响，对于因疫情防控影响不能如期竣工验收和交付的房地产项目，政府可以根据疫情防控实际调整交付期限。鼓励房地产开发企业积极开展线上开盘服务，利用AR/VR等人工智能、元宇宙技术提供线上看房活动，出卖人与买受人通过线上进行买卖合同签约。政府进一步优化审批环节，完善房地产项目审批制度，简化环节，提高线上工作效率。

参考文献

汪川、张明进：《房地产市场调控政策：国际比较和中国对策》，《国际金融》2022年第7期。

刘世香、张金鑫：《房地产风险引发系统性金融风险问题探讨》，《上海房地》2022年第5期。

张黎莉、李钱斐：《房地产市场波动对宏观经济重要指标的影响：以上海为例》，《上海房地》2020年第12期。

唐云锋、毛军：《房地产与地方政府债务风险叠加机制及其金融空间溢出效应》，《社会科学战线》2020年第11期。

陆长玮：《上海房地产市场的多尺度周期波动特征——基于集合经验模态分解和周期相位识别的分析》，《上海经济研究》2020年第8期。

黄程栋、刘端怡、吴佳、薛润芝：《关于疫情对房地产市场的影响与对策建议》，《上海房地》2020年第3期。

专题研究篇
Special Topics

B.10
加快提升奉贤"东方美谷"产业能级

谢越姑 朱嘉梅*

摘　要： 近年来，中国化妆品产业与生物医药产业发展迅速，在新冠肺炎疫情的影响下，仍然保持稳步增长，奉贤"东方美谷"作为上海市美丽健康产业的核心承载区，集聚大批化妆品领域及生物医药行业的领先企业，应聚焦美丽健康产业，加强美丽健康品牌建设，形成影响更加广泛、持续的品牌效应。优化升级东方美谷美丽健康产业链，加大研发投入，增强产业的核心技术掌握力与国际竞争力，打造自主创新策源地，从而全面提升东方美谷产业能级。

关键词： 品牌建设　创新策源地　美丽健康产业链

---

* 谢越姑，上海社会科学院数量经济中心数量经济学博士研究生，主要研究领域为计量经济学；朱嘉梅，中共上海市奉贤区委党校教学部主任，讲师，主要研究方向为区域经济发展和公共管理。

一 奉贤"东方美谷"产业发展现状

奉贤"东方美谷"素有"中国化妆品产业之都"的美誉,是上海市美丽健康产业的核心承载区,重点集聚、培育和发展生物医药和化妆品产业领域的创新企业。奉贤"东方美谷"的前身——"上海奉贤经济开发区生物科技园区"成立于2001年,2016年在奉贤区委区政府的带动下实现转型升级,建成"东方美谷"核心区,囊括生物保健、医疗器械、健康管理、日用化学、绿色食品、运动装备、时尚创意等领域的各类企业。园区位于上海市奉贤区中部,占地面积18.49平方公里,交通便利,区位优势明显。自东方美谷核心区——上海奉贤经济开发区生物科技园区建立以来,获得过众多荣誉,如国家科技兴贸创新基地、上海市知名品牌示范区、上海市知识产权示范园区、上海市生产性服务业功能区、上海国家生物产业基地等。

东方美谷集聚了大批化妆品领域的领先企业,包括欧莱雅、资生堂、伽蓝集团、完美日记、上海家化等。2018年起,每年都会举办"东方美谷国际化妆品大会",大会集聚国内外美丽健康知名企业和权威专家,共同探讨全球美妆创新前沿和发展趋势,不断扩大东方美谷在全球美丽健康产业的声誉,打造时尚美妆的金名片。生物医药领域同样是东方美谷的一块金字招牌,国药集团、上海莱士、药明生物、亿康基因、和黄药业、睿昂基因、长岛生物等知名企业纷纷入驻,巴斯德研究所、亿康基因、复旦大学生命科学学院等打造了众多科研创新平台,正在成为生物医药产业集聚高地。2021年11月,"东方美谷"品牌价值高达287.31亿元,对美丽健康产业龙头的吸引力不断提升。

2021年,奉贤"东方美谷"规模以上工业总产值达到490.6亿元,同比增长23.7%,占奉贤全区规模以上工业总产值的20.8%。2022年1月至8月,奉贤"东方美谷"规模以上工业总产值达到328.8亿元,同比增长3.7%,占奉贤全区规模以上工业总产值的21.0%(见图1)。

截至2022年8月,东方美谷入驻规模以上工业企业222家、规模以上

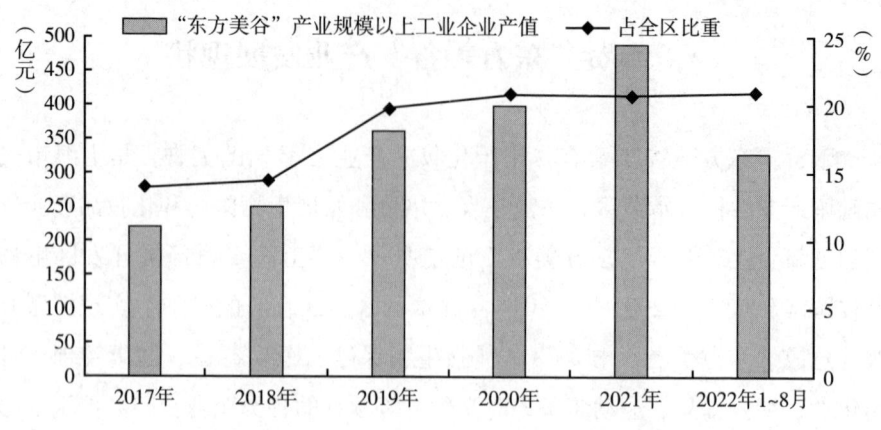

图 1　2017~2022 年 8 月"东方美谷"产业发展情况

资料来源：不同年份《奉贤统计年鉴》。

服务业企业 41 家，产业集聚的优势不断凸显。根据上海市奉贤区"十四五"规划，预期 2025 年东方美谷的产业规模将达 1000 亿元，进一步向"世界化妆品之都"迈进。

近年来，虽然奉贤"东方美谷"美丽健康产业产值一直保持稳步增长，但产业发展正步入瓶颈期，面临严峻挑战。第一，美丽健康产业的品牌效应仍需加强。当前，全国各地先后规划美妆产业带，例如：2020 年广州市推出"南方美谷"品牌，产业园融合生物医药、医疗美容协同发展，重庆市与广州市开发区合作共建高端化妆品产业带，"西部美谷"应运而生；2022年，山东济南建立"一核多点"产业集群，主打化妆品产业建设，推出"北方美谷"。在全国产业带迅速扩张的形势下，奉贤"东方美谷"更应聚焦品牌建设，大力发展美丽健康产业。

第二，奉贤"东方美谷"美丽健康产业核心技术掌握力不足。化妆品行业与生物医药行业的部分核心原材料仍然依赖进口，当前世界经济低迷，国际经济形势复杂，原材料进口成本不断升高，对化妆品行业与生物医药行业的产品生产与销售提出了挑战，突破技术瓶颈是"东方美谷"美丽健康产业未来发展的重要课题。

第三，受 2022 年疫情的影响，日用美妆市场遭受严重冲击。2022 年 1 月至 8 月，东方美谷日用化学行业规模以上工业产值为 62.3 亿元，同比下降 33.6%。为了帮助相关企业解决疫情冲击下的还款压力和融资难问题，缓解流动性压力，《奉贤区"东方美谷贷"批次担保业务实施方案》修订稿于 2022 年 5 月发布，在原方案的基础上提高授信额度，拓宽重点支持范围，加大贷款利息和担保费补贴，并设置还款宽限期。但众多中小微企业受到新冠肺炎疫情的严重冲击，仍然面临严峻的资金问题。

近年来，东方美谷积极推动疫苗、血制品等生物保健产业的发展，拓展医疗检验等医疗器械产业的范围，相关产业不断集聚。2020 年，东方美谷的医疗器械企业美迪科迅速实现转产，开展防护服等防护用品的生产，并实现了出口。2021 年，上海伯杰医疗科技股份有限公司研发的新冠病毒核酸快速检测系统和检测试剂盒获批上市，大大缩短等待核酸检测结果的时间。2021 年 5 月，国药集团中国生物上海生物制品研究所的新冠疫苗分包装项目在东方美谷开工建设，同年 12 月，"众爱可维"新冠病毒灭活疫苗落地生产，成为首批上海制造的新冠疫苗，年产能超过 70 亿剂。面对疫情冲击，东方美谷中的生物保健和医疗器械行业迎来快速发展，并积极融入核酸产业生态圈，生物保健行业实现规模以上工业产值 147.4 亿元，同比增长 33.6%；医疗器械行业实现规模以上工业产值 15.9 亿元，同比增长 33.9%。生物保健和医疗器械行业成为支撑 2022 年东方美谷产业发展与创新的重要力量。

二 加强美丽健康品牌建设，优化升级美丽健康产业链

（一）聚焦美丽健康产业，加强品牌建设

"十四五"期间，美丽健康产业作为全市"三大先导产业""六大重点产业"的重点产业，成为上海发展的重中之重。近年来，"东方美谷"全力发展美丽健康产业，在生产和销售等各个环节居全国领先地位。

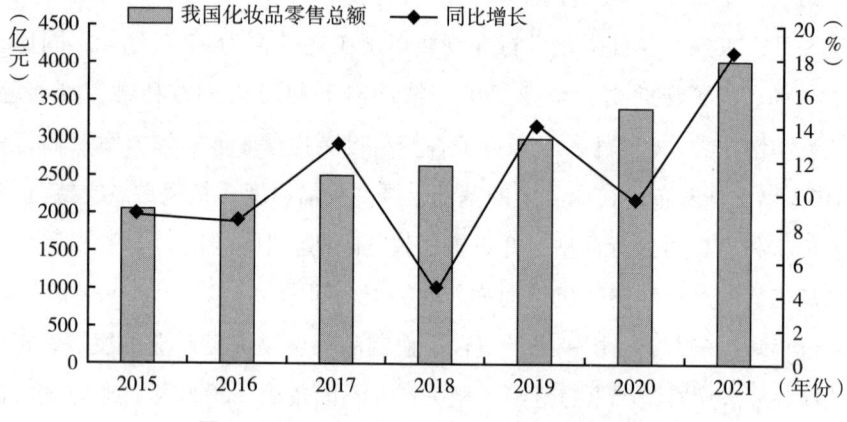

图 2　2015~2021 年中国化妆品行业发展概况

资料来源：不同年份《奉贤统计年鉴》。

自 2019 年起，中国化妆品行业进入了 4.0 的爆发期，如图 2 所示，当年我国化妆品零售总额达 2992 亿元，同比增长 14.24%。2020 年，由于新冠肺炎疫情对整体经济环境造成的影响，我国化妆品零售总额的增建有所下降，但 2021 年化妆品行业零售总额达 4026 亿元，同比增长 18.4%，创下近 9 年来美妆类零售额最大增幅。不仅如此，自 2015 年以来，中国化妆品市场规模日渐增长，如图 3 所示，除 2020 年因疫情影响化妆品市场规模有所下降，同比增长-7%，2021 年中国化妆品市场规模达 4553 亿元，同比增长 15%，创近几年来中国化妆品市场规模增幅新高。在新冠肺炎疫情的大背景下，加之行业监管趋严，我国化妆品行业仍然能够逆流而上，实现近年来的零售额和市场规模的最大增幅，这为中国化妆品行业发展提供了极大信心。

"中国每四片面膜，就有一片来自东方美谷。"作为"中国化妆品之都"，东方美谷不仅在国内美妆产业居领军地位，在国际美妆产业的影响力也逐渐增强。如图 4 所示，2019 年东方美谷化妆品行业销售额增速远超预期。由于新冠肺炎疫情的影响，2020 年东方美谷化妆品行业也受到一定程度的冲击，但仍然保持了 47% 的同比增长。2021 年，东方美谷化妆品行业销售额达 124.8 亿元，同比增长 44.8%，11 月，东方美谷国际化妆品大会

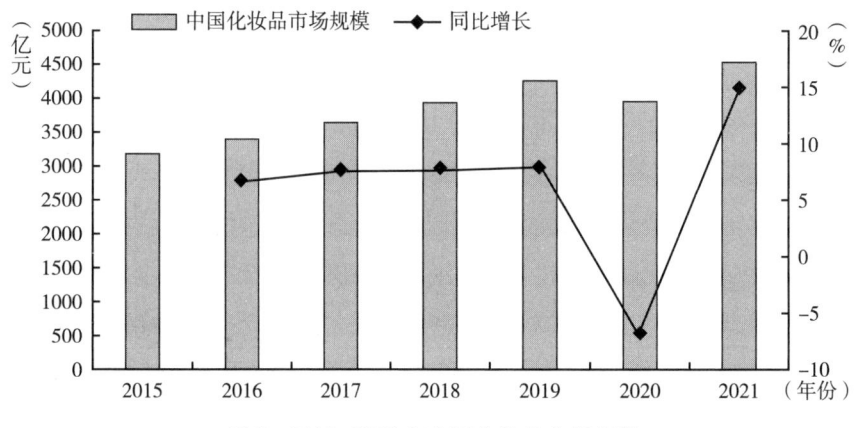

图3 2015~2021年中国化妆品市场规模

资料来源：艾媒数据中心。

在奉贤举办，雅诗兰黛、联合利华、宝洁、爱茉莉、LVMH、资生堂、伽蓝等国内外化妆品龙头企业，以及阿里巴巴、美丽修行、普华永道等行业平台，紧贴后疫情时代美丽产业热点，就化妆品行业突破新技术、取得新发展展开讨论。

2021年，工信部消费品工业司就"建设中国特色化妆品产业体系"指出，推进发展我国化妆品产业应结合地区实际情况和特色，注意区域发展差异化。入驻东方美谷的国内化妆品行业领跑者伽蓝集团，在新冠肺炎疫情的冲击下，在产业全区的帮助下，探索出数字转型的新道路，在疫情期间不间断生产，为销售生产带来了更大的可能性和更多的机会，2022年上半年超预期实现增长。不仅如此，伽蓝集团掌握"3D皮肤模型"技术，是全球率先利用3D打印技术打印出亚洲人皮肤的企业，并通过搭载神舟十号开展空间生物科学研究，其"表观遗传学"应用领域位于国际前列。当前，全球各大化妆品企业都在探索新道路，东方美谷作为中国化妆品之都，更应当聚焦高质量化妆品品牌建设，发挥品牌引领作用，提高自主品牌认知力和影响力。

近年来，不仅化妆品行业发展迅速，生物医药行业的发展也被高度重视。中国生物医药行业受到国家产业政策的重点扶持，各级政府出台多项政策大

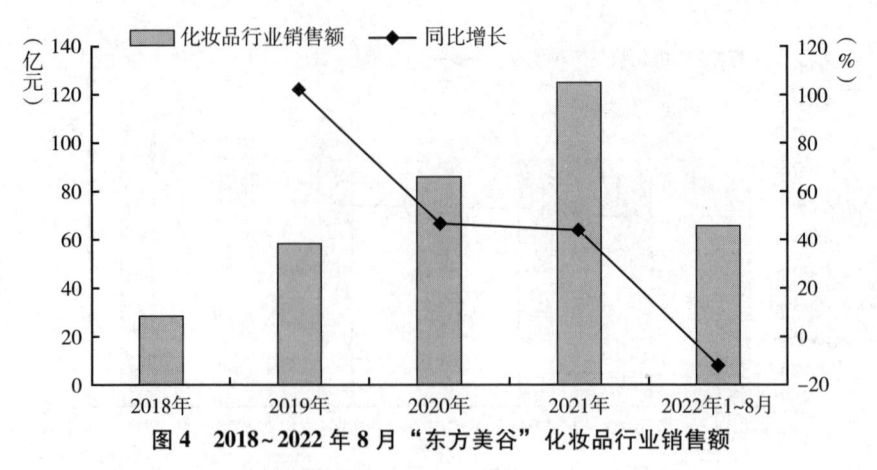

图4　2018~2022年8月"东方美谷"化妆品行业销售额

资料来源：不同年份《奉贤统计年鉴》。

力发展生物医药产业，鼓励生物医药行业发展与创新。东方美谷是上海健康产业的重要集聚区，自2017年以来，东方美谷的生物医药行业一直稳步向前发展，如图5所示，2021年东方美谷生物医药工业企业产值（规模以上）同比增长25.5%。2022年，新冠肺炎疫情对上海的整体经济影响较大，东方美谷产业园区实施多项措施，助力企业复工复产，使生物医药企业产值仍能保持增长趋势，1~8月东方美谷生物医药行业规模以上工业企业产值同比增长33.6%。

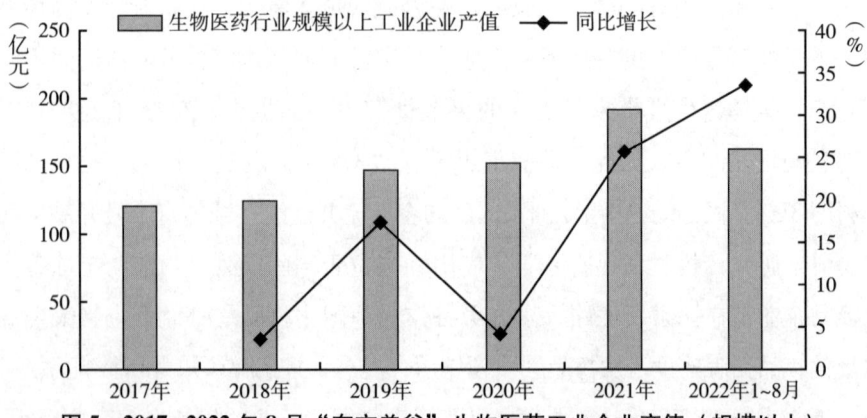

图5　2017~2022年8月"东方美谷"生物医药工业企业产值（规模以上）

资料来源：不同年份《奉贤统计年鉴》。

东方美谷已经集聚 200 多家生物医药企业，其中包括上海莱士、亿康基因等国内生物医药行业的领军企业，产业园布局疫苗、血制品、抗体等多个生物制药产业，同时培育基因检测、医疗检验等医疗器械产业。单个企业难以形成鲜明的品牌特征，东方美谷产业园集聚多家知名生物医药企业，应更加聚焦于健康产业的品牌建设，发挥产业优势，形成影响更加广泛、持续的品牌效应。

要加强区域品牌建设，第一，园区应加大吸引美丽健康产业的国内外顶尖企业。以龙头企业主导品牌，发挥龙头企业的资源优势、资金优势、规模优势等，构建强大的集群网络，打造特色鲜明、影响广泛的区域品牌，形成具有强大竞争力的产业集群。第二，推动美丽健康产业技术创新，增强美丽健康产业的国际竞争力。无论是化妆品行业还是生物医药行业，积极参与国际竞争，掌握国际领先技术，使产业技术处于国际领先地位，区域品牌也随之树立。第三，探索建立适合区域产业品牌发展的规范体系。园区应当根据区域产业发展特点以及产业发展的实际情况来建立相应的规范体系，例如，如何建立以龙头企业主导的美丽健康区域品牌。

（二）升级美丽健康产业链，增强产业竞争力

促进东方美谷美丽健康产业能级提升，优化升级美丽健康产业链是重要举措。以化妆品行业为例，图6给出了化妆品行业所处产业链的示意图，化妆品行业上游为原材料供应业，包括包装原材料、化妆品原材料和设备供应商，目前，本土企业对核心技术掌握力不够，一些原材料的供应仍需从国外进口，然而，受新冠肺炎疫情影响，由于运输等多方面原因造成原材料价格上涨，进口难度增加，导致行业原材料紧缺。因此，加大研发投入，探索新的原材料，实现原材料的自给自足是优化美丽健康产业链的当务之急。

化妆品行业中游为化妆品制造加工企业，中游的企业众多，并且竞争十分激烈。自2000年以来，国外化妆品企业涌入，迅速占领本土市场。目前，外资化妆品品牌在我国市场仍具有明显优势，例如，法国兰蔻、美国雅诗兰黛、日本资生堂等国际著名化妆品品牌。在如此激烈的竞争环境中，本土化

```
上游 → 中游 → 下游
原材料供应       各种销售渠道

包装原材料
化妆品原材料  → 化妆品制造加工 → 线下零售商
设备供应商                       线上零售商
                                ……
```

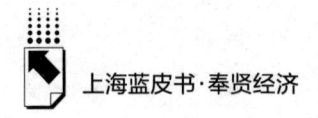

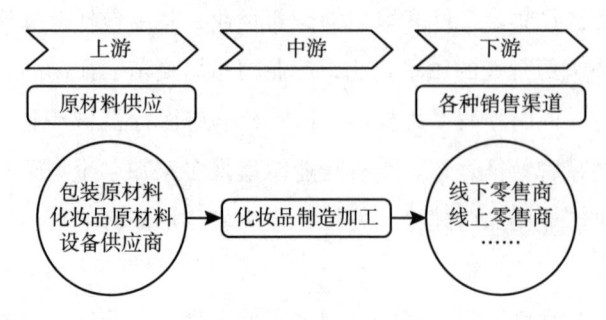

图 6　化妆品所处行业产业链

资料来源：前瞻产业研究院。

妆品企业首先应精准定位消费群体，根据不同群体制定适宜的生产、销售策略，包括针对不同年龄、不同性别、不同职业等各个群体推出不同的产品。其次，本土化妆品企业应聚焦自身特色，例如，强化中华民族元素，发展具有"国潮"特色的化妆品，形成鲜明的本土品牌特点。

化妆品行业下游为销售渠道，主要包括线下零售商、线上零售商等销售渠道。近年来，奉贤区全力推动保税区向化妆品的相关环节延伸，着力打造综合保税区全球美妆一站式集散中心，紧跟数字经济发展潮流，加快建设全球美妆跨境仓储的基础设施，为东方美谷实现"买全球、卖全球"铺就道路。2022年，东方美谷和中央广播电视总台上海总站联合打造的央视东方美谷直播基地正式揭牌，东方美谷依托美丽健康产业链全力打造"直播之都"，将更多奉贤制造、奉贤服务推向全世界。

三　打造自主创新策源地，促进产业能级提升

（一）"东方美谷"科技创新现状

立足于"新片区西部门户、南上海城市中心、长三角活力新城"，紧紧围绕"奉贤美、奉贤强"战略目标，奉贤区全力推进社会经济发展，财政总收入达到670.8亿元，其中区级财政收入达到220.8亿元，年均增长

16%,实现五年翻番,总量排名从全市第 13 位提升至第 8 位。东方美谷综合多种业态,大力发展美丽健康产业,东方美谷 4 个园区入选上海市特色产业园区,产业产值规模近 500 亿元,44 个东方美谷园中园开工建设。奉贤区着力推进综合保税区转型升级,为东方美谷美丽健康产业提供跨境仓储服务,利用数字经济赋能东方美谷美丽健康产业链。

随着"三个一百"梯度培育工程的深化推进,产业布局的优化调整,新增专精特新企业 233 家、高新技术企业 1367 家,海融科技等 3 家企业荣获国家科技进步二等奖。创新资源要素不断汇聚,院士专家工作站新增 49 家,引进各类人才 3.6 万人,每万人发明专利拥有量从 13 件提高到 29 件。从图 7 可以看出,2017 年,奉贤区专利授权量为 4046 件,同比增长 39.5%,2018 年保持了相对稳定的增长,专利授权量增长到 5583 件。2019 年,奉贤区专利授权量同比增速降低至 13%,总数为 6309 件,而在 2020 年快速增长至 11135 件,同比增速创下近几年新高。但是,2021 年 1~9 月的专利授权量同比增速明显下降,仅 20.1%。整体来看,奉贤区专利授权量的波动比较大,同比增速高至 76.5%低至 13%。

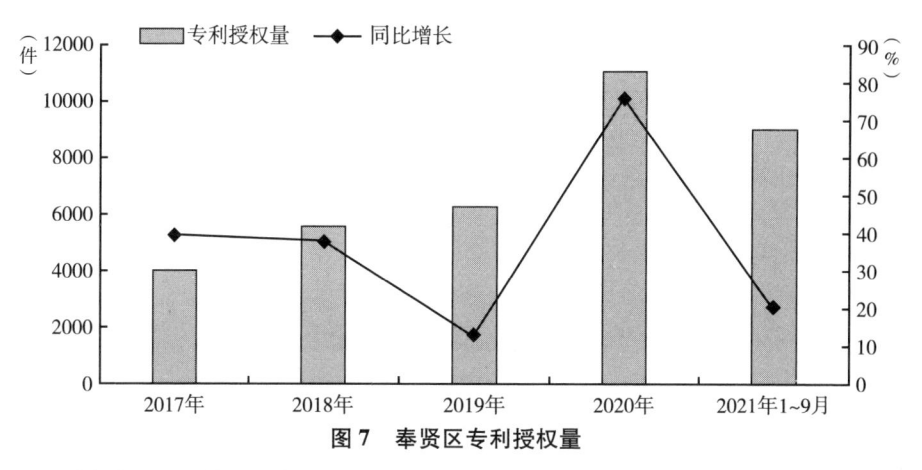

图 7 奉贤区专利授权量

资料来源:不同年份《奉贤统计年鉴》。

专利分为发明专利、实用新型专利、外观设计专利三种类型,如图 8 所示,实用新型专利的数量占比最高,每年平均占专利授权总量约 76%,实

图8 奉贤区专利授权量

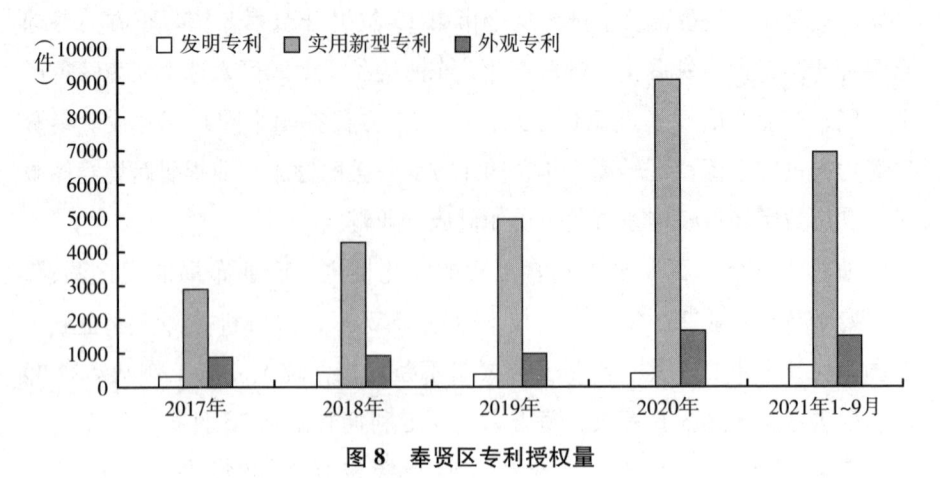

资料来源：不同年份《奉贤统计年鉴》。

用新型专利指将适于实用的新方案结合产品的构造特征做出创新，实用新型专利的实用价值大，但其创造性不够。外观设计专利的数量占比次之，每年平均占专利授权总量约18%，外观设计专利指对产品的图案、形状等外观上的设计做出优化，其技术创造性较低。发明专利的技术创造性最高，是对产品、方法或其改进所提出的新的技术方案，然而，奉贤区发明专利授权量的占比最低，2017年占专利授权总量约7%，2019年占比明显下降，仅占专利授权总量的约3.5%。从整体来看，发明专利授权量低，在专利授权总量中的占比没有呈现增长的趋势，实用新型专利的总量最高，能够快速适应经济发展的需要。

（二）打造自主创新策源地，促进产业能级提升

创新是经济发展的源动力，推动东方美谷成为美丽健康产业的创新策源地。第一，加大研发投入，促进技术创新，优化升级美丽健康产业链。当前，化妆品行业与生物医药行业的原材料供给，在一定程度上仍然依赖进口，部分核心技术的掌握不够导致原材料无法自给自足，在全球经济形势紧张的大环境及新冠肺炎疫情影响的大背景下，原材料成本不断上升，导致企

业生产成本上升，给企业产品生产和销售造成了阻碍。因此，优化升级美丽健康产业链，需加大研发投入，推进高质量技术创新，争取突破核心技术瓶颈，实现原材料的自给自足。

第二，吸引专业型人才，打造自主创新策源地。人才是创新的根本，要实现高质量的技术创新，需引进高技术、高知识型人才。近年来，东方美谷与上海各大高校通力合作，已经与复旦大学生命科学学院联合建立类器官平台和校友创业中心，与上海中医药大学共建东方美谷中医药产业基地等。在当前数字经济快速发展的阶段，新冠肺炎疫情的大背景下，还可以加大对线上人员的招聘，让数字经济赋能东方美谷打造创新策源地。

第三，加大创新扶植力度，建立创新为导向的激励机制。进一步落实对园区企业的相关优惠措施，对技术创新企业的政府补贴、税收等相关扶持，为企业发展减负，激励企业的技术创新积极性，创建良好的创新政策环境。

四 提升"东方美谷"产业能级的对策建议

（一）加强美丽健康品牌建设

加强东方美谷美丽健康大品牌建设，以龙头企业主导品牌，龙头企业在产品设计、工业开发、市场营销等方面都有区别于其他中小企业的优势，在技术规模、重大创新等方面也有引领作用，龙头企业的知识溢出效应也能够使周边中小企业获益，从而形成紧密的技术、知识网络。例如，浙江诸暨华都纺织有限公司发挥龙头企业效应，将研发、生产和外销打包给集群内企业，带动周边大量织机企业、织袜加工企业发展，引领诸暨纺织业的快速发展。因此，应加强龙头企业的引领作用，促进东方美谷美丽健康品牌建设，充分发挥品牌效应，切实提升东方美谷美丽健康产业的社会影响力。

（二）全力支持企业纾困

在新冠肺炎疫情冲击的大背景下，部分企业的生产经营遭受严重冲击，面临巨大的经济压力，助力企业缓解因新冠肺炎疫情带来的经济影响，激励企业创新积极性是当前的重要任务。首先，应进一步拓展政府性融资担保业务覆盖范围，缓解后疫情时期中小微企业复工复产的融资压力。全力支持企业金融纾困，提升园区企业的金融服务质效，进一步落实普惠金融、科技金融等政策，通过园区搭台，解企业融资难、融资贵的痛点，切实化解企业资金难题。其次，鼓励企业进行技术研发，助力企业自主创新。帮助解决企业技术困境，减少核心技术的外部依赖，使企业进一步掌握核心技术，切实增强企业的抗风险能力，为企业实现高质量创新和持续健康发展提供坚实保障。

（三）持续优化营商环境

全面升级美丽健康产业链，推动东方美谷打造自主创新策源地，需持续优化营商环境，做大做强美丽健康产业。第一，推动营商环境便利化。紧跟数字经济发展的步伐，让数字经济赋能美丽健康产业高质量发展，促进社会信息、政务信息的高效沟通和便捷运输，全面提升市场一体化水平，有效降低交易成本。第二，聚焦全生命周期、投资吸引力、监管与服务等重点维度。重点加强对资源禀赋、产业政策、行业龙头、市场前景、基础条件等的全方位分析，向支柱产业、龙头企业、创新型企业等倾斜优势资源和稀缺资源，并统筹配套资源，着力打造宜居宜业的社区环境，吸引高技术、高知识型人才，为科技创新提供新活力，助力产业全面优化升级。第三，加强东方美谷营商环境的宣传推介。从多种渠道对东方美谷营商环境进行宣传推介，突出园区优势与特色，强调园区政策保障，吸引各方关注园区发展及来商投资，加速集聚全球创新资源，促进提升东方美谷美丽健康产业的号召力，真正将东方美谷美丽健康产业打造为具有国际竞争力的产业发展高地。

参考文献

钟源：《上海奉贤跑出经济复苏"加速度"》，《经济参考报》2022年7月12日，第8版。

上海市政协和奉贤区政协联合课题组：《让"东方美谷"更好赋能奉贤新城》，《联合时报》2021年11月26日，第7版。

吴志强：《加快推动产业链供应链优化升级研究》，《黑河学院学报》2022年第1期。

刘先锋、刘晓勇、王勇：《持续优化营商环境 做大做强产业规模》，《商洛日报》2022年9月27日，第5版。

许庆瑞、毛凯军：《论企业集群中的龙头企业网络和创新》，《研究与发展管理》2003年第4期。

B.11
企业"淘金"激发奉贤"五型经济"活力

方顺超 朱嘉梅*

摘　要： 上海正全面发力"五型经济",以促进经济形态更趋创新、开放、流量化,以及服务能级、总部能级更趋提升。为把握"五型经济"发展的战略机遇,奉贤区正大力推进企业"淘金"工作,着力淘选优质企业,坚持引育并举的方式,针对现有产业发展制定扶持政策和培育方案,以实现奉贤经济的高质量发展。本报告通过梳理奉贤区在新时代背景下招商引资的主要工作及成果,发现工作推进中存在的问题,并提出对策建议,以期能够探索出企业"淘金"、激发奉贤"五型经济"活力的路径。

关键词： "五型经济"　招商引资　淘选企业　引育并举

"五型经济",包括创新型经济、服务型经济、总部型经济、开放型经济、流量型经济,这5种经济业态彼此交叉融合,是经济体系在不同方向视角投影下的5种不同形态。大力发展"五型经济"、优化经济发展布局,无疑是上海遵循国际大都市经济发展规律,面向全球、面向未来的主动作为。"五位一体"的集成体系如何加快推动产业结构调整升级、如何实现高质量开放与高质量发展,关键仍在于企业主体如何进一步发挥创新策源

---

* 方顺超,上海社会科学院数量经济学博士研究生,主要研究领域包括计量经济学与统计机器学习;朱嘉梅,中共上海市奉贤区委党校教学部主任、讲师,主要研究方向为区域经济发展和公共管理。

引领功能。2022年7月15日，上海发布《关于促进"五型经济"发展的若干意见》（以下简称为《意见》），提出实施百千万"五型经济"主体培育行动计划，探索建立"五型经济"典型企业识别监测体系，遴选"100+"龙头企业树立标杆、"1000+"成长企业匠心扶持、"10000+"潜力企业孵化培育，吸引海内外"五型经济"头部企业加速在沪集聚，力争专精特新"小巨人"企业数量全国领先。这无不彰显着市场企业主体在经济转型发展的进程中具有重要地位，更是作为推动经济高质量发展的动力所在。在新时代的背景下，面对"五型经济"的经济发展趋势，如何将"五型经济"的发展战略落实到微观市场企业主体上，落实到招商引资工作上，以进一步激发市场科创活力和提高企业发展质量，是奉贤所应聚焦的重点课题。

一 发展五型经济与企业"淘金"的联系

《意见》中提出要"加快形成服务经济为主、创新内核高能、总部高度集聚、流量高频汇聚、深度融入全国全球的'五型经济'生态系统"。"五型经济"并非五种不同类型的相互割离的经济产业，而是由5种经济形态交织在一起的新型经济生态结构，为企业的结构化转型指引了方向。而要落实"五型经济"的发展，应从企业这一微观主体来作为切入点，可以通过因地制宜地招引重点企业或其上下游企业以完善企业的要素配置，并积极招引人才和以先进的技术理念赋能企业创新，同时加强企业的对外合作和助力企业的市场拓展。具体而言，有如下方面。

（一）着力提升总部型经济

基于奉贤区自身的产业优势，聚焦新城中心、东方美谷大道、农艺公园、吴房村等重点区域，规划打造高品质总部商务区，加快完善配套设施，做好筑巢引凤，大力招引一批总部型企业落户，以优惠的产业政策和"妈妈式"服务让龙头企业、总部机构在奉贤落地生根开花。

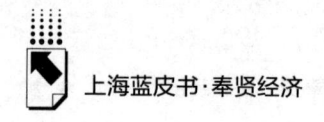

（二）全力打造创新型经济

通过引进一批优质的新兴产业项目，加大对科技型企业的培育力度，能够为奉贤的经济发展注入新的活力。同时，大力支持企业深化与相关科研院所的产学研合作，为科技型企业发展赋能，鼓励建设企业技术中心、工程技术研究中心、重点实验室等，进一步促成企业在技术研发、商业模式和经济业态上的创新。在招引重点企业入驻奉贤的同时，以带项目、成团队的形式引进生物医药、新材料、新能源、智能制造等重点领域高层次人才，进一步强化校企联动机制，深入推动产教融合，支持企业与区内外院校联合培养专业技术人才，并加大人才安居、医疗服务、子女就学等方面的政策保障力度，以更具穿透力的人才政策在奉贤聚集更多的高层次人才。

（三）做优做强服务型经济

基于奉贤重点产业，聚焦美丽健康以及智能网联汽车等产业来招引上下游的相关产业，培育、引导和推动生产性服务业高质量发展。同时，大力发展功能性服务业，引进和培育一批会计审计、人力资源、法律事务、咨询评估等商务服务企业，服务总部型经济发展；挖掘一批国际物流、报关代理、仓储配送等贸易服务企业，服务开放型经济发展；吸引一批平台类企业，服务流量型经济发展。通过持续做优做强服务型经济，从而充分起到对"五型经济"的辐射溢出效应。

（四）持续拓展开放型经济

奉贤区应抢抓临港新片区和新城建设重大战略机遇，积极引进一批与奉贤自身产业相适配的先进制造、服务贸易等领域的优质外商投资项目。同时，鼓励跨国公司通过收购、兼并、参股等多种方式加强与区内企业开展合作，支持本土品牌借助"一带一路"等国家战略拓展海外市场，走向世界舞台。

(五)积极培育流量型经济

奉贤区围绕东方美谷、未来空间、数字江海等主题,可以大力招引和培育新一代信息技术、大数据、人工智能等新兴产业,鼓励企业开展数字化、智能化改造,建设无人工厂、无人车间,对引领示范企业予以一定补贴。同时,聚焦生活数字化、社会治理数字化并深耕数字化场景应用,稳步推进新型基础设施建设,如智慧仓储、智能物流等,为数字经济更好更快的发展奠定基础,也为奉贤居民的生产生活消费创造良好环境。

从以上这五个方面来看,"五型经济"的发展应落实到招引并培育市场企业主体上,需要切实做好企业"淘金"工作。以招商引资为抓手,不局限于某一个地区、某一个行业或某一个企业,着力招引适配自身产业特色的头部企业、潜力企业,辅以精准培育,发挥好总部机构在上下游产业链中的引领能力,针对企业需求进行靶向发力,营造公平竞争、促进协作的创新创业环境,以此来吸引更多的企业在奉贤集聚发展。同时,着力于完善各类企业间、政企间的协作关系,处理好大中小型企业间、国企民营间等关系,探寻企业模式和政企关系的创新,延伸经济发展的新格局、新空间。

二 企业"淘金"的主要工作

(一)强化顶层设计

奉贤区为推动企业"淘金"工作能够高效实施、早日见效,专门成立了"工作领导小组",这支小组由区委书记和区长担任双组长,且由相关区委常委及区政府副区长担任副组长。同时,为进一步统一思想、统一行动,将涉及的委办局、国有企业等部门主要领导纳入领导小组,从而在组织上确立关键人员,在工作上明确部门职责。

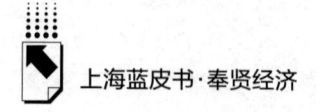

（二）制定行动计划

到 2022 年末，对应总部型、开放型、创新型、服务型、流量型"五型经济"，按"五型经济"的标准各甄选 10 家认定为 24K"小巨人"品牌金标杆企业，并以每年 10 家的数量逐年增加；到 2025 年末，奉贤区力争用 5 年时间来累计甄选出 5000 家 18K"小巨人"品牌企业和 200 家"小巨人"品牌金标杆企业。对应奉贤区所提出的"金字塔"结构，其基本原理是：首先，"底层金字塔"由奉贤区内年纳税额 5 万元以上的 5 万家企业组成；其次，"中层金字塔"由以"五型经济"标准甄选出有前景有潜力的 5000 家企业组成；最后，"顶层金字塔"由现有奉贤区的财富百强、"三个一百"、科技"小巨人"等优质企业组成。这三层企业，共同构筑起了一座奉贤经济高质量发展的"金字塔"。

（三）制定淘选标准

在企业淘选的过程中，引入第三方专业机构，建立客观且科学的综合评估体系。结合"五型经济"，建立全方位、多维度、立体化的评价体系，全面评估，综合评选，甄选出最具活力、最具成长力、最具竞争力的企业。具体地讲，"总部型"经济，以引进头部企业为抓手，重点围绕总部类型、总部功能、带动效应、强链补链等维度综合评价，引入和培育大中小企业创新链、产业链、价值链融通发展的总部企业；"创新型"经济，以创新人才评价为核心，重点围绕创新型企业创新能力、创新活力、创新成果等维度综合评价，筛选出有发展潜力、成长迅速、效益突出的"未来之星"企业；"服务型"经济，以打造"上海服务"品牌为牵引，重点围绕品牌知名度、市场影响力、市场辐射力、行业带动力等维度综合评价，招引和培育彰显奉贤及上海服务品牌的企业和平台；"开放型"经济，以构建"双循环"新发展格局为契机，重点围绕开放能力、区域合作、功能布局、贸易畅通等维度综合评价，培育代表上海"双循环"重要链接节点的企业；"流量型经济"，以打造创新服务平台为引领，重点围绕平台模式、平台生态、平台功能、平台影响力等维度综合评价，努力搭建以奉贤优势产业为引领的"超级流量"平台。

（四）建立淘选机制

以发展"五型经济"为导向，基于奉贤的产业现状和优势，建立淘选机制。第一，对奉贤区内的 50 多万家市场主体进行"存量筛选"，结合行业、区域、注册资本、组织形式等条件，甄选出 5 万家企业成为"淘金底册"上榜企业，后续配以相关部门和人员对企业实施精准扶持、个性服务，加快培育其成为行业龙头、小巨人和独角兽企业，以夯实奉贤的经济基础。第二，根据融资轮次、知识产权数量、管理体系认证、过往所获荣誉和资质认定等指标字段，在区级"淘金底册"中进行"数字淘金"，并下发属地进行核对增补，结合委办局推荐和企业自荐，确定初轮筛选名单。在此基础上引入第三方评审，多维度对企业进行综合评价，甄选出 5000 家"淘金优选"企业和 500 家"黄金五型"企业，而这其中的新赛道、新动能企业需占到一定的比例。第三，在疫情可控情况下，到"五型经济"活跃的区域进行"增量海选"，着重招引头部企业、隐形冠军企业，以及一批科创含量高、产业链带动强的"链主"企业进入我区的"淘金名册"企业库，通过精准引导、靶向发力，让新企业在奉贤成功落户，以壮大市场"生力军"，促成投资放大、税源扩大、产业增大的工作成果。第四，"淘金名册"企业培育库实行动态调整机制，原则上每年调整一次，用发展的眼光看企业，增补纳入转型升级、模式创新、符合标准的企业，对于业绩下滑、科技滞后、发生重大事故、重大信用违规的企业，经判定后及时调出。

（五）优化营商环境

奉贤区坚持引育并举的招商引资政策，着眼企业成长过程中的各个细节，努力让政务服务水平更有效率、政策环境更具人文关怀，以打造国际一流营商环境为目标，以充分激发奉贤区内的市场活力。以无怨无悔、无微不至、无事不扰的"妈妈式"服务为"淘金名册"上榜企业保驾护航，并配

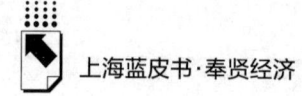

套实施有相关的培育政策，同时充分利用网上政务平台，通过搭建"两微一端"、圆桌早餐会、"企业直通车"和"对话贤商"等政企沟通平台，以实现畅通便捷的政企互动机制。同时，在相关产业政策已经兑现的基础上，充分发挥政府投资和基金的引导作用，予以资金政策倾斜，以撬动社会投资和运用金融资本服务于企业科创，让一大批"淘金名册"上榜企业"由虚转实"、"由优变强"以及"由强变大"，从而促进奉贤经济高质量发展，将其打造成为长三角"五型经济"示范区、国家级中小企业科创活力区。在企业用地方面，奉贤区将优化产业空间布局，新增建设用地优先保障，对利用自有土地提高经济密度的企业，可以享受"东方美谷"园中园产业综合体的土地相关政策；企业新增工业用地可缓缴土地出让履约保证金，鼓励产业园区减免"淘金名册"上榜企业的租金，降低企业的土地利用成本。

（六）科技创新驱动

支持"淘金名册"上榜企业在美丽健康、智能制造、数字经济、新能源新材料及其他战略性新兴产业领域创建各类技术创新平台，对新认定或建设成效突出的平台，按相关规定给予财政资金奖励。同时，可以对企业在创新研发、技术转移、科技咨询等方面发生的费用按相关规定予以补贴，积极鼓励新企业或老企业依托各个科研院所、高等院校，通过建立以应用研究为主的国家级、市级重点实验室、联合创新中心等打通技术成果转化"最后一公里"。在人才方面，支持将"淘金名册"上榜企业纳入重点扶持用人单位名单和人才引进重点机构建议名单，享受应届生落户权限放宽、特定条件加分等政策。完善人才安居保障，保障企业员工享受各类公租房、人才公寓资源，落实租、购房补贴政策。聚焦企业人才培养，打通企业人才培育的校企合作通道。此外，奉贤区还将大力实施"百千万"工程，力争每年引进100位领域领军人物、1000名各类骨干人才、10000名本科及以上学历大学毕业生，加大对高层次人才、拔尖人才和团队，特别是青年才俊的引进力度。奉贤区正在同步推进提供100万套公租房的"安居"工程，将人才招引进入奉贤之后，解决其住房问题。相应地，对于他们所关切的子女教育、落户等需求，有关职能部门积极地跟进解决。通过一系列人才政策，把更多有实力、有理想和有抱负的优秀人才锚定在奉贤新城，让他们把奉贤作为创新创业创作的首选地。

三 企业"淘金"的主要成果

截至2021年底，奉贤区中小企业净增市场主体32.8万户，总量达到56万户，居上海市首位，且所建设的中小企业科技创新活力区已初具规模。奉贤作为一个中小企业集聚的地区，即便是面对疫情冲击，全区企业产能在2022年6月初便能恢复到疫情前的85%~90%，这表现出了企业具有十足的韧性，同时奉贤区在2022年的1月和6月分别举行了两次重大项目开工签约仪式，涉及的开工项目共有19个，总投资额达到155.57亿元；涉及的签约项目共有31个，总投资额达到110.73亿元。随后，在7月1日，又有10个重大产业项目在奉贤相继开工，总投资达到66亿元。新赛道产业、新动能项目进驻奉贤，不仅延拓了奉贤经济发展的广度和深度，更是为经济的高质量发展再添活力。奉贤全区上下深刻意识到推进招商引资工作对奉贤经济高质量发展的意义。2022年上半年，为能持续推进企业"淘金"工作，奉贤区积极开展云上招商以实现项目招引"不掉线"、云招商"不断档"，截至6月底共开展投资推介活动2493场，其中，"云招商"活动1326场。同时，为充分发挥企业家、驻外办事机构、商会、协会等的作用，奉贤区通过亲商大使聘任、产业集聚中心建设、平台合作，截至6月底，区级层面先后聘任了7批共计109人担任亲商大使，通过以商引商和朋友圈招商的新兴模式来提高招商引资的针对性和有效性。

（一）层层淘选，高标准锁定目标

第一轮企业淘选，区经委以区市场监管局提供的5万家左右的区级"淘金底册"以及获得过重要荣誉、有知识产权等标签的7000家企业为原始数据库，依托"奉贤区产业经济统筹管理平台"，根据融资轮次等指标字段进行"数字淘金",淘出398家优质注册型企业。与推荐自荐名单进行比对,新增平台数字淘金企业27家,推荐企业数增加到721家。之后,721家企业按属地再次下发进行信息补充、校对和企业增补,确定了731家企业为首轮考察名单。第二轮企业淘选,以符合"五型经济"特征为门槛,综合考虑产业定位、发展阶段、知识产权、投融资情况等指标,结合企业自荐、属地推荐,从731家企业中筛选出500家成色更足的企业。第三轮企业淘选,在500家企业基础上,通过市场对其成长预期的考量(即上市、投资、融资等情况)、产业规模和发展阶段等因素,筛选出首批300家"淘金"优质企业名单。

首批300家"淘金"优质企业呈现三大特征。一是"五型经济"导向明显。300家企业中,总部型企业50家,占比16.7%,流量型企业23家,占比7.7%,创新型企业96家,占比32%,服务型企业120家,占比40%,开放型企业11家,占比3.7%。二是受资本市场青睐。300家企业中,已上市企业7家,拟上市企业13家,获得基金公司投(融)资企业6家,上市公司控股6家,投资基金类企业18家。三是服务业企业为主。300家企业分布在34个行业大类中,基本以服务业或生产性服务业为主,拥有高附加值,商业服务类、互联网科技信息类和批发零售业占据前三。以璞康数据、荣南科技、磐矽半导体为代表的一批新赛道企业"冒尖":其中,璞康数据在数字信息技术的线上服务平台方面处于国内领先地位;荣南科技是奔驰、宝马等知名汽车厂的高分子材料供应商;磐矽半导体拥有8nm、7nm专用芯片的研发、设计和销售能力。一批新动能企业"触网",例如:"上海贵酒""三棵树涂料""旋荣科技""洁昊环保"等11家企业已登录主板或新三板;"小熊驾到""爱衡生物""锦奇医药"等10余家企业已启动上市计划;三顿半咖啡估值达45亿元,在"精品速溶"品类中排名第一。

(二)"妈妈式"服务,高品质精准施策

在营商环境方面,奉贤区通过"线上互动引导、线下全程服务"的互联互动模式,利用大数据确定企业需求,结合调研走访发现企业面临的具体

困难。此外，更有区委、区政府的领导通过早餐会的形式面对面倾听企业诉求，及时提供帮助，积极给予回应。对于奉贤区内的一些有发展潜力但品牌知名度还不够的科技型初创企业，区科委等相关部门负责人会帮助其推广新产品，对接高校科研合作机会，以及学会、商会等各式各类的活动。其中，上海伯杰医疗科技有限公司通过享受在人才与用地方面的政策扶持与培育，已成为区域领军型企业，并与上海交通大学、华东理工大学等知名高校积极展开校企合作，开启校园招聘通道。同时，区里积极帮助企业招引的人才，解决其公租房、落户、子女教育等需求，解决公司的骨干研发团队的后顾之忧。

奉贤区相关政务服务部门基于数字化手段，借助"淘金工程"移动端App来优化区内的营商环境，对企业从项目洽谈到落地运营的全过程实现智能管理，标记企业的个性化服务诉求，并筛选定位相应的政策和服务，实现政策精准推送，诉求高效解决，实现"一企一策"，为企业降低时间成本，并按照其成长梯度实现更加科学的资源配置。同时，能够利用数字化手段进行实时动态跟踪和风险预警，提前预测企业风险值和发展潜力。

四 企业"淘金"面临的问题

在奉贤区推进企业"淘金"的工作中，存在着以下五方面问题。

（一）淘选标准难以量化

淘选企业时，虽以"五型经济"为导向和标准，但"五型经济"是新型经济形态，具有功能融合、形态复合、业态交叉等特点，难以沿用现有的统计分类办法对"五型经济"进行量化评估，导致其只能停留在一般的概念区分上。当标准不够明晰时，可能会加入主观臆断而难以全面地去分析企业的各个特征维度（如行业的未来前景，企业的发展潜力或与奉贤产业链的适配性等）。

（二）数字化水平仍待提升

对于数字化"淘金"的应用程度不够，应用场景也较少，没有对企业的数据做到全面采集和利用，进而难以做到对企业的精准画像及企业间的关联识别，或是当企业有需求有困难时，也难以通过数字预警等技术手段帮助政务服务部门进行有效帮扶。

（三）政务服务能力需持续加强

伴随着奉贤区近年来招商力度不断加大、中小企业主体数量不断上升，需要不断提升区内各职能部门的政务服务水平以动态适配区内日渐增加的各类企业，就目前来看，各职能部门缺少在企业"淘金"方面的考核指标，没有营造出一个各部门之间的良性竞争氛围，从而难以激发政务服务水平不断提高的内生动力。

（四）缺少政策后续评估

对企业完成阶段性的扶持后，没有引入专门的人员和机构去评估扶持政策的具体效果，例如，企业是否因该政策得到了更好的成长？是否因该政策产生了更多的经济社会效益？若缺少政策效应评估这一环节，后续难以对于企业扶持政策的目标和内容进行合理的调整。

（五）企业帮扶的覆盖面不够

目前对于企业的帮扶，仅囿于针对企业当下遇到的困境，而较少去关注企业未来的发展前景，这对于重视创新引领的企业较不友好，并且大多帮扶政策仅局限于单个企业，较少关注于企业协作网络的构建，以龙头企业、总部机构为引领的企业生态链条可以加快企业间的要素流通，提升生产效率，促进企业间创新发展氛围的形成。

五 企业"淘金"激发奉贤五型经济活力的对策建议

在上海"五型经济"的整体发展战略谋划下,奉贤应坚持实施企业"淘金"工作,以逐步构建适应奉贤城市发展的经济结构,打造上海的"五型经济"示范区、国家级的中小企业科创活力区。本节结合奉贤在招商引资过程中的实际情况,提出以下对策建议。

(一)完善淘选机制

若无法对企业在"五型经济"上的定位进行量化评估,首先,应立足于奉贤自身产业结构和行业优势,结合奉贤发展规划,围绕区内核心和龙头产业及其上下游供应链来对企业进行招引和筛选,因地制宜补链强链,持续优化奉贤产业链生态功能,推动优质企业在奉贤集聚发展。其次,多维度地对企业自身实际情况作出全面评价,要杜绝唯税收、唯现状的遴选标准,应基于中小企业未来的发展趋势、行业潜力进行选择,并从产业的引领性、发展的可持续性等角度出发,不能局限于企业单方面的优势,以淘选出一批创新能力强、成长速度快、产业模式新、引领能力强的优质企业。最后,企业"淘金"工作应该更加注重市场主体未来发展的大好前景,对于领军人物、高能级人才、投资机构等要做到同"淘"同选,评选标准是人才的到来能给经济发展带来无限可能。

(二)强化数字赋能

面对信息化的浪潮,需要不断深耕应用场景,可以从以下三方面赋能企业的遴选过程。一是,加强数据关联识别。通过对企业各项数据的关联,形成企业数据图谱,根据企业基本信息、经营信息、科创信息、风险信息、诉求信息、奖惩信息等要素不断完善企业专属标签,形成企业全维度动态画像,支撑数字化精准管理与服务。二是,数字预警吹哨场景建设。通过产业经济大数据体系对企业的状态变化进行分析判别,及时捕捉企业在生产经营

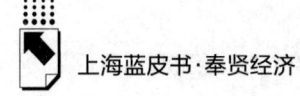

上的异动，同时，对企业的税收和能耗进行监控并设置预警级别，及时向相关管理部门、决策者发送预警。三是，智慧招商服务场景建设。基于企业的数据标签，提供匹配搜索功能，一键搜寻在产业、经营等方面相适配的企业，促进其协同发展以形成产业链生态。

（三）提升政务水平

面对奉贤区中小企业主体数量的不断攀升，各部门领导应高度重视，推进落实，形成合力，不断强化组织保障工作和优化企业营商环境，定期召开工作例会以听取开展情况汇报，常态化督促检查各项目标任务推进情况，协调解决并部署推进阶段性的工作任务，促进政策精准性、持续性的进一步提升。同时，完善考核机制，侧重新培育小巨人企业数量等量化考核目标，营造各职能部门的良性竞争氛围，通过各部门比学赶超和争先进位来促进营商环境持续改善向好，为企业"淘金"工作保驾护航。

（四）深化政策研究

深化政策研究的核心是要通过甄选和培育企业，让奉贤区的"五型经济"企业微观基础更加坚实牢固、创新创业氛围更加活跃、发展成果达到新高度。在企业的阶段性培育完成后，引入第三方进行政策效应评估。针对政策落地、资金配套、企业培育成效、区域产业发展情况、社会经济效益，以及企业对政策的需求度、满意度等方面开展绩效评价，客观、公正地评价政策效果。通过政策评估结果，有助于奉贤区合理调整招引、培育企业等政策的目标和内容，进一步扩大政策的覆盖面、深化政策的穿透力。对于"淘金名册"上榜企业的发现机制和扶持政策做到公开透明，打造更公开公正的特色营商环境，让企业对政府形成一种透明和稳定的政策预期。同时，充分考虑各企业在发展过程中体现出的个体异质性，通过问需于企业、问计于企业，建立有层次、有梯度的企业培育模式来对不同行业和不同规模的企业进行精准施策。

（五）强化企业扶持

以审慎宽容的企业帮扶政策，从制度上鼓励企业勇于创新，帮扶并引导企业加大创新投入，并予先行先试的企业以政策保障，为企业的开放创新保驾护航，打造中小企业创新发展的良性生态圈，为奉贤经济的高质量发展注入源源不断的动力。随着产业模式和经济结构发展，以安商稳商助商为中心，动态创新企业扶持举措以提升企业参与的主动性，用开放包容的营商环境，吸引企业来奉贤投资发展，聚集起一批志同道合的企业家。考虑到企业发展的生态环境，构建以龙头企业、总部机构为引领的多元化协作企业网络是不可或缺的。在跨区域联通的上下游产业链中，政府可以围绕上下游的产业链来强化服务链，完善生产要素的供应链，发挥龙头企业和总部机构的带头作用和指引功能。同时，借助数字化的技术和手段，大力支持生产要素在区域城市间的自由流动，促进跨区域产学研结合的协作网络平台的搭建，加快生产要素的供应来进一步打通创新链和提升产业的创新能力，为经济的高质量发展起到策源引领的作用。

参考文献

上海市人民政府：《关于促进"五型经济"发展的若干意见》，https：//www.shanghai.gov.cn/nw12344/20220715/b77b62630d9d4ca3b2ad58b024ea3d11.html，最后访问日期，2022年9月28日。

薄小波：《奉贤新城 擦亮产业名片，拉动区域经济持续向好》，《文汇报》2022年8月8日，第1版。

杨波、汪曾涛、郑睿、徐逸菁、徐惠妍：《新形势下上海发展"五型经济"的挑战和对策思路》，《科学发展》2022年第1期。

高骞、史晓琛、黄佳金、钟灵啸、王培力：《上海发展"五型经济"的总体思路和重大举措》，《科学发展》2022年第8期。

B.12
奉贤主动融入新片区，推动区域合作新模式

马艺瑷　张淼*

摘　要： 自临港新片区成立以来，奉贤充分利用毗邻自贸区国家战略的机遇，积极谋划，主动融入新片区发展，与临港新片区管委会建立了常态化、制度化的协同机制，在基础设施建设、社会管理、公共服务等方面已形成诸多实质进展。奉贤主动融入新片区，着力推动产业上下游互补联动，实现民生服务的互利互惠，促进城市功能的协同整合，承接优势政策的外溢辐射，抢抓汽车产业、生产性服务业、基础设施、公共服务、社会治理、文化旅游、乡村振兴等方面符合双方利益的突破点，努力使新片区的特殊政策在奉贤做定点突破，推动双方在共同特色领域形成联动发展，以社会服务体系共谋共建推动互利共赢，探索区域合作新模式。

关键词： 区域合作　主动融入　定点突破　新模式

一　奉贤融入新片区的背景

2019年8月20日，中国（上海）自由贸易试验区临港新片区（以下简

---
* 马艺瑷，上海交通大学应用经济学博士后，主要研究领域包括计量经济学、劳动经济学；张淼，副教授，中共上海奉贤区委党校教学部副主任，主要研究方向为区域经济学、金融学。

称临港新片区/新片区）正式揭牌设立，成为我国践行全方位高水平开放、探索制度和政策创新的先行地和试验田。同年，习近平总书记在上海考察时，对临港新片区提出了"五个重要"的指示要求，即"集聚海内外人才开展国际创新协同的重要基地、统筹发展在岸业务和离岸业务的重要枢纽、企业走出去发展壮大的重要跳板、更好利用两个市场两种资源的重要通道、参与国际经济治理的重要试验田"，明确提出要进行"差异化试验"，同时指出要"有针对性地进行体制机制创新，强化制度建设，提高经济质量"，从新片区设立之初就为其日后发展指明了战略定位、发展目标和实现路径。党的二十大报告指出"实施自由贸易试验区提升战略，扩大面向全球的高标准自由贸易区网络"、自贸区是我国制度型开放的创新试验田，是当前中国更高层次开放的重要平台和抓手。

为了积极实现自贸区体制机制创新，助力自贸区新片区达成"五个重要"的战略目标，在《国务院关于印发中国（上海）自由贸易试验区临港新片区总体方案的通知》（国发〔2019〕15号）的指导下，《中共上海市委、上海市人民政府关于促进中国（上海）自由贸易试验区临港新片区高质量发展实施特殊支持政策的若干意见》（沪委发〔2019〕20号）、《中共上海市委、上海市人民政府关于促进中国（上海）自由贸易试验区临港新片自主发展自主改革自主创新的若干意见》（沪委发〔2021〕20号）、《中国（上海）自由贸易试验区临港新片区管理办法》（沪府令19号）、上海市发展和改革委员会《关于进一步明确中国（上海）自由贸易试验区临港新片区管理委员会具体工作职责的通知》（沪发改改革〔2020〕1号）等一系列文件陆续出台，在政策上保证了自贸区新片区的先试先行突破地位，充分体现了自贸区与新片区传统特殊功能区或园区不同的制度创新优势，在更大范围、更广领域、更多层次持续进行的差别化制度创新探索。

自贸区新片区建立以来，对标国际上公认的竞争力最强的自由贸易园区、自由贸易港和高水平国际经贸规则，对外开放步伐坚定，产业发展成绩亮眼，城市建设多点开花，在产业、投资、资金、人员、信息等方面形成了诸多突破，全面系统的改革创新成效逐步显现。自贸区新片区打造了一个更具国际市场影响力和竞争力的特殊经济功能区，不仅为经济增长带来新的机遇，而且彰显了中国主动引领经济全球化健康发展的态度。

新片区的主要范围为上海大治河以南、金汇港以东的873平方公里区域，奉贤东部五镇（奉城镇、青村镇、四团镇、金汇镇、海湾镇）的439平方公里被划入新片区的规划范围，奉贤贡献了新片区一半左右的土地面积。此外，在临港新片区先行启动区与原临港地区（以下简称产城融合区），奉贤有90平方公里的区域被分批纳入，搭上了自贸区新片区先行发展的快车道，在经济总量、增速、结构和效益方面快速显现出成效，从奉贤以往发展的"战略后方"转变为"东部前哨"。

奉贤积极响应自贸区新片区的成立，充分利用毗邻国家战略区域的机遇，积极谋划、抢抓落实，坚持主动融入新片区发展。为了服务保障临港新片区国家战略的落地和实施，带动上海南部经济社会发展，奉贤区政府与临港新片区管委会建立了常态化、制度化的协同机制，在财权事权和工作界面等方面进行了协商和细化。为了进一步强化两区域的协同联动，释放特殊经济功能区特殊政策效应、促进奉贤共建共享发展成果，双方共谋长效合作机制，签订了面向未来的战略合作协议。目前，双方形成了区域合作的前期共识，在二者交集的区域，主要由新片区主抓产业和经济发展，由奉贤区委、区政府着力于社会治理，双方在基础设施建设、社会管理、公共服务等方面已形成诸多实质性进展。

2022年是上海自贸试验区临港新片区"五个重要"三年行动计划的收官之年，也是"三年大变样"的决战决胜之年。面向未来，新片区未来之城的建设依然处于进行时，奉贤的新城建设也将大刀阔斧地推动；新片区的发展需要再上一个台阶，奉贤也需要通过新片区收获更多实际意义的辐射和溢出红利。在二者唇齿相依、存在诸多共同利益的基础上，双方发展共振将更加依赖于双方通过探索新的合作模式，在更加广泛和深刻的领域互信互惠。在这一背景下，奉贤面对距离自身最近的国家级宏大战略，如何主动融入新片区，推动区域合作新模式，成为格外重要的议题。

二 奉贤融入新片区的现状

（一）产城融合区以内区域

目前，奉贤东部的90平方公里被分期分批纳入产城融合区，奉贤与新片区已展开深度融合和密切协作。在产城融合区二者交集范围内，新片区管委会主要负责经济和产业方面的工作，如规划、投资、贸易、金融、招商等，奉贤区政府主要负责社会管理方面的工作，二者各有分工，又互相协作。

对于产城融合区以内的合作，双方签订了《临港新片区管委会与奉贤区政府有关事权财权和工作界面的备忘》和《奉贤区人民政府　临港新片区管委会加强协同联动　细化事权财权和工作界面合作协议》，就工作界面进行明确，并对交通基础设施、生态环保、社会事业、土地、住房等事权，以及收入、支出、债务等财权进行划分，双方按照业务对口原则各司其职。

奉贤区政府主要落实区级财政预算资金，需承担的事权主要在于社会公共事业部分，例如教育、卫生等社会事业的日常维护和管理，社会治安管控，动迁安置房社会管理，市容环卫、绿化林地、河道水系行业管理等工作。新片区管委会主要负责公路建设和养护、环境提升项目、土地指标和收储、老旧小区改造等工作，费用由新片区管委会以项目形式安排资金予以保障，资金来源主要为市区两级的税收、土地出让、基础设施配套费等收入所构成的新片区发展专项资金。

值得注意的是，区域合作的事权分工已初见成效。奉贤区政府与临港新片区管委会已完成诸多行政事权的方面的承接，如行政许可、行政确认、行政奖励、行政征收、行政处罚、行政检查等事项。自贸区新片区在集中行使市、区两级行政事权的情况下，行政效率进一步提升，实现了行政审批领域的集成改革，如率先施商事主体登记确认制+企业名称申报承诺制，率先推行"一站式拿地开工"和"一站式竣工投产"，率先开展企业投资项目承诺

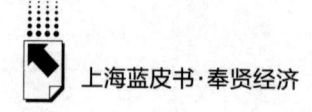

制改革，率先执行环评、水保、排污许可"两评一证"合并办理、不动产登记"验登合一"等一系列试点。

（二）产城融合区以外、新片区规划范围以内区域

对于产城融合区以外、临港新片区873规划范围内区域，奉贤区政府与临港新片区管委会尚未形成细化的合作方案，但是在几个重要领域形成了一定思路。一是奉贤区政府和新片区管委会对这一区域实行提前和共同规划，二是在奉贤在这一区域引进重大项目可考虑适用新片区特殊支持政策，新片区管委会进行统筹考虑。这无疑给奉贤在更大范围融入新片区提供了更广阔的空间，面对更多留白和更大的自主权，奉贤更需要提前谋划和布局，在助力新片区产业发展的同时借力发展奉贤的亮点和新增长点。

三 奉贤融入新片区的瓶颈

与此同时，不得不看到，虽然奉贤与新片区存在分工和合作的互利价值，但也存在职能和利益交叉重叠的地方，目前奉贤融入新片区仍然存在一定的困难和障碍。

（一）各个细分领域"谁来管""怎么管"

奉贤区政府与新片区管委会共同管理的区域涉及各个细分领域"谁来管""怎么管"的问题。虽然签订了合作协议和备忘录，对主要事权财权进行了划定，但实际工作中仍然有协议未明确规定的模糊地带，越来越多的细节问题可能会随着时间的推移更多地暴露出来，原本可以在一个行政区域内审批的事项可能需要两头跑，原本有明确负责单位和负责人的事务可能暂时性进入尚未定论的环节。区域合作的初期阶段可能会伴随较多的磨合和争议，现有工作推进的过程中需要形成新增问题的及时反馈、商议和解决机制。

（二）奉贤内部对双方交集区域的归属意识可能有所削弱

奉贤所让渡的财权可能降低奉贤内部对于双方交集区域的归属意识，进而影响奉贤融入新片区的主动性。虽然新片区与奉贤行政区划交集部分的收入和经济增长数据作为二者共享的发展成绩计入双方的统计数据，但收入用途的主导权在新片区管委会。目前产城融合区内产生的市区两级税收收入、土地出让收入、基础设施配套费等收入纳入新片区发展专项资金，扣除由奉贤区政府负责且属于新片区专项发展资金支出范围的事权支出，主要由新片区管委会进行统筹，用于新片区建设的各项目支出。奉贤让渡的财权，使得奉贤平衡和调动全区资源的灵活度、发展的主动性下降，可能会降低奉贤内部对于双方交集区域的归属意识，进而对于奉贤对接新片区的主动性产生不利影响。

（三）奉贤自主发展经济和产业的不确定性增加

随着新片区产城融合区范围的变化，奉贤自主发展经济和产业的不确定性可能会影响奉贤融入新片区的能动性。产城融合区内，涉及奉贤的范围从45平方公里扩大到90平方公里，与之相伴随的是，奉贤围绕新片区集中力量培育的产业，被纳入产城融合区之后失去了产业规划、招商、管理、税收的话语权。后续，产城融合区发展到一定阶段之后可能会进一步向周边地区延伸扩区，奉贤可能面临更多区域事权、财权的移交，奉贤围绕新片区产城融合区聚力做文章的主导性可能会有所影响。

总体来看，如何看待新片区内位于奉贤行政区划的功能，以及对奉贤全域的作用，是解决奉贤融入新片区瓶颈的关键所在。从短期来看，奉贤虽可以共享新片区部分区域的发展数字，但让渡了一定的事权、财权，对双方交集区域的归属感、聚力发展的主导权可能下降。从长期来看，自贸区新片区的能级辐射、制度创新、知识溢出、功能联动的作用将不止于上海南部，必将给奉贤带来重大发展机遇。如何主动融入新片区，需要奉贤

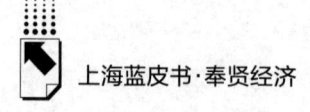

着眼长远，找到既能符合双方利益又可借力实现自身突破的关键领域和创新模式。

四　奉贤融入新片区的突破点

（一）汽车产业

当今时代，汽车产业与新能源、新材料、新算法等领域深度结合，朝着电动化、网联化、智能化的方向发展。汽车也从交通工具的角色转变为向移动智能终端、储能单元和数字空间的综合角色。这一系列新特征使得新能源汽车不仅赋能诸多行业，实现各领域的协同发展，也广泛带动基础设施、消费结构、生活方式、城市功能的升级，成为全球经济增长的重要引擎，更成为中国产业弯道超车的着力点。

近年来，上海在新能源汽车以及智能网联汽车领域取得了长足的发展，自贸区新片区更是起到了引领作用，特斯拉的引进使得新片区及周边地区聚集了一批新能源汽车优质上下游企业，产业集聚效应初步显现；临港新片区两港大道快速路的开放，标志着智能网联汽车在城市快速路上可以开展测试活动。

对接新片区，新能源汽车产业成为奉贤重点发展的"新经济"领域。围绕动力电池、汽车电子等细分行业，新片区带动一大批配套企业在奉贤落地生根，带动企业瞄准更高标准更高规格的产品，带动资金流入和产业工人的汇聚。以新能源汽配为突破点，奉贤有望将其打造成新的千亿元级产业集群。

进入新发展阶段，汽车产业深度涉及"双碳"战略、产业创新、新能源、智能网联、汽车芯片、法律法规完善等议题，奉贤要充分认识新赛道、抢占新赛道、跑赢新赛道。聚焦于汽车产业的未来发展趋势，一是要充分把握我国新能源汽车自主可控供应链体系的构建机遇，利用特斯拉超级工厂的带动效应，利用已有基础，在汽车电动化、智能化供应链中占据一席之地；

二是要延续并放大智能网联汽车发展势头，厚植测试场景优势，全链条打造应用生态，助推临港"四新"布局，助谋奉贤"四化"需求，助力智能网联汽车示范应用场景"上海方案"的打造。

（二）生产性服务业

生产性服务业直接或间接为生产活动提供中间服务，以制造业内部生产服务部门的独立和专业化发展为制造业起配套作用。近年来，生产性服务业在发达经济体中增速亮眼，逐渐形成完整化产业链，成为市场资源的调配器，促进现代产业升级、效率提升。目前，中国劳动密集型产业仍然占据工业的主导地位，生产性服务业的市场需求不足，国际竞争力有待提升。

自贸区新片区作为集聚高端制造业的战略高地，也为生产性服务业的发展孕育了广阔空间。同时，自贸区新片区在瞄准发展战略新兴产业的同时，需要利用生产性服务业赋能先进制造业。奉贤可充分利用毗邻自贸区新片区的区位优势，瞄准自贸区新片区的高端产业发展所需的生产性服务业，在检测、租赁、信息服务、批发与贸易经济代理、人力资源管理、交通运输等领域中有针对性地选择关键领域进行提前布局，推进生产性服务业的集聚和高端发展，与自贸区新片区形成区域分工和协作机制，推动新型工业化道路，服务国家战略。

（三）交通

奉贤区东联自贸区新片区、西接长三角一体化示范区、北临虹桥商务区、南倚国家海洋战略，但人口发展的潜力、区位的先天优势与奉贤区目前的交通能级并不匹配。目前奉贤区域基础设施配套尤其是交通能级略显不足，就轨道交通而言，仅有5号线的部分站点位于区域内，交通便利性不足成为奉贤吸引人才、联动其他区域的严重制约因素。

新片区位于上海东南，北临浦东国际航空港，南接洋山国际枢纽港，是上海沿海大通道的重要节点，海运、空运、铁路、公路、内河、轨交构成了十分便捷的综合交通优势。新片区的开放需要对内和对外的双重连接，优质高效的交通基础设施是实现双重连接的必备硬件条件。

随着新片区的功能升级，产业发展、人才会聚、市政基础设施和公共服务的配套都将大幅提升对交通基础设施和服务的需求，与新片区紧密连接的奉贤地区将直接受益。不仅各级路网和公共交通线路将有望进一步延伸和打通，诸多区域内断头路的问题也有望得以解决，交通网的正外部性将给予奉贤更大赋能。奉贤作为新片区对内联系的接口之一，可以作为途经站获得更多流量，也可以作为前站获得即时性的便利。

此外，奉贤作为上海五个新城之一，决定了其在交通网中起着连接主城区与新市镇、乡村，提升交通网辐射力和运行效率的关键作用。在奉贤打造区域独立综合性节点城市的过程中，交通基础设施的互联互通将是保证"节点城市"的首要因素和基础环节，对接新片区的交通基础设施建设，将给奉贤的发展带来重大契机。

（四）公共服务

目前，自贸区新片区聚焦高品质、国际化城市服务功能和公共服务体系，提出打造教育改革开放先行区、高品质健康服务引领区和家门口服务样板间，着力打造产教融合城市核心区，大力构建功能引领、医防融合的公共卫生服务体系。与此同时，奉贤的新城建设也在着力进行公共服务的提质增效，以支撑新城的能级升级。近年来，华二临港奉贤分校、上中国际部、上海国妇婴医院奉贤院区、新华医院奉贤院区、复旦儿科等教育、医疗项目的先后落地，对奉贤汇聚人气、提高关注度、提升社会预期的效果显著。

优质的教育、医疗、养老等资源是吸引人才、留住人才的重要保障，着眼于自贸区新片区和奉贤新城两个"新"的希望之地的长远发展，优质公共服务体系将成为区域合作的重点。目前，在产城融合区内公共服务领域的分工上，新片区管委会负责引入优质项目，奉贤区政府负责公共服务的日常维护，可以预见，两区域在公共服务领域均有扩大投入、提升质量的较大需求，下一步，两地可进一步研究推进区域合作，充分发挥公共服务具的正外部性,以实现优质公共服务从引进、建设到供给的全过程,实现公共服务成果共享达到"1+1>2"的效果。

(五)社会治理

社会治理主要依靠政府基层的力量,新片区的大部分区域位于奉贤,因此对奉贤区政府的社会治理能力有一定依赖。奉贤社会治理的水平一定程度上可以影响新片区的体验感和吸引力,高水平、精细化的社会治理也将成为新片区的名片,有助于引入更多高端项目、吸引更多高端人才。而新片区的制度、政策、资源优势又可以给奉贤对接新片区的专项社会治理工作以更大支持和动力。

在城市治理方面,奉贤已与新片区展开了合作。因产业发展、人员集聚,新片区范围内社会治理工作量大幅上升。为配合新片区社会治理工作,奉贤对新片区范围内做出倾斜,向区域内基层单位派出所、交警队等部门增加了人员。新片区提出打造社会主义现代化城市治理新标杆,需要在城市治理方面引入改革和开放的理念,在城市治理方面引入更新、更多元的方式。例如,把握城市数字化转型契机,引入数字化治理方式,从"通"办向"智"办进行治理方式转型升级,探索AI与城市治理相结合的模式;推动精细化治理,服务下沉村居,推进城乡融合治理,从满足"量"到保证"质"进行治理方式的转型升级;服务国际化社区,提供对国际人士友好的服务和设施等。新片区对标国际高水平自由贸易园区、自由贸易港和国际经贸规则所配套的社会治理标准,也将给奉贤社会治理工作更新治理理念、强化治理投入、变革治理模式带来机遇。

(六)文化旅游体育

奉贤和新片区近年来在文化、旅游、体育等方面推进了一大批重大项目,比如奉贤的九棵树(上海)未来艺术中心、海湾国家森林公园、十字水街、中央林地,以及临港的大学城、六院东院、航海博物馆、上海天文馆、海昌海洋公园等,区域整体面貌获得大幅提升,居民文体生活更加丰

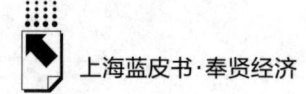

富，地区旅游吸引力持续升温。但是，奉贤和新片区两个区域具有较大辐射力和带动作用的标志性项目略显不足。此外，奉贤和新片区两个区域虽比邻，但文旅项目尚未形成明显的区域协同效应和集聚效应，缺乏串点成线的整体规划和设计。

自贸区新片区提出打造世界级文体旅游目的地，创建高水平全域旅游示范区，在城市规划、产业布局和社区建设中融入海洋文化、未来文化，打响水上运动品牌、培育冰雪运动，依托滴水湖、环湖景观带打造高品质旅游度假区等。奉贤一方面可以在文化和体育活动方面与新片区进行联动，共同打造先锋文化集聚地，例如采取主-分会场的形式共同承办大型文化节庆活动、体育赛事、学术论坛、艺术交流，多点布局发展演艺新业态，推动区区产业园区、科研机构、学校、文化场馆的深度互动对接。另一方面可以在旅游产品上发扬自身特色，与新片区错位发展，例如聚焦贤文化、江南文化，开发黄桃节、乡村特色旅游，与新片区滨水滨海、乐园休闲、工业参观体验等特色旅游线形成互补、串点成线，丰富旅游项目的选择内容，打造都市慢生活圈，形成规模效应和一定区域影响力。

（七）乡村振兴

奉贤有相当一部分乡镇区域被划入新片区，原本仅靠奉贤自身力量发展乡镇不仅需要分阶段、分梯度进行资源的统筹配置，而且区级的力量较为有限，对各乡镇的特色进行深入挖掘、实现较大成效可能需要较长时间。划入新片区、享受国家级战略的建设红利，是奉贤东部周边村镇的一次重大发展机遇。充分利用新片区的制度优势，也是奉贤实现乡村振兴的过程中可以依托的亮点和优势。

一方面，新片区范围内的奉贤各镇可以背靠自贸区新片区的产业发展，找到各镇经济发展的突破口，努力将自身打造成为产业配套的乡村振兴示范村；另一方面，可以充分利用新片区产城融合的发展目标和规划，着力提升和维护生态环境，成为城市发展的后花园。各镇乡村振兴工作，既可通过新片区的产业发展找到经济发展的抓手，又可通过乡村的整治美化助力新片区宜居宜业的整体环境，符合奉贤和新片区双方共同利益，有望成为奉贤主动融入新片区的重要突破口之一。

在区域合作助力乡村振兴的具体操作过程中，要兼具奉贤和新片区双重特色，构建城乡融合治理体系。一是对区域内加强网格化覆盖，融入精细化、高效化的管理理念。二是吸纳各类市场主体的参与，充分调动社会力量的积极性，发挥群团组织桥梁纽带作用。三是强化政府的基层治理能力，在公共管理、公共服务、公共安全职能等方面多管齐下。四是加强乡村精神文明建设，提高村民文化素养，传播乡贤文化，加强村民对自贸区国家战略、上海"五个新城"规划的认识，提升村民对乡村建设的配合度和积极性。

五 奉贤融入新片区的政策建议

新片区的设立体现了党中央进一步扩大开放、坚持全方位开放的坚定态度，在融入全球化发展的基础上引领全球化发展，在坚持对外开放的基础上探索更高水平的开放。作为与奉贤唇齿相依的毗邻区域，奉贤主动融入新片区，要充分利用密切联系的区位特点，通过对标国际最高标准，推动产业上下游的互补链接，实现民生服务的互利互惠，促进城市功能的协同整合，承接优势政策的外溢辐射，根据不同阶段抢抓不同重点，积极发挥辐射、协同作用，助力奉贤打响新片区西部门户品牌，发挥"近水楼台"的天然优势。

（一）将新片区的特殊政策在奉贤做定点突破

新片区是一片创新政策的试验田，对标国际领先的自由贸易园区，推出各项开放创新举措，实施有国际竞争力的制度，实现新片区内部产业的突破式发展，新片区与境外之间的投资经营便利、货物自由进出、资金流动便利、运输高度开放、人员自由执业、信息快捷联通。创新政策的先试先行，既有相较于全国的先发优势，同样也有试错的可能性和机会成本。新片区已尝试过一些产业政策、人才政策，可考虑筛选出较为可行的条目，扩大应用范围，尝试在奉贤做定点突破。例如在人才政策方面，区政府可借鉴新片区模式探索招揽人才的新路径、新载体，考虑特定区域或特定行业适用新片区人才政策购房政策等，考虑特定区属国企设立人才招引平台、发展载体。

（二）推动共同特色领域形成区域联动发展

例如，在保税领域，探索洋山特殊综合保税区、奉贤区综合保税区的联动发展，探索空间联通、功能互补的创新试点，以保税区内的研发、检测维修等功能支撑保税区外的产业发展，在自贸区新片区尝试建立东方美谷免税店；在新能源汽车领域，探索上下游产业的功能互补，推动区域间错位发展，形成新片区、奉贤区、张江园区的三区协同；在生物医药领域，形成生命蓝湾、奉贤东方美谷、张江药谷的三园联动。在双方共同特色领域形成区域联动、优势互补、彼此支撑、协作发展的基础上，争取同等享受自贸区新片区相关产业的制度创新。

（三）以社会服务体系共谋共建推动互利共赢

新片区的社会服务体系虽已有一定基础，但仍有较大提升空间。从教育基础条件来看，目前基础教育设施总量在新片区产城融合区内可以满足基本需求，但需要进一步优化布局结构，进一步加强师资力量。从医疗基础条件来看，新片区初步建立了公立医疗服务体系，但在治疗床位、执业医师配备等方面与全市平均水平存在较大差异。从公共文体基础条件来看，设施达到基本标准，但服务内容和质量需要完善。从养老基础条件来看，一些镇村在基本养老服务设施的配备上还有缺口。此外，综合服务设施覆盖范围、家门口的特色内涵等方面还需要进一步完善。

近几年，新片区一批社会领域的重要项目陆续开始规划、建设，如临港大学城、六院东院、航海博物馆、上海天文馆、海昌海洋公园等，初步发挥了龙头带动功能。但是，从整体上看，目前有辐射力和影响力的标志性工程不够完善，项目间缺乏协同效应，大学和重点行业还没有形成密切的融合发展，高水平医疗资源的潜能有待进一步释放，没有形成具有特色品牌意义的文化旅游项目集聚。

为了实现更深层次、更大范围的全方位高水平开放，努力成为集聚海内外人才开展国际创新协同的重要基地，新片区必须进一步集聚海内外的高层次人才，以产引人、以人兴业，全力打造开放创新、智慧生态、产城融合、宜业宜居的现代化新城。在汇聚人才、吸引人气的过程中，教育、医疗卫生、文化体育、社区服务、社会治理等工作，是全体民众关注的重点和切身利益的直接体现，也是城市发展最需要、新区域建设最迫切所在。

当前，我国社会服务业的市场主体参与相对有限，如在医疗健康、教育培训、文化创意等领域的规模和能级都不够强。鉴于今后新片区在国际医疗、国际教育培训、文化活动、举办赛事等方面将集中大规模海内外人才，必会增大对高素质、差异化、国际化的公共服务需求，前景广阔。

参考文献

杜国臣、徐哲潇、尹政平：《我国自贸试验区建设的总体态势及未来重点发展方向》，《经济纵横》2020 年第 2 期。

郭若楠：《自贸试验区推动制度型开放的实现路径研究》，《齐鲁学刊》2022 年第 5 期。

国务院办公厅关于印发《新能源汽车产业发展规划（2021—2035 年）》的通知。

黄建忠、吴瑕：《差异化试验下中国自贸试验区创新的研究——以临港新片区为例》，《国际贸易》2020 年第 10 期。

上海市发展和改革委员会等关于印发《临港新片区高质量社会服务体系建设规划》的通知。

习近平：《高举中国特色社会主义伟大旗帜　为全面建设社会主义现代化国家而团结奋斗——在中国共产党第二十次全国代表大会上的报告》。

赵亮：《贸易高质量发展的"自贸区驱动"逻辑机理探究》，《经济社会体制比较》2022 年第 3 期。

B.13
城市功能建设促进新城品质全面提升

孟醒 陈继锋*

摘　要： 奉贤新城需要吸引人才，更需要留住人才，这就需要全面提升城市品质，以新的发展理念对城市功能进行更加现代化的细分。通过提前布局高水平基础设施，形成"15分钟社区生活圈"，可以提高共享城市资源的效率和能力，还可以根据现实需求，对基础设施不断更新。将社区生活圈与新型产业社区结合，不仅有利于打破产业园区的界限，形成功能完备、生态宜居、工作生活平衡的生活、工作环境，为外来人才提供有温度的生活空间，还有利于增强新城的城市核心功能，加快提升城市形象。

关键词： 社区生活圈　产业社区　城市品质提升　新城建设

一　提升奉贤新城品质的背景和意义

"十三五"期间，奉贤区围绕"美"与"强"的发展目标，取得了日新月异的成就，经济总量有了显著提升，产业得到快速发展，基础公共服务设施在各个领域连点成线，基本形成了网络化、体系化的供给体系。2021年是奉贤区撤县设区的20周年，也是"十四五"建设的开局之年。站在新的起点上，奉贤区在新的赛道上持续践行"人民城市人民建，人民城市为人民"的理念，在高质量发展、高品质生活、高效能治理的道路上

---

* 孟醒，上海社会科学院数量经济研究中心博士研究生，主要研究方向为科技政策评价和计量模型分析；陈继锋，中共上海市奉贤区委党校讲师，硕士，主要研究方向为文化建设。

不断向前。随着经济不断发展、产业不断升级，东方美谷核心区、临港南桥智行生态谷、奉贤化工新材料园区等产业园区吸引了大量人才落户奉贤，面对日渐壮大的新城主体，城市功能需要不断增强，城市品质需要进一步提升。

在上海市社会主义现代化国际大都市的发展目标以及人民日益增长的美好生活需要的期盼下，奉贤新城城市品质建设面临两大机遇。第一，新时代背景下，市民对基本公共服务的期待更高，既需要均衡发展，又需要提升品质，基本公共服务的供给方式还可以更加多元。第二，各类基本服务与区域经济发展、产业创新融合的关联越来越紧密，为了更好地支撑城市发展，需要进一步提升城市功能和品质。

"十四五"期间，以融入长三角城市网络为契机，奉贤新城将进一步增强新城的竞争力，发挥生态宜居的固有优势，提高对人才落户的吸引力，同时建设高品质城市功能供给体系，满足人民群众对美好生活的向往。奉贤新城对城市功能的建设不仅是新的经济增长点、上海大都市圈的新支点，还是通过提供高质量的公共服务实现城市功能的有机循环，从而改变生活、生产方式的必经之路。

全面提升城市品质对奉贤新城建设有多方面的深远意义。

1. 面向未来，打造独立无边的未来城市。通过不断优化城市的空间布局，打造首店总店集聚区，加快实践"五型经济"，将数字化、智慧化的产城融合新方案扎实落地。

2. 面向区域，坚持综合性独立节点城市的定位。发挥区位优势，用先进的理念、完善的功能、优质的服务、繁荣的文化、强劲的竞争力，构筑上海大都市圈未来发展新支点。

3. 面向建设，建造符合人民城市理念的新城空间。充分利用奉贤新城的优势，持续优化人民的居住环境，塑造高品质的新城形象，建成一座具有现代化、综合性、全方位高品质的融合新城，让城市成为人民心灵的归属。

对于上海这一国际大都市，打造"15分钟社区生活圈"可以充分挖掘现有的城市内部及周边资源，并通过以点连线成面实现资源共享，进一步提供高品质的基础公共服务。"15分钟"是一个触手可及、开门即见的时空范围,在将上海建设为人民城市的过程中,在这个细小刻度上反复打磨,不断增加数量提高质量,丰富内涵拓展外延,以生活圈为载体脚踏实地地践行"人民至上"重要理念,激活城市内部社区单元的活力,提升国际化大都市和社会主义现代化城市的软实力。

作为奉贤新城建设"15分钟社区生活圈"的典型案例,奉浦街道已经在实践中赋予了"15分钟社区生活圈""16分"的全新内涵。"16分"寓意16分音符,代表了新城建设的速度和新技术,象征着城市充满青春活力,超前规划的1分钟也是对新城建设的多一份思考,鼓励外来人才和本地居民在生活圈里感受生活的温度、欣赏生态环境的美、思考城市的有机生长。"15分钟社区生活圈"是实现激发人民创造创新城市文化活力脚踏实地的一步,而奉浦街道践行的"16分钟艺术生活圈"可以提升进一步提升社区的文化软实力、吸引力,让新城人民不断获得归属感、认同感、幸福感。

二 全面提升城市品质的原则与目标

围绕综合性节点城市这一战略定位,同时发挥辐射带动作用,奉贤新城需要具备完善、高品质的综合城市功能,形成布局均衡、运行高效以及形式多元的服务体系。在提升城市功能和品质的过程中需要坚持以下几点。

1. 坚持从高点考虑,布局要有前瞻性。按照产城融合、职住平衡的独立综合性节点城市定位和生态宜居、生活便利的要求,对新城的功能分区和规划必须具有前瞻性,布局高标准的优质公共服务设施和资源,不断完善城市功能、提高城市品质,为创造人才聚集氛围、推动区域经济发展提供最根本的支撑。

2. 坚持软硬件结合,机制体制合理创新。根据新城当下和未来的产业规划布局和人口结构特点,对面向不同主体的公共服务设施统筹规划,对现有设施的优化和新建设施的规划应该协同发展,通过对硬件设施进行维护升级,起到提升和扩展社区、新城软件的作用,既需要扩大公共服务的影响力,又注重公共服务供应的公平性。

3. 坚持自身特色发展,挖掘资源禀赋优势。城市功能建设要强化自身特色,避免同质化带来的不必要浪费,根据新城现有基础和发展条件,构建有差异有特色的功能发展格局,以此来满足在奉贤新城发展过程中主力人群的公共服务需求和广大群众的差异化需求。发展过程中要重视发展内涵,通过打造特色品牌来扩大新城的影响力。

4. 坚持跨区域协同联动发展。保证市、区联动机制的畅通,实现对资源要素配置的高效使用,提高公共服务的配套供应效率。市级主体在政策指导和资源供给方面可以更方便搭建平台、引入优质资源;区级主体负有主体责任,需要确保规划的科学合理,推进政策和项目的落地实施,两级主体的合力将推进新城公共服务持续的高质量发展。

结合奉贤自身的生态环境优势,已经成功创建了上海市首批"河长制标准化街镇",拥有了"上海市园林街镇",5年内新增公园7座,其中6座已纳入上海市城市公园名录,并结合"美丽街区"创建,形成了年丰路、望园路、金海路等特色道路。按照《"十四五"新城公共服务专项方案》的目标,到2025年,新城公共服务水平在品质和覆盖面上得到显著提升,对人才的吸引力明显增强,基本满足居民就近服务的需求,"15分钟社区生活圈"基本覆盖新城主体,同时树立有辨识度的重大特色项目,引入高质量、特色化的服务品牌,使得居民对新城区域的归属感不断提升。目前奉贤新城的"大写意"基本形成,正转向精耕细作的"工笔画"阶段。在新理念、新基建、新产业、新社区、新生活上下功夫,加快形成空间新格局,助力新城蝶变跃升。

到2035年,新城应该基本实现高品质、现代化、功能完善的宏伟目标,"15分钟社区生活圈"覆盖新城主体区域,涌现出在公共服务领域具有影响力的建筑和品牌,公共服务体系继续提高水平,实现多层次、有特色的目标。为了解决经济发展中人才的后顾之忧,让人才与城市有机地融合,增加本地的就业机会和空间,需要实现幼有善育、学有优教、劳有厚得、病有良医、老有颐养、住有宜居、弱有众扶。

三 城市功能建设促进新城经济发展

根据《上海市城市总体规划（2017~2035年）（以下简称《总体规划》）》的要求，城市建设的规划需要结合上海的本地特色和国际国内的定位来进行创新和发展。在《总体规划》的指导下，上海应该成为包容创新、生态宜居、充满人文气息的社会主义现代化国际大都市，这一目标的实现依赖于提升城市品质，打造特色服务，改善生态环境，优化城市管理和服务体系。在经济不断发展和社会不断进步过程中，处理好城市中不同主体的切身利益，提高医疗、养老、教育、文体等公共服务的品质，建设充满人文关怀的高品质公共空间，其中非常重要的一环就是构建生态宜居、职住平衡、宜学宜游的社区服务圈，这也是城市经济持续发展、社会形态不断创新的重要保障。

经济发展需要新鲜血液的奔涌，面对全国各大城市的抢人大战，奉贤新城需要从自身做起，发挥自身优势，打造人才高地。要做到这一点，就需要根据新城总体规划和人口分布，合理安排居民住房布局和配套设施建设，实现职住功能的均衡发展。除此之外，城市建设应该将城市视作生命体，进行有机的更新，让城市利用自身的生命力进行生态修复，同时通过新设施的建设来不断提高城市的承载力和自我修复能力，让来到新城的企业和人才感受到奉贤的文化包容创新、环境生态宜居，让创新企业和优秀人才成为经济持续高速发展的主力军。

"15分钟社区生活圈"让人们重新开始审视城市空间，这也是第一次在时间、空间范围上清晰地定义了社区生活圈的功能。"15分钟"从时间尺度上体现了城市生活和管理的温度，在这个范围内可以凝聚生活的烟火气，让人们畅想美好的城市生活，这是对外来人才最有温度的邀请函。奉贤新城的15分钟生活圈，在超前1分钟的建设规划中，不仅可以满足居民的开门7件事，也让公园、文博场馆等公共空间变得触手可及，成了居民日常生活的一部分。在奉贤新城，以上海之鱼为中心，居民的社区生活圈不断扩圈，使生活充满了更多的可能，共享"一刻之美"。

2022年8月，奉贤新城的重要板块之一"魔方奉浦"公布了"15分钟社区生活圈"规划三年行动的方案，同时街道在社区文化活动中心设置了主题展，让最广泛的人民群众可以更感同身受地了解社区生活圈的丰富内涵。此外，奉浦街道还邀请当地居民参加主题沙龙讨论，共同探讨协商推进"魔方奉浦"的建设，这不仅能让人人都能成为社区建设参与者，更是人民城市理念的最佳诠释。这些贴近百姓生活的举措都是奉贤新城为了让社区生活圈的实体内容和精神内涵更贴近当地居民的生活而作出的努力。

"15分钟社区生活圈"的建设，不仅能提高现有居民生活的便利度，也能对线下实体零售和商业的突破和转型推波助澜，通过扩展消费和使用场景，释放潜在的消费能力，更加便利和多样的消费场景可以让城市有"烟火气"，也更能提高经济的内循环、微循环。相互覆盖、不断延伸的"15分钟社区生活圈"可以进一步惠及民生、拉动消费，为打通生活服务的最后一公里打下坚实的基础，为市民经济复苏提供更广阔的平台，从而更好地助力整体经济的复苏。

（一）社区环境

1. 城镇社区生活圈

根据基层社区居民的服务需求和组织的管理能力，15分钟步行圈的平均面积约为3~5平方公里，可以为圈内的5万~10万常住人口提供相应的服务。考虑到常住人口的需求，应该重点实现复合性功能并达到职住平衡，为常住居民提供就近就业空间和机会，为引进人才提供良好生活环境；通过将生活圈整体划分为一个个步行范围在500米至1000米的网格空间，配置日常高频率使用的公共服务设施和活动场所，可以更好地释放消费潜力，促进经济微循环。在控制街坊尺度的基础上，创造更有活力的街道容貌，引导城市有机循环、自我更新。

奉浦街道目前已经基本实现了在15分钟步行范围内即可享受"宜居、宜业、宜游、宜学、宜养"的社区生活圈，特别是航南公路以南片区覆盖

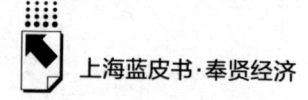

的社区生活圈密度更高,已经可以在10分钟的范围内舒心地生活。随着社区提供的基础公共服务日臻完善,奉贤对生活圈的建设提出了更高的要求,开始主动提供更加多元、更加注重精神内涵的高品质服务,为的就是让身在新城的居民们感受到如同上海市中心一样的格调,从而更好地为本地居民服务,吸引人员不断涌入奉贤新城。

2. 乡村社区生活圈

相较于城市,行政村的边界更大,也更不清晰。因此在乡村划定便民生活圈,更需要根据乡村之间的分布格局和商业就业布局进行统筹规划,从而巩固来之不易的精准脱贫成果,促进乡村振兴。生态环境资源是奉贤区的宝贵财富,也是新城的特色禀赋,而奉贤新城要错位发展,将自己推介出去,新江南文化就是核心竞争力。

在乡村社区生活圈的基础上,奉贤新城联动周边5个古城、古镇、古街、古村联动建设"一川烟雨"项目,沿着奉贤新城未来城市意象的中轴水脉,在现有的水乡资源上又规划了"五港十七渡",形成了"水上摩天大楼"的壮观景象。奉贤新城计划对自身及周边乡镇的水岸空间进行复合式提升,整合多种类、全方位的社区功能,使得水系空间在保留江南特色文化底蕴的同时,也能承载一定的商业价值。在保护中发展,也将有利于在发展中保护现存的古桥、古镇。奉贤新城目前成立的"一川烟雨"项目推进领导小组,已经在全面统筹不同空间的融合建设,将新城、镇域、乡村的生活圈连接起来。未来,这里融合的不只是生活的边界,产业、生态、文化等都将彼此融合、相互促进,不只是让奉贤的居民和企业,还会吸引上海乃至全国的游客来这里感受新江南水乡的诗意,让企业来这里发展。

3. 以公共交通为导向的发展

在常规街区之外,奉贤新城还需要聚焦开放式街区,建设TOD社区,构建街道步行网络。以现有的公共交通站点和换乘点为中心,融合社区管理、文娱教育、商业服务、福利保障网点等公共设施。同时完善道路交通的慢行通道和"B+R"设施,发展共享自行车。次干路、支路在路权分配上优先慢行道和人行道的规划原则,增加慢行休闲空间,为居民提供漫步和跑步的健身场所，打通公共设施之间的慢行通道。对于交通措施要实现平稳静音，降低对居民生活的干扰，形成低噪、安全的交通环境。

4. 公共活动网络

对于公共活动空间，在生活圈内增加各类体育运动场地、休闲健身设施和地方性文化设施，覆盖老中青幼各个年龄段，构建由文化活动、健康休闲、生活菜场等空间组成的社区人际交往体系。打造慢行道、人行道低碳网络，逐步打通街边巷弄和公共通道，串联起地区中心和社区中心等主要公共空间节点，鼓励企业、学校等活动空间或设施对公众共享。这些举措对于鼓励居民走出家门锻炼身体，增加社区的活力和扩展消费场景有重要影响，也能让居民对生活的环境更加熟悉，增加认同感。

（二）基本公共服务体系

1. 全年龄段公共服务保障

上海的少儿人口比重近年来有所回升，但老龄化程度也进一步加深，因此构建覆盖全体市民的全年龄段公共服务保障体系非常有必要。需要重点保障对老人、儿童、残障人士的医疗、照料等基本服务，落实无障碍规划设计理念。因此完善卫生服务设施，提供全方位、全周期的健康服务，就是为养老经济和幼儿经济打下硬件基础。

为了更好地了解老人和儿童在城市建设中的想法，奉浦四季生态园在世界城市日期间展览了利用户外座椅作为展具的"艺术品"。这些作品体现了孩子们的奇思妙想，也从儿童视角充分表达了对未来社区公共设施的畅想。通过这些作品，传递的就是尊重老人爱护儿童、共建和谐社区的美好愿景，这也是奉贤新城为进一步服务好老幼残障人士作出的努力，让重点人群亲身参与到公共服务设施的设计中去，用好人民的力量，充分尊重人民的想法。

2. 公共服务设施要求

通过构建三级公共服务设施体系（见表1），加大基本公共服务向当前公共服务水平较薄弱地区倾斜的力度，逐步消除不同地区、不同人群公共服

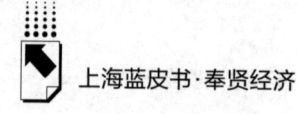

务供给的差异性，提升基本公共服务的覆盖度以增加便捷程度，让公共服务无差别地服务每一个人。以中心城行政区、主城片区、城镇圈为单元配置区级公共服务设施，以社区生活圈为基础配置公共服务设施。此外，还要考虑外来人口的基本生活需求，在不同类型的服务规划和建设上留有适度的弹性，让外来人口更有归属感，同时成为招揽人才落户的金字招牌。

表1 各级公共服务设施配置表

设施类型	设施级别	实施名称
文化设施	市级	文化馆、图书馆、博物馆、剧场、美术馆
	区级	
	社区级	社区文化活动中心(含图书馆)
教育设施	市级	普通高等学校、科研院所
	区级	高中、中等职业学校、特殊教育学校、国际学校、社区学院
	社区级	幼儿园、小学、初中等基础教育；社区学校(含老年学校、成人学校)等社区教育设施
体育设施	市级	市级综合体育馆、单项体育场馆、体育训练基地、体育中心
	区级	区级体育中心、综合体育馆、体育公园
	社区级	
医疗卫生设施	市级	市级医学中心、专科医院
	区级	区级医疗中心、康复医院设施、老年医疗护理设施、公共卫生服务设施(医疗急救中心、疾控中心、牙病眼病防治设施等)
	社区级	社区卫生服务中心、卫生服务站(村卫生室)、心理咨询点、急救分站
为老服务设施	市级	养老机构
	区级	综合为老服务中心、长者照护之家、日间照料中心、助餐点、老年活动室
	社区级	

（1）文化设施：城市发展的过程中，市民也要不断地学习进步，因此需要完善城市的文化服务体系，让文化惠民工程实践落地，丰富人们的文化活动和精神世界。引导博物馆、美术馆、图书馆等机构向各个地方传播文化、举办活动。鼓励不同的街道、镇根据自身的资源禀赋特色和产业、功能定位，有针对性地配建社区级文化设施，加强文化消费意识，构建文化消费场景。

奉贤新城的规划中始终多考虑了1分艺术，丰富了"15分钟社区生活圈"的内涵，通过打造高颜值的"16分钟艺术生活圈"。公共空间因为艺术的存在而变得充满人文关怀，居民与艺术的互动使得生活环境更富有人情味，提升了对青年人的吸引，丰富了老年人的生活，开拓了青少年的视野。

（2）教育设施：教育是经济发展的原动力，因此每个社区需要按实际学龄人口需求配置相应数量的高中，配置高水平的社区学院。按照社区适龄人口规模配置幼儿园、小学、初中，与社区活动中心结合设置一个社区学校。各个街道为了更合理地规划教育资源布局也在各尽所能，金海街道将开工建设金水丽苑幼儿园、美乐谷幼儿园等学校，为辖区内产业园区的员工子女提供教育新选择，金水苑小学、金水苑中学顺利与上海外国语大学完成签约，不断提升教育质量。

（3）体育设施：为了推进健康奉贤行动，将持续推进南片区邻里中心建设，深化健康场所建设，持续完善社区体育设施，完成金水新苑、恒盛湖畔豪庭88弄市民益智健身点改建更新工程。体育产业在我国方兴未艾，优先在新城、核心镇和具有体育功能特色的城镇布局区级体育场馆，广泛开展全民健身活动，能够有力地提高居民的身体素质，同时通过体育经济促进整体经济的发展和复苏。

（4）医疗卫生设施：面对突如其来的新冠肺炎疫情，我们应该意识到健康是居民的最根本需求，引导区级医疗卫生设施向人口集中的新城布局，保障城市平稳安全运行，产业正常运转，每个城镇圈至少配置1处区域医疗中心、1处康复医疗设施、1处老年医疗护理设施和相应的公共卫生服务设施。每个社区生活圈至少布局1个社区卫生服务中心和若干卫生服务站或村卫生室，保障居民的生命安全，践行人民至上、生命至上的原则。

（5）为老服务设施：面对老龄化社会，奉贤新城实施了社会救助顾问项目，将民生保障网织得紧密且牢固，并提供了更高品质的养老服务，对现有的社区养老模式进行了提质增效优化，实施老年人居家监测智能设备等项目，探索"智慧养老"新模式。同时，在政府主动服务的基础上，可以带

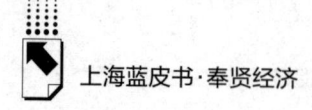

动市场化养老机构，发展养老经济。

3. 住房供应体系

要吸引人才落户，让居民生活更加舒适，那么就需要根据人口分布特点，合理调整居住区域的空间布局。大量外来人口导致居民结构发生了变化，为了满足城市产业发展、经济发展的需求，因此需要重视房地产市场的供给保障问题，建立租购均衡的住房制度，以期解决年轻人的后顾之忧。

针对新兴产业吸引来的人才，奉贤新城推出了相关的人才政策，以"星海造梦"计划为切入点，依托"南上海核心圈层党建"平台、"双联双进"等项目平台资源，建立了"星海智库"，通过"我为群众办实事""萤火虫"等便民工程，着力建设南上海高品质国际化人才社区，努力打造"群贤毕至"的美好氛围，形成"人才辈出"的生动局面。将保障性住房与公共交通站点、活动中心、就业中心等公共基础设施相结合，完善廉租住房、共有产权保障住房、公共租赁住房和征收安置住房"四位一体"的住房保障体系。

结合15分钟城镇社区生活圈规划，奉贤新城正在引导居住区域的有机更新，让城市不断地自我完善。持续改善老旧小区的住房条件、服务设施和居住环境，让它们融入城市的内循环，提升建筑安全性能和节能水平。提高住宅装配成套化率。明确社区适老性设施建设标准，建设和改造一批适老性住宅，打造养老产业。目前，奉浦街道利用创意墙绘的微更新，正在努力提升街道区域的人文艺术氛围，让街区更符合现代审美，焕发活力，让居民更愿意走进公园、融入生活。

在2021上海城市空间艺术季闭幕式上，上海、天津、长春、南京、杭州等52个城市共同发布《"15分钟社区生活圈"行动—上海倡议》，倡议提出城市建设要通过以人民为中心的理念转型、以多元协作的社区治理转型、以全方位的数字化转型推动人的全面发展和社会的全面进步。52个城市共同的行动愿景为：以全体市民的获得感为最高衡量标准，实现"宜居、宜业、宜游、宜学、宜养"。在未来的行动中，奉贤也将聚焦市民的"急难愁盼"问题，推动社区这一城市基础单元实现功能完善、品质提升、改善环境的目标；将"15分钟社区生活圈"的建设作为一个总体，让全区的社区生活圈成为承载能力最广泛的平台，共同推进社区各项工作的规划建设实施，塑造社区的多样性和丰富性。

四 城市功能建设与产城融合协同发展

《奉贤新城"十四五"规划建设行动方案》指出，新城建设的目标定位包括创新创造、生态宜居、数字智能、令人向往的消费之城和文化创意之城。其中，城市功能提升可以为创新所需的人才打造更好的生活环境，数字智能可以为产城、职住、生态、交通、营商环境等城市功能的提升提供重要支撑，"15分钟社区生活圈"为发展线上线下新消费、文化消费、健康消费、现代服务消费提供了方便快捷的应用场景，最终，星罗棋布的社区生活圈在市民与市民之间、市民与城市之间形成更好的互动，迸发出更多的创意和文化。

高质量产业是新城引才的关键抓手，然而如何留下高质量产业引来的高质量人才，则取决于城区的产城融合程度和职住平衡水平。也就是说，要让人才不出奉贤，在临近的生活圈、产业社区内就能享受到高品质的生活，解决新城的内循环问题。按照到2035年的人口数量目标，未来15年内奉贤新城平均每年至少要新增4万人，相应配套设施的前瞻性规划和规建，是奉贤新城当前发力的重点。

因此，推进教育、医疗、体育等基础设施建设是新城建设中招揽人才的重要一环。截至目前，教育方面，奉贤新城已吸引到格致中学，并将加快建设上中国际部、世外学校等教育机构，建设一体化的教育集团；医疗方面，奉贤新城已引进3家三甲医院（国妇婴奉贤院区、新华医院奉贤院区和复旦儿科奉贤院区），将建成较为全面的医疗体系，未来亚洲妇儿医学中心的落地更是为新城锦上添花。在生活基础设施建设之外，产业设施与日常生活的融合已经是当下的流行趋势。

奉贤区在建设新城的过程中，对新城如何达到最佳的投入产出效应有独到的见解,那就是要着力发展未知与未见的基础设施和公共服务。过去,城市发展依赖的是土地、资金等实体资源。随着科技的发展,面向未来设计规划的新城,需要率先谋划建立一座"数字孪生"城市,"数字江海"项目正是实践这一理念的"一号工程"。位于新城核心区域的数字城市示范区,规划面积约2060亩,在这片土地上生长的不再是冷冰冰的钢筋水泥,而是一座产城融合、功能完备、职住平衡、生态宜居、交通便利、治理高效的智慧数字产业社区,让人文与生态和谐相长,城市和产业融合并进,机遇和希望繁荣共生。

随着中国的产业升级改造,现在的产业社区也更加注重生产生活在其中的人的感受。在产业园的开发过程中,在保证产业生产的要求之外,还要营造都市化的环境氛围,吸引人们在这里工作和生活,并激发创新创造的活力和能量,带来新鲜活力和创造力。同时,抛开空间形态的限制,对产业社区建设的考验还包括结合产业自身特点,搭建从外在形式到内容本质整体体系的能力。无论是旧园区的升级、老城区的更新,还是科技新城的建设,都适用于产业社区模式。通过将"15分钟社区生活圈"与产业社区相结合,可以更好地发挥奉贤新城的自身特色和优势,招揽更多的人才,助力新城经济发展。

五 提升新城品质面临的挑战

在提高城市功能品质,增强社区治理能力的过程中,在构建"15分钟社区生活圈"的实践中依然存在需要探索解决的问题。

一是核心区域的土地资源寸土寸金,老旧小区的空间有限,在这些区域配置公益性服务设施颇具难度。目前针对居民最切身相关的公共服务,如居家养老、育儿托管、医疗关怀等在"15分钟社区生活圈"中还有短板。新建小区在规划设计中,虽然可以配建达到相关标准要求的设施,如新建小区要求配建人均不低于0.1平方米的养老服务设施,但对于育儿托管、康复设施适配等新突出的问题仍然有心无力。同时这些设备和服务的后续维护升级是需要持续投入的,在政府部门打下基础后,可以适度挑选市场化机构进驻,双管齐下保证生活圈的正常运转。

二是面对现在偏老龄化的人口结构,以及未来可能出现的婴儿潮,针对"一老一小"服务功能的兼容性不足。对"一老一小"两个需要重点关注的人群的关怀可以体现城市治理的温度,同时也是为中青年人群解决后顾之忧,从而让他们更好地平衡职场和生活。因此,面对重点人群的医疗康养方案需要和现有设施功能进行整合,改进现有社区设施的兼容性和普适性,同时利用信息化新技术提高供需匹配效率,提出供需匹配新方案。

三是作为"15分钟社区生活圈"内服务供给的主体,社区社会组织和小微企业等机构已经和居民生活的方方面面融合在一起,是基层非常重要的毛细血管,然而这些组织机构的存续问题和发展机会仍面临着较大的挑战。社区公益服务主体作为生活圈内提供服务的主力军,起到了非常大的作用,但限于客观条件还有待提高,需要重点保护、引导的同时注入新鲜血液。特别是在受疫情、治安、基层人口流动等各种因素的影响下,社区内的各类机构、门店需要接受相对严格的监督和管理。所以,对社区公共服务供给主体的扶持还需要从优化管理流程、降低运营成本、"变监管为服务"等方面入手。

六 总结

放眼全市,无论是社区服务综合体还是科技感十足的产业社区,将以更多样的形式逐步遍地开花,为城市经济发展注入新动能。"十四五"时期,科学布局精准规划的社区生活圈有望遍布全市213个街道和镇。它们将连点成线,网罗起邻里关系和生活方式,承托起城市的有机更新。同时,社区生活圈不仅优化了基础保障服务要素的配置水平,也提高了服务要素的品质。

在建设"15分钟社区生活圈"的过程中,上海和新城不仅对城市治理的方式方法进行了创新和变革,还主动将数字化转型融入基层,为社区服务和线下商业赋能新技术,打造出"微城市",形成"微循环",通过优化空

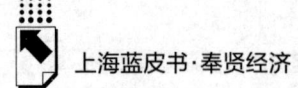

间结构和资源配置，提高生活品质、降低生活成本，为招揽人才，引进产业打下坚实的基础，从而更好地助力经济的快速发展。

如今，实体经济消费正在复苏，多种多样的线下场景可以满足不同人群更高阶的需求，线下消费已经成为城市经济发展的重要推动力，而生活圈内充满了机会，对于消费场景的升级改造、生活品质的提升、经济的高质量发展都有重要意义。未来，如何更好地勾勒和建设"15分钟社区生活圈"，还需要在保证服务供应能力、提升消费生态环境的同时将线下消费、服务场景与社区管理、服务结合起来，做到全年龄友好、全人群覆盖，还需要保持因地制宜、共建共享的特点，利用科技进步、消费升级和公益服务等新举措，给广大市民带来归属感、幸福感和参与感。

参考文献

何瑛：《上海城市更新背景下的15分钟社区生活圈行动路径探索》，《上海城市规划》2018年第4期。

李萌：《基于居民行为需求特征的"15分钟社区生活圈"规划对策研究》，《城市规划学刊》2017年第1期。

上海市奉贤区人民政府：《上海市奉贤区国民经济和社会发展第十四个五年规划和二〇三五年远景目标纲要》，2022年6月1日。

上海市人民政府：《上海市国民经济和社会发展第十四个五年规划和二〇三五年远景目标纲要》，http://english.shanghai.gov.cn/nw12344/20210129/ced9958c16294feab926754394d9db91.html，最后访问日期：2022年10月9日。

上海市人民政府：《上海市基本公共服务"十四五"规划》，2022年6月1日。

王均瑶、常守志：《面向规划实施的社区15min生活圈评估与划定》，《地理空间信息》2022年第6期。

于华涛：《"人民城市"社区生活圈规划模式探讨》，《福建建设科技》2022年第4期。

中华人民共和国自然资源部：社区生活圈｜重置城市面向未来发展的密码——《社区生活圈规划技术指南》解读，2022年6月1日。

B.14
奉贤新城建设助推乡村持续振兴

冯树辉 吴康军*

摘 要： 乡村振兴战略是新时期"三农"工作的总抓手。奉贤新城建设是引领品质生活，强化奉贤特色培育和独立功能的重要途径。奉贤新城建设与乡村振兴发展的目标定位一致、主要任务相互融通、发展布局互为补充，并且奉贤新城建设有助于补齐乡村经济社会发展中的短板。因此，在奉贤新城建设中，乡村振兴战略需要探索新的路径，通过新城建设助力乡村振兴。本报告分析了奉贤新城建设助推乡村振兴的逻辑关系，通过新城建设助推乡村振兴的典型案例，总结通过新城建设助力乡村振兴的实践经验，同时梳理奉贤新城建设助推乡村振兴的不利因素，剖析其中存在的问题，并对奉贤新城建设助推乡村振兴提出有针对性的政策建议。

关键词： 新城建设 乡村振兴 统筹规划 上海奉贤

党的二十大报告强调推进城乡融合和区域协调发展是经济高质量发展的重要内容。"十四五"时期，站在新的历史方位，上海市提出"五个新城"建设总体目标。2021年2月23日通过的《关于上海市"十四五"加快推进新城规划建设工作的实施意见》（以下简称《意见》）对上海五个新城建设提出了新的定位和要求。《意见》指出，建设新城要依据高标准、落实新理

---

* 冯树辉，上海财经大学博士后，主要研究方向为计量模型构建与分析、科技统计及科技政策评价；吴康军，中共上海市奉贤区委党校讲师，主要研究方向为区域经济与农村经济。

念，提升新城的综合功能，使之成为独立节点城市，将新城建设成为引领高品质生活的未来之城、全市经济发展的重要增长极、推进人民城市建设的创新实践区、城市数字化转型的示范区和上海辐射长三角的战略支撑点。新城建设要聚焦重点，强化产业支撑，坚持交通先行，加强公共服务资源配置，提升城市精细化的治理水平。2021年4月9日，上海市规划资源局公布了五个新城之《奉贤新城"十四五"规划建设行动方案》（以下简称《方案》）。《方案》指出，奉贤新城建设将按照"四城一都"的发展目标，构建"绿核引领、双轴带动、十字水街、通江达海"的总体格局。相关政策和《方案》的表述中均提到了奉贤新城建设要坚持综合赋能，强化奉贤新城的特色培育和独立功能。乡村振兴战略是新时期"三农"工作的核心内容和主要抓手。如何在新城建设中保留奉贤乡村的文化特色并且赋予乡村新的特点，如何在新城建设中发挥出乡村有限资源的发展潜力，如何使乡村产业振兴与新城产业形成上下游的联动等问题将是其面临的新挑战。研究奉贤新城建设助推乡村振兴建设，一方面有助于理解奉贤的新城建设与乡村振兴的内在逻辑关系；另一方面也对解决上述三个新挑战、建设具有奉贤特色的新城等具有很强的现实意义。

一 奉贤新城建设助推乡村振兴的逻辑关系

（一）奉贤新城建设与乡村振兴发展目标定位一致

《上海市奉贤区实施乡村振兴战略"十四五"规划》指出，到2025年底，奉贤乡村振兴战略将构建形成国际化大都市背景下城乡布局合理、功能多元多样、产业融合发展、基础设施完善、公共服务健全、村容村貌整洁有序、农村居民生活富裕的乡村振兴格局，通过实施乡村振兴战略使乡村整体发展水平走在全市乃至全国前列。通过实现乡村振兴的"七大目标"促进"四个转型"，将形成"人气有效集聚、产业快速发展、村貌加速扮靓、农民持续富裕"的奉贤乡村样式。奉贤新城"十四五"规划指出，新城建设要始终把人民对美好生活的向往作为奋斗目标和价值追求，将奉贤新城打造为环杭州湾发展廊道上的一个具有鲜明产业特色和独特生态禀赋的、综合性的节点性的璀璨明珠。立足独立的综合性节点城市定位，建设充满人性化、人文化和人情味的人民城市，为上海未来发展构筑新的战略支点。两个规划的目标均以满足人民对美好生活的向往作为根本目标，着力打造特色鲜明、功能完善、在上海市乃自全国具有一定影响力的奉贤新型农村和奉贤新城。

（二）奉贤新城建设与乡村振兴的主要任务相互融通

奉贤区实施乡村振兴战略"十四五"规划指出，"十四五"期间，奉贤乡村振兴的主要任务为：构筑高效能空间利用的城乡发展新布局、建成高质量融合发展的乡村产业新体系、打造生态化美丽宜居的乡村人居新环境、打响现代版淳正厚植的乡村文明新品牌、形成体系化安定有序的乡村治理新格局、畅通高品质共享发展的共同富裕新路径、探索高层次城乡蝶化的关键改革新模式。奉贤新城"十四五"规划强调需要优化奉贤新城空间布局，结合重点领域发展，因地制宜对新城"赋能"。通过公共服务和文化赋能来增强发展特色，通过交通赋能来深化联动，通过产业赋能不断集聚人口，通过空间赋能提高城市品质，通过城市治理赋能推动转型升级，不断地强化奉贤新城的特色培育和独立功能。两个规划的任务均重点强调了持续优化城乡发展布局，其中乡村振兴期待构建"特色村—新市镇—新城"的城镇发展新体系。因此，乡村振兴是新城建设主要任务的延伸，产业振兴是乡村振兴的核心内容。大力推进乡村一二三产业的深度融合，培育引导乡村发展的新产业、新业态、新模式，全面构建与国际大都市相适应的现代乡村产业发展体系是乡村产业振兴的目标和任务。奉贤新城建设的产城融合任务为乡村产业振兴提供了保障。此外，奉贤特色的乡村建设与新城建设均以弘扬贤美文化为出发点，打造城市治理和新村治理的新格局互为借鉴和补充。

（三）奉贤新城建设的空间发展格局与乡村振兴发展布局互为补充

奉贤新城"十四五"规划强调构筑高效能空间利用的城乡发展新布局，

发挥奉贤生态禀赋的特色优势，统筹配置产业、功能、人口和土地等多种要素，推进区域的协调发展。空间布局上，统筹国土空间开发新格局，优化乡村的生产、生活和生态空间，实现农业现代化发展，重塑和优化乡村发展空间，使乡村和城市品质归一、给人的感受互为补充。在产业布局上，建立"1+3+1"产业功能布局，使农业农村发展与区域产业优势、发展潜力、环境容量和资源承载力相匹配，推进生态商务区（带）建设、"一核三区"的发展可以借力于新城高科技发展，生态田园商务区（带）的发展为新城居民的生活提供了奉贤特色。奉贤新城"十四五"规划在空间发展格局部分中指出，新城建设需强化城市与乡村及自然生态空间的融合，用好乡村战略空间，使产业、文化、生态等功能完美结合，形成功能互补、发展互促的城乡融合发展新格局。

（四）奉贤新城建设有助于补齐乡村经济社会发展中的短板

人才广度和产业发展不够是奉贤乡村振兴战略实施中面临的重大挑战。村级管理者存在的主要问题是知识化、年轻化、专业化水平不足，年轻后备力量短缺。农村对于优秀人才吸引度不高，人才往农村聚集发展的意愿也不强。实用人才总量储备无法满足进一步实施乡村战略的需求。农村的经济、建设、规划与现代化治理等各类人才的数量和质量不匹配，将极大地制约乡村振兴的发展。与此同时，农业产业链短缺，农业生产机械化、科技化、数字化、网络化和电子化水平不高是农业产业发展面临的重大挑战。农村空间承载力、跨界融合力、功能开发力、效益产出力和品牌影响力均需要进一步提升，并且，农村稀缺优质资源未得到充分有效利用，这些问题将是农业产业链拉长和城乡产业融合发展的阻碍。在奉贤新城建设中，将建设创新之城放在首要位置，着力集聚科技创新人才和管理人才，为乡村振兴人才储备提供了渠道；将建设数字之城作为重要目标，引入数字产业化和产业数字化，发展数字经济，打造数字社会和数字政府，这些发展理念和实践为农业产业数字化和科技化提供支撑；建设公园之城和文化创意之都，发挥本地生态资源优势、发掘"贤美文化"内涵，为农村稀缺优质资源的充分利用提供了动力；建设消费支撑，发展线上线下新消费、文化消费、健康消费和现代服务消费为农业产业链延伸和品牌影响力构建提供了渠道。

二 新城建设助推乡村振兴的典型案例

（一）深圳市深汕特别合作区产业新城助推乡村振兴模式

近年来，深汕特别合作区被纳入深圳市第"10+1"区的管理体系，已经成为各级行政部门多重战略集中交汇地。《深圳市国民经济和社会发展第十四个五年规划和2035年远景目标纲要》指出，深汕特别合作区将被打造成深圳市产业体系拓展、城市功能延伸的新兴城区，成为深圳都市圈的副中心，并且能够辐射粤东沿海经济带。深汕特别合作区不仅着力建设现代化的滨海新区、产业新城，还起着发挥深圳实施乡村振兴战略的前沿阵地的作用。通过乡村振兴战略的推进，深汕特别合作区将成为深圳居民为之向往的"望得见山，看得见水，记得住乡愁"的田园都市。深汕特别合作区产业新城建设助推乡村振兴的实践如下。

1. 构建与市区一体化的保障体系，带动城镇化进程

深圳市的公共资源供给不足是阻碍其可持续发展的重要因素，深汕特别合作区的建设将有效缓解这个问题。通过在深汕特别合作区建设滨海新区，能很好地发挥滨海资源和土地空间优势，进一步发挥深圳都市圈辐射作用，延伸其城市功能。深汕特别合作区构建了与深圳市区一体化的交通、教育、医疗、住房等基本保障体系，有效缓解了深圳超大型城市功能运行的压力，同时也有力推进了深汕城镇化的进程，构建了功能完备的城市配套体系。深汕特别合作区着力构建轨道交通、高速公路和港口运营方面的立体交通体系，通过交通一体化助推区域发展一体化。此外，在中心区域规划了建设用地规模达12余平方公里的科教走廊，用于承接深圳教育事业发展对于公共资源的需求，构建了包含基础教育和职业教育的教育体系。同时，也构建与深圳市区一体化的高品质医疗体系，同时推动四镇卫生院转型为社区医院，

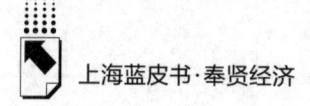

将功能社区健康服务站作为标准改造升级辖区内的村卫生室，牢牢地筑造了城乡一体的医疗卫生服务网点。

2. 打造城乡融合的现代田园都市

深汕特别合作区拥有超过50千米的海岸线和超过1100平方千米的海域面积，区内具有很高的山、海、林、田、湖、草、温泉等自然资源禀赋，具有丰富的资源和优良的生态环境。这些特点使其可以作为深圳市生态环境的后花园。因此，深汕特别合作区将"田园都市"作为发展目标，以规划、建设、经营、治理为工作步骤，以"五光十色"都市乡村示范带建设为工作抓手，不断扩大田园都市的范围，提升田园都市建设的质量，最终让区内高质量的田园都市建设由点成线，由线成面，面面相连。在"田园都市"的定位下，乡村振兴工作也被纳入特别合作区的"三大攻坚行动"中，通过统筹协调夯实三大行动推进的基础，补齐各个行动的短板，强化各个工作的发力点，以示范引领实现新型城镇化与乡村振兴的深度对接。积极落实省市对于攻坚行动的要求，通过创建美丽圩镇，以镇域的发展带动乡村的发展，走城乡融合发展之路。在具体做法上，在原有8个乡村振兴示范村的基础上，规划5条涵盖超过20个行政村，惠及超过6成农村人口的、体现十类特色自然资源禀赋的都市乡村示范带；强化责任落实，由区领导担任带长，通过推动"田园+都市"双轮驱动，预计在2023年打造完成5条都市乡村示范带。

3. 以产业发展带动人口流动，实现共同富裕

深汕特别合作区将成为一座以外来人口为主的新城。"十四五"期间，通过两个"千亿级项目"落产提供的超过10万个就业岗位，吸引其他区域人口集聚在深汕特别合作区工作和生活，与此同时也转移一部分本地农村人口到城市工作和生活，逐步实现共同富裕。在建设新型城镇化中体现以人为核心的理念，通过建造滨海新区和产业新城，不仅能够让本地城市居民在自家门前就业，也能转移部分农村人口到新城工作。同时，深汕特别合作区践行习近平总书记强调的"推进新型工业化、信息化、城镇化、农业现代化同步发展"的要求，利用深圳市农村综合性改革实验中对深汕特别合作区农村土地制度改革的政策优势,发挥出深汕特别合作区作为深圳市乡村振兴主战场的作用,积极探索农村土地流转路径,推进适度的规模经营,不断发展壮大农村集体经济,进一步增加乡村进城工作人口就业的机会和增收的路径。

(二)广东省惠州市仲恺高新区产业发展助力乡村振兴经验

作为广东省惠州市仲恺高新区乡村振兴的主战场,潼湖镇紧紧围绕统筹规划的"产业新城 生态潼湖"总体定位,通过工作举措的不断革新,在新城周围打造了古韵氧吧产业融合乡村振兴综合示范带。在未来,潼湖将建设的高新技术为主、农业文旅为辅的宜居宜业宜游的惠州经济新高地。其高新区产业发展助力乡村振兴的主要做法如下。

1. 产学研综合发展模式推动三产融合发展

在乡村产业振兴中,统筹规划仲恺高新区现代都市智慧农业产业示范园项目,探索并采用"企业+项目+村民入股"的综合性农业发展新模式,农村一二三产业深度融合的格局逐步形成。在精准的定位和布局下,潼湖镇采取了一系列促进产业发展的新措施,有力地推进了乡村振兴。立足于本地资源禀赋的独特优势,主题旅游服务产品体系得到有效的开发;立足于乡土风情,传统农业发展模式不断向附加值更高的现代农业发展模式转型升级;立足于仲恺高新区创新转化的战略发展机遇,将健康医疗和农副产业中的研发创新作为产业发展的核心内容,走产城融合、城乡融合发展之路,构建了"种植和养殖—加工制造—创新研发—办公"综合融合型产业链。此外,潼湖镇乡村振兴战略的实施也注重人才队伍的建设,人才流入机制畅通,乡村教育振兴方面的名师引进计划不断实现,积极鼓励镇内外的乡村振兴服务人员进行沟通交流,为社会人才投身乡村振兴事业、参与乡村发展创造更好的机会。

2. 强化党建引领,打造潼湖水乡综合体

潼湖镇强化了乡村振兴党建引领机制,构建了区直党委、机关、村村、村企帮扶攻坚的机制,各项乡村振兴项目不断落地,工作成效显著。通过党

建引领帮扶的形式进行基础设施的配套建设，精准解决群众关心的具有挑战性的事项。推进村村党建联建，形成了具有多功能服务性的基层党组织，积极整合党建资源和服务资源，立足于黄屋村、赤岗村古村文化，推进文旅产业在乡村落地和不断发展。潼湖镇积极推进党建引领农村集体经济的发展，通过党建积极发挥属地"两新"组织的产业优势，围绕古村重点推进整体村容村貌提升，延续古民居建筑风貌，推动了古村落的文化资源被活化利用和延续发展，构建了以"乡村+文创"为特色的潼湖水乡综合体的发展格局。

（三）广西田东县以县域实力提升激活乡村发展活力实践

2017年至今，百色市田东县牢牢把握脱贫攻坚和乡村振兴两大主题，通过统筹城乡融合发展，稳步推进新型城镇化建设，极大地激发了土地、资本、人力等要素的活力，形成了工农互补、城乡互动的城乡融合的发展格局。通过县域承载能力、综合服务能力、吸纳就业能力、经济发展实力的提升，快速提升了乡村振兴战略推进的活力。其主要经验如下。

1. 拓展城市框架，提升县域承载力和经济发展活力

"十三五"期间，田东县城快速拓展城市整体框架，构建了"六纵六横"的公路网络，县城区中的中心城区、老城街区、新扩展区以及产业集聚区等四区功能互补、区际联动的发展格局初具，"三馆一宫两中心"的公共服务中心初步建成。此外，逐步建成了碧桂园、恒力城等房地产项目及其配套项目，滨江文化公园、商业综合体等项目开始落地。交通便利、生态优美、生活配套设施完善、宜居宜业宜游的滨江新区正在不断建成。依托园区平台，田东县大力推动产业调结构促转型，不仅农产品加工与物流产业园初具规模，石化工业园、深百合作田东产业园、东海工业园、思林工业园等重点园区项目也在逐步建成，提升了县域的吸引力和承载力。与此同时，太阳能、风能等战略性新兴产业的快速崛起也进一步提升了县域经济发展活力和县域经济发展承载力。

2. 提升县域综合服务能力，打造城乡宜居宜业宜商新格局

2017~2019年，田东县开展乡镇特色街道改造项目，街区主干道进行了绿化、亮化、美化工程,改扩建了人行横道,修建了足量停车位。全县所有乡镇建设各具特点,各有灵魂。在改造项目中将各集镇的特色文化元素融入其中,发挥出各个乡镇的民族风情和历史底蕴。强化城乡融合发展的统筹,积极推进新型城镇化建设。对于处于恶劣环境的大石山区中的行政村,针对其一方水土养不好一方人的问题,通过易地扶贫搬迁,解决一连串重点工程问题。随着智能化、信息化的快速发展,田东县持续推进4G、5G网络建设和电信普遍服务项目。"政、企、银"三位一体的多方合作机制有效搭建,通过"田东普惠金融服务平台"的建设,打造升级版的田东农村金融服务体系,在金融方面支撑了乡村数字化基础设施建设,服务群众的"最后一公里"得到打通。基于全国重点红色旅游区的特色优势,田东以产旅融合为主题,坚持以红带绿,以绿促红。通过城区综合服务能力的不断提升,进一步促进了生产要素的自由流动,带动了服务业提质增效。

3.统筹城区发展与小城镇建设,促进城乡融合发展

田东县贯彻统筹城乡融合发展战略,坚持县域经济发展和乡村振兴两手抓。在工业园区、特色农业产业基地、建设脱贫奔小康产业园和扶贫车间等渠道的支撑下,田东县域的就业吸纳能力得到增强,农民就业大局得以实现。田东农产品加工与物流产业园、天成(田东)国家有机农业综合体、东方希望畜牧公司百万头生猪全产业链、牧源万头生猪养殖等项目建成,石化工业园是田东最大的园区,吸引了多家国内外知名企业落户,为农民提供数以万计的就业岗位。就业与经济发展实现了良性互动。一方面,新增就业人口促进了个体工商的发展,另一方面,城区几个临时农贸市场和新开张的几个大超市为县城提供了几千个就业岗位。通过统筹城区发展与美丽乡村建设,加快了农业农村现代化,缩小了城乡收入差距,有力推进了乡村振兴。

三 奉贤新城建设助推乡村振兴的不利因素

在各级政府的不懈努力下,奉贤乡村振兴取得了巨大成就。与此同时,奉贤新城建设也如火如荼地推进。当前,奉贤乡村振兴处在关键阶段,乡村

发展中存在一些短板。可以预见的是，奉贤新城的发展能够补充乡村发展中存在的不足，新城建设能够助力乡村持续振兴。同时，新城建设助力乡村振兴也面临不稳定、不确定和不协调因素的阻碍，新城建设与乡村振兴的割裂以及项目资金相互竞争等不利因素的制约。

（一）不稳定、不确定和不协调因素阻碍新城建设对乡村振兴的推动

当前全球社会和经济正面临着前所未有的大变局，不稳定和不确定因素增多。新冠肺炎疫情仍然在全球蔓延，全球的产业链也面临极大洗盘。受贸易摩擦和疫情冲击，上海的经济乃至全国的经济发展均面临极大挑战，奉贤农业稳产保供的任务依然艰巨，这不利于乡村振兴规划的实施，农民持续增收也受到阻碍。与此同时，奉贤新城的建设和发展也将依托长三角一体化、自贸区和新片区的整体优势。然而，受到地域、经济和文化等多重因素限制，长三角一体化联动发展仍需要长期磨合。受到决策、时间和条件制约等不协调因素的制约，新片区发展也面临极大的挑战。双重管理体制带来的资源开发和项目建设的决策矛盾、新片区长期红利和短期发展需求的时间矛盾以及承接自贸区新片区项目的资源需求和现有本地资源的储备不足的矛盾将最终导致奉贤发展受阻，奉贤新城建设也将受到挑战。乡村振兴面临的阻碍和新城发展受到的挑战同在，将不利于新城建设助推乡村振兴。

（二）新城建设与乡村振兴规划联系需进一步加强

新城建设与乡村振兴规划存在一定的割裂，二者在规划上没有得到有效的统筹。乡村是城市的主体，城市是乡村的延续。新城建设规划中提到的发挥奉贤中央绿地的核心生态优势，建设功能完备和生态宜居的奉贤新城等目标均需要以乡村振兴中"美丽乡村"的目标作为依托，解决乡村振兴中存在的人才、技术、数字化不足的问题需要新城建设集聚的人才作为支撑。并且，农村郊区极大提高了奉贤新城的承载力。新城建设与乡村振兴本质上相互交融、相辅相成。此外，新城建设与乡村振兴规划存在一定的割裂，也与

一直以来城市建设存在将乡村作为包袱和负担的思维有关，此外，农民参与乡村振兴的主动性和创造性不足，拆迁进城的思想依然存在，这些不利因素的共同作用导致了农村大量且优质的稀缺性资源并未得到有效开发。此外，"被规划、被平均"现象依然存在于农村基础设施建设和建设发展用地的使用和规划中，导致了村集体经济发展受到限制。这些问题导致了乡村管理和规划者形成以城乡二元结构看待乡村发展的思路，无法以"跳出乡村看乡村"的高度看待乡村发展。

一是交通设施规划存在一定割裂。奉贤新城规划指出，将建设南上海交通枢纽，建设独立的区域交通网，BRT、水上巴士、智能网联汽车等高效协同。形成多方式协调发展、便捷换乘、与地区公共活动中心及重大功能节点相适宜的设施布局。规划尽管也提到了引导和支撑新城城乡空间发展，但是其交通规划中缺少奉贤新城与乡村相互联动的内容。在已经上马的几个新城交通基础设施建设项目中，尚没有连接新城与乡村产业功能区的规划。

二是新城生态宜居与乡村生态宜居规划存在一定割裂。首先，生态的改善和塑造不能局限在一个局部的区域中，奉贤新城依托生态体系布局、功能板块特征，将新城内部的蓝绿空间与周边河湖、林地、耕地等融合为完整的生态网络和开放空间体系，与乡村振兴规划推动生态环境的改善没有形成联动机制。此外，新城基础设施建设中突出了数字化建设水平，而宜居乡村建设中推进生活垃圾分类管理、提升农村医疗、教育、养老等公共服务方面缺少相应的规划。

三是奉贤新城规划缺少乡村承载部分功能的规划。新城发展受到土地、规划、资源等多方面的限制，其承载能力未必是极其完备的。一些可以释放在农村的功能，诸如休闲娱乐等公共空间，可以放在乡村，不仅能够给新城必要的功能释放更大的空间，还可以带动乡村经济的发展。

四是奉贤乡村振兴的产业融合与新城产城融合发展存在一定割裂。乡村振兴中产业链发展长度不足是阻碍乡村产业振兴的关键因素。目前，奉贤乡村稀缺的优质资源利用程度依然不高，三产融合发展的表现形式匮乏，乡村的产业空间承载力、跨界融合力、功能开发力以及品牌影响力均需要提高。奉贤新城的产城融合发展将创新商业模式，构建产学研一体的生产性服务业总部业态，打造高水平跨界空间。这些规划均能有效弥补乡村产业链长度不足的缺点，但乡村振兴的产业融合目标中并未对此做出相应的统筹。

（三）奉贤新城与乡村振兴资金需求可能存在一定的竞争

一直以来，奉贤乡村振兴投入总量不足、投入途径狭窄，无法适应飞速发展的乡村振兴新形势。乡村振兴资金多以政府财政投入为主，工商资本、社会主体对农村产业参与度不高、活跃度不够，影响乡村持续振兴。尽管乡村振兴战略"十四五"规划指出，建立健全财政投入保障制度，确保支持农村改革发展的资金占本级财政预算的10%以上，资金总量只增不减。但是，新城"十四五"规划强调研究出台"十四五"期间新城范围内的税收转移、建设基金支持政策，强化新城规划建设的支撑力度。在政府财政收紧的情况下，奉贤新城与乡村振兴的资金需求将存在一定的竞争。

四 奉贤新城建设助推乡村振兴的对策建议

（一）加强党的领导，以党建引领新城建设助力乡村振兴

奉贤新城建设和实施乡村振兴战略要始终坚持党的全面领导，健全新城建设和乡村振兴联动工作机制，以党建引领新城建设助力乡村振兴。成立新城规划建设推进领导小组，领导小组下设推进办，负责研究决定新城规划建设推进过程中的工作事项，制定有关工作计划，建立常态化工作对接协调机制。乡村振兴战略实施中积极落实"五级书记抓乡村振兴"责任要求，建立健全党委统一领导、政府负责、党委农村工作部门协同推进的工作格局，全面实施乡村振兴战略。新城规划建设领导小组和乡村振兴战略工作领导组相互协调，书记和区长负责协调新城规划建设和乡村振兴联动的重大问题和决策，加强各部门统筹两项工作的协同，定期总结乡村振

兴推进中的挑战和通过新城建设助力乡村振兴实施瓶颈的解决办法，研究制定相关政策举措，为新城建设与乡村振兴联动提供坚强的组织保障和群众基础。

（二）加强新城建设与乡村振兴的规划统筹

加强奉贤新城建设与乡村振兴的统筹是因为：首先，奉贤新城建设与乡村振兴发展目标定位是一致的，都是以满足人民对美好生活的向往为根本目标，打造特色鲜明、功能完善、有影响力的奉贤新城和新型农村；其次，奉贤新城建设与乡村振兴的主要任务相互融通，乡村振兴是新城建设主要任务的延伸，并且，奉贤新城建设的空间发展格局与乡村振兴发展布局互为补充，新城建设需强化城市和乡村及自然生态的融合；最后，奉贤新城建设有助于补齐乡村经济社会发展中的短板。统筹主要体现在以下几个方面：一是新城与乡村振兴交通规划上的统筹，新城内部和与新片区、乡村产业功能区的交通需要有一定联通；二是新城生态宜居和乡村生态宜居规划的统筹，在自然生态的改善和塑造、乡村和新城医疗、教育、养老等公共服务数字化等方面需要有一定的协同；三是奉贤新城建设中需要考虑到自身的承载能力，部分能放在乡村的功能可以放在乡村；四是乡村产业融合与新城产城融合发展规划的统筹，通过新城产业延伸乡村产业链的长度，通过乡村产业提高新城产业的韧性。

（三）以国有企业参与新城建设和乡村振兴为纽带，加强新城建设与乡村振兴的融合

国有企业市场和渠道优势不仅能够提升农业产业价值链，还能够为新城建设发展提供市场保障。国有企业的产业资源优势不仅能够促进城乡产业融合发展，还是新城产业发展的根基。国有企业的人才优势奠定了新城人才队伍的基础，也引领乡村振兴人才队伍建设。金融类国企能为新城建设和乡村振兴提供资金支撑。因此，国有企业能在新城建设和乡村振兴中发挥重要的作用。区政府需要统筹好国有企业参与新城建设和乡村振兴部署规划，以国

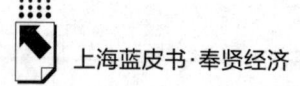

有企业为纽带，不仅能够加强新城建设与乡村振兴项目建设的融合，也能够带动社会资本参与新城建设和乡村振兴。

（四）加强乡村人才队伍建设，提升乡村振兴与新城建设协同的认识高度

农村对人才的吸引力不足，专业人才前往农村创业发展的意愿不强，村级领导班子知识化和专业化水平不高，年轻后备力量储备不足，实用人才数量较少等人才需求制约着乡村振兴战略的推进。人才引领度不足导致农民的主动性和创造性不足，从而农村大量资产处于闲置状态，没有得到有效的利用。应当加强农村人才队伍建设，提升乡村振兴与新城建设协同的认识高度。经济、建设以及现代化治理人才队伍是引领农民主动性和创造性的关键因素，具有主动性和创造性的农村才能更好地借助新城建设进行乡村振兴建设。

（五）深化财政资金支持，保证新城建设与乡村振兴的协同发展

奉贤新城建设助推乡村振兴，新城建设项目的落实和乡村持续振兴的推进是前提。加大财税支持是新城建设项目落实的保障，通过出台新城范围内的财税转移政策、建设资金支持政策加强对新城建设的支持力度。乡村振兴战略的推进也需要健全财政投入保障制度，提高涉农资金的统筹力度，进一步完善财政补贴体系和项目体系。积极向上争取新城建设和涉农金融政策，力争国开行、农发行的政策性信贷进一步向新城建设和乡村振兴倾斜。鼓励国有资本、社会资本和金融机构积极参与新城建设项目和乡村振兴。通过财税政策促使新城建设和乡村振兴的联动，鼓励落户新城的企业参与乡村振兴，对参与乡村振兴的新城企业给予一定的税收补贴。

（六）以新江南文化赋能新城建设与乡村振兴的推进

发掘"贤美文化"内涵，假设文化创意之都是奉贤新城特色功能之一，奉贤农村是彰显新江南水乡文化魅力的宝地。以九棵树（上海）未来艺术

中心为核心，打造独特的奉贤文化品牌，提高奉贤文化软实力和影响力是新城建设的目标之一。以"三园一总部"为抓手，以田园生态为底色，打造发展乡愁乡村文化，是乡村振兴打造淳正厚植的乡村文明品牌的主要途径。通过新江南文化赋能新城建设与乡村振兴的推进，将文创产业的发展作为新城与乡村的最佳结合点之一，推动新城与乡村文创市场的深度融合，促进农民增收，助力乡村持续振兴。

参考文献：

张丽萍：《我国特色小镇发展的理论与实践脉络分析》，《调研世界》2018年第6期。

上海市奉贤区人民政府：《关于印发〈上海市奉贤区实施乡村振兴战略"十四五"规划〉的通知》，https://xxgk.fengxian.gov.cn/html/static/f/editor/attach/2021/10/27/20211027102351333_83660928.pdf，最后访问日期：2022年10月8日。

上海市人民政府：《奉贤新城"十四五"规划建设行动方案》，https://www.shanghai.gov.cn/nw12344/20210409/13b71e3e3590408d80182276cafbc007.html，最后访问日期：2022年10月8日。

深圳市深汕特别合作区官方门户网站：《深汕特别合作区坚持新型城镇化和乡村振兴"双轮驱动"加快建设现代化的滨海新区、产业新城、田园都市》，http://www.szss.gov.cn/sstbhzq/ssw/jrss/tpxw/content/post_10058852.html，最后访问日期：2022年10月8日。

当代广西：《提升县域实力 激发乡村活力——田东县以新型城镇化建设助推乡村振兴纪实》，https://www.ddgx.cn/show/46114.html，最后访问日期：2022年10月8日。

上海市奉贤区人民政府：《关于印发〈2022年奉贤区乡村振兴工作要点〉的通知》，https://xxgk.fengxian.gov.cn/art/info/2913/i20220710-el8xq9201gqgwwocf3，最后访问日期：2022年10月8日。

上观：《齐聚贤者地 共话"新江南"（一）|国际化大都市背景下的乡村振兴》，https://sghexport.shobserver.com/html/baijiahao/2022/09/19/857474.html，最后访问日期：2022年10月8日。

B.15
落实"十个一切"要求，奉贤打造一流营商环境路径研究

张美星　沈鹏远*

摘　要： 2021年，奉贤区立足自身发展定位，深入推进"放管服"改革，营商环境优化工作取得阶段性成效，在"一网通办"、服务企业、项目帮办等方面走在全市前列。2022年，奉贤区持续落实"十个一切"要求，深化"放管服"改革，用"妈妈式服务"呵护企业，全力抗击疫情助企纾困，力图把奉贤区打造成综合成本最低、综合优势最足、综合竞争力最强的营商环境高地。通过打造"奉贤品牌"，创新"奉贤精度"，彰显"奉贤速度"，形成"奉贤力度"，体现"奉贤温度"。对于奉贤区优化营商环境面临的政策空间瓶颈及惠企政策宣传不到位、兑现难等问题，报告提出了相应建议。

关键词： 营商环境　政务服务　助企纾困　一网通办

营商环境是区域经济高质量发展的关键驱动力，是激发各类市场主体活力的重要催化剂。优化营商环境就是解放生产力，提高竞争力。早在2018年，奉贤区政府就提出了打造营商环境的"十个一切"路线图，即："降低一切可以降低的收费，减少一切可以减少的环节，取消一切可以取消的审

---

* 张美星，上海社会科学院信息研究所助理研究员，主要研究方向为宏观经济计量模型构建与分析；沈鹏远，中共上海市奉贤区委党校教师，副教授，主要研究方向包括经济体制改革、创新经济学、国有企业改革。

批，归并一切可以归并的机构，下放一切可以下放的权力，推动一切可以推动的改革，完善一切可以完善的功能，提升一切可以提升的服务，复制一切可以复制的经验，强化一切可以强化的监管。"近年来，奉贤区持续落实"十个一切"要求，营商环境水平显著提升。在深化"放管服"改革方面，奉贤累计取消调整审批事项118项；"一网通办"改革成效显著，年办件量超440万件，全程网办比率达到86.8%；用"妈妈式"服务呵护企业，打造"线上直通车、驻企店小二"服务平台，推出"早餐圆桌会"交流模式，实行"无科层"审批，率先实现产业项目落地"六证齐发"；复制推广"一业一证"改革经验，实现"一证准营"、跨地区互认通用；大力实施减税降费政策，助企纾困，为企业减税超150亿元。①

一 上海营商环境优化概况

作为国务院《关于开展营商环境创新试点工作的意见》中首批国家营商环境创新试点城市之一，上海把握机会持续突破提升，全方位改革优化，积极建设国际一流营商环境。近年来，上海持续推动营商环境优化，对标国内国际先进水平，2017~2021年已连续出台5版优化营商环境方案，连续4年召开全市优化营商环境大会，累计实施了584项改革举措，营商环境优化成效显著，硕果累累。2022年，上海优化营商环境改革多措并举，与"放管服"改革等协同推进，以探索创新先行先试为主线，力争提高上海贸易投资便利度、行政效率、政府服务规范度和法治体系完善度，以建成营商环境标杆城市为目标，进一步提振市场信心，提高城市软实力和核心竞争力。

（一）优化营商环境5.0版出台，探索创新先行先试

2021年12月29日，上海出台《上海市营商环境创新试点实施方案》

---

① 钟源：《锚定目标 上海奉贤续写"美""强"新答卷》，《经济参考报》2022年3月5日，第4版。

(下文简称《实施方案》），接续 2021 年 3 月出台的《上海市加强改革系统集成　持续深化国际一流营商环境建设行动方案》，上海优化营商环境方案升级至 5.0 版本。从 2017 年的《着力优化营商环境加快构建开放型经济新体制行动方案》到 2021 年的《上海市营商环境创新试点实施方案》，从 1.0 版本到 5.0 版本，五个方案持续优化升级，各有侧重，提出不同阶段的不同目标任务，从点上突破，点面结合，对上海营商环境进行系统性改革。《实施方案》从市场环境、政务环境、投资环境等 10 个方面推出 172 项改革举措，提出力争用 3~5 年时间使上海营商环境国际竞争力跃居世界前列，政府治理效能全面提升，市场活跃度和发展质量显著提高，率先建成市场化、法治化、国际化的一流营商环境。以上海被列为首批国家营商环境创新试点城市之一作为契机，对进一步优化上海营商环境提出了更多突破点，涵盖《关于开展营商环境创新试点工作的意见》中明确的各项任务和全部改革措施，新增"着力打造创新引领的营商环境高地"和"着力打造协同高效的营商环境合作示范区"两方面任务和体现地方特色的 71 项改革举措，体现出更大力度保障市场主体发展活力、更深层次对标改革制度创新、更高水平推动营商环境数字化转型、更加突出优化事中事后监管的特点。在"更深层次对标改革制度创新"方面，《实施方案》对浦东新区、临港新片区、长三角一体化示范区、虹桥国际中央商务区等战略功能区提出了更高要求，鼓励这些地区大胆试、大胆闯、主动改，发挥示范引领作用，打造营商环境制度高地。此外，《实施方案》也从政务服务和企业服务两方面对推动营商环境数字化转型作了明确布局；在监管方式、监管手段、监管效能上，对着力加强事中事后监管作了明确要求。

（二）实施优化营商环境重点事项，提升市场主体感受度

上海在推动落实《上海市营商环境创新试点实施方案》的基础上，进一步深化拓展，提出在 2022 年底前再组织实施 10 个优化营商环境重点事项，包括企业登记便捷、税费缴纳灵活、融资服务升级、信用监管提升、公

用服务优化、项目审批提效、跨境贸易便利、科创培育赋能、纠纷化解高效、营商服务贴心等10方面30小项，提振市场信心，提升市场主体感受度，激发市场活力。如在企业登记便捷方面，实施企业登记全流程事项全程网办，实施连锁食品经营企业许可便利化，更加省时省力省心。在融资服务升级方面，鼓励银行进一步对小微企业和个体工商户出台倾斜政策，升级减费让利措施，在免除其一个账户管理费和年费之外，进一步免收全部账户管理费和年费，减免各类手续费、工本费、挂失费。在营商服务方面，积极推进送政策进楼宇、进园区、进企业，打破信息不对称，惠企政策传递更加高效，建立常态化和应急状态相结合的企业服务工作机制，持续优化疫情期间相关应急处置工作模式；同时拓宽营商环境社会监督渠道，在社会各界招募一批热心专业人士作为营商环境"体验官"，对营商环境提出真实评价，加强社会监督。① 多方面入手优化营商环境，切实提升市场主体感受度，进一步提振市场信心，稳定市场预期。

（三）建设"一网通办"全方位服务体系，深入推进"一件事一次办"

近年来，上海持续深入推进"一件事一次办"改革举措，提升政府政务服务质量和工作效率，积极优化营商环境，提高人民群众的幸福感和满意度。2021年初，上海发布《深化"一网通办"改革构建全方位服务体系工作方案》（以下简称《方案》）。《方案》提出，2021年底前，实现从"可用"向"好用"转变。围绕个人事项和企业经营全周期服务，拓展和优化公共服务、便民服务。实现基本公共服务领域全覆盖，推出10项示范性公共服务场景应用；"随申办"月活跃用户数突破1300万。2022年底前，实现从"好用"向"爱用"转变。形成协同高效的服务运行体系，公共数据与社会数据融合，充分应用大数据、人工智能等技术，推进服务从"直通"到"直达"。2023年底前，实现从"爱用"向"常用"转变。

---

① 《上海市2022年优化营商环境重点事项》。

"一网通办"全方位服务体系基本建成,为群众和企业提供智能化、个性化、高质量的政务服务、公共服务和便民服务。"随申办"月活跃用户数突破1500万。

(四)加快经济恢复重振,助企纾困稳定预期

2022年,突如其来的疫情对上海经济社会发展产生了巨大的冲击,市场主体遭遇的困境也前所未遇,既要防住疫情,又要稳住经济。上海全力落实中央部署,按照"疫情要防住、经济要稳住、发展要安全"的要求,助企纾困,保障就业,有效平衡统筹社会经济发展和疫情防控。2022年5月,上海制定《上海市加快经济恢复和重振行动方案》,为提升营商环境提出了一批支撑保障性的政策措施:持续开展各层各级领导干部"防疫情、稳经济、保安全"大走访、大排查,建立企业诉求快速回应和解决问题的服务机制,实施市场主体纾困优化营商环境专项行动计划,提高"一网通办"全程网办率,完善信用修复机制,加大政府采购支持中小企业力度,稳定平台企业及其共生中小微企业的发展预期。

(五)结合区域产业发展特点,各区积极改革实践

2022年上海各区相继发力,围绕优化政务环境、提升企业全生命周期管理服务等方面,推出优化营商环境新举措,积极提高政府服务效率能级,让企业拥有更多的获得感、幸福感。2022年以来,上海各区按照全市优化营商环境工作要求,聚焦市场主体反映的突出问题,结合区域产业发展特点,开拓创新、攻坚克难,工作中又形成了一批针对性强、有特色的改革举措。2022年11月公布11项各区优化营商环境优秀案例和10项良好实践(见表1),例如嘉定区不断优化政务服务,全力打造"小嘉帮办"服务品牌;浦东区推进商事登记确认制,试点以企业信用信息报告代替行政合规证明;闵行区搭建智慧化征纳互动平台,推动企业住所登记便利化;徐汇区漕河泾开发区打造园区法律服务体系,推动法律保障资源下沉;虹口区积极构建"政企交流、企企对接"的新型服务平台,在北外滩打造集公共法律服

务、专业法律服务、法治研究和交流等功能于一体的法律服务产业集聚圈。各区依托本区重点地区，聚焦重点产业行业，深化企业服务内涵，提升区域核心竞争力，努力打造市场化、法治化、国际化的一流营商环境。

表1 上海市2022年度各区优化营商环境优秀案例和良好实践

排名	区	优秀案例	等级
1	嘉定	"快闪办""自助办""视讯办""陪同办"——打造"小嘉帮办"服务品牌	优秀案例
2	浦东	推进商事登记确认制 持续创新市场准入便利化改革	
3	闵行	征纳互动"智"优体验足不出户"指"享服务	
4	徐汇	强化法治"硬功夫"打造营商"软环境"	
5	虹口	依托特色品牌系列活动 构建"政企交流、企企对接"的新型服务平台	
6	黄浦	"燃创梦相"助力高质量创新创业	
6	奉贤	全流程在线办案助力高效审判 高质量化解企业多元纠纷	
8	金山	打造"三团一平台"构建组团式法治服务新模式	
8	青浦	长三角生态绿色一体化发展示范区政务服务一体化建设	
10	宝山	代企办，企无忧——首席代办一线直达	
10	杨浦	以人为本稳就业 宜商惠民促发展	
排名	区	良好实践	等级
1	浦东	试点以信用报告代替行政合规证明 提升企业上市服务保障效能	良好实践
1	闵行	"一库"汇万址 "一纸"惠万众	
3	虹口	打造"法律服务产业集聚圈"擦亮法治化营商环境新品牌	
3	奉贤	"四个一"云审批 开启数字治理新样式	
5	金山	助企揽才 打造人才服务"金"字招牌	
5	静安	智能退税一键式"双动"创新提效能	
7	长宁	出台服务保障复工复产 持续优化营商环境十大行动方案	
8	松江	"益"企助企"律政联商助企"法律服务团持续为企业发展"支招"	
9	崇明	健全政企沟通机制 助力民营经济发展	
10	普陀	深化"体验官"机制建设 营造浓厚营商氛围	

资料来源：《关于印发上海市2022年度各区优化营商环境优秀案例和良好实践的通知》[沪发改营商〔2022〕7号]。

二 奉贤区优化营商环境主要成果

2022年,奉贤区高效统筹疫情防控和经济社会发展,把发展作为第一要务,全力以赴稳经济、保增长,不断加强产业支撑,持续提升城市功能,加快推进奉贤经济高质量发展。营商环境持续提升,贯彻"人人都是营商环境,事事关乎营商环境"的理念,深化"十个一切"改革,持续精简优化审批事项;强化多主体协同联动、事中事后监管,加快提升服务效能;聚焦数据赋能,以新技术为创新手段,优化配置服务资源,丰富服务内容、拓展服务方式,深入园区和企业开展走访排查,下沉一线了解真实诉求,切实为企业群众解决"急难愁盼"问题。

(一)突出工作特色,聚焦"一网通办"改革

奉贤区作为上海唯一一个由政务服务办承担优化营商环境改革工作职责的区,在"放管服"改革、优化营商环境、一网通办、数据赋能四大方面具有一定优势。近年来,奉贤区政府服务办聚焦"一网通办"改革,强化数据赋能,深化"放管服"改革,突出奉贤区优化营商环境的工作特色,打造营商环境优化的"奉贤品牌",市场主体感受度、企业和群众办事便捷度、体验度、满意度逐年提升,营商环境不断优化。

2022年,奉贤区围绕"8+3",即《上海市营商环境创新试点实施方案》中认领的8项改革事项(推行"一业一证"改革;精准推送惠企政策,提供便捷政策兑现服务;完善工程建设项目审批审查中心一站式服务工作体系;扩大施工图免审范围;开展房屋建筑类建设项目综合监管"一件事"改革;完善政企沟通机制;打造住所信息管理服务标准化平台;深化长三角"一网通办")及10个优化营商环境重点事项中各区政府认领的3项营商服务方面的重点事项(创建营商环境服务品牌、强化企业服务工作机制、拓宽营商环境社会监督渠道),优化提升营商环境,助力市场主体纾困解难、复工复产、恢复合力。同时积极践行"十个一切"理念,一体推进简

政放权、放管结合、优化服务改革，更大力度保障市场主体发展活力，更高水平推动营商环境数字化转型。在疫情期间和六月初为提振经济，出台一系列惠企利民政策措施，集中一切力量帮助企业复工复产，快速推动社会生产生活秩序加速恢复到疫情前的节奏。

（二）搭建沟通平台，畅通政企交流渠道

通过"早餐圆桌会""云上晨会"等形式，了解基层真实诉求，帮助企业纾困解难。2022年上半年，由区委、区政府和各部门共举办"早餐会"15场，邀请企业36家，提出问题44个，解决问题40个，解决率90.9%；举办"云上晨会"142场，邀请企业356家，提出问题336个，解决问题324个，解决率96.4%。在"一网通办·奉贤频道"开发上线"国有企业减免小微企业和个体工商户房屋租金"全程网办服务，符合条件的承租国有企业房屋的小微企业和个体工商户足不出户即可线上办理享受该项减免政策，最多可减免6个月房租。自2022年6月2日上线以来，已有10家企业线上申请办理房租减免。全方位多角度支持广大小微企业和个体工商户渡过难关、恢复发展，数据赋能助力疫情防控大局和复工复产复商复市。

（三）推进审批事项改革，全面简政放权

奉贤区深化商事制度改革，开办企业便利化改革成果突出。新增市场主体数量位居全市第一。2022年1~6月，奉贤区新增市场主体44297户（含临港新片区注册企业1320户），同比下降35.19%。截至2022年6月末，全区共有各类市场主体590867户（含临港新片区注册企业24915户），同比增长13.09%，其中企业560164户，同比增长13.89%。同时积极落实新的组合式税费支持政策，加大研发费用加计扣除、增值税留抵退税力度，至6月底，增值税留抵退税达50.13亿元，有效缓解企业生存压力。

推进审批事项改革，"减时限、减跑动"，持续推动业务流程革命性再造，切实提升市场主体感受度和群众办事便捷度。一是持续深化"证照分

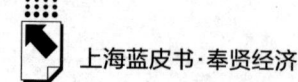

离"改革，99项涉企经营许可事项实施全覆盖清单管理，其中直接取消审批17项，审批改为备案9项，实行告知承诺43项，优化准入服务30项。二是推进"一业一证"①改革，区政务办上半年颁发药店、便利店、小餐饮等7个行业151张行业综合许可证。三是推进"高效办成一件事"改革，新增青年就业"一件事"、开办林木育苗企业"一件事"等若干"一件事"、优化婚姻登记补证等3件"一件事"，上半年总办件量达5万余件。四是优化全流程一体化办事服务，推出开具气象证明、设立内资文艺表演团体许可、设立艺术品经营单位的备案等4个"好办"②和1个"快办"③事项。五是深化长三角"一网通办"，着力打通业务链条和数据共享堵点，推动更多政务服务事项"跨省通办"，奉贤区率先与广东惠城、江苏江阴、安徽亳州签署了三方"跨省通办"合作协议，目前已上线175项"跨省通办"事项，涉及市场监管、社保、医疗、民政、卫生健康等重点领域，逐步破解四地企业与群众办事难、办事慢、"折返跑"的问题，推动企业和群众异地办事"马上办、网上办、就近办、一地办"，大大提升了群众获得感，更激发了市场主体活力。

（四）创新监管模式，构建高效协同综合监管体系

探索创新"一业一证"行业综合监管，制定《上海市奉贤区在"一业一证"改革行业全面推行综合监管的实施细则（试行）》，实现25个行业"进一次门、查多项事""扫一个码、查多张证"。开展"双随机、一公开"监管，上半年完成单部门随机抽查方案22个，跨部门联合抽查方案7个，涉及检查主体860户次，检查发现问题44户次，检查结果通过国家企业信用信息公示系统对外公示。构建资源有效共享、业务有机协同的综合监管体

---

① "一业一证"指将一个行业准入涉及的多张许可证整合为一张"行业综合许可证"，大幅压减审批环节和时限，简化审批手续，有效提升行政效能和办事效率。
② "'好办'服务"指针对服务事项，通过提供申请条件预判、申请表格预填、申请材料预填等功能，提供"个性指南+智能申报"服务，降低企业群众学习成本。
③ "'快办'服务"指通过简化填表、智能审批等方式，实现政务服务事项"3分钟填报、零材料提交"，提供极简易用的办事体验。

系，为企业打造"无事不扰、无处不在"监管模式，推动企业在本地合法、规范、安心经营发展。

（五）全面优化帮办服务，提升服务体验

一是持续推进"两个免交"①，线上优化业务系统，线下改善窗口服务，升级硬件终端，加强宣传培训，政务服务窗口100%实现"两个免交"。实现"免申请、零跑腿、速发放"，依托一网通办"市民主页"和"企业专属网页"，在全市率先推进惠企便民补贴的主动提醒和"免申即享"功能。二是全面实施帮办服务，开展政务服务"体验专员"活动。2022年上半年沉浸式体验3场，归类"体"感问题清单23份，梳理线上线下问题点位6处；联合区市场监管局组织各经济园区选派志愿者轮班驻点企业注册大厅开展专业帮办，2022年1～6月累计帮办8000多人次。三是深化周三"贤商汇"品牌，开启"数字淘金"工程，将"驻企店小二"工作制度升级为2.0版的中小企业服务专员工作制度，服务专员增至800名；在疫情期间，组织百名"防疫专员"驻企抗击疫情和服务复工复产。四是创新营商环境"体验官""观察点"试点工作。在全区选聘约25名营商环境"贤城体验官"，并在最基层、最一线的经济园区、区内重点行业龙头企业或商会试点设置营商环境观察点。五是建设人才服务高地，在"一网通办""随申办"奉贤旗舰店开通"奉贤人才"专属板块，推进人才服务"一码集成"。开通政策"云超市""奉贤人才"板块聚焦临港新片区、奉贤新城、东方美谷、数字江海四大人才政策专区，公布了十二个人才专栏，共汇聚市区两级产业、科技、金融、教育、卫生、住房等人才政策共计90余条。同时开发"政策精准匹配"模块，将梳理出的政策标注"个人标签"和"单位标签"，申请人通过"随申码"可获取部分信息，通过数据匹配，精准查询到能享受的人才政策。六是打造"金牌店小二、创造梦之队"，奉贤区已连续三年在全区开展

---

① "两个免交"指在开展政务服务和实施监管执法场景中，通过告知承诺、电子证照应用、数据共享核验、行政协助等方式，实行"凡是本市政府部门核发的材料，原则上一律免于提交；凡是能够提供电子证照的，原则上一律免于提交实体证照"。

争当"金牌店小二、创造梦之队"优化营商环境立功竞赛活动,评选出一批"金牌店小二""创造梦之队",激励广大干部在优化营商环境中作出贡献。

三 奉贤区优化营商环境面临的问题

多年来,奉贤区持续深化"放管服"改革,落实"十个一切"要求,打响"妈妈式"服务奉贤品牌,"一网通办"改革成效持续显现,落实减税降费政策,营商环境日益改善。但优化营商环境没有终点,看到成绩的同时,也需意识到差距和短板。对标一流营商环境要求,奉贤区优化营商环境仍面临一些问题,如优化营商环境政策优化空间遇瓶颈,惠企政策宣传不到位、兑现难等。

(一)优化营商环境政策空间遇瓶颈

在惠民利企、优化营商环境服务方面,审改事项"减时限、减跑动"压缩空间接近极致。从改革要求和企业市民的办事需求出发,当然是行政审批和政务服务事项能免就免、能减则减,经过多年审批制度改革,依申请政务服务事项的办理时限、办理环节、办件材料、跑动次数已压缩到极限,政府部门行政还是要依法依规,红线、底线决不能突破,所以如今各部门面对"减时限、减跑动"要求,已没有继续缩减的空间。这是持续优化营商环境的一个瓶颈制约。

(二)惠企政策宣传不到位、兑现难

近年来,奉贤区委、区政府和各职能部门推出了一系列惠企利民政策,特别是这次疫情期间,出台了一揽子的助企纾困、恢复和重振经济的政策措施。但从近期"大走访、大排查"企业的情况来看,企业对惠企政策的感受度不高,一方面是政府对政策的宣传解读还不够全面到位,出现信息不对称;另一方面,一些惠企政策受限于区镇财力、政策门槛等多种因素,往往

好的政策最后兑现到企业的很少，导致企业对于奉贤区营商环境的获得感和满意度大打折扣。

（三）数字化赋能营商环境建设仍存阻碍

当前社会发展和疫情防控对数据互通共享、智能线上服务、社会治理等数字化赋能需求愈发迫切，在推动数字政府建设的背景下，数字化赋能营商环境建设将进一步创新企业服务体制机制，提升企业办事体验感和便利度。但奉贤区在推进数字化转型赋能营商环境建设的过程中仍面临一些阻碍。如部门间普遍存在数据壁垒和信息孤岛，数据和其他信息资源无法充分共享和有效整合，业务流程亟须整合优化，大量政务信息沉淀仍需分类整理，线上政务信息化建设亟待系统的规划和完善。"一网通办"证照调用功能仍不完善，线上线下融合度不高，在办理过程中存在材料重复提交的情况，部分纸质材料仍需要填写上传，影响政务服务效率和群众办事便利度。

四 奉贤区打造一流营商环境的对策及建议

近年来，奉贤营商环境日益改善，打造营商环境优化的"奉贤品牌"，助企纾困创新"奉贤精度"，简政放权彰显"奉贤速度"，创新监管打造"奉贤力度"，优化服务体现"奉贤温度"。深化"放管服"改革，打造"一网通办"的品牌服务，促进政务服务更便捷高效，显著提高企业和群众的办事便利度。深入园区和企业开展走访排查，下沉一线了解基层真实诉求，多举措助企纾困。推行"极简审批"制度，优化事中事后监管，建立与国际接轨的监管标准和规范制度，打造一流营商环境新高地。持续优化营商环境是奉贤区实现经济高质量发展的内在要求，也是提升核心竞争力，有效应对外部大环境不确定性的关键路径。因此针对奉贤区提升营商环境过程中面临的问题，本报告提出以下三点对策建议。

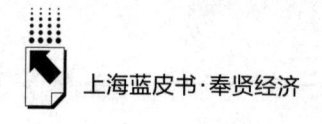

（一）提升政策知晓度，疏通优化营商环境的堵点难点

经过多年审批制度改革，奉贤区审改事项"减时限、减跑动"压缩空间接近极致，优化营商环境政策空间遇瓶颈。但同时企业对惠企政策的感受度却不高，表明在政策发布方与市场主体之间存在比较严重的信息差。因而进一步改善营商环境，提升市场主体感受度，应增强政策知晓度，在政策宣传上创新方式方法，借助新媒体平台、"一对一"指导等多种形式开展政策宣传解读，实现涉企优惠政策一体化整合、一站式宣传，将最新政策有针对性地推送给目标企业，持续跟进完善政策精准推送机制，将各项助企纾困政策直接传输至基层，显著提升市场主体感受度。

（二）提升企业参与度，引入多样化政策制定及评价机制

奉贤的市场主体总数已突破56万户，连续8年居全市首位，这庞大的数字背后吸引着无数创业者纷纷投资奉贤的是稳中向好的营商环境建设以及宽广的发展前景。随着市场主体数量连年升高，新业态层出不穷，企业种类更加丰富，所处行业、业态、体量等特征也各有不同，对政策需求也大不相同。因而政府应与时俱进，进一步拓宽企业政策参与通道，持续建立健全企业家参与涉企多样化政策制定、反馈机制，充分聆听采纳企业感受和意见，提高政策的针对性、精确性及有效性。同时也应引入政策评价机制，适时回头看，在确保评价客观性的同时，形成较为科学客观的评价体系，促成政策制定和企业参与评价之间的良性循环。

（三）提升政府管理服务效能，推动各项政策落地见效

近年来，奉贤区出台了一系列惠企利民的政策，大力稳经济、保增长，但是，在政策落实的过程中存在不同程度兑现难、落地难的问题，因而奉贤区应进一步提升政府管理服务效能，推动"政府思维"向"企业视角"转变，由"政府端菜"向"企业点菜"转变。主动出击，服务上门，只有深入了解企业所在行业和产业的特点和情况，学习掌握与之相关的政策法规，

找准企业的关注点和需求点，才能有效对接，提供针对性服务，推动政策快速兑现。搭建高效的政企沟通平台，尽可能消除信息不对称，充分了解企业诉求，聚焦政策落地过程中的堵点和难点，逐个击破。盼企业所盼，急企业所急，一企一策提供精准服务，聚焦政策实效，让企业得到实惠才能切实提升企业满意度。

参考文献

马艳：《创新驱动发展　上海产业链价值链向高端跃升》，《中国工业报》2022年9月21日，第2版。DOI：10.28076/n.cnki.ncgyb.2022.001373，最后访问日期：2022年10月8日。

上海市人民政府：《上海市人民政府办公厅关于印发〈上海市2022年优化营商环境重点事项〉的通知》，https://www.shanghai.gov.cn/nw12344/20220114/9ac0208eb4024b61a20307c94831be40.html，最后访问日期：2022年10月8日。

上海市人民政府：《上海市人民政府关于印发〈上海市营商环境创新试点实施方案〉的通知》，https://fgw.sh.gov.cn/fgw_yshjjs/20211229/060c251e8b40 4a9db7144b851934fee8.html，最后访问日期：2022年10月8日。

许珂、周明：《内外联动：地方政府优化营商环境的动因剖析》，《北京航空航天大学学报》（社会科学版）2022年第4期。

宰飞：《短期"非经济扰动"效应前所未有　结构优势动力条件没变前景可期》，《解放日报》2022年7月15日，第1版。

钟源：《上海奉贤跑出经济复苏"加速度"》，《经济参考报》2022年7月12日，第8版。

B.16 奉贤数字化转型的新进展和新蓝图

——基于郊区新城比较的视角

丁波涛 乔 娜*

摘 要： 本报告从经济数字化、生活数字化、治理数字化以及"数字江海"项目建设等角度分析了奉贤区在城市数字化转型方面的新进展，指出过去一年多以来奉贤区克服经济下行压力增大和新冠肺炎疫情反复带来的不利影响，城市数字化转型取得了较大进展，同时也面临着数字底座联通不足、数据资源共享不足、应用场景开发不足、数字创新能力不足等难题，而且奉贤智慧城市总体水平仍然偏低，在郊区新城中也处于较低水平。本报告还将奉贤与其他四个郊区新城的城市数字化转型规划进行了比较，指出各郊区具有突出地区特色品牌、强化新兴技术引领、促进产业融合发展、深化数字惠民理念、重视数字生态建设等共性经验。最后本报告提出奉贤城市数字化转型需要进一步突出发展重点、加快产城融合、完善创新生态、促进三区联动、加强品牌宣介，推动数字化转型不断走向深化。

关键词： 上海奉贤 智慧城市 数字化转型 比较研究 郊区新城

---

* 丁波涛，上海社会科学院信息研究所副所长、副研究员，主要研究方向为智慧城市、数字经济、数据治理等；乔娜，上海社会科学院信息研究所情报学硕士研究生，主要研究方向为智慧城市、数字经济。

一　奉贤城市数字化转型进展

（一）经济数字化转型

2021年奉贤围绕城市战略定位和核心功能，加快推动数字产业化、产业数字化，助力"五型"经济发展。

1. 推进企业数字化转型。加快智能工厂建设，2021年全区共有110家企业完成智能工厂市级线上测评；支持中小企业上云上平台，推进企业两化融合，年内新增两化融合贯标企业24家；加强数字化政策宣传对接，组织企业数字化转型政策宣讲3场，参加者141人，"企业直通车"累计发布184期，政策发布108条，其中数字化转型政策31条；发展在线新经济，打造数字化转型示范场景和标杆企业，评选出一批在线新经济优质场景、总部、电商融合企业。

2. 全力打造智慧园区。建设与推广智慧园区管理经验，提升园区数字化管理水平，对园区内环保、消防和生产安全等进行高效管理，实时、直观掌握企业生产经营情况，在园区营造便捷、舒适、高效、安全的工作和生活环境。构建奉贤区"品牌服务平台"，为园区入驻企业提供商标交易、品牌监测、品牌授权和法律服务等在线咨询服务，精准对接，专业指导；推动数字化赋能东方美谷美丽健康产业发展，深化落实生物医药产业发展相关的战略合作协议，持续优化营商环境。

3. 开展智慧商圈、智慧街区建设。2021年，奉贤区推出上海五五购物节系列活动，以"新奉贤　享美购　惠生活"为主题，推出"1+10+11+X"购物嘉年华，截至2021年底，共举办区级重点活动50余场，线上直播超过300场。以"首店"和"品牌+"为抓手，引入MANNER COFFEE、大章鸽、新南华、多乐之日、先启半步颠小酒馆、陈香贵、大白兔全球首店、一尺花园、JW万豪酒店等区域首店品牌。以打造"买全球卖全球"功能区为契机，加强与市商务委沟通，在跨境贸易便利化、建造跨境仓库、申请危化品仓库的问题上进行咨询和磋商。

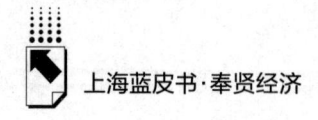

(二)生活数字化转型

奉贤坚持贯彻"人民城市为人民"重要理念,以数字化手段精准触达"基本民生"、创新发展"品质民生",着力跨越"数字鸿沟"。

1. 推动数字化赋能医疗服务。力推医保服务网上办、掌上办,医保经办政策全部挂网,2项行政许可事项和30项公共服务事项已全部接入"一网通办"总门户,市民可通过随申办App、一网通办PC端,实现"不见面办理"医保卡制补卡、就医记录册申领、补发、生育保险待遇申领等业务15项。医疗费报销"一件事"等已上线"一网通办",基本医保费用报销结算、办理门诊大病事项登记,以及医疗救助对象经基本医保费用报销后的救助金给付等相关事项,均实现"一件事一次办",办理环节从原来4个减为1个,医保费用报销结算从原来30个工作日缩减为最少3个工作日。在全市率先实现"医保电子凭证"全覆盖,区内44家定点医院、78家定点药店13家非营利性民营医疗机构全覆盖,参保人在看病、买药时无需再带实体卡,只要上"随申办市民云"App、"国家医保"App、支付宝、微信等多种途径领取"医保电子凭证",出示手机里的医保二维码就可直接进行医保支付,做到了无需带卡"码"上买药,付费环境由原先至少3个环节减少至0,实现医疗付费零排队,候诊等待时间平均减少45分钟以上。

2. 推动人才服务数字化转型。开发"劳动关系信息服务平台",依托该平台开展监察协管工作,实现各街镇、开发区协管队与监察大队间的案件流通、实时更新企业信息、完成各类监管案件以及企业评级、案件数据分析等;依托"互联网+政务"服务模式,推进人才服务流程再造,进一步整合资源,不断优化一网通办系统、上海市人力资源和社会保障自助经办系统和上海市人力资源和社会保障公共服务平台,对于居住证转常住户口、人才引进落户等业务在办理过程采取网上提交、网上预审、网上查询等全程线上服务模式,做到线上串联数据,线下优化服务,实现"数据一网共享,进展一目了然"。

3. 推动教育数字化改革。建设2所上海市教育信息化标杆培育校,构建"五慧"智慧校园，注重学生学习过程可记录性和学习状态可视化的研究。坚持"整体规划、模块推进、深化应用、分步实施"的原则，以个性化试点应用为突破，学校统一建设与区域共享为策略，开展未来数字化职业学校试点，建设未来职业教育生态体系，保障学校专注教学与持续更新，以教育信息化支撑职业教育现代化，推动职业教育的可持续发展。

4. 打造居住数空间项目。打造居住数空间项目，将建设全区统一的"街镇—小区—门牌幢—分户"基础数据库，采用人工数据整理和系统数据配对等多种手段进行数据采集和入库分析，并对分析数据进行共享，为"一网统管"提供实时数据支撑。健全住宅小区维修资金监管体系、数据分析功能，发挥街镇房管部门、居委会对住宅小区维修资金日常监管职能，建立住宅小区停车收益监管系统，实现房屋外墙保温层空中坠物实景监测系统，通过对小区的外墙、外保温层进行检测，实现预警预判的功能。

5. 支持发展数字文旅体新模式。打造奉贤文旅云平台，整合全区文化旅游资源，通过网站、手机H5等终端，推动"线上"与"线下"的互动，实现公共文化旅游资源的共享和服务；加强重点景区电子监控，检票口安装人脸识别探头，接入公安系统，做到入园风险管控；引进安检设备安装在景区主要通道上，实现安检及测温功能，助力智慧防控；引进"影火虫魔法乐园"项目，大量采用体感互动、动作捕捉、图像识别等技术，提供大量有趣、好玩、新奇的交互体验。

6. 弥合社会数字鸿沟。实施长者服务"银色数字工程"，打造智慧养老服务平台，建立各镇老龄人口数据库，运用大数据分析各镇老年人信息，努力拓展"一网通办"政务服务场景运用，推进全区"智慧养老"工作。针对老人就医，奉贤部分地区已设置村居医疗云卫生室，利用互联网技术、智能呼叫和穿戴设备，创建"系统+服务+老人+终端"的智慧养老服务，对老年人的身体状况、日常起居、安全情况进行有效监控。推出"智能相伴"项目，为老年人提供视频、图像、音频等智能互动服务，帮助老年人享受现代科技的便利。依托全区养老机构、区老年大学（长者智能手机培训班）等现有公益基地，积极开展"长者智能数字技术运用提升行动"。

（三）推动治理数字化转型

2021年奉贤根据全市统一部署，推动"一网通办"服务不断拓展，"一网统管"观管防有机协同，强化公共管理与服务能力的不断提升。

1. 全面深化"一网通办"改革

（1）加快电子政务数字底座建设。完成政务外网升级改造项目建设，按照市政务外网统一建设标准和运行管理规范，实现核心100G，城运、雪亮、卫生、综治等40G链路带宽，实现与市级政务外网割接。网络运行管理平台和安全监测支撑平台已完成安装部署，开展与市级平台对接；发布《奉贤区政务外网建设和运行管理指南》，指导区内各条线专网、各街镇社区（头桥公司）网络标准化建设。推进区电子政务云二期项目建设，提供信创环境，解决政务云一期资源不足、供给不足的问题，目前全区近110多个应用系统正在开展上云测试；完成政务云一期租赁扩容建设，解决雪亮工程综治平台、垃圾分类和城市大脑等系统上云资源不足的问题；推进卫生租赁云及迁移项目建设，完成租赁云搭建、25家基层医疗卫生机构系统迁移和安全测评工作；建设区政务云云管平台，正式发布《上海市奉贤区电子政务云管理办法（试行）》，实现区已建云的全面纳管。

（2）全面深化公共数据治理。完成区大数据平台建设，搭建集数据交换、数据管理、数据共享、数据应用为一体的全区统一大数据平台，推动各级各部门公共数据向区大数据平台集聚，实现数据跨地区、跨层级、跨部门协同共享。完成资源目录编目1456条，基本实现"应归尽归"，为区内40多个应用提供数据支撑。拓展数据归集面，探索政府购买社会数据的模式，采购一批高频需求的数据，促进公共数据和社会数据融合应用。搭建集数据交换、数据管理、数据共享、数据应用为一体的全区统一大数据平台。持续深化公共数据治理，完成资源目录编目2205条，累计归集各部门公共数据的数据量3.36亿条，已编目上报核心业务目录400条；推进开展"数源工程"、"亮数工程"和"一数一源"治理，探索政府购买社会数据的模式，采购一批高频需求的数据，促进公共数据和社会数据融合应用；大力推进公共数据共享开放和开发利用，组织区内各部门开展申请，已审核通过340项，市级申请资源调用累计780万次。

（3）完善"互联网+政务服务"体系，截至2021年底奉贤已上线"教育心理健康""出国留学公证""放射诊疗"等7件新增"一件事"；完成"婚姻登记补证""老年人健康"等4件优化"一件事"，本区"一件事"办件量累计达7.6万余件，子办件量达20.8万余件，办件量均居全市前列。深化"一网通办"改革，持续完善"随申办"旗舰店建设，积极推进线上业务办理工作，推出"不见面办理""一件事"操作办法等线上协助办理特色专窗，最大限度方便市民群众，真正做到"数据多跑路、群众少跑腿"。筹备试点区块链应用电子材料库，奉贤区作为区块链应用电子材料库的六家试点之一，2021年完成奉贤区的电子材料库材料内容梳理确认、应用开发梳理确认、区级电子材料库基础功能开发工作，区级材料库已具备市级材料目录同步、区级材料目录数量、历史办件材料归集和材料操作日志查询功能。

（4）持续完善"一网通办"奉贤门户和"随申办"移动端。一方面搭建"贤智办"智能审批系统，不断提升"AI+一网通办"赋能水平。上线物业企业开具"双特"行业证明等"快办"服务事项，实现"3分钟填报、零材料提交"；完成"政务智能办"上线工作；针对"内资企业变更"等3个事项22种情形窗口高频办件，通过智能帮办系统进行智能填表功能定制开发，实现申请表单智能预填、预审功能，方便企业和窗口办理业务。另一方面完善"一网通办"奉贤频道，以"应归尽归"为原则，归集市级电子证照608类，区级电子证照47类，证照总量4553张，"用证清单"累计调用约126.4万次；建设"统一预约"服务体系，将预约范围从区行政服务中心扩大到全区63个实体政务大厅点位共734项事项；按照市统建要求统一改造物流系统，目前区级"统一物流"系统已接入24个部门766项事项，完成物流办件1031件；推进"两页"政务知识库建设，已汇聚政策539条、通知公告1362条、问答3830条，接入15类区级特色企档，"科技小巨人工程项目"等8类区级补贴实现"免申即享"。

2. 强化城市运行"一网统管"应用

(1) 重构事件发现和处置方式。2021年奉贤推动开发了"奉贤区餐饮服务轻微违法违规行为记分管理系统"和微信平台记分小程序，用以日常监督检查、拍照取证和在线实时记分，配以手掌式便携快速打印机，完成记分记录单的当场送达并在电脑端实现基础数据、信息维护和统计管理等功能，从而避免监管人员重复、烦琐地书写各类执法文书、检查记录表、统计分析等工作，简化行政处理操作流程，提高监管和执法效率。

(2) 开展街面感知系统建设。围绕"城市治理要由人力密集型向人机交互型转变，由经验判断型向数据分析性转变，由被动处置向主动发现型转变"的执法新模式，奉贤城管将进行街面感知分析监管系统建设。通过人工智能AI分析，实现对跨门经营、乱堆物、乱张贴、乱悬挂、乱停放等20余类城管事件的智能发现。

(3) 探索城市数字体征监测。根据全市城市指标体系建设需求，区建管委牵头出台《2021年奉贤区城市体检工作方案》，印发71项城市指标白皮书。同时，依托"百日会战"，厘清经济治理、社会治理、城市治理三大治理数据，城市运行的晴雨表指标已达到54项。其中公安聚焦人口数据共享，水务聚焦泵闸启闭等形成了二级数据模型。

(4) 加快业务流程数字化再造。奉贤初步形成"微循环、中闭环和大联动"三种案件联动处置流转模式，平行运行、串联推送。对于村居无法处置的案件，推送到网格平台派单。"中闭环"派单系统坚持"条块结合、高效运转、监督到位"，在8大类144小类的基础上，不断融合微循环冗余案件，形成新的案件派单标准和流程。"大联动"系统坚持"责任网格、大屏联动、指挥到底"的原则。按照责任网格划分标准，对于中闭环案件中特大重疑难、多部门协作类案件，建立限时限责综合联动处置，实现"街镇吹哨、委办报道"的工作局面。三个派单系统互为表里，实现"小事落在发现网格、自治不出单元网格、联动着力责任网格"的工作局面。

（四）数字江海建设

作为继"东方美谷""未来空间"后提出打造的第三张城市品牌，"数字江海"是上海市奉贤区区委、区政府抢抓上海"五个新城"建设机遇，贯彻落实上海推进经济、生活、治理全面数字化转型的部署要求，实现"以'数字蝶变'促进'城市蝶变'"而推出的一项重要举措。2021年4月9日，上海奉贤新城首个数字产城融合造城计划发布，"数字江海"作为上海首个城市力全渗透的数字国际产业城区，将打造成为可感知、可参与，各类创新要素集成的未来数字城市示范区。2021年8月31日，"数字江海"核心区域控规调整取得正式批复，标志着项目迈出重要一步，完成了一个关键的里程碑节点。

2022年2月24日，上海市住房城乡建设管理委（市重大办）与奉贤区人民政府签订关于"生态优先、绿色低碳，赋能奉贤新城高水平发展战略协作"框架协议，作为上海"五个新城"转型的示范引领项目、奉贤新城"一号工程"，备受瞩目的"数字江海"正式启动，标志着"数字江海"步入快车道，未来将以面向数字产业、产业数字化和生活数字化融合为主题，打造面向未来的产业社区数字化标杆产城融合示范区。

与此同时，奉贤城市数字化转型也面临着数字底座联通不足、数据资源共享不足、应用场景开发不足、数字创新能力不足等难题。另一方面，上海其他各郊区在加快数字化转型方面也不遗余力、数字化创新发展不断提速，奉贤城市数字化转型面临着逆水行舟、不进则退的激烈竞争。根据上海市经济和信息化发展研究中心发布的《上海市智慧城市发展水平评估报告（2020）》，奉贤在该报告列出的8个郊区中排名第7，在本报告列出的5个郊区中名列倒数第一，详见表1。因此，未来奉贤区必须把握重大机遇、突出优势特色、补齐短板瓶颈，力争在新起点上实现新发展、新跨越。

表 1 郊区智慧城市发展水平指数比较（2020 年）

序号	行政区	智慧城市发展水平指数	一级指标			网络安全状况系数
			新型基础设施指数	智慧应用指数	发展环境指数	
1	嘉定	106.69	103.34	106.93	108.51	1.00
2	金山	104.30	102.87	113.55	96.92	0.98
3	青浦	103.03	109.31	107.77	94.41	0.99
4	松江	93.82	112.95	94.19	83.60	0.99
5	奉贤	89.35	107.4	90.10	82.24	0.98

二 郊区城市数字化转型规划比较

近年来，上海各区充分贯彻落实上海市的重要战略部署，制定规划全面推进城市数字化转型，提升城市能级和服务能力，构筑区域发展战略优势。奉贤、嘉定、金山、青浦、松江作为新型城市化地区，数字化发展势头如火如荼，城市数字化转型建设取得了显著成效，基本形成了以新一代信息基础设施为支撑的底座体系，数字经济产业规模持续扩大，数字生活品质不断提升，数字治理迈向高效化、精细化。为巩固数字化发展成果，继续推进城市数字化转型建设，各区按照自身战略定位，结合发展实际，提出了新的发展规划与战略目标。本节从发展目标、数字基础设施、数字经济、数字生活数字治理等方面，对比了奉贤区与其他各区在城市数字化转型建设中的目标与任务，提炼分析出奉贤区和其他区发展建设的相似点与不同点。其中嘉定区的数字化转型政策以《嘉定区城市数字化转型行动方案（2021~2023 年）》为对比对象，而其余各区都是数字化转型"十四五"规划。

（一）发展目标

在未来城市数字化发展上，各区聚焦经济、生活、治理三大领域，积极扩大数字化转型应用场景，致力于打造数据驱动的富有本区特色的数字化新城,以提升民众的获得感、幸福感和安全感。然而,由于各区取得的建设成效、面临的问题挑战等都不一样,各区未来发展任务、发展目标等也不完全一致,详见表2。

表2 郊区新城数字化转型规划发展目标比较

郊区新城	数字化转型规划发展目标
奉贤	到2025年,奉贤区建设成为以万物互联、云聚数汇、融合智创为特征的智能感知、智敏响应、智慧应用、智创经济、智联保障的"数智贤城,活力新城",实现智慧服务惠及全民、智能技术提升产业、智慧管理覆盖城乡,数字经济创新融合发展,助推奉贤区成为经济实力较强、产业结构优化、服务体系先进、社会就业充分、基础设施完善、生态环境良好的现代化地区,打造长三角一流的新型智慧城市,助力奉贤区建设"新片区西部门户、南上海城市中心、长三角活力新城"
嘉定	至2023年,将嘉定区初步建设成为"全域感知、全产增益、全景赋能、全时响应"的数字化发展新高地。基本建成"1+2+3+N"的嘉定城市数字化转型整体架构,即基本形成"1"个"物联、数联、智联"的城市数字底座框架,全力推进"2"个城市数字化转型示范样板,聚焦经济、生活、治理"3"个领域,形成"N"个具有显示度、体验度、感受度的数字化转型应用场景
金山	围绕"D-BASE"数智湾区建设目标,聚焦城市数字化转型(Digitization),不断夯实数字化转型基础(Basis),推进数字技术在城市治理、人民生活中的全面应用(Application),保障数字安全(Security),培育壮大数字经济(Economy),构筑城市数字化转型新优势,初步形成具有区域特色的数智湾区
青浦	到2025年,全面推进青浦新城数字化转型取得显著成效,数字设施实现泛在智能、"长三角数字干线"品牌全面打响,依托3大空间形成一批"跨、融、推"应用场景,建成具有典型江南文化特征的数字化新城,助推形成社会主义现代化国际大都市枢纽门户新格局,长三角数字干线新品牌,人居品质新标杆,韧性城市新典范,助力青浦新城建设成为"开放、活力、幸福、先进"的城区
松江	到2025年,松江区城市数字化转型取得重大进展,"科创、人文、生态"现代化新松江城市核心竞争力显著增强,基本建成数字城市基础架构,打通数据共享瓶颈,激活智慧应用场景,打造松江"数字孪生城市",实现"一屏观全域、一网管全城",形成数据驱动下的精细治理能力、卓越服务能力,培育数字经济发展新动能,打造具有"科创之智、人文之慧、生态之美"的城市数字化转型示范标杆

奉贤区致力于建设活力新城,立足于民生保障、经济发展、政府服务、城市治理等的实际需求,力求到2025年建设成为以万物互联、云聚数汇、

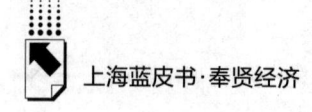

融合智创为特征的智能感知、智敏响应、智慧应用、智创经济、智联保障的"数智贤城,活力新城",实现智慧服务惠及全民、智能技术提升产业、智慧管理覆盖城乡,数字经济创新融合发展,助推奉贤区成为经济实力较强、产业结构优化、服务体系先进、社会就业充分、基础设施完善、生态环境良好的现代化地区,打造长三角一流的新型智慧城市,助力奉贤区建设"新片区西部门户、南上海城市中心、长三角活力新城"。

嘉定区则致力打造具有引领意义的城市数字化转型样板,建成"1+2+3+N"的城市数字化转型整体架构,即基本形成"1"个"物联、数联、智联"的城市数字底座框架,全力推进"2"个城市数字化转型示范样板,聚焦经济、生活、治理"3"个领域,形成"N"个具有显示度、体验度、感受度的数字化转型应用场景。

金山区突出湾区概念,围绕"D-BASE"数智湾区建设目标,聚焦城市数字化转型(Digitization),不断夯实数字化转型基础(Basis),推进数字技术在城市治理、人民生活中的全面应用(Application),保障数字安全(Security),培育壮大数字经济(Economy),构筑城市数字化转型新优势,初步形成具有区域特色的数智湾区。

青浦区则突出长三角品牌,提出打响"长三角数字干线"品牌,形成一批"跨、融、推"应用场景,建成具有典型江南文化特征的数字化新城,助推形成社会主义现代化国际大都市枢纽门户新格局,长三角数字干线新品牌,人居品质新标杆,韧性城市新典范。

松江区则提出全力打造未来数字示范标杆城市,形成数据驱动下的精细治理能力、卓越服务能力,培育数字经济发展新动能,打造具有"科创之智、人文之慧、生态之美"的城市数字化转型示范标杆。

(二)数字基础设施

各区都致力于数字基础设施发展,推进5G网络、千兆光纤宽带网络建设,提升5G产业能级和千兆光纤网络服务能级,实现万兆到楼、千兆到户光网覆盖,建设泛在互联的全域智能感知终端,构筑完善"城市神经元系统",提供高速、泛在、安全、可靠的新型基础设施。

同时各区的数字基础设施建设又各有特色。

在5G和宽带建设上,奉贤区和青浦区提出逐步整合各部门业务专网,对新型政务外网进行改造升级;青浦区和松江区把推动卫星互联网基础设施建设作为重要发展领域,以初步形成卫星互联网信息服务能力。

在感知设施建设上,奉贤区努力建设区、镇两级架构的神经元感知综合服务平台;金山区积极深化综合信息杆建设利用,探索集中式公共充电场和社区智慧物流网络的应用;青浦区重点打造综合能源管理系统,部署垃圾自动收集、新能源汽车充电等新型设施;松江区加强园区、社区、交通枢纽以及河湖、道路、农田的感知神经网络深化建设,积极打造新型城域物联专网;嘉定区建立城市标识体系,规范城市资源的数字标识,实现标识之间的互联互通。

在算力基础设施建设上,金山区积极推进AI鑫眼平台建设,构建区级AI算力池,布局高端、绿色数据中心;青浦区主要是进行重点领域的行业公有云和覆盖重点区域的载体私有云建设;松江区以腾讯长三角人工智能先进计算中心建设为抓手,加快培育AI先进计算产业生态,优化边缘计算节点规划布局;嘉定区积极布局存算一体化的新型数据中心,构建边缘计算节点体系,推进建设云计算数据产业园、绿色云计算基地等工程。

(三)数字经济

数字经济作为促进创新、提升竞争力的最重要驱动力,对于城市数字化转型的重要性不言而喻。各区都把数字经济发展放在重要位置,通过数字赋能产业结构智能化升级改造,努力培育发展数字经济新模式、新业态,积极推动产业数字化与数字产业化。根据各区文件中数字经济所涉及的内容,从数字产业化、产业数字化和产业园区/示范区建设进行任务对比。

1. 数字产业化

各区不断完善政策支持体系,强化数字技术产业优势,打造信息技术产业集群,加快建设一批创新平台,构建以"头部企业"为引领的产业新生态、新空间，扩大电子信息制造业、软件和信息技术服务业等数字产业的发展规模。同时由于各区数字产业优势不同，数字产业化重点也不同。

奉贤区全力打造"数字江海"，聚焦产业链价值链关键环节，围绕市场开流、功能聚流、品牌引流，加快引进功能型、高能级数字产业。金山区力争做优做强新型显示信息技术，壮大集成电路产业，加快新一代半导体芯片项目建设，推动核心设备自主研发制造，逐步形成完整产业链。

此外金山以上海湾区科创中心为主阵地，重点培育面向无人机、智能机器人、智能终端等领域的大数据、人工智能等产业。青浦区依托龙头企业打造数字产业生态圈，加强与国内外知名科技机构深度合作，加快打造数字产业龙头企业集聚区，打通并探索数字人民币在长三角跨区域的特色场景应用，联动虹桥国际开放枢纽和长三角一体化示范区，打响"长三角数字干线"品牌。松江区以建设 G60 数字经济创新产业示范区为重点，聚焦人工智能、工业互联网、卫星互联网、商密信创以及脑智科技等数字经济产业的关键领域，打造 4+X 数字产业创新集群。嘉定区紧抓未来产业发展趋势，通过发展集成电路、智慧交通、数字科技、人工智能等未来产业，构建数字产业创新生态链赋能经济发展。

2. 产业数字化

（1）制造业数字化。各区加快制造业数字化转型，打造制造业"平台+生态"的新模式、新业态，促进先进技术与制造业深度融合。金山区着力打造生产性服务业平台，促进新材料、智能装备、生命健康、信息技术四大产业集群数字化改造；青浦区提出利用现代信息技术升级改造企业内网，深挖数字化在制造业的应用场景，鼓励支持终端制造企业进行创新创造；松江区加强与长三角区域合作，联合长三角 G60 科创走廊九城市促进应用场景建设；嘉定区鼓励企业建设无人工厂、无人生产线、无人仓储等平台和 5G 智慧园区。

（2）服务业数字化。各区加快商业数字化转型的步伐，完善区域商业服务体系，培育发展在线新零售，促进短视频、网络直播、跨境电商平台等新业态的发展，打造符合区域特色的在线新经济品牌。金山区提出培育文旅长效商业模式，创建华东无人机空港，逐步打造虹桥国际开放枢纽空运特色功能区；青浦区推进建设文创产业科技园，集聚文创科技人才，因地制宜发展电商业务，并积极建设数字贸易交易平台，促进数据要素流通，采取"清单核放、汇总统计"方式办理报关手续，加强境内外数字经济交流和对接；嘉定区支持银行开展数字人民币试点，构建区产融信息共享支撑体系。

（3）农业数字化。随着数字化程度加深，农业现代化建设步伐不断加快，各区规划中都提及了关于农业的未来发展任务。奉贤区着力建设智慧农庄（果园）示范基地，发展观光农业、创意农业、都市农业、认养农业等农业新业态；金山区大力推动数字"富"农结合实施乡村振兴战略先行区建设，深化农业数字化转型应用场景；青浦区主攻数字技术与农业农村经济融合，建设农业试验基地，为乡村振兴注入源泉活水；嘉定区逐步推动特色农业基地物联网全覆盖，开展特色农产品质量安全追溯体系试点，不断完善网上办事一键通服务以使农业生产经营主体获得更便捷、满意的服务，打造绿色田园先行区。

3. 产业园区/示范区

产业园区和示范区集聚大量创新资源和新兴产业，对于加快区域经济增长、推动城市化建设具有重要作用。各区围绕优势企业和新兴产业发展，加快打造特色鲜明的产业园区，但园区建设各有侧重。

奉贤区积极推进临港奉贤园区、临港生命科技园等产业园区的智慧化建设，构造生命科技和智能制造服务平台，筑牢奉贤—临港智能制造产业带，共建世界级智能制造中心。青浦区重点打造中石化氢能（上海）总部项目（氢能产业园）等一批特色园区，形成1+N+M智慧园区新体系（1个园区大脑、N个服务平台、M个业务系统）；松江区加快建设松江新城G60数字经济创新产业示范区，打造4+X数字产业创新集群，推动数字关键技术攻关突破，大力提升数字经济新兴产业核心竞争力；嘉定区主要聚焦智能感知微系统、人工智能芯片等重点领域，推进超级工厂、MEMS中试研发线等项目建设，推动上海智能传感器产业园建设。

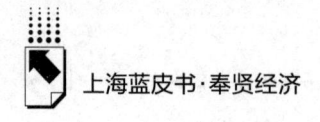

（四）数字生活

数字生活水平直接与民生挂钩，让人民生活更公平、更有温度、可持续是生活数字化转型的重要目的。面向各类人群全周期、多层次的生活服务需求，各区积极推广数字化服务范式，聚焦医疗健康、教育、出行、文旅、养老等重点领域，构建全面、高效、普惠的智慧民生服务体系，创造高品质生活，提升居民获得感和满意度。

1. 医疗健康

各区持续优化数字医疗和健康服务，推进数字健康建设，提出打造智慧互联网医疗服务平台，落实"互联网+医疗健康"，创新互联网健康医疗服务模式，优化线上线下医疗流程，推动建设数字医院。同时各区积极推动优化公共卫生服务，建设应急指挥中心管理平台与信息系统，实现全环节全过程预警监管处置，全面提升城市应急管理水平和公共突发事件应急处置能力。

奉贤区大力推进社区家庭医生慢病诊疗服务平台和影像（医技）互联互通互认云平台建设，推动远程医疗服务延伸到社区、家庭，构建区域协同、上下联合的医疗服务格局；金山区致力于优化数字医疗，力争医院建设和智慧服务体系通过国家级测评和应用评价，积极推动医保信息系统完善升级，探索全国范围内异地就医门诊结算和医保合作；青浦区把融入长三角"互联网+医疗健康"一体化服务体系作为新的发展任务，打造线上线下新型分级诊疗模式与慢病一体化全生命周期闭环管理，建立全域协同的智慧医疗急救单元应急体系；松江区持续推进覆盖全生命周期的预防、治疗、康复和自主健康管理一体化的国民健康信息服务，实现全员人口信息、电子健康档案和电子病历三大数据库；嘉定区将推动区域内互联网医院全覆盖，形成分级诊疗及远程医疗协同体系，实现医学影像和诊断的智能化持续拓展脱卡脱本、商保在线直赔使用范围。

2. 教育

互联网的普及和数字技术的应用使数字教育成为教育发展的重要趋势。

各区实施教育数字化转型战略行动，推动"互联网+教育"持续健康发展。一是推进教育数字化建设，创建未来数字校园。各区持续完善教育数字化发展基础，营造基于物联网的校园感知环境，推进教育数字化智能化，建设智慧课堂等应用场景，推动构建高质量教育体系，鼓励有条件的学校创建数字校园。二是建立教育教学资源库，实现教育资源开放共享。各区积极建立教育公共资源库，为学习者提供丰富多元的学习资源，为教师备课、上课提供高质量的数字化教学内容，促进教育公平均衡发展。

金山区还将逐步实现线下与线上教学方式两变革的常态化教学模式，强化远程教育和社区教育，打造终身教育服务体系和学分银行体系；青浦区将全面提升师生的数字素养，推进校企深度融合，鼓励社会共建联合实验室和实训基地，并且把推动托儿服务品质化、为幼儿提供智能学习环境作为一项重要任务；松江区将大力推进基础教育、职业教育和校外教育的数字教学资源建设与应用，探索基于知识图谱的智能化、自适应学习方式，提高教育供给满意度。

3. 出行

各区都大力推进基础交通设施数字化，部署智能化公交站，打造新一代出行服务模式，持续提升交通智能化、智慧化发展，建设智慧交通平台促进推动智能网联与交通出行和智慧城市融合发展。

青浦区重点推动G50沪渝高速公路数字化建设与沿线城市交通互联，对交通信息和出行状况实时采集监测，推进出行即服务模式，实现行前、行中、行后等出行环节的全流程覆盖，形成交通出行低碳积分等激励措施；松江区推进建立交通业务数据管理与服务体系，深化信息技术在交通出行的全面应用，扩大公交车辆和公交站牌智能应用覆盖面；嘉定区致力于建设"嘉定未来·智慧出行示范区"，持续优化"嘉定行"App，提供一站式出行服务，拓展智慧交通应用场景，推进国家智慧交通先导试验区建设。

4. 文化旅游

各区积极推动文旅数字化服务一体化布局建设，提升文旅感受度和体验感。奉贤、金山、青浦、嘉定推进建设文旅大数据服务平台，强化文旅资源

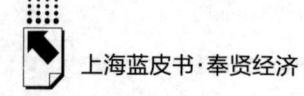

融合共享，创新"互联网+"的运营思维，拓展网上"云游"博物馆、美术馆、文创园区等场景。

奉贤区通过建设不可移动文物保护监控中心，实现对不可移动文物进行动态监视及预警联动；青浦区加快文旅场馆数字化改造，赋予其物联感知、数据计算和互动展示等功能，并促进公共图书馆服务体系数字化转型，完善全天候阅读服务。而松江区在文旅方面的主要任务是实施"一部手机游松江"示范项目，支持数字演艺等文娱活动，扩展文化服务丰富性，通过全域旅游信息化建设，驱动旅游产业生产方式和管理模式变革，打造全域旅游发展新模式。

5. 养老/数字无障碍

奉贤区、金山区和松江区强调提升数字化养老服务水平，促进智慧养老应用场景建设，奉贤区通过建立综合为老服务平台、养老服务组织机构和人员队伍管理信息系统，实现居家养老、机构养老、医疗护理的梯度衔接和相互转介功能，促进养老服务新模式应用；金山区大力推动新一代信息技术和可穿戴智能设备应用，完善线上线下相结合的养老服务制度，提供兼具人文关怀和智能互动的养老服务；松江区开展为老服务"一键通""长者智能技术运用提升行动"等试点工作，有效解决老年人看病、打车、手机使用等问题，帮助老年人跨越数字鸿沟，创新建设医养结合的养老新模式。

青浦区和嘉定区强调营造数字无障碍环境，推动智能养老设备以及门户网站适老化改造，青浦区鼓励电信服务向残疾人、老年人等特殊群体倾斜，支持企业研发适应重点受益群体个性化服务需求的数字产品和服务；嘉定区积极推广"随申码"亲属功能和离线功能，支持通信运营商向特殊群体提供资费优惠，开展为老助残数字化培训。

（五）数字治理

数字治理是数字时代的新型治理范式，随着数字政府建设历程的深化而得到不断发展创新，是政府治理能力建设的重要内容。各区大力推进治理数字化转型，加快"一网通办""一网统管"融合创新，赋能数字服务新能级,不断提高城市治理能力和治理水平。

1. 政务服务

在政务服务上,各区都提出升级"一网通办"总门户,扩展"一网通管"和"随申码"的应用场景,推进服务线上线下融合,加快证照档案数字化应用,建设大数据平台,推动各类公共数据的应归尽归和开放共享,实现跨行业、跨层级、跨系统数据互联互通。

奉贤区将推进建设市民画像和企业画像,实现个性服务和主动服务,强化企业发展全生命周期信息资源汇聚融合,优先建成各行业龙头企业、科技型企业精准画像并实现分类专题展示及应用。金山区、青浦区和松江区聚焦长三角政务服务一体化,推进跨省通办服务线上线下融合,实现长三角政务服务"一网通办"。青浦区和松江区将大力推进24小时自助服务建设,推动政务服务平台布点至重点园区、社区、村居等。

2. 治理数字化

(1)城市治理。各区积极推动治理数字化转型以实现高效能治理,根据自身发展基础制定了新阶段的发展方案,一是促进社会治理各行业管理系统功能融合和数据互通,加强对城市风险较高的重点行业、设施实施监测,实现实时显示城市运行动态体征,不断完善城市态势监管、应急指挥调度、决策分析等功能,增强跨层级、跨系统、跨部门的协同运行能力。二是提高公共安全保障能力,推进智慧场景广泛应用,推动平安城市、智慧安防建设。同时各区在推动城市治理数字化上也各有特色:奉贤区不断完善城市大脑建设,提出广泛应用城市之眼、政务微信、气象预知等公共插件,以便提供更优的城市治理决策;嘉定区积极创建7×24小时综合响应队,保障全天候提供服务,实现高效解决各类问题,从源头降低"12345"热线的咨询量、投诉量;金山区提出建设区智慧城管指挥中心,健全完善应急数据更新机制和应急信息发布机制;松江区推动建设区、镇(街)两级城运平台和事件闭环处置平台,建设职责匹配的事件协调处置流程,促进信息共享和快速反应,以便及时妥善处理各类问题。

(2)社区(乡村)治理。各区加快推动基层社区管理向"互联网+"

社区治理模式转型，完善智慧社区新品牌，推进"社区云"的建设应用，提供线上线下融合的安心社区服务。金山区推进建设"一居（村）一警"工作机制和多元共治联勤工作站，构建和谐平安的社区环境，积极完善乡村基础设施，加快5G应用推广和物流三级节点网络建设，打造村级公共服务综合信息平台；青浦区紧扣"数字家园"主题，提出通过优化升级智慧居家养老、智慧社区商业、智慧社区综合活动中心等服务来满足居民的个性化、精准化需求；松江区通过完善基层事件发现机制、创新社区治理O2O模式，助力居村委会减负增效，打造共建共治共享的社区治理；嘉定区鼓励市场主体链接智能家居产品、设施，围绕数字家庭开展数字家生态与服务体系试点，积极推进菜场、社区文化活动中心、存量电梯等进行数字化改造。

（3）生态治理。各区通过建设生态环境智能系统、平台加强对环境质量和重点污染源排放的实时监测与智能预警。奉贤区提出整合各类环境监测设备数据，发布环境质量要素指标；金山区加快重点产业园区特征污染物监测体系建设；青浦区依托绿色低碳原创技术，落实碳达峰碳中和目标，深化跨域生态岸线数字化综合治理方法；松江区通过发展"互联网+回收平台"实现生活垃圾全程数字化、精细化、可视化管控；嘉定区逐步推进生态环境数据向市民开放，推动生态环境污染"一键投诉"。

3. 信息数据安全

各区积极为城市数字化转型筑牢稳定可靠的"防护网"，系统推进数字安全保障体系建设，加强对关键信息基础设施的保障力度，不断强化数字安全保障能力，确保与社会稳定、城市运行和民生服务相关的重要信息系统的安全。

金山区推进完善公共数据和个人信息分级分类管理等保护制度，加强对数据共享过程的保护，提升政府部门信息系统应用个人信息时的验证能力，确保数据调用流程规范合理；青浦区加强对不正当竞争行为的监管治理和网络安全应急处置，鼓励企业积极参与数据治理和数据安全等关键标准研制，强化对企业利用公民隐私从事商业活动的监督和约束，尤其强化对未成年人等特殊群体的个人信息保护；松江区积极提升信息安全事件响应速度，不断完善公共数据和个人信息保护，创新发展网络和信息安全产业，强化网络安全自主创新能力建设；嘉定区重点构建数据安全、网络安全等标准外，还强调加强网络安全宣传教育，提高民众对于数据隐私、数据安全的信任度，推动个人、企业和政府数据共享开放。

（六）比较小结

从上述对五个郊区新城的比较来看，各个郊区都将数字化转型视为促进郊区发展、实现城乡融合的重要抓手，在数字化转型方面进行了全面部署并全力推进；同时各个郊区也结合自身优势以及发展重点，制定了有特色的数字化转型战略，其中不少经验值得奉贤借鉴。

一是突出地区特色品牌，提升各区在数字化领域的知名度和影响力。例如青浦在发展目标、基础设施、数字经济、应用场景等方面都处处突出长三角高质量合作核心区的特色，打造长三角数字新干线；松江则突出"数智G60"的概念，重点打造长三角G60科创走廊数字城市应用场景、建设G60数字经济创新产业示范区、推动G60科创走廊城市异地通办合作；金山区提出打造AI鑫眼平台，构建区级AI算力池，布局高端、绿色数据中心。

二是强化新兴技术引领。大数据、云计算、人工智能等新兴技术产业以往多集中于中心城区，特别是浦东、徐汇、杨浦等区，近年来随着技术加速扩散以及郊区产业设施不断完善，各郊区也加快吸引新兴技术产业以实现弯道超车。如青浦区和松江区把推动卫星互联网基础设施建设作为重要发展领域，将初步形成卫星互联网信息服务能力；嘉定、青浦、金山等区围绕未来产业发展趋势，大力发展集成电路、人工智能、无人载具以及数字人民币、商密信创等新技术和新产业，力争在数字技术新赛道上拔得头筹。

三是促进产业融合发展。各区在推进城市数字化转型过程中，十分重视促进数字经济和传统优势产业的融合，实现新兴产业和传统产业齐头并进。如嘉定区突出汽车制造产业优势，大力发展无人驾驶和智能交通产业；金山区突出绿色化工和农业特色，深入实施以数字"绿"化、数字"富"农为双驱动的"一区一特"战略。

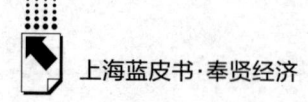

四是深化数字惠民理念。相对市区而言，郊区地域范围广、人口密度低，为此各区更重视提高数字化的覆盖度和抵达性，让数字红利惠及基层、惠及农村、惠及弱势群体。如金山、嘉定、松江等地都提出完善农村地区的5G、物流、智能感知等数字基础设施，发展远程教育、远程医疗以及线上线下结合的养老、健康、文娱等服务平台，提升乡村、社区的生活数字化水平。

五是重视数字生态建设。数字化转型所需要的人才、资金、数据等资源往往集中于中心城区，郊区数字生态相对不够完善，这是造成郊区数字化转型难以深化的重要原因。为此各郊区在"十四五"期间十分重视建立和完善区域数字化创新生态，大力吸引高素质人才、高质量数据资源、产业发展资金以及各类行业组织、产业联盟、公共服务平台向本区集聚，为区域数字化转型提供综合性保障。

三 加快奉贤城市数字化转型的对策建议

综合以上分析，本报告认为奉贤在新一轮数字化转型中，既有坚实的基础，也面临着激烈的竞争。未来奉贤还应当从以下方面进一步明确方向，推动数字化转型不断走向深化。

一是进一步突出发展重点。一方面，奉贤区城市数字化转型规划以及"数字江海"发展规划等文件中都对奉贤数字化的创新发展进行了全面系统描述，充分体现了奉贤数字化的美好未来前景。但另一方面，奉贤作为一个数字化基础相对薄弱、发展环境不够完善的远郊区，同时面对上海各区激烈竞争的形势，奉贤要坚持有所为、有所不为的思路，选择少数几个领域进行重点突破，而不应追求面面俱到、全线出击。为此本报告建议奉贤立足自身特点与优势，将直播电商、美妆数字贸易、智能网联汽车等作为发展重点，集中更多力量、倾注更多资源，通过特色发展领域的重点突破，带动区域数字化的整体提升。

二是进一步加快产城融合。郊区在发展新兴技术产业时往往面临产城分离的困境，未来奉贤打造"数字江海""未来空间"也将遭遇这一难题。因此奉贤在推进城市数字化转型过程中要坚决打破产和城之间的分割关系，将工业化、数字化、城镇化有机统一，促进数字化转型与城区功能提升的融合。一方面通过培育城市数字产业、增加就业机会、优化公共服务带动城市功能提升，增强对各类数字化要素的吸引力；另一方面通过城市功能优化实现人口安居和要素集聚，为数字城市建设提供良好的发展环境，促进产业集聚、资源集聚、人口集聚之间的协调。

三是进一步完善创新生态。构建良好的数字化创新生态，实现各类主体协同互动以及数字化要素充分集聚、顺畅流动、高效配置，是有效实施数字化转型发展战略的前提条件。因此奉贤既要着眼于大项目、大产业、大园区，也应重视数字生态的完善与提升。在当前形势下，奉贤区尤其需要集聚更多的数字化人才、数据资源、风投机构，同时要引进一批在数字技术领域具有较强实力的高校、科研院所、产业组织和公共服务平台在奉贤设立研发基地、人才培训基地、产教联盟及其它分支机构，补齐奉贤在数字创新生态中的短板和弱项。

四是进一步促进"三区"联动，即促进数字江海和东方美谷、未来空间的合作与对接。数字江海作为数字产业集聚地，重在吸引数字创新资源，加强数字技术研发，培育新型数字产业，为奉贤城市数字化转型提供数字产品和服务；未来空间重在智能网联汽车、工业互联网发展，为数字技术创新与商业化提供试验基地和应用场景；东方美谷重在精细化工、美妆产品及服务、绿色环保、电子商务等行业，为轻工业和服务业数字化提供空间和平台。通过三区的联动发展，形成奉贤数字化转型的强劲驱动力。

五是进一步加强品牌宣介。奉贤区初步形成了以"数字江海"为引领的区域数字化转型战略，将围绕主导产业打造数字新城，以数字产业化新供给助力提升产业数字化能级，以数字底座先行先用支撑三大领域加速数字化转型。未来奉贤还要进一步加大对"数字江海"品牌的宣介力度，一是扩大品牌知晓度，从上海知名到长三角以至全国知名；二是提高品牌含金量，强化"数字江海"与新技术、新场景、新产业的内涵链接；三是增强品牌吸引力，通过品牌运营集聚一大批优质数字企业来奉贤创业发展。

参考文献

苏红键：《数字城乡建设：通往城乡融合与共同富裕之路》，《电子政务》2022年第10期。

王世龙、白虹：《数字乡村战略下城乡融合发展的创新路径研究》，《农村经济与科技》2022年第4期。

俱鹤飞：《"数字江海"打造别样三座城》，《解放日报》2022年2月26日，第1版。

薄小波：《奉贤新城 擦亮产业名片，拉动区域经济持续向好》，《文汇报》2022年8月8日，第1版。

邱爱荃：《奉贤新城：一座令人向往的未来之城》，《中国经济导报》2022年3月22日，第4版。

上海市经济和信息化发展研究中心：《上海市智慧城市发展水平评估报告（2020）》http：//www.sheitc.org，最后访问日期：2022年10月8日。

B.17 "双碳"背景下持续打造最具生态竞争力城市

于云云 张 淼 沈鹏远*

摘 要: "十三五"时期,奉贤全面推进多项生态环境保护和建设工作,打响污染防治攻坚战,提高环境基础设施建设,优化生态空间,生态环境得到全面改善。"十四五"时期,奉贤更是将围绕"双碳"目标,持续发挥奉贤生态优势,坚持绿色低碳发展建设,努力打造"水天一色"美丽奉贤,力争创建成为国家生态园林城区。奉贤持续推进绿色低碳发展实践区建设,同时积极开展林业碳汇试点建设,全力构建现代环境治理体系集成示范区,努力打造"无废城市""海绵城市""公园城市",坚持打造最具生态竞争力城市。

关键词: "双碳"目标 绿色低碳发展 "公园城市" 生态竞争力

一 引言

近年来,奉贤区在生态文明建设和生态环境保护方面取得了不错的成绩,生态园林建设和生态商务区建设初见成效,污染防治攻坚战和"水、气、土"

---

* 于云云,上海社会科学院数量经济学博士研究生,主要研究领域包括计量经济学、文本分析与机器学习;张淼,副教授,中共上海奉贤区委党校教学部副主任,主要研究方向为区域经济学、金融学;沈鹏远,副教授,中共上海奉贤区委党校教师,主要研究方向包括经济体制改革、创新经济学、国有企业改革。

三大战役也已全面打响，生态环境不断改善并且被评为中国最具生态竞争力城市。进入"十四五"时期，奉贤的生态环境建设工作迎来新机遇，当然也面临着新挑战。为持续打造最具生态竞争力城市，打造南上海"未来空间"和"水天一色"美丽奉贤，实现"奉贤美、奉贤强"的战略目标，奉贤区政府2021年11月印发了《上海市奉贤区生态环境保护"十四五"规划》（以下简称《"十四五"规划》）。《"十四五"规划》中明确了接下来几年奉贤生态环境建设的目标，持续推进"无废城市"、"海绵城市"和"公园城市"建设，完善环境治理能力，提高区域环境质量，初显生态服务功能，提升资源承载空间，努力展现生态建设的环境功能、景观功能、经济功能。

随着碳达峰、碳中和目标被纳入生态文明建设的整体布局，奉贤生态环境建设也肩负起新的使命。奉贤新城如何助力碳达峰、碳中和的战略目标实现，怎样在"双碳"目标的约束下做到奉贤经济高质量发展与生态高效能治理的耦合，如何实现奉贤新城绿色低碳转型发展，是目前奉贤新城生态文明建设和生态环境保护值得讨论的问题。

二 "双碳"背景下奉贤生态环境现状

（一）多点突破，生态环境全面改善

奉贤新城始终坚持以区域生态环境质量改善为目标，不断完善奉贤绿色生态风貌，把改善环境质量作为给奉贤人民的福祉，提高奉贤人民生活质量。近年来，奉贤全面开展污染防治攻坚，不断打造生态空间，全区生态环境得到大幅优化。由表1可以看到，2021年奉贤整体生态环境质量相比2020年和2016年都有明显改善。其中环境空气质量优良率达92.20%，相比2020年提高4.5个百分点，相比2016年提高14.9个百分点；环境空气质量六项指标全面达到国家环境空气质量二级标准；其中PM2.5平均浓度为26微克/立方米，相比2016年下降了42%。水环境质量也有明显提高，水质达标率达到100%，其中优良（水质达到或好于Ⅲ类）比例为88%。整

体来说2021年空气和水环境质量均创有监测记录以来的最好水平。在2021年度市级行政区生态环境指标绩效考核中，奉贤区空气质量指数、PM2.5浓度、地表水达到或好于Ⅲ类水体比例、土壤安全利用率等指标数值均已达到同级区域最高水平。

表1 奉贤区生态环境质量状况

指标分类	指标	年份		
		2021年	2020年	2016年
水环境质量	全区水质综合污染指数	0.48~1.31	0.52~1.02	0.59~0.84
	水质优良（Ⅲ类及以上）占比	88%	69.10%	38%
空气环境质量	环境空气质量(AQI)优良率	92.20%	87.70%	77.30%
	PM2.5平均浓度（微克/立方米）	26	30	45
	臭氧浓度（微克/立方米）	151	155	167
	一氧化碳浓度（毫克/立方米）	0.8	0.9	1.2
声环境质量	区域昼间时段噪声	好	较好	较好
	区域夜间时段噪声	一般	较好	较差

资料来源：奉贤区生态环境局。

近年来奉贤全面开展污染防治工作，全面开展水、气、土环境质量改善和保护工作，比如"水天一色"工程、环保三年行动计划、土壤污染防治计划、水污染防治计划、清洁空气行动计划和金山地区（奉贤区域）环境综合整治等，全面落实中央及市生态环保的整体要求。建立健全河（湖）长制，完成中小河道轮疏3041条（段），19个地表水考核断面全部达标，重要水功能区达标率100%。同时奉贤也在不断拓展优化城市生态空间，新增和改造公园190余个，扩增绿地680余公顷、新增林地4.6万亩、新增立体绿化8.7万平方米，森林覆盖率增加至16%以上、绿化覆盖率增加至43%以上，达到全市领先水平。十字水街周边全面开通，半马步道和浦南运河景观区竣工完毕，"田"字绿廊空间布局已初步建成，奉贤正在向国家生态园林城区稳步迈进。

（二）重点聚焦，提升环境治理体系化能力

为打造生态之城，奉贤聚焦环境治理体系建设，通过完善健全治理体系来提高治理能力和治理力度，改善环境质量，保护优化奉贤绿色生态。2020年底，市生态环境局与区政府就"构建现代化环境治理体系示范区"签订战略合作协议，推动现代环境治理体系在奉贤区率先落地，提升奉贤区环境治理能力和现代化水平，健全生态环境治理企业责任体系，将奉贤区建设成"五美五强"的最具生态竞争力城市。奉贤区推出企业环保"领跑者"制度，通过详细严谨的评价标准评选出24家在环境治理、绿色发展、低碳技术等方面处于行业领先的企业，发挥模范带头作用，提升企业参与积极度。通过健全第三方环境污染治理机制丰富环境治理手段，通过推进绿色供应链和绿色金融创新探索支撑绿色低碳发展新机制，最终形成多主体参与且良性循环的环境治理体系。

此外，奉贤还通过举办专场论坛邀请各大社会学术机构、政府管理部门和镇、工业园区、企业的代表分享现代环境治理的试点探索、创新成果、先进典型，贡献奉贤智慧、提出奉贤方案，助力奉贤完善现代环境治理体系建设方案。目前奉贤环境治理企业责任体系已经初见雏形，"环保领跑者"的宣传示范作用带来的品牌影响力在逐渐扩大；通过一系列宣传活动加强政府与企业、专家、全民的沟通，环境治理全民行动体系框架也初步建立。此外，在环境治理监管体系、市场体系、信用体系等方面也已经开始布局，正在全面建设透明化、智能化的现代环境治理体系，助力奉贤生态之城建设。

（三）不断探索，创建绿色低碳"公园之城"

自2011年被列为上海首批低碳发展实践区试点以来，奉贤一直积极探索绿色低碳发展，奉贤南桥积极推进低碳实践区试点建设，全面实施六大低碳工程、三大亮点项目的建设工作，切实推进区域开发建设中各项低碳措施的落地执行。六大低碳工程分别从清洁能源利用、绿色建筑、低碳交通、智能电网、资源综合利用和生态碳汇方面开展工作；三大亮点主要围绕地标建

筑进行规划，主要包括："上海之鱼"地区能源中心项目、"贤之塔"生态观光项目、中央生态林"零排放"社区项目。2017年6月12日，奉贤新城作为上海首批低碳发展实践区通过验收并取得"低碳示范区"称号。

如今2.53平方千米的"上海之鱼"已经实现公园全覆盖，依托4.78平方千米中央生态林的绿色底蕴，开展林木抚育，改善生态功能。围绕中央生态林，年丰公园、泡泡公园、"上海之鱼"湖心岛公园等园区星罗棋布，形成了奉贤新城自然与生活相互交融的绿色生态布局。奉贤始终践行"公园之城"新理念，不断拓展"公园+"新内涵，结合自身生态优势，叠加公共服务功能，集绿色、文化、休闲、体育、服务功能于一体，打造丰富绿色生态网络，以绿色共享空间激发城市活力。"贤之塔"是奉贤新城的另一地标建筑，将被打造为贯彻绿色低碳理念的观景胜地，严格遵循绿色建筑三星级标准建造。其塔身由可回收利用的新型材料建成，并利用太阳能、地热能等清洁能源为塔内设施供电，满足"贤之塔"的住宿、娱乐、展出、汇演、餐饮等功能。中央生态林是奉贤新城最大规模的生态景区，游客在其中可以体验到丛林住宿、休闲骑行、植物参观、徒步旅行等功能，尽情感受低碳生活。

三 奉贤低碳绿色发展提高生态竞争力

虽然近些年奉贤生态环境建设成效显著，但碳达峰、碳中和目标对生态环境建设提出了更高要求，实现"双碳"战略目标的主要策略之一就是减少碳排放的同时进行碳清除。在减少排放方面，一方面通过优化能源结构，促进化石能源向新型清洁能源的转型来直接减少碳排放；另一方面通过产业结构转型升级间接降低能源需求进而减少碳排放。在碳清除方面，主要通过植物光合作用吸收转化二氧化碳，即通过碳汇的方式进行碳清除。奉贤坚持绿色低碳发展，研究制定一系列绿色低碳发展项目，力争创建成为国家生态园林城区。奉贤不断探索绿色低碳发展模式，全面倡导绿色低碳的生活方式和城市运行模式，探索"无废城市"建设。奉贤同时推进低碳发展实践区、低碳社区、低碳示范机构等试点工作，逐步扩大低碳试点范围；持续推进近零排放项目试点，强化零碳建筑等示范引领作用。

（一）深入探索低碳发展实践区建设，推广低碳模式

奉贤绿色低碳发展实践区建设与生态环境建设的目标相辅相成，构成了良性循环。目前生态建设已经成为奉贤新城得天独厚的优势，奉贤发挥生态优势的同时也将不断深入探索低碳发展实践区建设，不断尝试模式创新与突破。继南桥镇试点低碳发展实践后，海湾镇也获批建设海湾特色功能片区低碳发展实践区，在开拓绿色低碳产业新赛道方面又迈出了坚实的脚步。海湾镇地处奉贤区，同时被划入自贸区临港新片区范畴，是承接国家和城市战略、推动区域联动融合发展、打造绿色低碳示范的重要平台。结合海湾特色，围绕低碳发展实践区建设，以将区域碳排放强度下降20%、可再生能源利用占比显著提升为主要目标，海湾低碳实践区从农业、建筑、工业、交通、循环、生态及人文七大领域全面推进低碳建设，计划实施共13项重点项目。此外通过差异化发展，海湾镇引进了大批绿色低碳产业链相关企业，大力支持发展绿色金融，不断探索碳排放权交易模式，引导社会资本进入太阳能、氢能等清洁能源领域；鼓励实践区内企业积极参与碳交易试点，积极进行碳认证、碳披露等活动；积极宣传低碳消费、低碳生活理念；同时加强绿色基础设施建设，推动数字转型支持绿色低碳城市建设，打造绿色智慧支撑，以此倒逼城镇空间的降碳布局，探索全域绿色低碳发展之路。

除建设低碳发展实践区外，奉贤也在积极探索低碳社区建设，引领绿色低碳转型，营造全社会低碳生活新时尚。目前金海街道金水苑社区已批准创建低碳社区，金水苑社区毗邻恢复自然生态林，社区内有陈家港、齐贤排河流经，且周边基础设施齐全，交通便利，方便快捷，为社区居民低碳生活创造了良好条件。社区通过定期举办低碳意识培养和低碳理念宣传活动积极培养居民低碳生活意识；鼓励社区居民低碳节能节水、低碳出行、垃圾分类回收等；推进社区建筑进行节能改造；补足社区绿化提高碳汇能力；社区水域综合整治；倡导社区积极开展低碳技术创新等一系列低碳发展措施创建低碳

社区。目前金水苑小区水环境质量显著提升、建筑绿色节能、垃圾分类明确、新能源设施齐全,且加强了绿化景观建设,拓展社区绿色空间,恢复城市生态环境,使居民居住环境更加生态且低碳。

(二)开展林业碳汇试点建设,打造"双碳"实践示范区

要实现碳达峰碳中和的目标,单纯依靠减少碳排放几乎不可能的,于是如何清除排放出来的二氧化碳就成为核心问题。吸收二氧化碳比较多的方式是通过植物光合作用,利用森林的碳汇功能吸收碳排放是实现碳中和的重要途径。为深入贯彻落实党中央关于碳达峰碳中和的重大决策,实现碳中和,则需要巩固提升林业系统的森林碳汇能力,充分发挥奉贤森林"碳库"的作用。但奉贤林业体系存在森林资源不足、群落和林层结构简单、生态空间不明显、林地稳定性较差等问题。为应对新问题新挑战,巩固奉贤森林碳汇能力,奉贤开展林业碳汇试点建设工作,主要围绕如何增加森林碳汇量和碳储量以及如何精准计量检测森林碳汇进行建设。

奉贤区把林业体系建设作为实施生态文明建设的重要抓手,目前基本实现了绿地资源、林地资源与森林资源的协调发展。截至2021年底,奉贤新城森林总体面积11340.592公顷,全区森林覆盖率16.5%,占全区林地资源的86.66%。根据奉贤新城生态环境建设规划,"十四五"期间奉贤将造林42630亩,争取森林总体覆盖率达到17%,到2035年达到30%以上。奉贤将高度重视林地建设及森林增汇,不断优化森林空间布局,提升区域森林质量,努力把奉贤区建设成为森林资源更丰富、生态品质更优良、绿色产业更发达、人居环境更优美、生态文化更浓厚的"国家森林城市"。"十四五"期间,奉贤也将以"双碳"建设为背景,依托其独特的生态资源优势,实现绿色大发展,让奉贤成为"双碳"实践示范区。

奉贤进行林业碳汇建设主要从两个方面推进。首先,针对奉贤区森林"碳库"家底不清的问题,依托上海市林业碳汇计量监测和奉贤区森林生态综合监测成果,将碳汇调查内容纳入奉贤区森林资源一体化监测体系,建设奉贤区森林碳汇计量监测体系。具体地,通过建立覆盖奉贤的森林碳汇固定

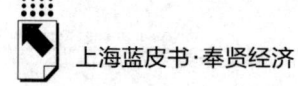

监测样地体系，编制森林碳汇调查及数据采集技术方案，对林业碳汇相关指标进行全面监测调查；通过构建奉贤区森林碳汇计量模型体系，完善林业生长体系中的各项生物量关系模型及不同人为活动措施对生物量的影响模型等；通过监测体系和计量模型体系获得森林碳汇能力的各项参数，建立奉贤区林业碳汇计量模型库和参数库；同时选取几处典型的生态公益林建设定位观测点，建设碳通量自动监测站等。其次，针对奉贤区林业生态结构简单、林层单一等导致碳汇功能不足的问题，探索能够提升碳汇能力的固碳增汇技术，比如采用生态公益林抚育模式。具体地，可以圈定几处具有代表性的低质量林区，通过封闭式管理、分批培育幼苗、分层次控制砍伐时间、加强育苗质量监测、提高减排管护等固碳增汇方法来提高林地的质量，增强林地层次感，促进林业生长，优化林地生态结构。

通过建设碳汇监测体系可以对奉贤区森林碳汇能力进行精准的评估和科的预测，全面掌握奉贤林业碳汇的现状及其发展趋势，进而开发森林资源提质方法，研发森林碳汇评估技术，为奉贤区国家森林城市创建、生态园林城区建设提供技术支撑，为探明奉贤区森林资源的"碳库"价值提供全面、准确的数据支撑；通过提高固碳增汇技术直接提升生态系统碳汇增量，有效增强林业体系对碳中和的贡献。同时借助大数据技术，让数字化平台赋能碳汇建设，加强林业碳汇试点过程中数据指标建立、数据存储、数据分析工作，形成专业的分析报告，有利于将试点的经验推广至奉贤全区乃至更广范围。

（三）探索"无废城市"建设，倡导绿色低碳生活

为深入贯彻习近平生态文明思想，加强固体废物管理，促进各产业绿色低碳发展，奉贤新城开始全力推进"无废城市"建设，聚焦奉贤新城"东方美谷+未来空间"产业格局和国家生态园林城区建设，围绕"七大类别、四大体系、四项清单"，加强对工业废弃物、农业废弃物、危险废弃物、一般生活垃圾等以废弃物和生活垃圾的治理和监管工作，加强废弃物排放体系化建设。全面推进各产业、园区、社区进行固体废弃物回收再利用和无害化

处理，提高废弃物利用率，同时倡导循环利用减少固体废弃物产出量，推动城市进行绿色低碳转型，发挥减污降碳的协同效应，为深入打好污染防治攻坚战、推动实现碳达峰碳中和作出贡献，最终实现"统管一张网，垃圾不出区，美谷美生态，新城新契机"。

"无废城市"建设旨在探索产业链废水集中处理和危化品仓库一体化运营，提升生活垃圾的分类实效，完善垃圾收集点、集中点、处理站、再利用的空间布局和协同机制，进一步提高垃圾资源化利用率。推动工业绿色低碳转型，建设湿垃圾处置中心，再生能源利用中心，鼓励企业绿色生产；推进绿色园区、低碳园区和绿色工厂建设，争取做到园区内部、工厂内部能够物料闭环，减少固体废弃物的排放，提高园区和工厂的固体废物循环利用率；推动绿色农业，建设综合智慧能源绿色发展中心，蔬菜绿色防控集成示范基地等，促进乡村振兴与绿色农业融合发展；以及发展绿色低碳建筑、鼓励绿色生活等。围绕"秸秆—畜禽粪污—有机肥"循环产业链、生态循环农业示范基地创建、美丽健康产业危废产生强度、美丽健康产业危废"点对点"综合利用、再生资源循环利用绿色供应链、奉贤新城"双碳"行动、现代化环境治理体系集成示范区建设等方面建设"无废奉贤"，同时构建"无废城市"制度、技术、市场和监管体系，保障"无废奉贤"顺利运转。

奉贤"无废城市"建设的目标是到2025年完成建设并且达到指标要求，工业固废实现精细化管理，主要农业废弃物、生活垃圾、建筑垃圾明显减少且资源再利用率得到提升，危废环境与安全风险有效防控，"无废城市"监管体系建设基本完成。"无废城市"建设是希望最终能实现低碳赋能绿色生活，齐心共建"无废贤城"。

（四）构建"两山"发展指数，发挥生态比较优势

为进一步贯彻习近平总书记提出的"绿水青山就是金山银山"理念，奉贤在《"十四五"规划》中明确构建"两山"指数，以此为抓手评估奉贤生态建设进展，聚力推动生态文明体系建设，加速推动全社会实现绿色低碳转型，助力打造绿色宜居之城。"两山"指数聚焦奉贤的生态环境建设与

区域未来发展方向，旨在兼顾"绿水青山"与"金山银山"，实现绿色低碳发展与产业提质升级的融合发展。通过将生态环境建设情况和经济社会发展情况全面量化凝练，构建可动态监测、可计算分析的指标体系，便于政府决策部门及时把握生态环境建设和经济社会发展水平，把握政策成效，为政策出台提供强有力的数据支撑。通过构建"两山"指数，奉贤可以更直观地把握绿色发展与经济增长的相互作用关系，从而为绿色基础设施建设、科学招商引资、产业转型升级等未来发展方向提供科学指引。

"两山"指数全方位贯彻"绿水青山就是金山银山"发展理念，紧密对接奉贤《"十四五"规划》目标要求，结合奉贤生态特色，同时注重理论与实践相结合，打造科学合理的指标体系。基于统计数据的可得性、时效性、准确性、可比性等维度科学设计细分指标，结合面板方法与层次分析法制定科学严谨的指标评价规则，最终形成了一个总指数、四类一级指标、十五类二级指标、五十一类三级指标的指标体系。四类一级指标分别为：水天一色田园生态环境指数、碧海金沙绿色未来经济指数、美丽健康贤城人民生活指数和跨界超越政策创新保障指数。其中"生态环境"指数全面反映奉贤生态环境建设情况、生态治理成效、资源利用和能源消耗情况；"未来经济"指数全面衡量奉贤经济发展情况；"人民生活"指数侧重反映人民群众的主观获得感；"创新保障"指数反映政府推动"两山"发展的政策保障情况。

奉贤"两山"指数近几年整体呈现逐年上升趋势，反映出奉贤"两山"发展在生态环境、经济增长、民生建设、政策保障方面都取得了显著的阶段性成果。其中"生态环境"指数反映出奉贤在生态保护和绿色发展工作取得了突出成果，奉贤获评"2021年最具生态竞争力城市"荣誉称号也充分验证了这一点；"未来经济"指数显示出奉贤经济增长势头良好，庄园式、庭园式、公园式总部经济发展优势充沛，绿色低碳经济发展模式初见成效，经济结构不断优化；"人民生活"指数反映出奉贤生态之城建设仍在加速推进，新江南文化催化城乡加速融合，打造出了独具风韵的生活之城；"创新保障"指数表明奉贤政策组合拳全力出击，为"两山"发展实践提供了坚实的政策支撑。

四 奉贤绿色低碳发展的机遇与挑战

（一）奉贤绿色低碳发展的机遇

1. "双碳"国家战略加速奉贤产业绿色低碳转型

"双碳"战略目标对奉贤低碳绿色发展既是挑战也是机遇。传统行业在绿色低碳转型过程中会面临极大的困难，借由国家对"双碳"战略的大力支持，企业低碳转型的成本会被大幅降低，地方政府在出台绿色发展支持政策的方向也更加明确，奉贤打造绿色低碳生态发展模式的阻碍将大幅减小。奉贤应统筹好产业能级提升与绿色低碳发展之间的关系，在推动产业结构转型升级的同时，加快绿色农业发展，积极培育可再生能源产业及零碳产业发展，推进产业绿色低碳可循环发展。借助"双碳"国家战略机遇，寻求产业结构转型新契机，通过发展绿色低碳技术在新赛道实现追赶和超车。

2. 上海科创中心建设赋能奉贤绿色低碳发展

随着上海对科创中心建设的大力推进，上海各类人才创新智慧竞相迸发。首先，奉贤应抓住这次科创热潮，用科技赋能绿色低碳建设，推进关键核心技术创新，积极探索低碳发展的更多路径与方法。围绕"双碳"目标、绿色低碳建设重大科技需求，加快以市场为导向的科技创新体系建设，加强低碳零碳负碳关键技术攻关，加强项目、基地和人才协同，积极抢占科技高点，用科技高质量支撑奉贤产业绿色低碳发展。其次，重视科技人才的引进与培育，紧抓五大新城建设浪潮，充分利用奉贤的生态环境优势，吸引高水平科技人才落户奉贤，集中引进清洁技术领域人才，助力当地产业结构绿色转型。

3. 上海大都市圈建设放大奉贤绿色品牌优势

2022年9月，《上海大都市圈空间协同规划》正式发布，这意味着一个世界级城市群即将建立，上海大都市圈的规划将会使数字经济与科技创新在许多领域挖掘出巨大潜力。奉贤新城应抓住上海大都市圈建设的机会，扩大

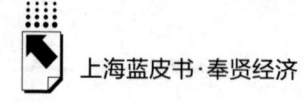

奉贤"绿色之城"的影响力，广泛吸引优质产业和高科技人才，寻求更多绿色低碳发展的合作机会。立足自身生态环境、绿色发展、地理位置和产业基础，放大绿色品牌优势，打造上海大都市圈绿色中心，在上海、苏州、无锡、常州、南通、嘉兴、宁波、舟山、湖州九大城市间锚定自身功能优势，吸引生物医药、化妆品、智能制造等领域的人才和企业汇聚奉贤，强化自身产业优势。

（二）奉贤绿色低碳发展的挑战

1. 城市基础设施建设和精细化管理水平亟待提高

在低碳发展建设中，无论是建设低碳实践区，还是开展林业碳汇建设，或是构建"无废城市"指标体系，都需要多个部门协同配合，做到数据透明、资源合理分配、分工明确、责任到人、迅速联动，这需要精细地统筹规划，需强化数字化协同能力，让数字赋能统筹管理，提高精细化管理水平。"无废城市"建设需要全区各行业及居民共同配合完成，需要各部门参与，准确考核工业企业完成情况、居民执行度、市场监管情况以及力度执行情况是非常复杂耗时的过程，在这期间更需要进行精细化管理。为满足绿色低碳发展，各个重大项目建设现有的基础设施水平还需提高，绿色基础设施建设（充电桩等）还需要进一步加强。除此之外，推动各重大规划项目之间的联动协调发展离不开精细化管理能力和统筹协调能力的提升。应通过系统优化重大项目联动执行能力，深化项目精细管理和实施能力，最终实现多个重大规划项目相互催化、提质升级。

2. 绿色低碳技术突破难、推广难

实现低碳绿色发展无论是能源结构转变还是产业结构转型都需要技术支持，许多污染问题是由于生产设备落后产生过多污染废弃物。想要清洁生产，核心是清洁生产技术的研发、推广和应用，而清洁生产技术研发周期长、成本高，后期推广使用更需大量资金投入。从开发资源到利用资源、废弃资源排放的各个阶段都有不同的清洁生产技术，新能源行业的快速发展促进清洁技术往前迈进一大步。但是如果没有配套产业的支持，新能源技术和

清洁能源技术的开发成本很高，且推广困难，要实现技术突破需要较长的研发周期。目前奉贤高技术企业不多，清洁技术企业则更为稀有，相关技术引进成本比较高。

3. 产业能级提升与绿色低碳转型发展制约有待破除

目前奉贤产业能级还不够高，龙头企业匮乏，园区内企业能级大多处于较低水平。然而绿色低碳技术需要坚实的研发基础和雄厚的资金支持，产业能级较低的企业往往难以在实现转型升级的同时兼顾绿色发展。要推动产业结构优化升级，一方面需要严格控制高耗能、高排放行业的规模和产出，另一方面要通过出台政府扶持政策助力重点领域企业进行绿色低碳转型，大力发展节能环保产业。目前奉贤整体产业能级不够高，全面进行绿色低碳转型不仅高成本并且高风险，控制产能则可能与经济发展有冲突。因此必须确保奉贤产业能级提升与低碳发展模式相协调，选择合适的发展尺度。

五　促进奉贤绿色低碳发展的启示与建议

（一）创新监管手段，完善监管基础设施

加强数字赋能监管，构建智能化监管平台，完善监管指标体系，改变传统的管理思维，加速推动绿色低碳建设过程中的管理手段、管理模式、管理理念的变革，用科学技术代替人海战术。建立包容谨慎、鼓励创新的监管制度，试点契合数字时代的新型监管模式，努力克服数字化转型进程中新业态、新模式、新产品的体制机制障碍。注重数据资源的隐私保护、维护管理和协同开发，建立健全政企数据共享合作机制，鼓励以数据为基础的精准施策。建立、健全林业碳汇建设、"无废城市"建设等绿色低碳规划推动过程中的市场准入制度、公平竞争审查制度，保障重点规划保质保量落地。完善数字基础设施建设，建立一体化数字信息平台，通过大数据、云计算等新一代信息技术支撑监管模式实现数字化转型，打造透明、高效、公正的智能监管体系。

（二）加大宣传力度，提升社会号召力

在移动互联网时代应充分发挥新媒体宣传作用，强化奉贤绿色低碳发展宣传工作，以及重点项目的推广工作，增加公众参与度与监督力度。通过举办低碳科技创新竞赛、低碳论坛、低碳成果展等活动凝聚全民智慧，共创绿色低碳发展；也可开展低碳进入校园、低碳进入社区、低碳进入企业等渗透式宣传活动，使职能部门和广大群众在思想层面形成建设低碳新城的共识，并形成构建低碳生态城市的合力，提高社会号召力，做到全民共建；利用微信公众号、抖音账号、B站UP号等具有影响力新媒体平台推广绿色低碳发展理念，促进居民向绿色低碳生活方式转变，与企业绿色低碳转型形成合力，在全社会形成绿色低碳发展潮流，进而打造奉贤绿色低碳发展品牌，为全国绿色发展提供示范。

（三）强化部门高效协同，提高组织保障

借助科技力量提高全区精细化管理水平，争取做到每一条指令、每一份文件、每一个数据都能够追根溯源。健全精细化管理平台，提高文件审批效率，提高部门之间高效协同能力，同时做到全面统筹规划，奖惩有度有据。明确低碳建设项目的目标与路径，在多个项目并行开展过程中合理分配人力、物力，严格根据时间节点推进实施绿色低碳发展实践区、"无废城市"、林业碳汇等项目的建设工作。打造政务一体化智能信息平台，高效链接各部门常态化工作，简化工作流程，减少重复性工作，提高部门协同效率，推进一网通办建设，为重大项目实施提供高效的组织保障。

（四）推进技术引进与研发，聚焦清洁技术攻关

对于清洁技术攻关难题，首先，鼓励企业进行产学研协同创新，联合清洁技术产业链上下游企业、高校及研发机构，使企业、市场、政府、高校及科研机构能够深度融合联合攻关，打破技术壁垒，协同实现技术攻关及清洁能源科技成果转化。积极发挥政府统筹协调的组织作用，完善协同机制，打

通协作关节，缩短清洁技术研发周期，为绿色低碳发展提供技术支持。其次，对于国内外已有的清洁技术推进技术引进，加大资金支持，通过直接引进先进清洁技术缩短研发生产周期，加速企业绿色低碳转型。

参考文献：

秦国伟、田明华：《"双碳"目标下林业碳汇的发展机遇及实施路径》，《行政管理改革》2022年第1期。

乔晓楠、彭李政：《碳达峰、碳中和与中国经济绿色低碳发展》，《中国特色社会主义研究》2021年第4期。

屠烜：《上海奉贤南桥新城建设开发过程中的低碳实践》，《上海节能》2011年第9期。

上海市奉贤区人民政府：《上海市奉贤区生态环境保护"十四五"规划》，https://xxgk.fengxian.gov.cn/art/info/360/i20211109-p5714d2xl70xwagqkn，最后访问日期：2022年10月8日。

上海市奉贤区生态环境局：《上海市奉贤区"无废城市"建设实施方案》，https://www.fengxian.gov.cn/hbj/col2194/20220607/17987.html，最后访问日期：2022年10月8日。

上海市奉贤区生态环境局：《2021年奉贤区环境状况公报》，https://www.fengxian.gov.cn/hbj/col2183/20220715/21289.html，最后访问日期：2022年10月8日。

上海市奉贤区生态环境局：《2020年奉贤区环境状况公报》，https://www.fengxian.gov.cn/hbj/col2183/20210701/2183-3d79c14b-a1f0-4c9b-a8cc-7d336ccfad51.html，最后访问日期：2022年10月8日。

上海市奉贤区生态环境局：《2016年奉贤区环境状况公报》，https://www.fengxian.gov.cn/hbj/col2183/20170605/2183-39abf30b-3232-46e7-946a-6938b53aa8da.html，最后访问日期：2022年10月8日。

B.18
塑造新江南文化助推奉贤经济高质量发展

廖辉 杜学峰*

摘 要： 始终坚持文化自信，打响上海文化品牌，奉贤在行动。新江南文化继承了红色文化、海派文化、江南文化的特色，其包含了江南文化的传承与创新以及开放传统。为打响新江南文化、发展文创产业，奉贤不断完善政策支持和聚焦优势领域。经过"十三五"期间的发展，南上海文化创意产业集聚区已初具形态，文创产业和旅游产业的蓬勃发展正助力奉贤经济高质量发展。然而，奉贤发展文创产业中仍存在许多问题，这需要其立足产业发展基础，做大做强既有优势产业，适应未来发展趋势，推动线上线下融合，依托本土文化资源，优化文创空间布局，以进一步推动新江南文化的繁荣与发展。

关键词： 新江南文化 文创产业 奉贤经济

一 前言

文化兴则国家兴，文化自信是更强大的自信。党的十二次代表大会指出，文化是城市发展生生不息的力量源泉，是城市的精神品牌与理想追求。

---

* 廖辉，上海交通大学安泰经济与管理学院博士后，主要研究方向为计量经济建模与经济决策分析，科技统计评价，政策评估理论与应用；杜学峰，中共上海市奉贤区委党校科研室主任，主要研究方向为城市化与基层社会治理。

上海的魂与根都来自文化，其中江南文化是上海之根，各种文化资源向上海汇聚，上海成为江南文化的重要承载地。在开放包容中博采众长，文化是亘古的更是常新的，江南文化不断丰富新的时代内涵与价值，形成新江南文化。

奉贤历史悠久，底蕴深厚，于2015年成功创建上海市郊区首个全国文明城区，好家风好家训受到肯定。回答习近平总书记的奉贤之问，贤美文化正展现新时代光华，奉贤出台《打响城市软实力品牌，打响新江南文化》意见。全力打造新江南文化引领地，坚持创造性转化创新性发展。"十三五"以来，根据"上海文创50条"关于建设南上海文化创意产业集聚区的要求，奉贤着力打造"文化美、文化强"城市意象、人文格调，以文化创意产业硬实力培育区域经济增长极。

本报告意在厘清新江南文化的内涵，梳理奉贤在发展文创产业打响新江南文化上的努力，总结奉贤文创和旅游产业发展的成就与对奉贤经济高质量发展的贡献，分析奉贤文创产业发展的不足，进而为奉贤推进新江南文化的进一步发展给出相关建议。

二 新江南文化的内涵

红色文化、海派文化、江南文化是上海神韵魅力所在，新江南文化则是在传承三种文化基础上的创新，它在奉贤的贤美文化中浸润生长，也是奉贤新城魅力所在。塑造新江南文化，基础在厚植生态基底，充分挖掘水文化底蕴，让城市文脉与水岸交相辉应，积极推进国家森林城市建设；关键在重塑城乡空间，坚持以文立城，以文塑城，以文兴城，把新江南文化作为规划的底色与特色，加快远郊新城向独立型节点城市的蝶变；重点在激发澎湃动力，大力实施"文化+""+文化"战略，形成结构更合理、功能更强大的文创产业，周周有演出，月月有活动，持续打响南上海文化演艺之都；本质在凝聚民心民智，独特的精神品格，打造独具魅力的文化，把新江南文化作为内在驱动力，选出一批最美家庭、感动人物，在传承创新中弘扬伟大建党

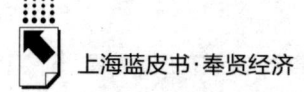

精神，与世界接轨讲好奉贤故事，让奉贤因文化而繁荣。

了解新江南文化的内涵一方面可以从经济学角度解读江南文化，了解江南文化的传承与创新；另一方面可以从历史角度解读江南文化，了解江南文化的开放传统。

1. 江南文化的传承与创新

18世纪以前，中国处于世界中心地位，而中国经济最繁荣的地方在江南。究其原因，可以从以下五点发现江南文化的传承与创新。

一是移民的基因。在中国传统的农耕社会，从唐朝晚期到宋朝，由于战争的原因，大量中原人士向南迁移，特别是移民到了江南。因此，江南文化传承了中原文化，但是到了江南又有了新的发展。原来的中原人变成了江南人，这些中原移民到了江南追求新的生活，身上所带的勤奋的移民基因是江南经济繁荣的重要根源。

二是水文化。水文化中最重要的是水运，其成本低，这又区别于中原文化。我们的先民把太湖边的湿地变成了运河，太湖以东基本都是运河。大运河连接南北，但是到了江南，成了运河水网，很多古镇家家有船，所以运输成本大为降低。而水稻产量比小麦更高，因此江南经济的底子就打下了。

三是世界宗教。江南的传统文化，三教合一。道教解决人与自然和谐相处的问题，佛教解决人心安的问题，儒教解决人与人之间如何和谐相处的问题。江南成为世界上最繁荣的地方之一与这是有关系的。

四是发达的手工业。在英国，发达的是工业，在中国，发达的是手工业与手工业支撑的商业。江南的繁荣基于以农耕为基础结合手工业。景德镇做瓷器是：四月做胚、阴放一年、第二年十月再烧，其并非一整年专职做瓷器，而是在农忙的时候耕种，农闲的时候做瓷器，发展手工业。因此，从某种角度讲，在中国，文创产业古已有之，就是手工业。中国的茶叶、瓷器和丝绸在江南文化中特别突出。在大运河畅通的时代，中国手工业与商业的发达程度并不次于英国的工业。

五是在中国大运河所带来的商业与手工业中形成了有中国特色的文艺复兴。一讲文艺复兴就讲到欧洲，如果简释江南文化，其经济学理是运河文化，可以当之无愧地称之为一次文艺复兴，如南北曲艺、明清小说，而明清小说又推动了文言文走向白话文。同时它还推动了社会道德中多方面的变革。中原文化中的仁义礼智信，从大运河传到江南后变为了信义仁智礼。商业已经不是熟人关系，在运河上经商首先是诚信，讨价还价还讲一个公平公正，然后才是社会关爱（仁），才是合而不同（智），才是礼。同时还导致了人的价值取向的变化，中原的士农工商在江南是士商工农，大运河提高了经商者的地位，直到现在，民营企业家最多的仍是江南。

2.江南文化的开放传统

一是开放品格形成。江南文化的根源包括几千年前的河姆渡文化、崧泽文化与良渚文化。秦汉时期的江南在华夏文明中处于华夏文化的边缘地带。正因为边缘，大量的北人南渡，江南主动融合了北方文化，开启了文化繁荣，也就是新江南文化，平等、开明。靖康之难后第三批北人南下，江南文化实现了一轮又一轮的文化融合。见贤思齐的本质就是开明开放。

二是开放品格的彰显。两宋时期海上贸易主要发生在江南地区，政府高度重视海上贸易，造就了航海盛世。元朝对江南文化的发展有重要作用。北京政治中心远离经济发达的江南，北方需要大量的粮食与财富，因此需要海运来解决朝粮北运的问题。太仓很快成为当时规模较大的城市，为了管理海运人员，华亭县上升为华亭府，新建各类粮仓，江南得到大规模发展。明朝海禁，但随着新海路的发展，欧洲人开始了更大规模的海上贸易，中国与欧洲的经济交往越来越频繁，东南沿海不断繁荣。

三是开放的传统。五口通商以后，广州福州拒绝贸易，但上海没有强烈的排外传统，上海人干练，合情合理地处理中外关系，解决通商与中外之间的矛盾。近代上海人大部分是江南人，上海人的开放是江南文化的体现。江南人很理性，了解传教士如何传教，如何教育。上海人的开明开放还体现在如何处理错综复杂的矛盾、降低不必要的损失等方面。义和团运动时期，以上海为代表的东南地区制定了东南互保策略，既要反对帝国主义的侵略，又要减少自身损失。积极投身新文化运动的志士有许多都是江南人，李大钊先生虽然不是江南人，但是其最初的思想启蒙教师也是江南人。

四是改革开放以来大放异彩。上海作为长三角的龙头城市，江南文化的开放传统是其经济发展的底层基因，主要可以从以下几个事件体现：1990年以前开放闵行虹桥地区、1990年浦东开发开放、2001年加入WTO、2012年以后举办世博会。党的十八大以来，上海以转型促创新，作为改革开放的排头兵，每十年跃上一个新台阶，成为国际卓越大都市。2019年长三角一体化上升为国家战略，为江南的对外开放提供了战略性支撑与开放平台。

三 奉贤在打响新江南文化、发展文创产业上的努力

为打响新江南文化，大力发展文创产业，以文创赋能奉贤新城建设，打造南上海文化创意产业集聚区，奉贤在加强政策支持和聚焦重点领域上不断努力。

1. 政策支持方面

一是完善顶层设计、搭建文创服务平台。2021年是"十四五"开局之年，奉贤区文创办通过调研、走访、访谈等方式，认真研究文创产业的综合性问题、重点领域和关键环节，编制《奉贤区文化旅游事业和文创产业发展"十四五"规划》，明确"十四五"时期的文化产业空间布局和发展方向，聚焦影视、电竞游戏、数字出版、在线直播等新兴文化业态，精心打造南上海文化创意产业集聚区。

举办长三角和部分地级市文化和旅游公共服务产品采购大会，1161家参展单位，6022项产品参与线上展示，线下共计5000余人在大会上互动洽谈、观展观演，这些人是来自长三角及全国各省市的专业观众、参展单位人员及市民体验团成员等。2021年举办第二届"创意上海 心意奉贤"文创设计大赛，通过大赛让奉贤传统文化元素焕发新生，实现创造性和创新性的转化。成立九棵树（上海）艺术基金会，搭建专业透明的艺术类公益平台，

资助公益演出、文艺创评，目前已签约 17 个资助协议，资助金额约为 6276 万元。

二是用好文创产业扶持资金，当好服务企业"金牌店小二"。在市级扶持资金方面，2021 年奉贤区收到网上申报并通过市文创办预审的项目共计 73 个。奉贤区文创办根据企业申报材料，对项目材料的完整性和合规性开展审查，并进行项目评审，同时通过培训活动为企业项目申报答疑解惑。经报上海市文创办评审，奉贤区有 17 个项目获得市级文创扶持资金 1751 万元，带动社会资本投资约 1.5 亿元。在区级文创扶持资金方面，根据奉贤区文创产业与制造产业的跨界发展特点，开展了 2021 年度文创产业重点园区、企业的申报评审，经企业自主申报，各镇人民政府、开发区管委会、区属公司初审合格，奉贤区文创办会同评审小组认定，确定 2021 年文创产业重点企业 9 家、重点园区 4 家。2021 年，奉贤区内 16 家文创园区、楼宇（空间）入驻企业完成税收约 9.3 亿元。

开展政策申报、项目实施、财务管理等方面的培训活动，为企业答疑解惑。举办圆桌早餐会 2 场，倾听企业诉求，解读扶持政策，协调解决企业发展中的难题。配合市文创办开展 2020 年度市级文创项目中期检查工作，指导企业规范项目执行及财政扶持资金的使用，提高项目执行质量。

2. 重点领域方面

一是聚焦时尚创意，打造九棵树艺术生态圈。美丽健康产业作为奉贤文创产业的重要组成部分，2021 年上半年，在奉生产经营企业共 814 家，比去年同期增加 148 家，增幅为 22.2%；累计完成营业收入 472.2 亿元，净增 144.9 亿元，增幅为 30.69%；实现税收 39.9 亿元，净增 8.2 亿元，增幅为 25.9%。"东方美谷　美丽世界"东方美谷化妆品大会于 2021 年 11 月 7 日在奉贤召开。

九棵树（上海）未来艺术中心自 2019 年 10 月正式对外开放以来，已开展活动 600 余场，服务超 100 万人次。2021 年，围绕九棵树（上海）未来艺术中心，全力构建艺术社区运营模式，大隐书局·九棵树艺术书店、大白兔全球首店、一尺花园等业态纷纷落地，打造覆盖各年龄层、多业态融合的全景式艺术生活空间。成立九棵树艺术家委员会，聘任九棵树"文化使者"，推动成立许忠原创音乐工作室、谭元元工作室，引进"百人百场未来大师"系列、音乐剧《归航》等项目，汇聚高品质文化资源、高素质文化英才，助推九棵树跻身高雅艺术高地，打造"南上海文化新地标、世界级演艺新殿堂"。

二是做强内容创作生产，打造影视产业生态圈。通过高品质文化资源的引入，持续打造"奉贤出品"文化IP，原创音乐剧《忠诚》、舞台剧《永远闪闪的红星》等优秀作品在九棵树首演。举办东方美谷艺术节、花海美妆音乐节、上海国际花展、九棵树·上药之夜——纪念贝多芬诞辰250周年音乐会、中国三大男高音九棵树音乐会、九棵树中秋音乐盛典等活动和演出，不断扩大优质文化产品供给，增强奉贤人民获得感与幸福感。

举办"数字江海·文耀新城"文化创意产业专题调研会、中国上海影视产业发展论坛暨奉贤区文化创意产业招商推介会，加速构建影视产业生态圈。一方面，上海青年影视编剧创作基地、上海影视摄制服务机构落户金汇镇明星村，并开展了多次青年编剧创作交流采风活动，吸引青年编剧人才、影视企业机构走进奉贤，推动8家影视工作室落户。另一方面，重点推动术界创e园、南上海文化影视科创园的升级改造；术界创e园和阿荣影业共同打造的影棚一期项目已于年内开工。

三是聚焦文旅融合发展。打造奉贤旅游精品线路、点位，举办三星堆与金沙文物大展、国际纸艺术双年展、上海之鱼国际公共艺术双年展等数个重磅展览，丰富上海之鱼区域内涵，提升文化艺术功能。2021年5月，青溪老街正式开街，通过"文创+旅游+商业+产业链"的多元融合模式，打造"人文历史老街"，在五一、国庆等节假日期间，日均游客超2万人次。举办"五五购物节"奉贤系列活动，开展"1+2+10+11+X"购物嘉年华活动，推出线上线下活动50余场。线上活动期间（4月29日至5月5日），美谷美购跨境购和东方美谷产业数字化新零售直播间观看人次达2148.3万，累计带动品牌销售约4.7亿元。

四　文创和旅游产业发展对奉贤经济的贡献

经过"十三五"期间的发展，南上海文化创意产业集聚区已初具形态，正在成为千年古华、东方美谷、奉贤新城的靓丽名片。区内影视文化传媒、印刷和版权服务、文化装备生产、文化消费终端生产、创意设计服务等领域呈现出健康发展态势，逐步成长出了一批重要的文创企业、文创载体，文创产业的规模和能级在逐步升级迭代。根据《上海市文化创意产业分类目录（2018）》统计标准，2021年奉贤文创产业完成税收1113455.77万元，2022年上半年完成税收545508.24万元。

"十三五"期间，奉贤经认定的重点文创企业有27家，其中上海笑果文化传媒有限公司、上海恒润文化集团有限公司荣获"上海文化企业十佳"称号，龙利得包装印刷（上海）有限公司获评"国家印刷示范企业"，成长为细分行业的龙头企业。

70个文创项目获得市级文创财政扶持资金6232万元，直接带动新增社会项目投资约8亿元。这些项目中，不乏科技、乡村振兴、产学研与文化相融合的新兴文创项目，通过财政资金的扶持，不少的文创企业得到了快速的发展，对区内重点文创产业的布局也起到了积极的助推作用。

共新认定市、区两级文创载体14家，包括3家市级文创园区、7家区级文创园区、1家市级文创示范楼宇、1家市级文创示范空间和2家区级文创示范楼宇及空间，各级文创载体功能日趋完善。术界创e园作为全市25家市级示范园区之一，2020年创造税收5124.81万元。近几年，园区也陆续引进了阿荣影业、原际画、赫奈彩妆、钗头凤影业等文创企业，进一步提升了区域文创产业集聚度。

九棵树（上海）未来艺术中心建成开放，围绕九棵树艺术生态圈，成立了九棵树艺术基金会、九棵树艺术家委员会，从多领域、多层次、多维度资助支持文化艺术项目的发展，助推原创文艺作品在奉贤出品，致力于把奉贤打造成原创文艺作品的源头和码头。

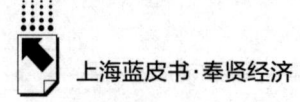

表1给出了奉贤文创产业 2018~2021 年的主要统计指标，可以看到奉贤文创产业的资产、营业收入和规上企业数稳步上升，其中 2020 年资产较 2018 年增长 54.63%，2020 年营业收入较 2018 年增长 21.77%，2020 年规上企业数较 2018 年增长 31.48%。2021 年前三季度资产总计达 147.46 亿元，前三季度营业利润达 13.29 亿元，全年营业收入达 144.40 亿元，规上企业数达 76 家。

表1 文创产业数据统计

单位：亿元、家

年度	资产	营业收入	营业利润	规上企业数	备注
2018	95.71	88.46	—	54	
2019	133.87	112.59	14.58	70	
2020	148.00	107.72	17.06	71	
2021	147.46	144.40	13.29	76	资产和营业利润为前三季度

注：数据来源于奉贤文创办，根据国家统计局《文化及相关产业分类（2018）》统计。

表2给出了奉贤旅游产业 2020~2022 年主要数据统计。可以发现，2021 年主要旅游指标较 2020 年大幅增长，2021 年营业收入合计达 84954.02 万元，较 2020 年增长 40.81%，接待人数合计达 790.33 万人，较 2020 年增长 75.57%，其中旅行社的营业收入和接待人数增速远超旅游景点。2022 年，受新冠肺炎疫情的影响，奉贤旅游产业受到了极大冲击，2022 年 1~7 月，奉贤旅游业营业收入仅 30356.06 万元，较 2021 年同期下降 36.87%，接待人数仅 206.71 万人，较 2021 年同期下降 56.54%。

表2 旅游产业数据统计

项目		单位	2020年	2021年	2021年同期增幅%	2022年1~7月	2022年同期增幅%
旅行社	营业收入	万元	12666.02	22298.98	76.05	2101.83	-84.08
	接待人数	万人	4.74	12.03	153.72	0.38	-95.81
旅馆饭店	营业收入	万元	40601.95	53636.21	32.10	25265.05	-17.76
	接待人数	万人	34.72	43.72	25.94	17.05	-32.69

续表

项目		单位	2020年	2021年	2021年同期增幅%	2022年1~7月	2022年同期增幅%
旅游景点	营业收入	万元	7065.51	9018.83	27.65	2989.18	−28.05
	接待人数	万人	410.68	734.58	78.87	189.28	−57.10
合计	营业收入	万元	60333.48	84954.02	40.81	30356.06	−36.87
	接待人数	万人	450.14	790.33	75.57	206.71	−56.54

注：数据来源于奉贤文化旅游局。

五 奉贤在打响新江南文化、发展文创产业中存在的问题

1. 引领型企业和重大项目偏少

中小企业是奉贤产业发展和城市发展的基础，很大一部分中小企业都属于劳动密集型企业，资本、科技含量有待进一步提高。相比中心城区，奉贤区文创产业发展的不充分不平衡仍比较明显，具有标杆性、引领性和竞争力的龙头文创企业较少。奉贤文创企业以中小企业为主，自主品牌的培育能力、市场竞争力相对不足，缺少能点燃和带动产业的龙头企业和重点项目。

2. 载体功能有待完善

奉贤文创园区、楼宇、空间等产业载体建设还处于起步阶段，相较于中心城区，无论是数量还是质量都有较大差距。在文化氛围方面，区内的文创园区整体氛围更接近写字楼，建筑外立面和内部的设计布局较为单一，缺少文创园区应有的艺术和创意气息。在运营管理方面，园区经营者的规模普遍偏小，在文化创意产业园区的建设过程中，规划不合理、产业链不清晰、同质化严重、房地产色彩浓厚等成了园区建设发展过程中亟待解决的问题。在产业布局方面，有些文创产业园区缺乏管理、招商方面的专业人才，没有合理的规划，建成后才对外进行招商引资。

3. 优秀人才难扎根

奉贤文创产业起步较晚，基础较薄，因此文创产业在市民服务功能上较中心城区落后、发展较缓。随着博物馆、九棵树（上海）未来艺术中心等文化设施的陆续建成运营，专业人才的重要性日益凸显。在对区内文创企业走访调研的过程中发现："留不住人才"是众多企业的痛点。创作人才、技术人才、管理人才是文创类企业发展不可或缺的要素，在专业文创人才的引进和扎根方面，企业依旧面临很大压力。

4. 缺少文化内容制作

目前，奉贤区已布局了九棵树（上海）未来艺术中心、博物馆等文化空间，但优秀的文化作品、内容制作能力、历史文化资源挖掘等方面仍需进一步提升，更多反映奉贤题材的精品力作、创作展播活动比较缺乏，作品及品牌的影响力不足。在既有的"九棵树"艺术品牌、"东方美谷艺术节"等文化品牌的打造过程中，因缺乏足够的内涵支撑而较为模糊，要对自身文化发展的方向进一步聚焦和明确，品牌影响力仍有待进一步拓展。

六 奉贤进一步打响新江南文化、发展文创产业的建议

面向"十四五"新时代新阶段，特别是围绕建设奉贤新城这一全市重大战略部署，立足于贯彻新发展理念、构建新发展格局要求，奉贤要继续把文创产业作为彰显城市温度的关键要素，不断提升南上海文化创意产业集聚度、显示度、贡献度，持续打响属于奉贤、属于上海、属于中国的新江南文化品牌。

1. 立足产业发展基础，做大做强既有优势产业

做强文化装备生产。呼应临港新片区先进制造片区、新兴产业片区产业定位，以建设"南上海文化装备研发集成高地"为目标，进一步提升科技在文化创意领域的应用转化。瞄准关键核心技术装备，推动智能网联汽车、智能文教设备、智能印刷设备、智能终端等重点领域的设备、软件和系统的

自主研发，使传统文化制造领域迸发新活力。

做强文化消费终端生产。发挥好文具用品、视听设备等制造业传统优势，融入文化、创新、科技等要素，打通文创产品从创意设计到生产销售的各个环节。加大奉贤特色文创产品的开发运用，利用奉贤深厚的历史文脉资源，在产品中融入历史文化、特色民俗、城市意象、时代风采，为城市品牌建设注入更多文化内涵。

做强创意设计服务。聚焦工艺设计、时尚设计、建筑设计等重点领域，加快创意设计与传统产业的融合发展，推动"文创产业化""产业文创化"，提升创意链与产业链的结合度，特别是要立足"东方美谷"产业优势和品牌效应，加强产品外观和包装创新设计，为产品加入文化属性，提升产品的附加值。

做强内容创作生产。以"奉贤出品"为导引，推进出版服务、创作表演、数字内容、工艺美术等优质文创产品的原创输出，满足群众的多样化需求，引领大众性文化消费。特别是通过动漫游戏、网络音乐、短视频传播、数字艺术等新兴媒介，培育塑造一批"奉贤出品"原创文化IP。

2. 适应未来发展趋势，推动线上线下融合

大力发展影视产业。结合乡村振兴、三园一总部、城市更新，布局影视产业相关产业链，打通影视创作、影视取景、影视拍摄、后期制作、影视发行、人才培训等关键环节。推进重点园区与龙头企业的合作联动，建设科技影棚、拓展影视娱乐产业空间，推进影视产品本地化拍摄制作，打造最美影视拍摄取景地。

大力发展电竞游戏产业。利用"东方美谷+"产业集聚中心、三园一总部等优质空间，将电竞游戏产业和文化、旅游、科技融合，打造电竞游戏产业聚集地。布局电竞俱乐部、人才培养基地、直播中心等功能区，推动技术服务平台、直播平台、运营平台等电竞产业平台的建设，拓展相关衍生品生产及销售，完善上海"电竞之都"后端产业链生态建设。

大力发展数字出版产业。以在奉贤迁建上海出版印刷高等专科学校新校区为契机，同步配套规划建设"南上海数字出版园"，推动形成"环版专"

数字出版产业带，打造数字出版研发中心、数字版权内容交易平台、数字传媒教育培训中心等平台，促进版权代理、版权交易、版权衍生服务等相关业态发展，努力建成国家级数字出版基地。

大力发展在线直播产业。积极拥抱产业数字化发展趋势，抢抓在线经济新机遇，促进数字文化与网络直播、短视频等在线新经济结合，布局网络直播相关基地和平台，整合流量资源、明星资源、品牌资源，打造培训考核、网红孵化、运营支持等平台，构建供应链生态，推动直播经济健康发展、良性发展、可持续发展。以引入、培养直播电商人才为路径，打造奉贤数字新经济产业链。

3. 依托本土文化资源，优化文创空间布局

做强"九棵树"文化艺术核心区。进一步完善九棵树（上海）未来艺术中心、奉贤博物馆、雕塑艺术公园、青年艺术公园、那年那天、在水一方等地标性文化项目的商业配套服务及业态功能，提高场馆利用效率和产业化发展水平，丰富区域文化体验和文化消费场景，构建场馆、演艺、创意周边、培训、经纪等一体化的产业链生态。

赋能奉贤新城文化消费活力区。利用"东方美谷"产业优势，扩大"艺术商圈"覆盖范围，引导百联南桥购物中心、南方国际广场、宝龙城市广场、苏宁生活广场、万达广场、上报传悦坊、南方圆心汇等商业综合体提升文化氛围，打造一批文创艺术与商业服务高度融合的综合消费场所。

加强"新江南文化"风貌区建设。以江南文化遗产保护为重点，赋予江南文化新的时代内涵和现代表现形式。实施"南桥源"城市更新项目，结合沈家花园等历史保护建筑修缮开放、鼎丰酱园提升改造等项目，打造老城区域文化核心。挖掘"海国长城"历史文化资源，启动"海国长城"历史文化遗址公园建设。守住古宅、古树、古桥、古街、古庙等历史遗存，强化点上开发，有机串联"冷江雨巷""南桥源""水韵青溪""明城新月"等江南古镇文化风貌区，加强门户效应、灯光工程、水上交通、桥乡文化等方面的探索，构建起"百里运河、千年古镇、一川烟火、万家灯火"的"新江南"城市意象。

七 总结

始终坚持文化自信，打响上海文化品牌，奉贤作为其中的主力军，一直坚持不懈打响新江南文化、发展文创产业。新江南文化在红色文化、海派文化、江南文化三种文化基础上推成出新，在贤美文化的滋润中不断发展，其包含了江南文化的传承与创新以及开放传统。为打响新江南文化、发展文创产业，奉贤在完善顶层设计、搭建文创服务平台、用好文创产业扶持资金上不断努力，聚焦时尚创意和文旅融合发展、打造"九棵树"艺术生态圈、做强内容创作生产、打造影视产业生态圈。经过"十三五"期间的发展，南上海文化创意产业集聚区已初具形态，正在成为千年古华、东方美谷、奉贤新城的靓丽名片，文创产业和旅游产业的蓬勃发展正助力奉贤经济高质量发展。

然而，引领型企业和重大项目偏少、载体功能有待完善、优秀人才难扎根、缺少文化内容制作等问题仍制约着奉贤文创产业做大做强。为进一步打响新江南文化、发展文创产业，助推经济高质量发展，奉贤需立足产业发展基础，做大做强既有优势产业，做强文化装备生产、文化消费终端生产、创意设计服务和内容创作生产产业，适应未来发展趋势，推动线上线下融合，大力发展影视、电竞游戏、数字出版和在线直播产业，依托本土文化资源，优化文创空间布局，做强"九棵树"文化艺术核心区、赋能奉贤新城文化消费活力区、加强"新江南文化"风貌区建设。

参考文献

顾江：《党的十八大以来我国文化产业发展的成就、经验与展望》，《管理世界》2022年第4期。

徐锦江主编《上海文化产业发展报告（2021）》，上海社会科学院出版社，2021。

王慧敏、王兴全、曹祎遐主编《上海文化创意产业发展报告（2020-2021）》，社会科学文献出版社，2021。

南上海文化创意产业集聚区，https：//www.fengxian.gov.cn/shfx/whcycy，最后访问日期：2022年10月1日。

《让"新江南文化"在追梦征途上绽放绚丽之花》，《文汇报》2022年9月1日。

Abstract

Facing the complicated situation at home and abroad and multiple factors impact than expected, in accordance with the general requirements "epidemic to guard, economic to stay steady and development to security", based on the realit, Fengxian is focusing on the new area, new city, new industry, new village, and seizing the key points of great ecological, big traffic, people's livelihood, the big data, promoting the high-quality development of "Fengxian beauty, Fengxian strength". Fengxian District has made breakthroughs in key industries, overcome difficulties in key industries, paid close attention to high-quality investment, and promoted the implementation of projects. The economic has been quickly recovered, showing good resilience in economic development. This book makes an in-depth study of Fengxian's economy from the perspectives of agriculture, industry, service industry, fixed asset investment, consumer goods market, foreign economic situation, financial situation, real estate development situation, etc. At the same time, it makes a detailed thematic analysis on the characteristic industries of Fengxian District, such as upgrading "Oriental beauty" industrial level, stimulating the five economic vitality, merging into the new area, improving urban functions to promote new rural revitalization, building first-class business environment, city digital transformation, building the most competitiveness of ecological city and shape New Jiangnan Culture booster Fengxian economic development of high quality. The whole book is divided into one general report, eight analysis, research and judgment, and nine thematic studies. It reviews and summarizes the economic operation of Fengxian District from different angles, and puts forward corresponding analysis and judgment.

First of all, the book explains the overall situation of the economic operation of Fengxian District in the first three quarters of 2022. Although in the first half of the economic situation is very serious, Fengxian economic still show a strong toughness, Lingang New Area, biological medicine and new energy industry is leading the development in key areas and key industries respectively and the entire economic development. In the first three quarters, Fengxian economy presents "rebounded stabilises again lowered later" which is like "N" glyph. Combined with cross function in the city construction, as a whole new town construction and rural revitalization, city digital transformation, promote industrial level as the "Oriental beauty valley", by shaping the Jiangnan culture to revitalize creative industry and making the "forest city". Fengxian regional gross domestic product in 2023 is expected to remain stable in positive growth which is expected to exceed pre-pandemic levels. In cling to city digital transformatio, the "Oriental beauty valley" agglomeration development, ecological environment gradually optimized, country revitalization and new city construction development opportunity at the same time, it is still needed to pay close attention to the change of external environment, as well as to investment, consumption and export troika pull effect on the economy, advancing the Fengxian green low carbon economic development.

Secondly, from the perspectives of production, expenditure and income, this book analyzes and judges the economic development of Fengxian District. Research shows that: from the perspective of production, the transformation and upgrading of the agricultural industry has entered a fast lane, high-quality agricultural products brands are gradually launched, the industrial economy is stable and improving, biomedicine and new energy vehicle industry is growing against the trend, the contribution rate of the service industry to the economy continues to increase, and various data are gradually recovering. From the perspective of expenditure, the consumer goods market recovered steadily, digital consumption became a new trend, investment in fixed assets grew rapidly, total investment in government investment projects increased in the middle of the year, export performance was very bright, and cross-border e-commerce accelerated development. From the perspective of income, tax revenue has decreased, expenditure on energy conservation and environmental protection has increased

Abstract

significantly, real estate construction is in full swing, sales of existing houses have increased rapidly, construction of affordable housing has been progressing in an orderly manner, and the supply of talent housing has gradually enriched.

Finally, the book reviews and looks forward to the highlights and characteristics of Fengxian economic development. The industrial agglomeration advantages of "Oriental Beauty Valley" are prominent, the brand awareness of "Oriental Beauty Valley" is further promoted, and the biomedical industry is growing vigorously against the trend. The digital transformation of cities has been accelerated. It will use digital means to accurately reach the "basic people's livelihood", innovate and develop "quality people's livelihood", and strive to bridge the "digital divide". The ecology of "Forest City" has been gradually optimized. Green ecology has become a powerful name card of Fengxian, and low-carbon and green development has improved ecological competitiveness. New town construction and rural revitalization promote each other, urban function construction promotes the overall improvement of life quality of Fengxian New Town, and Fengxian New Town construction and rural revitalization complement each other. It is suggested to vigorously carry out the work of enterprise "gold mining", stimulate the vitality of the five types of economy, actively integrate into the new area, promote the district cooperation new mode, further launch the New Jiangnan cultural brand, promote the coordinated growth of cultural industry and consumption, implement the "ten everything" requirements, and continue to create a first-class business environment.

Keywords: Fengxian Econmoy; High-quality Development; Rural Vitalization

Contents

I General Report

B.1 Economy of Shanghai Fenxian: Analysis and Forecast (2023)
                                               Zhu Pingfang, Di Junpeng / 001

Abstract: Since 2022, Fengxian District has made breakthroughs in key industries in the face of complex and severe domestic and international situations and multiple shocks beyond expectations. At the same time, Fengxian focused on key industries to meet difficulties, paid close attention to high-quality investment attraction, and promoted the implementation of projects. The economic operation has rebounded rapidly, and the resilience of economic development has been demonstrated. Specifically, the transformation and upgrading of agricultural industry has entered the fast lane, and the brand of high-quality agricultural products has been gradually launched; The industrial economy is stable and improving, and the biomedical and new energy automobile industries are growing against the trend; The contribution rate of the service industry to the economy continued to increase; The consumer goods market has recovered steadily, cross-border e-commerce has accelerated its development, and the construction of affordable housing has progressed in an orderly manner. Based on the development situation at home and abroad and the economic development trend of Fengxian District, it is estimated that Fengxian's GDP will maintain a steady and good growth in 2023, and the growth rate is expected to exceed the pre epidemic level. However, under the influence of repeated global epidemics, the complex and severe situation at home and abroad, and the slowdown of global economic growth, Fengxian District's economic development will face greater risks and challenges in the future. In the future, Fengxian still needs to do a good job of epidemic prevention and control, seize the opportunities such as accelerating the urban digital transformation, the industrial agglomeration of "Oriental Beauty Valley", and the ecological advantages of "Forest City", actively integrate into the construction of new areas, continue to optimize the business environment, and promote the high-quality development of Fengxian economy.

Keywords: Fengxian Economy; Recovery; Quality Development

Ⅱ Analytical Study

B.2 Analysis and judgement of agricultural economic situation in Fengxian District (2022-2023)　　*Zhang Pengfei* / 020

Abstract: From 2021 to 2022, Fengxian's agricultural structure will continue to be optimized and improved, especially the rapid development of the service industry of agriculture, forestry, animal husbandry and fishery, which will lay the foundation for its high-quality agricultural development. In terms of rural revitalization, the "two million" project has been fully promoted with remarkable results. Urban modern green agriculture has also developed steadily. The new rice variety "Meigu No. 2" has achieved a bumper harvest, and local agricultural products such as "Fengxian Yellow Peach" have risen strongly. In addition, Fengxian was awarded "China's Most Ecologically Competitive City" in the construction of ecologically livable and beautiful countryside. However, Fengxian's agricultural energy level is not compatible with Shanghai's global city positioning, and the characteristics of surrounding districts and counties are not very obvious. In the future, Fengxian needs to promote the high-quality development of Fengxian agriculture by focusing on urban agriculture, digital agriculture, and headquarters agriculture on the basis of maintaining the basic red line of arable land.

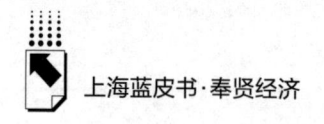

Keywords: Agricultural Service Industry; Modern Green Agriculture; Digital Agriculture; Headquarters Agriculture

B.3 Industrial Economy of Shanghai Fengxian: Analysis and Forecast (2022-2023)　　　　　　　　　　*Wang Yongshui, Xing Ziyi* / 032

Abstract: In the first half of 2022, faced with the combined impact of complex and severe external environment and local outbreaks of COVID-19, Shanghai coordinated economic and social development, accelerated the recovery of industrial production after production reduction, and the city's economy gradually showed a positive trend. Fengxian District is grasping hard work, with the continuous advancement of the process of enterprise production and work resumption, the main economic indicators show an obvious recovery trend. From January to September 2022, there were 1,175 industrial enterprises above designated size in Tibet, with a total output value of 185.078 billion yuan. New drivers of industrial growth continued to be unleashed, with industrial output from strategic emerging industries reaching 80.91 billion yuan, accounting for 43.72% of the region's industrial output above designated size. The total industrial output value of the beauty and health industry above the designated scale of Oriental Meigu reached 37.929 billion yuan, accounting for 20.49% of the total industrial output value above the designated scale of the whole region.

Keywords: Shanghai Fengxian; Industrial economy; Oriental Beauty Valley; Future Space Innovation Area

B.4 Service Industry of Shanghai Fengxian: Analysis and Forecast (2022-2023)　　　　　　　　　　*Ji Yuanyuan* / 063

Abstract: From January to June of 2022, the value added of service industry in Fengxian district was 20. 941 billion yuan, with 3. 9% decrease compared with that of the same period last year, accounting for 37. 3% of the total value added of the district, an increase of 2. 1 percentage points over the previous year, indicating that the industrial structure of Fengxian District was gradually optimized, and the contribution rate of service industry to the economy continued to increase. From the perspective of tax structure, the contribution rate of tax revenue from the service industry is leading among the three industries. From January to September of 2022, the tax revenue reached 26. 893 billion yuan, 13. 9% lower than that of the last year, accounting for 58. 75% of the whole industry. From the perspective of fixed asset investment, the service sector takes the largest proportion in the three industries. From January to September of 2022, the service sector's fixed asset investment is 24. 413 billion yuan, 15. 2% lower than the same period last year, accounting for 76. 29% of the whole industry's fixed asset investment, about 2 percentage points higher than the previous year. In terms of the service sector, the growth rate of wholesale and retail trade slowed down, commodity sales stabilized and picked up, the real estate industry gradually recovered, the financial industry grew steadily, and the number of listed enterprises increased. It is expected that in 2023, consumer goods market in Fengxian District will gradually stabilize, consumption recovery will be driven by online retail, the real estate market will accelerate recovery, and the financial market will maintain a good trend of stable and rising.

Keywords: Service industry; Added value; Fixed assets investment; Tax structure

B . 5 Analysis and Forecast of Fengxian's Fixed Assets Investment in 2022-2023　　　　　　　*He Xiongjiu, Fu Kaibao* / 078

Abstract: The chapter researches on the Fengxian's fixed assets investment from different aspects. It is found that the total investment in fixed assets in Fengxian District has increased greatly, especially during the 13th Five Year Plan period, the industrial structure is also continuously optimized. At the same time, the industrial structure is also continuously optimized. Further, this report analyzes the fixed asset investment situation in Fengxian District from January to September 2021, and presents the current situation of fixed asset investment in Fengxian District from multiple angles by using the methods of structural analysis and horizontal comparison. At the same time, through the comparative study between Fengxian District and some counties (districts) near Shanghai, this report finds that the total fixed asset investment in Fengxian District during the 13th Five Year Plan period is not only the leading area in the suburbs of Shanghai, but also faster than the growth of some county-level areas near Shanghai. According to the report, although the investment in real estate in the region has decreased, the industrial investment in Fengxian is still relatively active, and the urban infrastructure has also maintained stable investment. It is expected that the investment in fixed assets will reach 60 billion yuan, an increase of more than 13%, including 13 billion yuan of industrial investment, an increase of more than 18%. In the medium and long term, under the influence of a number of favorable policies, the region will continue to maintain steady fixed asset investment to support high-quality economic development.

Keywords: Fixed Asset Investment; Industrial Structure; Major Project

B.6 Consumer Iarkets of Shanghai Fengxian: Analysis and
Forecast (2022-2023)　　　　*Di Junpeng, Song Minlan* / 102

Abstract: Affected by the epidemic, Fengxian District consumer goods market will face greater challenges in 2022. According to the macro data of the consumer goods market in Fengxian District, in the first half of 2022, the consumer goods market in Fengxian District will be greatly impacted by the epidemic, but the impact will be lower than that in 2020. Under the guidance of policies, since the release in June 2022, consumption recovery has accelerated, and consumption realized through the Internet has become an important support for stable consumption. Digital consumption has gradually become a new trend. And the completion and opening of the commercial complex has added new consumption highlights to Fengxian. In the future, first of all, Fengxian District can digitalize its business to enable it to accelerate the cultivation of new consumption; Secondly, Fengxian can focus on rural revitalization, focus on the hot spots of camping economy consumption, and further tap the potential of rural consumption; Then, Fengxian can gradually guide the recovery of the life service industry under the guidance of policies and measures; Finally, Fengxian can take the opportunity of legal stall operation to activate the night economy.

Keywords: Consumer Goods Market; Consumption recovery; Digital consumption

B.7 External Economy of Shanghai Fengxian: Analysis and Forecast (2022-2023) *Li Shiqi* / 123

Abstract: In the face of great changes in the economic and financial environment at home and abroad, the scale of Fengxian's foreign trade in 2021 exceeded 100 billion yuan for the first time in history. In the first eight months of 2022, the total value of Fengxian's import and export was 83.11 billion yuan, up 16.7% year on year, which effectively overcame the adverse impact brought by the new round of epidemic in Shanghai. The export value was 45.80 billion yuan, up 15.4% year on year, and the import value was 37.31 billion yuan, up 18.3% year on year. Fengxian Comprehensive Free Trade Zone fully supported high-quality economic development and epidemic prevention and control, cross-border e-commerce accelerated development, and brand influence was greatly improved. In the first nine months of 2022, the contracted amount of FDI in Fengxian was $900 million, down 23.1% year on year, and the actual amount in place was $264 million, down 4.4% year on year. The potential of attracting foreign investment and implementing foreign investment need to be further tapped, and the proportion of foreign investment in regional GDP needs to be focused on. In general, under the background of declining global potential growth rate, Fengxian must seize the opportunities of new areas and strive to enhance the comprehensive strength of foreign economy.

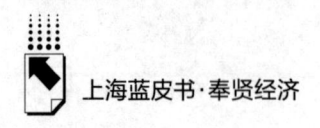

Keywords: External Economy; Comprehensive Free Trade Zone; FDI

B.8 Government Finance of Shanghai Fengxian: Analysis and
Forecast (2022-2023) *Xie Junming* / 142

Abstract: In 2021, Fengxian's economy has been quickly recovered. The pressure of fiscal revenue and expenditure has been significantly improved, However the long-term adverse factors restricting the economy have not dissipated. The Covid-19 epidemic in 2022 has trend down the fiscal revenue, while expenditure has maintained a steady increase. With the potential impact of the epidemic and the emergence of various risks at the economic level, Fengxian's future fiscal revenue and expenditure are still facing certain uncertainties. This article will use the financial data released by the the Statistics Bureau up to September 2022 and several field surveys to make a detailed analysis of the financial situation and situation of Fengxian District

Keywords: Fiscal Revenue; Fiscal Expenditure; Macroeconomic

B.9 Real Estate of Shanghai Fengxian: Analysis and Forecast
(2022-2023) *Xie Ruoqing* / 158

Abstract: In the spring of 2022, a new round of COVID-19 swept Shanghai, and global static management will have a broad impact on economy and society of Shanghai. In June 2022, the Twelfth Shanghai National Representative Conference of the CCP was held. This is a conference held in Shanghai at a critical stage of accelerating the construction of a modern socialist international metropolis with world influence, and it is also a new start for Shanghai after the defense of Shanghai. In order to implement the spirit of Xi Jinping's important speech on Shanghai inspection and the Twelfth Shanghai National Representative Conference of the CCP, Fengxian District insists the general requirements of "Epidemic Prevention, Economic Stability, and Safe Development", focuses on the "Four New" and "Four Big", which are "new areas, new cities, new industries and new villages" and "big ecology, big transportation, big people's livelihood, and big data". Then Fengxian District can promote the high-quality development of "Beautiful and Strong Fengxian". The real estate market of Fengxian District is closely related to the promotion of the "four new and four big" projects. Affected by the Omicron in Shanghai, the real estate market of Fengxian District has experienced a process from stagnation to recovery. With the acceleration of the production resumption, the real estate market of Fengxian District gradually recovers. Fengxian District is strengthening the coordination and linkage with the new area, and continues to make efforts in the construction of new town, rural revitalization, industrial development, and livelihood security. Fengxian District is accelerating economic recovery and revitalization.

Keywords: Property Market; COVID-19; Construction of New Town

Ⅲ Special Topics

B.10 Accelerate the Upgrading of Fengxian's "Oriental Beauty Valley" Industrial Level   *Xie Yuegu, Zhu Jiamei* / 176

Abstract: In recent years, China's cosmetics industry and biomedicine industry have developed rapidly. Under the influence of the COVID-19, they still maintain a steady growth. Fengxian Oriental Beauty Valley, as the core bearing area of Shanghai's beauty and health industry, gathers a large number of leading enterprises in the cosmetics field and the biomedicine industry. It should focus on the beauty and health industry, strengthen the construction of beauty and health brands, and form a more extensive and sustained brand effect. Optimize and upgrade the beauty and health industry chain of Oriental Beauty Valley, increase investment in research and development, enhance the core technology grip and international competitiveness of the industry, and create a source of independent innovation, so as to comprehensively improve the industrial level of Oriental Beauty Valley.

Keywords: Brand Building; Source of Innovation; Beautiful and Healthy Industrial Chain

B.11 Panning Enterprises to Stimulate the Vitality of Fengxian Five-type Economy   *Fang Shunchao, Zhu Jiamei* / 190

Abstract: Shanghai is making full efforts to "five-type economy", in order to promote the economic form to be more innovative, open, quantitative flow, and service level, headquarters level to be more promoted. In order to grasp the strategic opportunity of the development of "five-type economy", Fengxian District is vigorously promoting investment attraction in the context of the new era, focusing on the selection of high-quality enterprises, and adhere to the way of both selection and cultivation, support policies and cultivation programs formulated for the existing industrial development, so as to realize the high-quality development of Fengxian economy. By sorting out the main work and achievements of investment attraction in Fengxian District in the context of the new era, this report finds out the problems existing in the promotion of the work, and puts forward countermeasures and suggestions, in order to explore the path of panning enterprises to stimulate the vitality of Fengxian "five-type economy" in the context of the new era.

Keywords: Five-type Economy; Investment Attraction; Panning Enterprises; Selection and Cultivation

Contents

B.12 Fengxian Actively Integrates into the Special Area and Promotes the New Mode of Regional Cooperation

Ma Yiyuan, Zhang Miao / 204

Abstract: Since the establishment of the Lingang Special Area, Fengxian has tried to make full use of the opportunities of the adjacent national strategy, actively planned and integrated into the Special Area's development, established a normalized and institutionalized coordination mechanism, and has made substantial progress in bilateral infrastructure construction, social management, public services, etc. In the process of actively integrating into the Special Area, Fengxian should facilitate the complementary interaction of industries, realize the mutual benefit of people's livelihood services, promote the integration of urban functions, absorb the spillover radiation of advantageous policies, and seize the breakthrough points that are in line with the interests of both sides in the automotive industry, productive services, infrastructure, public services, social governance, cultural tourism, rural revitalization, etc. In exploring the new mode of regional cooperation, Fengxian should make efforts to pilot the application of special policies in the Special Area, jointly develop the fields with common characteristics, and jointly build a social service system to give an impetus to mutual benefits and win-win results.

Keywords: Regional Cooperation; Active Integration; Pilot Application; New Mode

B.13 Urban Function Construction for the Overall Improvement of the Quality of the New City *Meng Xing, Chen Jifeng / 218*

Abstract: Fengxian New City needs to attract talent, and more importantly, retain it, which requires an overall improvement in the quality of the city and a more modern breakdown of its functions with a new development concept. By laying out a high level of infrastructure in advance and forming a 15 − minute community living circle, the efficiency and ability to share urban resources can be improved, and the infrastructure can also be constantly updated according to realistic needs. Combining the community living circle with the new industrial community is not only conducive to breaking down the boundaries of industrial parks, forming a fully functional, ecologically pleasant and work-life balanced living and working environment, and providing a warm living space for foreign talents, it is also conducive to enhancing the urban core functions of the new city and accelerating the enhancement of the city's image.

Keywords: Community Life Circle; Industry Community; City Quality Improvement; New City Construction

B.14 Coordinate the Construction of New Cities and Rural Revitalization, and Boost the Sustainable Revitalization of Fengxian Rural Areas   *Feng Shuhui, Wu Kangjun* / 233

Abstract: The strategy of rural revitalization is the general handle of the work on agriculture, rural areas and farmers in the new era. The construction of Fengxian New City is an important way to lead a quality life and strengthen the cultivation of Fengxian characteristics and independent functions. The construction of Fengxian New City and the rural revitalization and development have the same goal orientation, the main tasks are mutually integrated, and the development layout is complementary to each other, and the construction of Fengxian New City is helpful to complement the weaknesses in the rural economic and social development. Therefore, in the construction of Fengxian New Town, the strategy of rural revitalization needs to explore new paths to help rural revitalization through the construction of new towns. This report analyzes the logical relationship between Fengxian New City construction and rural revitalization, summarizes the practical experience of boosting rural revitalization through new city construction through typical cases of new city construction, combs the unfavorable factors of

Fengxian New City construction to boost rural revitalization, analyzes the existing problems, and puts forward targeted policy recommendations for Fengxian New City construction to boost rural revitalization.

Keywords: New City Construction; Rural Revitalization; Overall Planning; Shanghai Fengxian

B.15 Deepen the Reform of "Ten All Things", and Study the Path of Building a First-class Business Environment in Fengxian

Zhang Meixing, Shen Pengyuan / 248

Abstract: In 2021, based on its own development orientation, Fengxian District will further promote the reform of "decentralization, management and service". The optimization of business environment has achieved phased results, and it will lead the city in "One Network", service enterprises, project assistance, etc. In 2022, Fengxian District will continue to implement the requirements of "Ten All Things", deepen the reform of "decentralization, management and service", protect enterprises with "mother like service", and make every effort to fight against the epidemic and bail out enterprises, and strive to build Fengxian District into a business environment highland with the lowest comprehensive cost, as well as the most comprehensive advantages and the strongest comprehensive competitiveness. This chapter will sort out the main work and achievements of optimizing the business environment in Shanghai and Fengxian District in 2022, find the problems existing in the promotion of the work, explore the path of deepening the "Ten All Things" reform, and put forward countermeasures and suggestions for Fengxian District to create a first-class business environment.

Keywords: Business Environment; Government Services; Bailing Out Enterprises; One Network

B.16 New Progress and New Blueprint of Digital Transformation in Fengxian District

—*Based on the Comparison of Suburb Towns*

Ding Botao, Qiao Na / 262

Abstract: This paper analyzed the new progress of Fengxian District in digital transformation from the perspective of economic digitalization, life digitalization, governance digitalization and "digital river sea" project. It pointed out that Fengxian District had made great progress in digital transformation over the past year by overcoming the adverse effects of increasing downward pressure on the economy and repeated COVID-19 epidemic. At the same time, it was also faced with some difficulties such as insufficient digital base connectivity, insufficient data resource sharing, insufficient application scenarios is, insufficient digital innovation ability. The overall level of Smart City of Fengxian was still low, which was also at a low level compared to suburban towns. This paper also compareed the digital transformation planning of Fengxian with that of other four suburban towns, and pointed out that each suburb has common experiences such as highlighting regional brands, strengthening the guidance of emerging technologies, promoting industrial integration and development, deepening the concept of digital benefiting the people, and paying attention to digital ecological construction. Finally, this paper proposed that the digital transformation of Fengxian needs to further highlight the development focus, accelerate the integration of industry and city, improve the innovation ecology, promote the linkage of three districts, strengthen brand promotion, and promote the continuous deepening of digital transformation.

Keywords: Fengxian Shanghai; Smart City; Digital Transformation; Comparative Study; Suburban

B.17 Continue to Build the Most Ecologically Competitive City under the Background of "Double Carbon"

Yu Yunyun, Zhang Miao and Shen Pengyuan / 285

Abstract: During the "13th Five-Year Plan" period, Fengxian comprehensively promoted a number of ecological environmental protection and construction work, started the battle of pollution prevention and control, improve the construction of environmental infrastructure, optimize ecological space, ecological environment overall improvement. During the "14th Five-Year Plan" period, Fengxian focused on the goal of "double carbon", continued to give full play to Fengxian's ecological advantages, adhere to green and low-carbon development and construction, and strive to create a beautiful Fengxian with "water and sky are one color", and strive to become a national ecological garden city. Fengxian continues to promote the construction of green and low-carbon development practice area, at the same time actively carry out the pilot construction of forestry carbon sink, strive to build a modern environmental governance system integrated demonstration area, strive to build "non-waste city", "sponge city", "park city", adhere to build the most ecological competitiveness city.

Keywords: "Double carbon" Target; Green and Low-carbon Development; "Park City"; Ecological Competitiveness

B.18 Shaping New Jiangnan Culture to Boost Fengxian's High Quality Economic Development

Liao Hui, Du Xuefeng / 300

Abstract: In order to adhere to cultural self-confidence and promote Shanghai's cultural brand, Fengxian is in action. The new Jiangnan culture inherits the characteristics of red culture, Shanghai style culture and Jiangnan culture, which includes the inheritance and innovation of Jiangnan culture and the tradition of openness. In order to promote the new Jiangnan culture and develop cultural and creative industries, Fengxian has continuously improved policy support and focused on advantageous areas. After the development during the "13th Five Year Plan" period, the cultural and creative industry cluster in southern Shanghai has taken shape, and the vigorous development of cultural and creative industries and tourism industries is helping Fengxian's high-quality economic development. However, there are still many problems in Fengxian's development of cultural and creative industries, which requires it to base itself on the basis of industrial development, expand and strengthen existing competitive industries, adapt to the future development trend, promote online and offline integration, rely on local cultural resources, optimize the layout of cultural and creative space, and further promote the prosperity and development of new Jiangnan culture.

Keywords: New Jiangnan Culture; Cultural and Creative Industry; Fengxian Economy

权威报告・连续出版・独家资源

皮书数据库
ANNUAL REPORT(YEARBOOK) DATABASE

分析解读当下中国发展变迁的高端智库平台

所获荣誉

- 2020年,入选全国新闻出版深度融合发展创新案例
- 2019年,入选国家新闻出版署数字出版精品遴选推荐计划
- 2016年,入选"十三五"国家重点电子出版物出版规划骨干工程
- 2013年,荣获"中国出版政府奖・网络出版物奖"提名奖
- 连续多年荣获中国数字出版博览会"数字出版・优秀品牌"奖

皮书数据库　　"社科数托邦"微信公众号

成为用户

登录网址www.pishu.com.cn访问皮书数据库网站或下载皮书数据库APP,通过手机号码验证或邮箱验证即可成为皮书数据库用户。

用户福利

- 已注册用户购书后可免费获赠100元皮书数据库充值卡。刮开充值卡涂层获取充值密码,登录并进入"会员中心"—"在线充值"—"充值卡充值",充值成功即可购买和查看数据库内容。
- 用户福利最终解释权归社会科学文献出版社所有。

数据库服务热线:400-008-6695
数据库服务QQ:2475522410
数据库服务邮箱:database@ssap.cn
图书销售热线:010-59367070/7028
图书服务QQ:1265056568
图书服务邮箱:duzhe@ssap.cn

社会科学文献出版社 皮书系列
SOCIAL SCIENCES ACADEMIC PRESS (CHINA)
卡号:894797789864
密码:

S 基本子库
SUB DATABASE

中国社会发展数据库（下设12个专题子库）

紧扣人口、政治、外交、法律、教育、医疗卫生、资源环境等12个社会发展领域的前沿和热点，全面整合专业著作、智库报告、学术资讯、调研数据等类型资源，帮助用户追踪中国社会发展动态、研究社会发展战略与政策、了解社会热点问题、分析社会发展趋势。

中国经济发展数据库（下设12专题子库）

内容涵盖宏观经济、产业经济、工业经济、农业经济、财政金融、房地产经济、城市经济、商业贸易等12个重点经济领域，为把握经济运行态势、洞察经济发展规律、研判经济发展趋势、进行经济调控决策提供参考和依据。

中国行业发展数据库（下设17个专题子库）

以中国国民经济行业分类为依据，覆盖金融业、旅游业、交通运输业、能源矿产业、制造业等100多个行业，跟踪分析国民经济相关行业市场运行状况和政策导向，汇集行业发展前沿资讯，为投资、从业及各种经济决策提供理论支撑和实践指导。

中国区域发展数据库（下设4个专题子库）

对中国特定区域内的经济、社会、文化等领域现状与发展情况进行深度分析和预测，涉及省级行政区、城市群、城市、农村等不同维度，研究层级至县及县以下行政区，为学者研究地方经济社会宏观态势、经验模式、发展案例提供支撑，为地方政府决策提供参考。

中国文化传媒数据库（下设18个专题子库）

内容覆盖文化产业、新闻传播、电影娱乐、文学艺术、群众文化、图书情报等18个重点研究领域，聚焦文化传媒领域发展前沿、热点话题、行业实践，服务用户的教学科研、文化投资、企业规划等需要。

世界经济与国际关系数据库（下设6个专题子库）

整合世界经济、国际政治、世界文化与科技、全球性问题、国际组织与国际法、区域研究6大领域研究成果，对世界经济形势、国际形势进行连续性深度分析，对年度热点问题进行专题解读，为研判全球发展趋势提供事实和数据支持。

法律声明

"皮书系列"(含蓝皮书、绿皮书、黄皮书)之品牌由社会科学文献出版社最早使用并持续至今,现已被中国图书行业所熟知。"皮书系列"的相关商标已在国家商标管理部门商标局注册,包括但不限于LOGO( )、皮书、Pishu、经济蓝皮书、社会蓝皮书等。"皮书系列"图书的注册商标专用权及封面设计、版式设计的著作权均为社会科学文献出版社所有。未经社会科学文献出版社书面授权许可,任何使用与"皮书系列"图书注册商标、封面设计、版式设计相同或者近似的文字、图形或其组合的行为均系侵权行为。

经作者授权,本书的专有出版权及信息网络传播权等为社会科学文献出版社享有。未经社会科学文献出版社书面授权许可,任何就本书内容的复制、发行或以数字形式进行网络传播的行为均系侵权行为。

社会科学文献出版社将通过法律途径追究上述侵权行为的法律责任,维护自身合法权益。

欢迎社会各界人士对侵犯社会科学文献出版社上述权利的侵权行为进行举报。电话:010-59367121,电子邮箱:fawubu@ssap.cn。

社会科学文献出版社